Justicia social y leyes canónicas en Indias

MODERNE
KULTUREN
RELATIONEN

Herausgegeben von Gerhard Droesser und Ruth Hutzel

BAND 21

PETER LANG
EDITION

José Luis Fernández Cadavid

Justicia social y leyes canónicas en Indias

Una provocadora cooperación al desarrollo jurídico-cultural

PETER LANG
EDITION

Bibliografische Information der Deutschen Nationalbibliothek
Die Deutsche Nationalbibliothek verzeichnet diese Publikation in der Deutschen Nationalbibliografie; detaillierte bibliografische Daten sind im Internet über http://dnb.d-nb.de abrufbar.

Library of Congress Cataloging-in-Publication Data
Names: Fernández Cadavid, José Luis, author.
Title: Justicia social y leyes canónicas en Indias : una provocadora cooperación al desarrollo juridico-cultural / José Luis Fernández Cadavid.
Description: Frankfurt am Main : Peter Lang, 2017. | Series: Moderne, Kulturen, Relationen ; volume 21 | Includes bibliographical references.
Identifiers: LCCN 2016048922 | ISBN 9783631674147
Subjects: LCSH: Indians of South America–Legal status, laws, etc.–Peru–History | Catholic Church. Archdiocese of Lima (Peru)–History. | Social justice–Peru–History. | Councils and synods, Diocesan–Peru–Lima–History. | Catholic Church–South America–History. | Church work with Indians–Peru–Lima.
Classification: LCC KHQ2200 .F47 2017 | DDC 342.8508/72–dc23
LC record available at https://lccn.loc.gov/2016048922

ISSN 1619-358X
ISBN 978-3-631-67414-7 (Print)
E-ISBN 978-3-653-06769-9 (E-PDF)
E-ISBN 978-3-631-71389-1 (EPUB)
E-ISBN 978-3-631-71390-7 (MOBI)
DOI 10.3726/b10532

Peter Lang Edition ist ein Imprint der Peter Lang GmbH.

Peter Lang – Frankfurt am Main · Bern · Bruxelles · New York · Oxford · Warszawa · Wien

Diese Publikation wurde begutachtet.

www.peterlang.com

Índice

Á miña nai, María Begoña

Ó meu pai, Eduardo

Ó meu irmán, Pedro

Á San Lourenzo de Xipixapa

"La libertad, Sancho, es uno de los más preciosos dones que a los hombres dieron los cielos; con ella no pueden igualarse los tesoros que encierra la tierra ni el mar encubre; por la libertad, así como por la honra, se puede y debe aventurar la vida"

MIGUEL DE CERVANTES SAAVEDRA, *Don Quijote.*

"Wenn die Gerechtigkeit untergeht, so hat es keinen Wert mehr, daß Menschen auf Erden leben"

IMMANUEL KANT, *Die Metaphysik der Sitten.*

Introducción General

1. El tema y su importancia

La época que estamos viviendo, a inicios de este siglo XXI, propulsada por el descomunal desarrollo científico y tecnológico del anterior, transforma de la noche a la mañana novedades recién aparecidas en objetos del pasado. Aparatos pertenecientes a ámbitos como la informática, la telefonía móvil, la medicina, etc., dejan de ser actuales con el transcurso de períodos de tiempo irrisorios, que en otras épocas serían necesarios, simplemente, para controlar su correcto funcionamiento. Todo ello, unido a la aceleración que la sociedad imprime a las relaciones, eventos (de todo tipo), acciones..., hace que el hombre moderno se encuentre atrapado en un presente continuo (a veces virtual), que funge de "telón de acero" en relación a lo que la Historia para él representa.

Por todo ello, nos parece que es de capital importancia dedicar tiempo y esfuerzos al estudio de documentos y acontecimientos del pasado. No hay futuro sin memoria, ni presente sin historia, lo que nos induce a pensar que, a pesar de no estar de moda, el profundizar en temas que se ubican donde la Humanidad (o un pedazo de ella) tiene sus raíces siempre tendrá actualidad.

El trabajo que ahora presentamos responde a tales motivaciones generales. A ellas hay que añadir las que proceden del campo jurídico. El derecho es un instrumento social caracterizado por su dinamicidad, la cual le obliga a responder en cada tiempo y lugar a las circunstancias en las que viven los seres humanos. No obstante, hay ciertas componentes del mismo que no cambian, desde su finalidad, o sea, la actuación de la justicia (y la búsqueda del orden y la paz), a muchos de sus procedimientos. En consecuencia, si queremos que las normas que hoy aplicamos sean realmente útiles, deberemos acudir con frecuencia a sus orígenes para interpretarlas con corrección y, sobre todo, para ejecutarlas sin caer, una y otra vez, en los errores del pasado.

Inseparable del concepto *ius* resulta el de *iustitia*. No solamente porque procedan de la misma raíz latina, sino porque una ley que no busque encarnar a ésta última, no puede recibir tal nombre. Pero, he aquí el problema o la cuestión: ¿qué es la justicia? ¿cómo identificar las estructuras justas? ¿qué instrumentos emplear para construirla? En nuestra opinión, éstas son preguntas sencillas pero capaces de cautivar el interés de muchos ciudadanos, desde los más expertos hasta los más jóvenes y paganos en temas jurídicos. No en vano, a lo largo de la historia fueron numerosos (y en el presente lo siguen siendo) los movimientos revolucionarios, cuyos promotores y protagonistas han sido gente joven, motivados por el deseo de conquistar tal virtud social. De ahí también, la actualidad de un estudio de carácter histórico que, no obstante, pretende descubrir en un conjunto de disposiciones jurídicas emitidas hace más de cuatrocientos años, las semillas impulsoras de un sistema social más justo.

Finalmente, confesar que ha sido una motivación personal, la que nos ha llevado a elegir el tiempo y el lugar. Los inicios de la Era Moderna, entre los siglos XV y XVI, siempre nos han fascinado, pues los acontecimientos que en aquella época tuvieron lugar marcaron de manera definitiva las posteriores y, por supuesto, también la nuestra. El hecho de haber podido residir y trabajar y, especialmente, la experiencia de haber sufrido (en piel ajena) la sangrante injusticia de grandes grupos de población, en uno de los lugares que antiguamente pertenecieron a lo que un día fue parte del Tahuantinsuyo y posteriormente del Virreinato de la Nueva Castilla o del Perú, fue decisivo para decidirnos a dedicar nuestra atención al tema escogido[1].

2. Estado de la cuestión

La presente investigación se enmarca dentro de los estudios de Historia del Derecho, y más específicamente, en la especialidad Canónica, teniendo como contexto geográfico el ámbito Iberoamericano, en lo tocante al territorio que abarcaba el antiguo Virreinato de la Nueva Castilla o del Perú. Concretando un poco más, el estudio se fijará en un modelo de legislación local emitida en la jurisdicción de la Provincia Eclesiástica de Lima, en lo que concierne a la Archidiócesis del mismo nombre. No son muchos los trabajos dedicados exclusivamente a este terreno, como podrá comprobarse a lo largo de este libro, no obstante exista cierto número de ellos centrado en la Historia, bien de las instituciones eclesiásticas, bien de las civiles, cuyo contenido toca de manera suplementaria algunos aspectos de nuestro tema.

---

1 Hemos tenido el honor de poder trabajar, durante unos años (2004–2007), en San Lorenzo de Jipijapa (Manabí - Ecuador) que formó parte en el siglo XVI de una diócesis, San Francisco de Quito, sufragánea de la Archidiócesis de Lima. Nuestra aportación como cooperante internacional a aquella realidad en los albores del siglo XXI nos ha hecho despertar el interés y el cariño por el pasado de un continente que lleva demasiado tiempo siendo el de la "esperanza", sin llegar a su "madurez en la justicia social". Este trabajo quiere ser una contribución a la Cooperación al Desarrollo de los seres humanos pertenecientes a tales pueblos, herederos de una historia tantas veces manipulada.

El objeto exacto de nuestro análisis serán los cánones de los tres primeros Sínodos diocesanos convocados y celebrados por Toribio de Mogrovejo en la ciudad de Los Reyes, en los años 1582, 1584 y 1585. En el transcurso de la investigación nos será obligado poner tales leyes en relación con lo que constituye su fuente inmediata de inspiración, los artículos de los tres Concilios provinciales Limenses, que tuvieron lugar en 1551–52; 1567–68 y 1582–83. Sobre las constituciones emitidas en estas últimas Asambleas sí existen estudios de conjunto y, también, algunos más profundos que tocan ciertos aspectos particulares de las mismas, en especial, del Limense III. Mientras que, acerca de las decisiones de los primeros, apenas encontramos referencias en unos pocos artículos, que los citan al hilo de otros temas, sin abordarlos como objeto central de su estudio.

Una de las razones, que explica esta escasez de trabajos, se debe a que los documentos originales manuscritos, que contienen tales normas sinodales, aún siendo de gran valor desde diversas perspectivas (jurídica, canónica, teológica, histórica, sociológica, etc.), nunca han sido editados críticamente. En pleno siglo XVI fue emitida una Real Cédula que prohibía su publicación e impresión, sin que antes fuesen revisados por la autoridad civil. No se tuvo en cuenta tal orden en lo que respecta a lo primero, pero sí a lo segundo. Tan sólo pudo imprimirse el Concilio provincial de 1583, después de haber recibido el beneplácito de las autoridades correspondientes del Virreinato y de la Península. Fue, además, el único aprobado oficialmente por el Monarca y por el Pontífice de Roma.

Así pues, los artículos de los Sínodos diocesanos permanecieron inéditos en sus manuscritos originales limeños (en castellano), desde el siglo XVI en el que fueron redactados. Se hizo de ellos una copia autenticada (segunda mitad del XVII) para ser adjuntada a los documentos del Proceso de Beatificación y Canonización de Toribio, Arzobispo que los celebró; enviada a Roma para tal efecto, se encuentra en el Archivo Secreto Vaticano (ASV), en la *Congregazione dei Riti-Processi*. Posteriormente, a principios del siglo XIX, un canónigo del Cabildo de Lima, José Manuel Bermúdez, los reprodujo de nuevo de forma manual, dejándolos para la posteridad entre otra serie de escritos salidos de su pluma, que se conservan en el Archivo Eclesiástico de la misma ciudad.

En el siglo XVII, un franciscano, de nombre Francisco Haroldo, realiza una traducción al latín de los mismos, insertando ciertos comentarios muy iluminadores, al respecto. Estas reflexiones, conocidas por Bermúdez, servirán a éste para introducir en su copia manuscrita las suyas propias, aportando cierta luz sobre determinados pasajes de los artículos canónicos. En ese mismo siglo (en 1686), un cardenal español residente en Roma, a partir de la copia presente en la Congregación antes señalada, emprendió otra traducción de los mismos al latín, añadiéndoles una información de gran importancia, como son sus fuentes. Lamentablemente, el cardenal traductor, José Sáenz de Aguirre, no disponía por aquel entonces, de las Actas de los dos primeros Concilios provinciales Limenses (sólo pudo consultar las del Tercero, único impreso, como se ha dicho), lo cual le llevó a omitir muchos cánones, auténticos antecedentes de los Diocesanos.

Estando así las cosas, llegamos al siglo XX. En 1970, el Centro Intercultural de Documentación (CIDOC), de Cuernavaca (México), sirviéndose de la transcripción del canónigo limeño (y para un Sínodo que faltaba en aquélla, del manuscrito original), realizó una impresión sencilla (sin fuentes ni edición crítica), de los cánones, en la que los reproduce acompañándolos de los comentarios escritos por dicho eclesiástico. Fue, precisamente, en el contacto con esta última, como nos dimos cuenta del estado de la cuestión, constatando la necesidad de llevar a cabo una recuperación de unos textos jurídicos de tal trascendencia. Así pues, una vez localizada la existencia de las copias manuscritas en castellano, nos decidimos a emprender la ardua tarea de construir una edición crítica, a partir de las mismas, añadiendo las fuentes que el cardenal Aguirre, no por falta de diligencia sino por no disponer de los recursos necesarios, no pudo discriminar. Tal investigación dio lugar a nuestra tesis doctoral[2].

Dado que Toribio de Mogrovejo celebró (probablemente) trece Sínodos, de los cuales conservamos Actas de diez de ellos, nos decantamos por concentrarnos sobre los tres primeros, y esto por las siguientes razones. En primer lugar, porque las constituciones de éstos representan un material suficiente para confeccionar una edición crítica de volumen razonable. Y en segundo lugar, porque al tiempo que iniciamos la misma, nos propusimos ejecutar un estudio de ciertos artículos desde una determinada perspectiva que a continuación describiremos y que ve hoy la luz en formato libro.

Una ulterior razón, que justifica nuestra selección, viene dada por el momento histórico clave en el que se llevaron a cabo. El primero, en 1582, justamente antes del gran Concilio de 1583, cuando el legislador diocesano apenas llevaba un año en su sede y no había dispuesto todavía del tiempo necesario para conocer, como luego sí hará, a sus feligreses. Supuso, esta Asamblea diocesana, una especie de ensayo para la Provincial. El de 1584, realizado inmediatamente después del Limense III, fue muy breve, ya que en éste había sido legislado de manera extremadamente abundante, con lo cual apenas tiene materia para analizar (aunque,

---

2 Cfr., J. L. Fernández Cadavid, "La Justicia Social en los Sínodos diocesanos de Toribio de Mogrovejo de 1582, 1584 y 1585, de acuerdo al pensamiento de John Rawls" [Tesis doctoral] Director: M. A. Pena González, Universidad Pontificia de Salamanca, 2014.

como veremos, no carece de interés). Finalmente, el de 1585 fue un Sínodo diocesano, a juzgar por su volumen, de gran calado.

El Prelado, para la última fecha indicada, había podido experiementar, en primera persona y por extenso, cuáles eran las circunstancias en las que se movían los habitantes del antiguo Tahuantinsuyo; había visitado buena parte de las doctrinas y parroquias de su Archidiócesis y, además, ya tenía como modelo la legislación del Provincial de 1583, que debía concretar para su propio territorio. A tal propósito, sirvió este último Diocesano. Con él, pues, se cierra una primera etapa legislativa que permite ser, hasta cierto punto, aislada del resto, bajo la perspectiva descrita.

3. Hipótesis de trabajo

Fue, precisamente, en el contacto con el contenido de los Sínodos de Toribio de Mogrovejo y de la lectura de *A Theory of Justice* de John Rawls, de donde brotaron las ideas que a continuación expondremos, y que sirvieron de preguntas guía, a responder en este estudio. Cinco han sido las hipótesis que nos planteamos, en un principio:

a. La legislación que aparece en estos documentos son normas esencialmente canónicas. Ahora bien, en aquel entonces el fuero eclesiástico está tan imbricado con el civil (y viceversa), que es difícil deslindar unas leyes de otras. Planteamiento: ¿Puede afirmarse que la legislación eclesial de la época tuvo una repercusión significativa sobre la cotidianeidad de los ciudadanos o moradores de aquellas poblaciones, en una medida que reborda su propio ámbito de jurisdicción?
b. A primera vista, los cánones de dichas Asambleas sinodales, no dan la impresión de ser una legislación desenfocada o descontextualizada, cuando se los confronta con la realidad para la que fueron emitidos. Ello podría significar que, en en su tiempo y lugar, resultaron de cierta relevancia en la construcción de una sociedad más justa. Planteamiento: ¿Podríamos encontrar un instrumento que nos sirviera para analizar tales artículos, con la finalidad de descubrir su adecuación (o no) a la idea de justicia?
c. Muchas han sido las propuestas, emitidas a lo largo de los tiempos, acerca de esta virtud fundamental para las relaciones entre individuos y grupos. Entre ellas, teníamos que elegir una que, evitando los peligros del anacronismo y la subjetividad, pudiese fungir como ese medio apropiado a nuestro propósito. Planteamiento: ¿Resultan los principios rawlsianos de justicia un método

correcto, capaz de ser aplicados a una legislación del pasado, sin conducirnos a falsas conclusiones?

d. Por lo que en el desarrollo de la investigación veremos, son varios los presupuestos que el filósofo del derecho estadounidense propone como identificadores de estructuras y leyes permeadas por la virtud de la justicia. Planteamiento: ¿Hasta qué punto nos sirve cada uno de ellos para analizar el contenido de los cánones de las Asambleas sinodales?
e. Aplicada la teoría de Rawls al objeto de nuestro estudio, sin caer en los peligros anteriormente mencionados y constatado que el alcance de las constituciones de un obispo iba más allá del puro ámbito espiritual, nos faltaba por comprobar, sin entrar en excesivos detalles, la eficacia o performatividad de tales disposiciones. Planteamiento: ¿Tenemos datos historiográficos suficientes que nos permitan, en alguna medida, confrontar los resultados de nuestras elucubraciones teóricas, con los hechos acontecidos, de manera que veamos si la realidad confirma o desmiente a las mismas?

4. El objeto y el método de nuestro estudio

Si el campo de nuestra investigación es el jurídico-canónico, y dentro de éste nos vamos a ocupar de los tres primeros Sínodos diocesanos de Lima (1582, 1584 y 1585), nuestro objeto de estudio van a ser todos aquellos cánones de estas Asambleas, los cuales, de un modo u otro, toquen algunos aspectos esenciales de la vida del indígena del último cuarto del siglo XVI. Estos ámbitos, los hemos resumido en los siguientes: el laboral, el educativo, el de los servicios públicos y el de las manifestaciones cultural-religiosas. En torno a estos cuatro criterios trataremos de agrupar la mayor cantidad de disposiciones sinodales posible que, a ellos, hagan relación. Dejaremos de lado, en esta investigación (o mencionaremos de manera tan solo indirecta), todos los artículos referidos a la vida, honestidad y costumbres del clero, así como a la reforma de su estado; también, pasaremos por alto, los que se refieren a los aspectos más litúrgicos o cultuales de los sacramentos, desde el bautismo al matrimonio; de este último, a pesar de hacerse especialmente presente en el contenido de estas leyes, no abordaremos más que algún que otro aspecto que concierna a los anteriores señalados; todo lo demás no ocupará el centro de nuestro estudio.

Una vez definido el objeto, pasemos a hablar del método. Si pretendemos, en el fondo, descubrir el grado de compromiso con la justicia que a tales constituciones sinodales impregna, necesitamos hallar un instrumento de juicio apropiado, cuya aplicación nos aporte una respuesta satisfactoria. Tal medio lo extraemos de la filosofía del Derecho, en particular del pensamiento del filósofo estadounidense, antiguo profesor de la Universidad de Harvard, John Rawls. Su propuesta puede ser resumida en lo que sigue: la sociedad debe ser un sistema de cooperación, cuya virtud fundamental es la justicia; para instaurarla en las relaciones humanas, deberemos construir instituciones y emitir legislaciones que tengan su fundamento en los principios de justicia social que el autor, apenas mencionado, nos propone: el de las libertades y el de la diferencia, como aquellos más importantes; el de la eficiencia y el de la publicidad, como los que completan a los anteriores. Entre ellos existe una jerarquía, de modo que el primer principio no es negociable, ni puede claudicar ante la imposición de ninguno de los demás, como en su momento explicaremos.

Pues bien, al objeto de nuestro estudio, una selección de cánones de los Sínodos limeños de 1582, 1584 y 1585, aplicaremos el método elegido: los principios de justicia social rawlsianos, para percibir si (y hasta dónde), tales constituciones sinodales fomentaron y sostuvieron estructuras jurídicas, constructoras de una sociedad más justa[3].

5. Estructura de la investigación

Damos a continuación, de manera breve, los contenidos fundamentales de la obra que con esta introducción general, da comienzo. La misma está dividida en tres capítulos, cuyas ideas centrales exponemos sumariamente en los párrafos que siguen.

El capítulo primero pretende ser una pre-historia y una historia de nuestro tema. Por ello, comenzamos *ab urbe condita*, es decir, desde el desembarco de los europeos en las tierras de lo que, por entonces, se conocía como el Nuevo Mundo, protagonizado por el Almirante y, futuro Gobernador, Cristóbal Colón. Daremos un salto de cuarenta años, de 1492 a 1532, para exponer la llegada de Francisco Pizarro al territorio del Tahuantinsuyo, el encuentro con el monarca inca, Atahualpa y el acontecimiento trascendental, de la caída de éste, a lo que siguió la de su Imperio, y su sustitución por un régimen político, religioso y

3 Dejemos constancia de la siguiente convicción: el acercamiento más válido que se puede tener a cualquier realidad, más todavía cuando se trata de una realidad histórica, y la mejor reflexión que sobre ella se puede realizar, es la que se apoya en los datos que figuran en los documentos que se nos han transmitido que, aún siendo interpretables y dando una visión parcial de las circunstancias, son los testimonios más fiables con los que podemos contar. De lo contrario, nuestra interpretación sólo se puede basar en suposiciones o en imaginaciones hechas, casi siempre, desde ideologías o prejuicios, cuando no desde meros anacronismos.

jurídico totalmente nuevo. Concluiremos la primera parte de este capítulo, con la descripción de la fundación de la ciudad de Los Reyes, capital del Virreinato de la Nueva Castilla, y Sede de la Archidiócesis del mismo nombre. Finalmente, llevaremos a cabo una descripción sumaria de las principales instituciones que, a lo largo del siglo XVI, fueron fundadas tanto en el Virreinato, como, sobre todo, en su ciudad principal.

El segundo capítulo ofrecerá una exposición de las ideas de Jonh Rawls, en lo que a su *Teoría de la Justicia* se refiere. Se divide en tres apartados; uno, de carácter introductorio; otro, en el que presentamos las nociones básicas de las que parte el filósofo estadounidense; y el último, en donde desarrollamos los puntos fundamentales de su pensamiento.

El capítulo tercero, último y central de nuestra investigación, llevará a cabo la tan anunciada aplicación de los principios rawlsianos de justicia social a los cánones de los Sínodos toribianos. Consta de cinco apartados. El primero, de naturaleza introductoria nos recordará algunas peripecias históricas que rodearon la celebración de estas Asambleas, al tiempo que ofrecemos una relación del contenido de las mismas. Con el segundo, titulado *Fiestas de guardar y descanso laboral*, nos metemos de lleno en la reflexión filosófico-jurídica (en un contexto histórico-sociológico), ya mencionada. Como el epígrafe transcrito nos sugiere, el tema central del mismo es el terreno *laboral*. El tercer apartado, cuyo título reza, *Instituciones de enseñanza y las lenguas indígenas*, se centrará en el ámbito de lo *educativo-lingüístico*. El cuarto, *Infraestructuras básicas y seguridad social*, se orienta al tema de los *servicios públicos y la beneficencia*. Y finalmente, el quinto, *Manifestaciones idolátricas y conductas sociales*, que gira en torno a lo *cultural-religioso*.

Con ello, llegamos al final de nuestra investigación. En las últimas páginas, nos limitaremos a reunir las conclusiones a las que hemos llegado, redactando de manera muy personal las últimas de este trabajo. En la bibliografía, que aparece reunida al final del libro, establecemos dos secciones, una para las fuentes y otra para el resto de autores.

Abreviaturas y Siglas

Archivos y Bibliotecas

ACL	Archivo Capitular de Lima
ACR	Archivo de la Congregación de Ritos (SCV)
ABBW	Archiv und Bibliothek des Bistums Würzburg
AGI	Archivo General de Indias (Sevilla)
AGS	Archivo General de Simancas
AHN	Archivo Histórico Nacional (Madrid)
A. CONG. CONCIL	Archivo de la Congregación del Concilio (SCV)
ARSI	Archivum Romanum Societatis Iesu (Roma)
ASV	Archivo Secreto Vaticano (SCV)
AUSA	Archivo Universitario de Salamanca
AUSC	Archivo Universitario de Santiago de Compostela
BCDL	Biblioteca del Convento de los Descalzos (Lima)
BFKW	Bibliothek des Franziskanerklosters Würzburg
BGUS	Biblioteca General (USAL)
BH	Biblioteca Hispánica (AECID)
BLEU	Biblioteca Lamberto Echeverría (UPSA)
BPCE	Biblioteca del Pontificio Colegio Español (Roma)
BPUG	Biblioteca de la Pontificia Università Gregoriana (Roma)
BSMO	Biblioteca del Seminario Mayor de Ourense
JMBUW	Julius-Maximilians-Bibliothek Universität Würzburg

Otras

AECID	Agencia Española de Cooperación Internacional al Desarrollo
BAC	Biblioteca de Autores Cristianos
BAE	Biblioteca de Autores Españoles
BBMP	Boletín de la Biblioteca Menéndez Pelayo
BOE	Boletín Oficial del Estado
BRAH	Boletín de la Real Academia de la Historia
CDC	Código de Derecho Canónico

CHP	Corpus Hispanorum de Pace
CIC	Catecismo de la Iglesia Católica
CIDOC	Centro Intercultural de Documentación
CSIC	Centro Superior de Investigaciones Científicas
DBE	Diccionario Biográfico Español
F.A.E.	Federeación de Amigos de la Enseñanza
GER	Gran Enciclopedia Rialp
RAH	Real Academia de la Historia
REDC	Revista Española de Derecho Canónico
RTL	Revista Teológica Limeña
UPSA	Universidad Pontificia de Salamanca
USAL	Universidad de Salamanca
USC	Universidad de Santiago de Compostela

Capítulo Primero
El Virreinato de Nueva Castilla y la Ciudad de Los Reyes

I. Historia de la Ciudad y de la Diócesis de Lima en el siglo XVI

1. Introducción

En este primer apartado de nuestro trabajo presentaremos los acontecimientos históricos que condujeron al establecimiento del Virreinato de Nueva Castilla o del Perú, así como a la fundación de la ciudad y de la diócesis de Los Reyes, más conocida como Lima. Lo completaremos con una segunda parte, en la que expondremos la descripción de las principales instituciones erigidas en la misma.

Los hechos que aquí ofrecemos constituyen el contexto histórico en el que se inserta el objeto de nuestro trabajo: los Sínodos diocesanos de Mogrovejo de 1582, 1584 y 1585. Estos acontecimientos crearon las condiciones políticas, sociales y religiosas que determinarán el desarrollo y el contenido de estas asambleas. Aunque muchos de ellos representan datos conocidos, hemos decidido insertarlos en este capítulo debido a que han quedado en la penumbra por el uso parcial o desvirtuado que un buen número de estudios han hecho de los mismos.

No es éste el ámbito adecuado para entrar en la cuestión de la credibilidad de las historias de los cronistas de Indias. Nos limitaremos a presentar aquellos eventos de los cuales, según nuestra opinión, no cabe dudar por ser contados por personajes que estuvieron presentes cuando acontecieron, por ser coincidentes los datos que nos proporcionan y porque no tenemos contra ellos pruebas ni argumentos en contrario.

2. Año de 1492. Cristóbal Colón

Para el relato que a continuación desarrollamos, hemos decidido contarlo desde la perspectiva del nativo de Indias antes que desde la del castellano, siempre que la historiografía nos lo permita. Con el paso del tiempo, ambas perspectivas se fusionarán y ello, por dos razones: a) el hijo del europeo se convierte en nativo de Indias; b) la tierra se puebla de una nueva raza: el mestizo o indo-hispano, cuya tonalidad llega a colorear a la mayor parte de la población. Nos situamos en el último cuarto del siglo XV y en la primera mitad del XVI, entre la Península Ibérica y un Nuevo Continente que, por aquel entonces, no tenía un nombre generalmente aceptado con el cual se le denominase.

No sabemos cómo se llamaban quiénes vieron por primera vez, desde las playas de la isla de Guanahani[1] a aquellos hombres barbudos y maltrechos que salidos del vientre de las aguas del océano se acercaron a sus costas en una nave de proporciones desconocidas. Ellos fueron los primeros nativos del continente que descubrieron a los europeos, aunque sólo llegasen a esa conclusión algunos años más tarde como, por lo demás, sucedió con estos mismos, que tampoco supieron hasta pasados unos cuantos lustros que habían llegado a un continente, que por entonces era para ellos ignoto.

De acuerdo con el calendario de los recién llegados, era el 12 de octubre de 1492, fecha que supondrá el inicio de un cambio de época en la historia de buena parte de los pueblos de ambas orillas del Atlántico. Los naturales de la isla de Guanahani, desnudos como estaban, se encontraron cara a cara con uno de los personajes más emblemáticos de toda la historia, cuyos proyectos transformaron el curso de no pocas ciencias desde la geografía a la filosofía, desde la etnografía a la zoología o la botánica, desde la cartografía a la historiografía, desde la ciencia del derecho a la teología, etc. Los naturales no lo sabían, como tampoco lo sabía el mismo Cristóbal Colón.

Aquellos guanahaninos fueron testigos del nacimiento de la actividad jurídica escrita de la Edad Moderna que tendría lugar sobre su isla y, por extensión, sobre todo el Continente[2]. Colón, almirante del barco recién arribado, descendió de éste con algunos de sus tripulantes, quienes portaban banderas y pendones nunca vistos por los nativos y ordenó a uno de ellos, de nombre Rodrigo de Escobedo[3] y de profesión notario, que levantase acta del acontecimiento. En las

---

1 Isla del archipiélago de las actuales Bahamas, en las Antillas. No se sabe con exactitud a cuál de las actuales islas corresponde. Fue la primera tierra del Nuevo Mundo avistada y pisada por Cristóbal Colón, el 12 de octubre de 1492. Fue rebautizada como San Salvador. El mismo Colón nos lo cuenta: "Amaynaron todas las velas, y quedaron con el treo, que es la vela grande, sin bonetas, y pusiéronse a la corda, temporizando hasta el día viernes que llegaron a una isleta de los Lucayos, que se llamaba en lengua de Indios Guanahani. Luego vieron gente desnuda" (C. Colón, Diario de a bordo [ed. de Luis Arranz], Madrid: Historia 16, 1985, 89–90).

2 Llamamos la atención sobre el hecho de la escritura. No nos cabe duda de que una ley no escrita existía entre los habitantes de las islas, como por lo demás entre los demás del continente; como afirma el adagio latino: *ubi societas ibi ius*. Ahora bien, el *ius scriptum*, o sea, el "derecho" y la "escritura", hacen acto de presencia por primera vez en el momento arriba descrito. Sobre la trascendencia de tal evento, sobran los comentarios.

3 Sabemos que nació en Segovia, en el siglo XV y que murió en la actual República Dominicana, en 1493. Fue elegido por los monarcas de Castilla para acompañar a Cristóbal Colón en su primer viaje, como "escribano y notario de la armada para dar fe y testimonio de todos los descubrimientos de Cristóbal Colón… Por ello, el almirante

banderas que ondearon, los naturales contemplaron por vez primera el extraño símbolo de una cruz. La Escritura, el Derecho civil y el Derecho canónico habían desembarcado en el Nuevo Mundo[4].

A pesar de no hablar la lengua de aquellos extraños individuos venidos del mar, el encuentro fue cordial. Las bizarras telas y otros objetos de aspecto desagradable que protegían los cuerpos de los marineros no fueron obstáculo para que se produjese un intercambio amigable de regalos entre ambas comitivas[5].

Éste fue el primero de una larga serie de viajes que mostraron a la posteridad la posibilidad de llegar de un continente a otro sin miedo a perecer en las, hasta aquel momento, misteriosas aguas del océano. Los buques recién llegados y sus marineros fueron vistos por los habitantes de otras islas de los alrededores. Los moradores de la isla de Bohío (Haití)[6] pudieron observar cómo una de las grandes naves que se aproximaban a sus costas quedaba encallada en las rocas, provocando su inhabilitación para la navegación. Curiosos, asistieron al desembarco de hombres y pertrechos y al levantamiento de un poblado hecho con la madera del barco. El día en el que el hundimiento se produjo era el 25 de diciembre de 1492, por lo que, esta localidad, que será la primera erigida por

---

le llamó, junto a Rodrigo Sánchez de Segovia, el 12 de octubre de 1492, para levantar acta sobre la toma de posesión de la isla de San Salvador (Guanahani) en nombre de los reyes, como habían decidido hacer en las capitulaciones firmadas entre ambas partes el 17 de abril de 1492 en Santa Fe" (M. Salvador Jorge, Escobedo, Rodrigo de, in: Diccionario Biográfico Español, vol. XVII, Madrid: Real Academia de la Historia, 2009, 534). Fue uno de los treinta y nueve hombres que permanecieron en el primer asentamiento fundado en tierras de este continente por parte de los castellanos, el fuerte Navidad (25 de diciembre de 1492) y que murió el año siguiente, 1493 a manos del cacique Canoabo (cfr., ibid., 533–534). Este Diccionario Biográfico Español en adelante será citado: DBE, nº. de volumen, año, página/s.

4 "Sacó el Almirante la vandera real y los capitanes con dos vanderas de la Cruz Verde, que llevava el Almirante en todos los navíos por seña, con una F y una I" (B. de las Casas, Obras Completas. Diario del primer y tercer viaje de Cristóbal Colón [ed. de Consuelo Varela], vol. 14, Madrid: Alianza Editorial, 1989, 56).

5 "Les di a algunos de ellos unos bonetes colorados y unas cuentas de vidrio que se ponían al pescuezo, y otras cosas muchas de poco valor, con que hubieron mucho placer y quedaron tanto nuestros que era maravilla. Los cuales después venían a las barcas de los navíos a donde nos estábamos, nadando y nos traían papagayos y hilo de algodón en ovillos y azagayas y otras cosas muchas, y nos las trocaban por otras cosas que nos les dábamos, como cuenticillas de vidrio y cascabeles" (C. Colón, Diario de a bordo, o.c., 90–91).

6 "Dexó en aquella isla Española que los indios diz que llamavan Bohío" (B. de las Casas, Obras Completas, o.c., 133).

un europeo, recibió el nombre de Navidad[7]. Tal denominación, representa una sugestiva indicación de una concepción de la vida y del mundo que impregnará hombre y sociedad en aquellas tierras, iniciando al mismo tiempo una nueva visión de las relaciones entre los miembros de un grupo y de las normas que las rigen. En definitiva, al clavar en la tierra las maderas de la nave "Santa María" se prefiguraba la siembra de una fe religiosa, nueva en aquella geografía; con el levantamiento de las viviendas del fuerte Navidad, se dibujaba el nacimiento de un sistema jurídico marcado por esa fe que regularía las relaciones entre individuos y grupos, desde entonces en adelante.

Cuando los recién llegados deciden regresar a los puertos de donde habían salido, algunos habitantes de las islas quieren acompañarles[8]. Era la primera vez que nativos de aquellas latitudes iban a descubrir y a pisar las tierras de Castilla. El almirante y gobernador Cristóbal Colón, antes de su muerte acaecida el 20 de mayo de 1506, todavía recorrerá la ruta entre España y el Nuevo Mundo tres veces más.

3. Año de 1502. Francisco Pizarro

Los nativos de la isla de Haití tendrán conocimiento, antes que muchos de sus contemporáneos, de otro de los protagonistas de esta historia, quien llegará precisamente siguiendo la misma ruta y que abrirá él mismo nuevos caminos hacia el Sur. En 1502, en una flota comandada por Nicolás de Ovando[9], se embarca Francisco Pizarro[10], instalándose en esta isla de la Española.

---

7 Cfr., nota 3.

8 "y comieron con el Almirante el rey e un hermano suyo y otro su pariente muy privado, los cuales dos le dixeron que querían ir a Castilla con él" (B. DE LAS CASAS, Obras Completas, o.c., 130).

9 Nació en torno a 1451 en Extremadura. Fue nombrado gobernador de las Islas y Tierra Firme el 3 de septiembre de 1501, en sustitución del sucesor de Colón, Francisco de Bobadilla. Parte de Cádiz el 13 de febrero de 1502, llevando en su armada hombres de la talla de Pizarro, Ponce de León o Las Casas. Una breve reseña sobre su vida y obra en: J. M. DE MAYORALGO Y LODO, Notas biográficas de frey Nicolás de Ovando, Gobernador de las Indias, Cáceres: Diputación Provincial, 1991.

10 Francisco Pizarro González nació en Trujillo, hijo bastardo de Gonzalo Pizarro y Francisca González. Pasó a las Indias en 1502, en la armada de Ovando. En 1509, participa en la expedición de Ojeda hacia la Nueva Andalucía y en 1510 se asienta como vecino en la que fue la primera fundación española en tierra firme, Santa María de la Antigua, en el Darién. Hizo carrera como soldado y expedicionario, siendo elegido para ocupar puestos de relevancia. Estuvo presente en varios acontecimientos históricos importantes como la fundación de Santa María de la Antigua, antes mencionada, o el 25 de septiembre de 1513, cuando Vasco Núñez de Balboa avista por primera vez el Mar del Sur (Océano

Indios de poblados colindantes con los territorios pertenecientes al enorme imperio incaico del Tahuantinsuyo, vieron por primera vez en 1522 llegar un grupo de gentes extrañas, cubiertas por telas y pertrechos de los pies a la cabeza. Era ésta, una incursión autorizada por el gobernador Pedrarias[11] al mando de la cual figuraba Pascual de Andagoya[12], para explorar y conquistar.

Será un par de años más tarde, cuando estos naturales encontrarán por primera vez al personaje que marcará para siempre el destino de sus reinos. El gobernador Pedrarias dio, de nuevo, autorización para emprender una expedición a estos inhóspitos lugares[13]. Ésta fue organizada por Francisco Pizarro, Diego de

---

Pacífico). Fue nombrado, por Pedrarias Dávila, regidor del primer Cabildo de la ciudad de Nuestra Señora de la Asunción de Panamá, produciéndose un desarrollo notable de dicha población por aquel entonces (1521). Fue elegido alcalde ordinario de dicha ciudad en 1522. Estando ahí es cuando recibe las primeras noticias del "Pirú", traídas por Pascual de Andagoya. Había formado una sociedad de bienes con Diego de Almagro y el clérigo Hernando de Luque, maestrescuela de la Catedral del Darién. Entre los tres "llegaron a juntar aproximadamente 18.000 pesos de oro. Su objetivo era llegar, por Levante, a esas ricas tierras de oro que Pascual de Andagoya había desistido de explorar. Francisco Pizarro sería el capitán de la hueste, Almagro el encargado de aprovisionarla y Luque se ocuparía de todos los trámites de carácter burocrático y de evitar que otras personas se interpusieran en ese cometido que tantas esperanzas había despertado entre los tres socios" (H. López Martínez, Pizarro González, Francisco, in: DBE, vol. XLI, 2013, 761). En los apartados que siguen daremos más información sobre él.

11 Su nombre era Pedro Arias Dávila, aunque se le conoce como Pedrarias Dávila. Nació en Segovia, en torno a 1440 y murió en Nicaragua en 1531. Fue elegido como gobernador del Darién en 1513, cuando tenía ya sesenta y tres años. Estuvo en Castilla del Oro entre 1514 y 1526; de donde pasó a Nicaragua, en donde gobernó de 1526 a 1531. Fue un personaje a quien los cronistas, a pesar de haber emprendido muchas empresas y fundado abundantes poblaciones, no han indultado. Algún autor como Mena García, opina que su gran culpa fue ajusticiar a Vasco Núñez de Balboa, lo que le acarrearía la inquina de los escritores de su época, tales como Juan de Quevedo, Pascual de Andagoya, Fernández de Oviedo o Bartolomé de las Casas (cfr., Mª. del C. Mena García, Pedrarias Dávila o "La ira de Dios": una historia olvidada, Sevilla: Publicaciones Universidad de Sevilla, 1992, 11–16).

12 Nació en Álava, en torno a 1498 y murió en el Cuzco, en 1548. Pasó a las Indias en la expedición que llevaba al gobernador Pedrarias. A pesar de no tener estudios universitarios, destacó por su facilidad para escribir. Exploró y conquistó la costa meridional de Panamá, siendo nombrado gobernador del Río San Juan. Algunas de sus andanzas podemos encontrarlas en G. Fernández de Oviedo, Historia general y natural de las Indias [ed. de la Biblioteca de Autores Españoles], vol. V, Madrid: Ediciones Atlas, 1959, 15–22 y 25–31.

13 El cronista Xerez nos informa de ello: "Habiendo poblado el gobernador Pedrarias de Ávila la ciudad de Panamá y la ciudad de Nata, y la villa del Nombre de Dios; viviendo en la ciudad de Panamá el capitán Francisco Pizarro,... pidió licencia a Pedrarias para

Almagro[14] y el clérigo Hernando de Luque[15], maestrescuela del cabildo eclesiástico de Panamá, quien ayudó con todo lo referente a la burocracia y licencias de la expedición.

Los habitantes que entonces poblaban la costa de la actual República del Ecuador[16], serán de los primeros en tomar contacto con estos hombres extraños, que

---

descubrir por aquella costa del mar del Sur a la vía de Levante" (F. DE XEREZ, Verdadera relación de la conquista del Perú [ed. de C. BRAVO GUERREIRA], Madrid: Historia 16, 1985, 61–62). El documento denominado "La Relación Sámano" nos habla también de estos hechos: "En el año pasado de mill e quinientos e veynte e cinco años, estando pedrarias de avila gobernador de la tierra firme que es cierta parte de la tierra firme, a que llaman castilla del / oro en la cibdad de panamá que es fundada en la costa de la otra mar del sur, se ofrecieron al señor governador los capitanes francisco piçarro e diego de almagro a hazer a sus espensas çierto descobrimiento, hazia la parte del levante" (J. DE SÁMANO, La Relación Sámano, in: F. DE XEREZ, Verdadera relación de la conquista del Perú [ed. de C. BRAVO GUERREIRA], Madrid: Historia 16, 1985, 179).

14 Se llamaba Diego Montenegro Gutiérrez, aunque acabó por ponerse por nombre el del pueblo manchego en el que había nacido, Almagro. Aquí vio la luz por primera vez en 1480 y fue a morir en el Cuzco, ejecutado por Hernando Pizarro, hermano del marqués, en 1538. Pasó al Nuevo Mundo en la expedición de Pedrarias Dávila. Se hizo muy amigo de Francisco Pizarro, con quien crearía la sociedad ya mencionada. Acabaría por enemistarse con él, llegando a producirse una sangrienta guerra, que se prolongaría con el hijo de Almagro y sus partidarios, quienes dieron muerte al marqués. De la amistad entre los dos hombres nos ha dejado su irónica versión Fernández de Oviedo: "Estos capitanes Francisco Pizarro e Diego de Almagro, como se ha dicho en los precedentes libros destas historias, vivieron en tanta conformidad e amistad, que eran ejemplo de grandes personas; e fue eso principio de su auctoridad e crédito, aunque no era todo tan fundado sobre verdadero amor (según el tiempo lo mostró adelante) como por arte e nescesidad" (G. FERNÁNDEZ DE OVIEDO, o.c., 32).

15 Nació a finales del siglo XV en Sevilla y murió en Panamá en 1534. Fue Maestrescuela en Panamá y preconizado como obispo de Túmbez, obispado que nunca vio erigido. Como queda dicho, se asoció a Pizarro y a Almagro para emprender la conquista del Perú. Fernández de Oviedo en su crónica nos describe esta curiosa sociedad: "Estos capitanes Pizarro e Almagro e los dineros e hacienda del padre Luque (o padre loco, que así le llamaban algunos, por se haber juntado con estos capitanes) porfiaban siempre en la empresa de su descubrimiento, e acordaron que Pizarro fuese a España (e así lo hizo) para negociar lo que a la compañía de todos cumplía" (G. FERNÁNDEZ DE OVIEDO, o.c., 125).

16 Xerez nos dice lo siguiente: "El navío que fue a descubrir volvió a cabo de setenta días al río de Sant Juan, adonde el capitán Pizarro quedó con la gente; y dio relación de lo que le había sucedido, y fue que llegó hasta el pueblo de Cancebi, que es en aquella costa... y trujeron seis personas para que prendiesen la lengua de los Españoles" (F. DE XEREZ, o.c., 65–66). Se pensó que este relato hacía referencia a tierras próximas a Túmbez, pero hoy sabemos que tal expedición se había quedado más al norte de la costa continental,

habían salido de Panamá en noviembre de 1524[17]. No volverían a aparecer por estas costas más extranjeros hasta 1531, cuando tres naves, en las que viajaban ciento ochenta hombres y treinta y siete caballos[18], arribaron a varios puntos de la costa ecuatoriana, tales como Atacames, Cancebi o Coaque, antes de llegar a lo que hoy son los alrededores de Portoviejo, (este grupo llegó fuertemente menguado debido a las terribles condiciones de la tierra y a una epidemia que costó la vida a un buen número de hombres)[19]. En dicha población, se unirá a la expedición al frente de la cual iba Pizarro, la que comandaba Sebastián de Belalcázar[20].

---

como nos dice Bravo Guerreira: "… En cuanto a la balsa que la historiografía siempre ha señalado como procedente de las tierras más meridionales de Túmbez, puede afirmarse hoy que lo era de la región ecuatoriana de Punta Galera y fue avistada por Ruiz frente a la isla Salango; en la ensenada del mismo nombre a 1° 35' de latitud Sur" (IBID., 65–66, nota 18).

17 "Y partió de la ciudad de Panamá a catorce días del mes de noviembre de mil y quinientos y veinte y cuatro años; llevando en su compañía ciento y doce Españoles, los cuales llevaban algunos indios para su servicio" (F. DE XEREZ, o.c., 62).

18 "… con la más gente que pudo que fueron ciento y ochenta hombres y treinta y siete caballos, en tres navíos partió del puerto de Panamá" (F. DE XEREZ, o.c., 69).

19 "… y tuvo tan venturosa navegación que en treze días llegó a la bahía de Sant Matheo… Y caminaron hasta llegar a un gran pueblo que se dice Coaque" (F. DE XEREZ, o.c., 69). En una nota nos explica Bravo Guerreira: "Antes de esta escala (nos informan Trujillo y Estete) habían tocado en Atacames y Cancebi" (IBID., 69, nota 30). Y en otra nota, Bravo Guerreira, nos da una información omitida por el cronista Xerez: "Continúa Xerez eludiendo las penalidades del viaje desde Coaque hasta esta isla, que es la de la Puná, en la bahía de Guayaquil. Antes habían permanecido más de dos meses en la zona de Puerto Viejo (actual provincia de Manabí en Ecuador) para reponerse de las enfermedades y descansar" (IBID., 71, nota 38). Diego Trujillo en su crónica nos cuenta: "Habiendo ya venido los navíos de Panamá y Nicaragua, salimos de Cuaque, con la más gente enferma. Y fuimos al Cabo de Pascio, y no pudiendo pasar la punta, abrimos camino por la montaña y llegamos al pueblo de Pasao y pasamos hasta llegar a la bahía de los caraques, con gran falta de agua dulce. Y de allí, en un navío, metieron todos los enfermos y los enviaron a un pueblo que se dice Charapotó, que es en la provincia de Puerto Viejo; llevaron tres hombres sanos, para que los curasen. Y el Gobernador, con toda la gente que quedaba, se fue por la bahía arriba, hasta dar en un pueblo que se dice Tocagua. Y de allí pasó adelante a un pueblo en la misma provincia de Puerto Viejo, que era señora de él una viuda rica… Estuvimos en esta tierra de Puerto Viejo más de dos meses" (D. TRUJILLO, Relación del descubrimiento del reino del Perú, in: F. DE XEREZ, o.c., 195).

20 Se llamaba, en realidad, Sebastián Moyano. Nació en Córdoba, en torno a 1490 y murió en Cartagena de Indias en 1551. "Conquistador de Panamá, Nicaragua y Perú, descubrió y conquistó el Reino de Quito y la gobernación de Popayán, en el Nuevo Reino de Granada… Partió de Nicaragua en mayo de 1532 y llegó a Puerto Viejo, donde

Los extranjeros llegan entonces a la isla de Puná, donde sus habitantes les reciben pacíficamente y con amabilidad. Ello no es óbice para que estos isleños sintiesen cierto temor ante aquellos curiosos individuos. Fue entonces cuando los naturales conocen a otro de los personajes que marcará sus vidas, Hernando de Soto[21] que llega con una compañía de cien hombres. Movidos tal vez por el miedo, los nativos deciden desembarazarse de sus huéspedes y traman un ataque nocturno contra los extranjeros. Descubierta la conspiración, el castigo por parte de estos no se hace esperar[22]. Según relata Xerez, la idea de la sublevación no partió del cacique principal, sino de algunos de sus consejeros. Éstos pagaron con su vida el levantamiento en armas contra los extranjeros, recuperando el señor de la isla su libertad y autoridad[23].

se unió a la hueste de Pizarro" (M. Lucena Salmoral, Moyano, Sebastián, in: DBE, vol. XXXVI, 2009, 606–607). Diego de Trujillo nos dice de él: "Salimos de Puerto Viejo, llegamos a Picuazá y a otro puerto que se dice Marchan. Y de allí se hizo una entrada con el capitán Benalcázar, la tierra adentro. Yo fui en ella" (D. Trujillo, Relación del descubrimiento del reino del Perú, in: F. de Xerez, o.c.196).

21 Nació en Badajoz, en torno a 1500 y murió en Arkansas (Estados Unidos) en 1542. Fue uno de los capitanes que estuvo con Pizarro en Cajamarca y de los que conquistaron el Cuzco, entrando el 13 de noviembre de 1533 en la capital del Tahuantinsuyu. "Fue contrario a la prisión y muerte del emperador inca, llevada a cabo durante su ausencia, cosa que recriminó con dureza a Pizarro" (C. González Conejo, Hernando Méndez Soto, in: XVIII Coloquios Históricos de Extremadura, Cáceres: Diputación Provincial, 1991, 114). Según Diego Trujillo, en su flota llegó la primera mujer europea al Perú: "Luego vino Hernando de Soto de Nicaragua, con dos navíos, y trajo mucha gente, caballos y bastimento… Con Hernando de Soto vino la primera mujer que vino a este reino, que se llamaba Juana Hernández" (D. Trujillo, Relación del descubrimiento del reino del Perú, in: F. de Xerez, o.c., 197).

22 "El Gobernador [Pizarro] fue recebido en esta isla por el cacique señor della con mucha alegría y buen recebimiento… Y como la inclinación de los indios es de no obedescer ni servir a otra generación si por fuerza no son atraídos a ello, estando este cacique con el Gobernador pacíficamente, habiéndose ya dado por vasallo de su majestad, súpose por las lenguas que el Gobernador tenía consigo que el cacique tenía hecha junta de toda su gente de guerra, y que había muchos días que no entendía en otra cosa sino en hacer armas, demás de las que los indios tenían… esperando a que se recogiese toda la gente de la isla para dar aquella noche sobre los christianos. Sabida la verdad, y habida información secretamente sobre ello, luego mandó el Gobernador prender al cacique y a tres hijos suyos y a otros dos principales" (F. de Xerez, o.c., 71–72).

23 "… y diez principales que fueron presos con el cacique, porque él confesó que le habían aconsejado que ordenase la traición que tenía urdida, y que él no quería venir en ello, y no lo pudo estorbar a los principales. Destos hizo justicia, quemando algunos, y a otros cortando las cabezas… acordó el Gobernador de poner en libertad al cacique, porque

De Puná pasaron los hombres venidos de tierras lejanas a la ciudad de Túmbez, la cual encontraron desierta. El cacique de Túmbez[24], Quilimasa, a pesar de tener buenas relaciones con Pizarro, por miedo a las represalias que éste podía llevar a cabo contra él y su gente, se alzó en armas contra los castellanos. El problema había surgido cuando algunos indios principales habían hecho desaparecer a tres españoles, sin conocimiento de Quilimasa. Éste, temeroso de la reacción de Pizarro, se adelanta y pone a su gente en armas.

Hubo guerra ente los nativos y los extranjeros, hasta que hechas las paces, el incidente fue aclarado[25]. No corrían buenos tiempos para la ciudad, pues a la

---

recogiese la gente que andaba derramada, y la isla se tornase a poblar. El cacique fue contento, con voluntad de servir a sus majestades de allí adelante, por la honra que en su prisión se le había hecho" (F. de Xerez, o.c., 72–73).

24 Entre los indios de la isla de Puná y la ciudad de Túmbez había guerra. Pizarro va a mediar entre ambos bandos, alcanzando la reconciliación entre ellos. Trujillo nos cuenta: "Y estos indios de la Puna tenían tomado a los indios de Túmbez tres ídolos de oro del tamaño cada uno, como un muchacho de tres años. Y tenía más de seiscientos esclavos de los indios de Túmbez, entre hombres y mujeres. Y el Gobernador envió a llamar a los señores de Túmbez, y, venidos, los hizo amigos con los de la isla e hízoles restituir los ídolos de oro y los esclavos que les habían tomado y los llevaron a su tierra" (D. Trujillo, Relación del descubrimiento del reino del Perú, in: F. de Xerez, o.c., 197). Otro de los cronistas, Cieza de León, que no fue testigo directo, también se refiere a este hecho: "Habían los principales de Túmbez con muchos de sus indios andado con los españoles en la Puná, donde Francisco Pizarro les había entregado más de trescientas personas, hombres y mujeres, que los de la isla tenían cautivos" (P. Cieza de León, Descubrimiento y conquista del Perú [ed. de C. Sáenz de Santamaría], Madrid: Historia 16, 1986, 131.132).

25 "... el Gobernador se partió con algunos españoles y caballos, que en tres navíos que allí [Puná] estaban cupieron, para el pueblo de Túmbez, que a la sazón estaba de paces... En tres días arribaron los navíos a la playa de Túmbez. Y como el Gobernador salió en tierra, halló la gente de los pueblos alzada... el Gobernador mandó hacer una grande balsa de madera, y por el mejor paso del río mandó pasar a un capitán [Hernando de Soto] con cuarenta de caballo y ochenta de pie,... y mandó a este capitán que les hiciese guerra, pues eran rebeldes y habían muerto a los christianos; y que si después de haber castigado conforme al delicto que habían cometido, viniesen de paz, que los recibiese conforme a los mandamientos de sus majestades...y el cacique de aquella provincia, que ha por nombre Quilimasa, envió con los mensajeros un principal suyo, y por él respondió que por el mucho temor que tenía de los españoles no osaba venir; que si fuese cierto que no le habían de matar, que vernía de paz. El capitán respondió al mensajero que no recibiría mal ni daño, que viniese sin temor, que el Gobernador lo recibiría de paz por vasallo de sus majestades, y le perdonaría el delicto que había hecho... El Gobernador preguntó al cacique que por qué se había alzado y muerto los

devastación provocada por una peste que la dejó casi asolada, se unieron los daños provocados por la guerra mantenida entre este cacique y el de la isla de Puná (Pizarro había ayudado al cacique de Túmbez en esta contienda)[26].

En mayo de 1532, salieron los castellanos de Túmbez rumbo hacia el Sur. A medida que iban avanzando, para evitar el alzamiento de los naturales, el Gobernador dio orden de respetar, no sólo la vida sino también los bienes y propiedades de los indios, no tomando sino aquello que ellos diesen de buena gana, para el sustento de los exploradores. Por su parte, muchos de los caciques indígenas reciben pacíficamente a los recién llegados y establecen con ellos pactos de amistad y vasallaje[27].

---

christianos, habiendo sido tan bien tratado dél… El cacique respondió: «Yo supe que ciertos principales míos que en las balsas venían llevaron tres christianos y los mataron, y yo no fui en ello; pero tuve temor que me echásedes a mí la culpa»" (F. de Xerez, o.c., 73–75).

26 "… el pueblo de Túmbez estaba destruido, aunque parecía ser gran cosa, por algunos edificios que tenía y dos casas, cercada la una con dos cercas de tierra ciega, y sus patios y aposentos y puertas con defensas, que para entre indios es buena fortaleza. Dicen los naturales que a causa de una gran pestilencia que en ellos dio, y de la guerra que ha habido del cacique de la isla [Puná], están asolados" (F. de Xerez, o.c., 76). Acerca de tal epidemia, nos habla Bravo Guerreira: "La epidemia que asoló la región había alcanzado las tierras del interior, y de ellas habían sido víctimas el Inca Huayna Cápac, y muchos de sus hombres. Sus efectos se dejaron sentir también en el lejano Cuzco. Las referencias a ella son comunes en las crónicas más tardías del siglo XVI, que recogen los testimonios de los indígenas sobre el reinado de este Inca. Esto sucedía a finales de 1529 o quizás a principios de 1530 y todavía se dejaban sentir los efectos de la mortandad" (ibid., 76, nota 48).

27 "Y todos los más caciques que había el río abajo vinieron de paz al Gobernador… El Gobernador los recibió a todos con mucho amor, y les notificó el requerimiento que sus majestades mandan para atraellos en conoscimiento y obediencia de la Iglesia y de sus majestades… mandó el Gobernador pregonar, so graves penas, que ningún daño les fuese hecho en personas ni en bienes, ni les tomasen los mantenimientos más de lo que ellos quisiesen dar para el sostenimiento de los christianos, castigando y ejecutando las penas en los que lo contrario hacían; porque los naturales traían cada día cuanto mantenimiento era necesario y yerba para los caballos, y servían en todo lo que les era mandado" (F. de Xerez, o.c., 77). Como nos explica Bravo Guerreira: "El *Requerimiento* era una fórmula legal, redactada para hacer conocer a los indígenas los derechos que el Rey de Castilla tenía otorgados por el papa y reconocidos en bulas pontificias para conquistar las tierras de las Indias. En virtud de ellas se les invitaba a la sumisión pacífica, mediante un pacto de vasallaje, que si no era aceptado justificaba la acción de conquista armada" (ibid., 77, nota 52).

Los exploradores extranjeros siguen avanzando, recorriendo montañas, valles y ríos. Será, precisamente, en las márgenes de uno de éstos, el río Chira[28], donde los españoles fundan una población a la que denominan San Miguel[29], la primera establecida en lo que es el actual territorio de la República del Perú[30].

4. Año de 1532. Atahualpa y Pizarro

Los hijos de Huayna Cápac, Huáscar y Atahualpa[31], estaban en guerra fratricida para hacerse con el control del imperio del padre. El heredero legítimo, Huáscar, sufre el ataque de su hermano Atahualpa desde el norte del reino, lo que conduce a una guerra civil, provocando la destrucción de muchas ciudades florecientes. La corona pasará a manos del segundo, desposeyendo de sus derechos al sucesor

---

28 Este río, como nos explica Bravo Guerreira, recibe denominaciones diferentes: "Poechos. Cieza de León (*Primera Parte*, capítulo LVIII) se refiere a estos nombres: Saliendo de Solana se llega a Poechos que está sobre el río llamado también Poechos, aunque algunos le llaman Maicabilca, porque por bajo del valle estaba un principal o señor llamado de este nombre. En la *Relación Geográfica de Piura*, hecha hacia 1570, se da el nombre de Maricabelica y Marcahuillca al río del Poechos (actualmente Río Chira) que Xerez llama Turicarami; aunque más adelante,..., habla del cacique Mayzabilica, señor del valle de un río, cuya intervención fue importante en las vísperas de la llegada a Cajamarca" (F. de Xerez, o.c., 77, nota 51).

29 "Junto a la ribera de este río, seis leguas del puerto de mar, hay un cacique señor de una ciudad que se llamaba Tangarara, a la cual se puso por nombre Sant Miguel" (F. de Xérez, o.c., 80). Como explica Bravo Guerreira: "San Miguel de Tangarara, primera fundación española del Perú, cuyo emplazamiento se trasladó después a Piura, más al interior del territorio" (ibid., 80, nota 59).

30 La procedencia del nombre no está clara y es hoy todavía discutida. El cronista Pedro Cieza de León nos dejó una explicación, para muchos autores poco convincente. Afirma: "Dicen los antiguos españoles que el reino del Perú se llamó así por este pueblo, o señorete llamado Peruquete, y no por el río, porque no lo hay que tenga tal nombre" (P. Cieza de León, o.c., 47). Carmelo Sáenz, editor de la crónica nos dice en una nota: "Cieza atribuye el nombre del Perú a un cacique que se llamaría Beriquete/Biruquete/Piruquete/. La realidad del Perú, que pronto sería sinónimo de enormes riquezas, ocultó su origen fonético, que siempre es discutible" (ibid., 47, nota 17).

31 El soberano inca recibe en las crónicas diversos nombres tales como "Atabaliba" o "Atabalipa". Como dice Bravo Guerreira: "Atau-Huallpa, el hijo de Huayna Cápac, que estaba enfrentado a su hermano Huáscar en una guerra sucesoria, es llamado por los cronistas de diversas formas. En la edición de Sevilla de 1534, se le llama Atabaliba, pero en la de Salamanca, más conocida a través de la publicación de Vedia, se le nombra Atabalipa, al igual que lo hace Fernández de Oviedo en su *Historia General y Natural de las Indias*" (F. de Xerez, o.c., 82, nota 64).

legítimo, Huáscar, quien habría querido hacerse con la parte del reino que el padre había dejado a Atahualpa, siempre según la versión de este último[32]. Teniendo noticia de estos acontecimientos, Pizarro sale de San Miguel y se encamina al encuentro del rey de los Incas, como dice Xerez:

> "Salió el Gobernador de la ciudad de Sant Miguel en demanda de Atabaliba a veynte y cuatro días de Setiembre. Año de M. Q. y treynta y dos... En tres días siguientes llegó al valle de Piura, a una fortaleza de un cacique, adonde halló un capitán con ciertos españoles, al cual él había enviado para pacificar aquel cacique"[33].

Atahualpa se encontraba en la ciudad de Cajamarca (o Caxamalca). Los súbditos del Inca, indios de pueblos sometidos, vieron avanzar a este grupo de expedicionarios y a sus caballos, que en total sumaban "sesenta y dos de caballo y ciento y dos de pie"[34].

Los castellanos, a medida que avanzan, van recabando información acerca del estado del reino. Como muchos de los caciques y sus pueblos habían sido vencidos por Atahualpa y obligados a pagar duro tributo, los recién llegados van a

32 Así lo narra Xerez, en boca de un indio, súbdito de Atahualpa: "Y no contento con el señorío que tenía [Huáscar] vino a dar guerra a su hermano Atabaliba, el cual le envió mensajeros rogándole que le dejase pacíficamente en lo que su padre le había dejado por herencia. Y no lo queriendo hacer el Cuzco [Huáscar], mató a sus herederos y a un hermano de los dos que fue con la embajada. Visto esto por Atabaliba, salió a él con mucha gente de guerra hasta llegar a la provincia de Tumipomba, que era del señorío de su hermano; y por defendérsele la gente, quemó el pueblo principal de aquella provincia y mató toda la gente... Atabaliba fue conquistando las tierras del Cuzco, sin que algún pueblo se le defendiese, porque sabían el castigo que en Tumepomba hizo, y de todas las tierras que señoreaba se rehacía de gente de guerra... y de pocos días acá le han venido nuevas destos dos capitanes, que han ganado toda la tierra del Cuzco hasta llegar a su pueblo, y han desbaratado a él y a su gente, y traen presa su persona [Huáscar], y le tomaron mucho oro y plata" (F. de Xerez, o.c., 97–98).

33 F. de Xerez, o.c., 82. Este capitán, como nos explica Bravo Guerreira, era el mismo hermano de Pizarro: "Se trataba de su hermano Juan Pizarro, con 50 hombre de caballería. La hostilidad de la gente de Piura, como poco antes la de Poechos, estaba provocada por emisarios de Atau-Huallpa, enviados desde Cajamarca, aunque todavía en estos momentos no se presentan como embajadores de éste ante Pizarro" (ibid., 82–83, nota 66).

34 Francisco de Xerez, o.c., 1985, 83. Cieza nos relata: "[cuatro orejones]...fingiendo que se iban a sus posadas, se pusieron en camino y anduvieron hasta llegar a Caxamalca, donde contaron por extenso a Atabalipa lo que les había pasado con los cristianos, y como no eran más de ciento y sesenta los que venían por la costa adelante" (P. Cieza de León, Descubrimiento y conquista del Perú, o.c., 146).

utilizar estas circunstancias en provecho propio[35]. Mientras marchan al encuentro del rey de los Incas, van cerrando pactos con los señores locales, al tiempo que los hacen vasallos de la corona española[36].

Pizarro envía por delante pequeños destacamentos de reconocimiento a varios pueblos de los que tiene noticia. No obstante, va a ser Atahualpa, quien sabiendo de la presencia de los europeos a través de sus muchos espías, mandará la primera embajada al Gobernador. El señor inca envía a encontrarse con los forasteros a algunos de sus oficiales. El mensaje que traían los emisarios del soberano, según la interpretación de los naturales que acompañaban a los recién llegados, parecía claro: si querían permanecer con vida debían abandonar aquellas tierras[37]. El capitán castellano, ignorando tal advertencia, responde al señor

---

35 Mientras se produce este viaje de Pizarro, las tropas de Atahualpa atacan el Cuzco y derrotan a Huáscar. Como afirma Bravo Guerreira: "El desenlace de la guerra entre Huáscar y Atau-Huallpa tuvo lugar durante el tiempo que Pizarro empleó en su marcha desde Zarán a las proximidades de Cajamarca, que podemos calcular en unas seis semanas... todo lo relativo a la matanza que sus generales [de Atahualpa] habían hecho en el Cuzco, entre los parientes y seguidores de Huáscar" (F. de Xerez, o.c., 98, nota 107). Un relato de la prisión de Huáscar lo podemos ver en: P. Cieza de León, o.c., 139–144.

36 Xerez nos habla de estos caciques que, resentidos por los daños sufridos, se alían a los castellanos: "Súpose que este cacique era gran señor, el cual al presente estaba destruido; que el Cuzco viejo [Huayna Cápac], padre de Atabaliba, le había destruido veinte pueblos y muerto la gente dellos... Y junto con él está otro su hermano, tan gran señor como él" (F. de Xerez, o.c., 83–84).

37 "Este mensajero dijo al Gobernador que su señor Atabaliba le había enviado desde Caxamalca para le traer aquel presente, que eran dos fortalezas a manera de fuente, figuradas en piedra, con que beba; y dos cargas de patos secos desollados, para que hechos polvos, se sahume con ellos, porque así se usa entre los señores de su tierra, y que le envía a decir que él tiene voluntad de ser su amigo, y esperalle de paz en Caxamalca" (F. de Xerez, o.c., 88). El significado del presente según la crónica de Trujillo es el siguiente: "Y preguntáronle qué era aquello, respondió y dijo: – Dice Atabalipa que de esta manera os ha de poner los cuerpos a todos vosotros, si no le volvéis cuanto habéis tomado en la tierra" (D. Trujillo, Relación del descubrimiento del reino del Perú, in: F. de Xerez, o.c., 200). También Cieza nos comenta el suceso: "Llevaban un presente donoso, porque fue, algunos cestillos de fruta y diez o doce patos mal asados con su pluma, y tres o cuatro cuartos de oveja tan asada, que no tenía virtud. Con esto dicen que Atabalipa envió a decir a Pizarro que se diese prisa a llegar a Caxamalca, donde le estaban aguardando y se holgarían todos. Otros cuentan que no, sino que con grave enojo le envió a decir que luego se saliese de su tierra y le volviese el oro, plata, piedras, mujeres, hombres, con lo que más habían robado, pues no era suyo, donde no, que los mataría a todos" (P. Cieza de León, o.c., 1986, 148).

de los Incas a través de los oficiales de éste, informándole de que iría a visitarle personalmente[38].

La interpretación del mensaje es discutida por los autores, incluso por los testigos presenciales del hecho. Lo que está claro es que tanto el rey inca como el gobernador español buscaban el sometimiento del adversario. Pizarro sabía que venciendo al rey, el reino podría ser más fácilmente dominado y pacificado. Atahualpa, vencedor en la guerra contra su hermano y señor de un inmenso reino se sentía superior a los extranjeros y aguardaba, tan sólo, la ocasión para caer sobre ellos y eliminarlos[39]. Xerez nos dice:

> "El capitán Hernando Pizarro pasó, y los indios de un pueblo que está a la otra parte vinieron a él de paz, y aposentóse en una fortaleza cercada, y como viese que estaban alzados los indios de los pueblos, que aunque algunos indios salieron a él de paz, todos los pueblos estaban yermos y la tropa alzada. Él les preguntó por Atabaliba, si sabían que esperaba de paz o de guerra a los christianos; y ninguno le quiso decir verdad, por temor que tenían de Atabaliba, hasta que tomado aparte un principal, y atormentado, dijo que Atabaliba esperaba de guerra con su gente en tres partes, la una al pie de la sierra y otra en lo alto, y otra en Caxamalca, con mucha soberbia, diciendo que ha de matar a los christianos... Otro día por la mañana lo hizo saber el capitán al Gobernador"[40].

Atahualpa tenía, sin lugar a dudas, motivo para estar confiado. A pesar de que conocía lo llevado a cabo por los extranjeros y de que muchos de los caciques, súbditos suyos, les estaban ayudando[41], la grandeza de su ejército y la desproporción

38 "El Gobernador recibió el presente y le habló bien, diciendo que holgaba mucho de su venida por ser mensajero de Atabaliba, a quien él deseaba ver por las nuevas que dél oía... Y mandó que le diesen de comer a él y a los que con él venían" (F. de Xerez, o.c., 88).

39 Reunido con sus capitanes, discuten cómo hacerlo: "... hablaron gran rato en esta materia, y que unas veces decían que sería bien salir a ellos, y a piedra menuda matarlos a todos, pues eran tan pocos; y otras, que era locura hacer caso de ciento sesenta hombres para temerlos tanto que mejor sería dejarlos llegar a Caxamalca, donde los atarían a todos y se vengaría de ellos" (P. Cieza de León, o.c., 147).

40 F. de Xerez, o.c., 91. Hernando Pizarro hermano del gobernador, es uno de los tres capitanes que protagonizarán junto con éste el acontecimiento de Cajamarca. Los otros dos serán Hernando de Soto y Sebastián de Belalcázar, de los cuales hemos hecho mención más arriba.

41 Uno de estos caciques que ayudó a Pizarro tenía sus dominios muy cerca de donde se encontraba Atahualpa, suministrando al extremeño noticias frescas sobre el rey inca: "Este cacique de quien el Gobernador se informó es el principal de los de aquel río; el cual dijo que al tiempo que vino Atabaliba por aquella tierra, él se había escondido por temor. Y como no lo halló en sus pueblos, de cinco mil indios que tenía, le mató los

en comparación con el de los españoles no dejaba resquicio al temor: cincuenta mil hombres contra menos de doscientos[42].

El 15 de noviembre de 1532 los vecinos de Cajamarca conocieron a Pizarro y a sus hombres[43]. Las calles de la ciudad estaban prácticamente desiertas, reinando un silencio que no parecía presagiar nada bueno[44]. El jefe de la expedición decide instalarse en la plaza y envía a su hermano Hernando y a Hernando de Soto, con un grupo de jinetes al campamento del Inca. Así nos lo narra Xerez:

> "Como el Gobernador hubo estado con los españoles gran rato en esta plaza esperando que Atabaliba viniese o enviase darle aposento, y como vio que se hacía ya tarde, envió un capitán con veinte de caballo a hablar a Atabaliba y a decir que viniese a hablar con él, al cual mandó que fuese pacíficamente... envió otro capitán hermano suyo con otros veinte de a caballo; al cual mandó que no consintiese que hiciesen ningunas voces"[45].

El señor de los Incas, que se encontraba en los alrededores de la ciudad con su enorme ejército, recibe a estos emisarios con gran solemnidad y les promete

---

cuatro mil, y le tomó seiscientas mujeres y seiscientos mochachos para repartir entre su gente de guerra" (F. de Xerez, o.c., 92).

42 "... que serían cincuenta mil hombres. Como el Gobernador oyó tanto número de gente, creyendo que erraba el cacique en la cuenta, informóse de su manera de contar, y supo que cuentan de uno hasta diez, y de diez hasta ciento, y de diez cientos hacen mil, y cinco dieces de millares era la gente que Atabaliba tenía" (F. de Xerez, o.c., 92). Según Trujillo, los españoles eran: "que por todos éramos ciento sesenta: sesenta de a caballo y cien de a pie... Y ellos eran más de cuarenta mil indios de guerra y entre ellos muchos señores" (D. Trujillo, Relación del descubrimiento del reino del Perú, in: F. de Xerez, o.c., 202).

43 No debían de haberse quedado muchos en la ciudad: "No hallaron gente de lustre ninguna; sino fueron algunas mujeres, las más viejas... Los indios estaban alegres por verlos tan cerca; llamábanlos locos, por su atrevimiento" (P. Cieza de León, o.c., 149).

44 "Llegó el Gobernador a este pueblo de Caxamalca viernes a hora de vísperas, que se contaron quince días de noviembre año de 1532. En medio del pueblo está una plaza grande cercada de tapias y de casas de aposento, y por no hallar el Gobernador gente" (F. de Xerez, o.c., 102–103).

45 F. de Xerez, o.c., 104–105. El primero de los capitanes, como nos dice Bravo Guerreira, era "Hernando de Soto, al que acompañó Diego de Trujillo, nos ha dejado versión de estos hechos" (ibid, 105, nota 120). El segundo, "Hernando de Pizarro, del que también se conserva una relación de estos hechos al Cabildo de la Española, confirma que se consideró imprudente enviar un número tan pequeño de españoles, que en caso de alguna estratagema de Atau-Hualldpa podrían verse en peligro" (ibid., 105, nota 121).

visitarles al día siguiente, según Xerez: "Pero yo huelgo de ir mañana a ver al Gobernador y ser amigo de los christianos, porque son buenos"[46].

Atahualpa, con sus huestes, se dirige a donde se encuentran los españoles y les rodean, con la convicción plena de que ninguno de ellos se les va a escapar vivo, como era lógico pensar. Pizarro, intuyendo los acontecimientos trata de aprovechar el factor sorpresa y sitúa a su caballería y a un grupo de soldados, fuera de la vista de sus adversarios. El encuentro que aquí describimos en pocas líneas resulta transcendental para la historia de un continente. El capellán de los españoles, el dominico Vicente de Valverde[47], se acerca al Inca y le ofrece su Biblia (o Breviario[48]), exhortándole como era costumbre a aceptar la fe católica[49]. El emperador, como era de esperar, arroja el libro al suelo y hace la señal a sus hombres para que estén atentos a lo que pueda pasar.

Lo que exactamente se dijeron, quizá nunca lo sabremos. Lo que sí conocemos es cómo nos lo narraron testigos presenciales de este acontecimiento histórico. Entre ellos, el cronista Francisco de Xerez:

> "E a las palabras que el religioso había dicho por el faraute respondió [Atahualpa] con mucha soberbia diciendo: «Bien sé lo que habéis hecho por ese camino, cómo habéis tratado a mis caciques y tomado la ropa de los bohíos». El religioso respondió: «Los christianos no han hecho esto; que unos indios trujeron ropa sin que él [Pizarro] lo

---

46 F. de Xerez, o.c., 107. Lo mismo afirma Cieza: "... que se volviese a su capitán y le dijese que él sería con él otro día, porque por ser ya tarde entonces no podía" (P. Cieza de León, o.c., 150).

47 Nació en Toledo, en 1502 e ingresó con veintidós años en la comunidad de los dominicos de Salamanca. En 1529, estando en Trujillo, se une a la expedición de Pizarro, como capellán y consejero del gobernador. En 1535 fue nombrado obispo del Cuzco y protector de los indios. Morirá en la isla de Puná en 1542. De su muerte nos ha dejado un relato Fernández de Oviedo en: G. Fernández de Oviedo, o.c., 228–229.

48 Según Trujillo: "Y entonces le mostró un breviario abierto, y Atabalipa se lo demandó y le arrojó después que le vio" (D. Trujillo, Relación del descubrimiento del reino del Perú, in: F. de Xerez, o.c., 202).

49 "El Gobernador, que esto vio, dijo al padre frey Vicente que si quería ir a hablar a Atabaliba con un faraute; él dijo que sí, y fue con una cruz en la mano y con la Biblia en la otra, y entró por entre la gente hasta donde Atabaliba estaba y le dijo por el faraute: «Yo soy sacerdote de Dios, y enseño a los christianos las cosas de Dios, y asimesmo vengo a enseñar a vosotros. Lo que yo enseño es lo que Dios nos habló, que está en este libro...». Atabaliba dijo que le diese el libro para verle y él se lo dio cerrado; y no acertando Atabaliba a abrirle, el religioso estendió el brazo para lo abrir, y Atabaliba con gran desdén le dio un golpe en el brazo, no queriendo que lo abriese; y porfiando él mesmo a abrirlo, lo abrió; y no maravillándose de las letras ni del papel como otros indios, lo arrojó cinco o seis pasos de sí" (F. de Xerez, o.c., 111).

> supiese; y ella mandó volver». Atabaliba dijo: «No partiré de aquí hasta que toda me la traigan». El religioso volvió con la respuesta al Gobernador. Atabalipa se puso en pie encima de las andas, hablando a los suyos que estuviesen apercebidos. El religioso dijo al Gobernador todo lo que había pasado con Atabaliba, y que había echado en tierra la sagrada Escriptura. Luego el Gobernador se armó un sayo de armas de algodón, y tomó su espada y adarga, y con los españoles que con él estaban entró por medio de los indios; y con mucho ánimo, con solos cuatro hombres que le pudieron seguir allegó hasta la litera donde Atabaliba estaba, y sin temor le echó mano del brazo, diciendo: «Santiago». Luego soltaron los tiros y tocaron las trompetas, y salió la gente de pie y de caballo"[50].

En un primer momento, los soldados incaicos se quedan paralizados y, a continuación, huyen en desbandada ante la entrada sorpresiva y en tropel de aquellos seres extrañamente ataviados que subidos sobre animales enormes irrumpen en la plaza. Para muchos de aquellos guerreros indios, éste fue su primer contacto con un ejemplar de raza equina y con el arte de cabalgar. No pocos llegaron a pensar que el caballo no era sino prolongación del caballero que lo montaba. Las armas de fuego, desconocidas por los nativos, agrandaron el espanto producido por los jinetes y terminaron por sembrar el pánico en las huestes incas que, atónitas, no sabían cómo reaccionar. Pizarro, aprovecha el desconcierto para dirigirse a las andas en las que era transportado el valiente Atahualpa y, derribándolo, se apodera de él y lo hace rehén[51]. Había sucumbido la cabeza de un imperio extremadamente jerárquico y con ella se hundían las bases del mismo. Una nueva forma de organización y una nueva jurisdicción tomaban su lugar.

Una vez detenido, se le ofrecen vestidos nuevos a Atahualpa, conforme a su dignidad y es tratado con deferencia por el capitán extremeño. El impacto psicológico que, sin duda, acaeció en la mente del Inca tuvo que ser de proporción descomunal. Pocos minutos antes, era la autoridad suprema de un enorme imperio, sin igual en todo el continente. Ahora, rehén, estaba a la merced de un grupo de individuos llegados de tierras desconocidas, que en poco más de media hora le habían transformado de "dios" en prisionero[52].

---

50 F. de Xerez, o.c., 111–112.

51 Se puede ver también la narración de Cieza en: P. Cieza de León, o.c., 155–159.

52 Xerez nos hace mención de un discurso que, supuestamente Pizarro hace a Atahualpa. No tenemos total certeza de su veracidad histórica, pero nos parece muy interesante por lo sugestivo del mismo, en cuanto que señala el cambio de época que se está iniciando, también en lo que a la filosofía jurídica se refiere y a la instauración de una ley nueva. Así nos lo ha dejado el cronista: "No tengas por afrenta haber sido preso y desbaratado, porque los christianos que yo traigo, aunque son pocos en número, con ellos he sujetado más tierra que la tuya, y desbaratado otros mayores señores que tú, poniéndolos so el señorío del Emperador, cuyo vasallo soy, el cual es señor de España y del universo

No vamos a detenernos más en los acontecimientos. Mencionemos, tan sólo, la entrada de los castellanos, en la capital incaica, el Cuzco, en noviembre de 1533, con lo que el cambio de régimen quedaba completado[53].

5. Año de 1535. La Ciudad de Los Reyes, Diócesis y Archidiócesis de Lima

Como símbolo de una nueva era, Pizarro busca un lugar para fundar una capital, propia de su gobernación[54]. El 18 de enero de 1535, en el denominado valle del Rímac, cerca del mar y al norte de la antigua capital del Cuzco, se comienza la construcción de la Ciudad de Los Reyes, conocida más adelante por Lima[55].

---

mundo, y por su mandado venimos a conquistar estas tierras, porque todos vengáis en conoscimiento de Dios y de su santa fe cathólica. Y con la buena demanda que traemos permite Dios, criador de cielo y tierra y de todas las cosas criadas: porque le conozcáis y salgáis de la bestialidad y vida diabólica en que vivís, que tan pocos como somos subjetemos tanta multitud de gente. Y cuando hubiedes visto el error en que habéis vivido, conosceréis el beneficio que recebís en haber venido nosotros a esta tierra por mandado de su majestad. Y debes tener a buena ventura que no has sido desbaratado de gente cruel como vosotros sois, que no dais vida a ninguno. Nosotros usamos de piedad con nuestros enemigos vencidos, y no hacemos guerra sino a los que nos la hacen, y podiéndolos destruir, no lo hacemos, antes los perdonamos; que teniendo yo preso al cacique señor de la isla, lo dejé porque de ahí adelante fuese bueno; y lo mesmo hice con los caciques señores de Túmbez y Chilimasa y con otros, que teniéndolos en mi poder, siendo merecedores de muerte les perdoné. Y si tú fuiste preso, y tu gente desbaratada y muerta, fue porque venías con tan gran ejército contra nosotros, enviándote a rogar que vinieses de paz. Y echaste en tierra el libro donde está la palabra de Dios, por esto permitió nuestro Señor que fuese abajada tu soberbia, y que ningún indio pudiese ofender al español" (F. DE XEREZ, o.c., 112–113). Bravo Guerreira hace una corrección a estas palabras de Xerez: "Chilimasa era el nombre del señor de Túmbez. Xerez cae en un lapsus al mencionarlo como a dos personas diferentes; sin duda quiere referirse a los señores de Túmbez y Puná. Este último, nos dicen otros cronistas, se llamaba Tonalá" (IBID., 113, nota 137).

53 Una relación del viaje de Pizarro y sus hombres de Cajamarca al Cuzco en: P. CIEZA DE LEÓN, o.c., 192–196 y 236–238.

54 Cfr., P. CIEZA DE LEÓN, o.c., 211–214.

55 "El lunes 18 de Enero de 1535,... el adelantado marqués don Francisco Pizarro... fundó, trazó y compartió la ciudad de los Reyes en nombre del Emperador Carlos V y de su madre la reina doña Juana... La fundación de la mencionada ciudad debió su origen a la representación hecha por la Justicia, Corregimiento y vecinos de Jauja, alegando lo inaparente de ese lugar para capital del vireynato, y fue precedida de la exploración y reconocimiento que por orden de Pizarro, hicieron en el valle del cacique de Lima los

Fundada Lima, se erige jurídicamente en capital, primero de la gobernación y posteriormente del Virreinato de Nueva Castilla o del Perú (1543), que pronto adquirirá un notable desarrollo e importancia, tanto a nivel civil como canónico[56].

Curiosamente, un primo carnal del padre de Toribio de Mogrovejo (futuro Arzobispo de esta ciudad de Lima y legislador que promulgará las leyes aquí estudiadas)[57], don Juan de Mogrovejo será protagonista y testigo de algunos de los acontecimientos narrados más arriba, habiendo acompañado a Pizarro como uno de los jinetes de Cajamarca y siendo uno de los primeros moradores de la ciudad de Lima[58]. Es el mismo Toribio el que habla de su pariente en una carta

---

comisionados Rui Díaz, Juan Tello y Alonso Martín de don Benito, quienes, después de un minucioso examen del terreno, que duró 6 días, expusieron al Gobernador, bajo juramento y a presencia del Escribano don Domingo de la Presa..." (M. García Irigoyen, Historia de la Catedral de Lima, Lima: s. n., 1898, 3–4).

56 Antes de llegar a ser una de las capitales más deslumbrantes que durante varios siglos fue conocida, Lima surgió a partir de un grupo de setenta vecinos: "Los que acompañaron a Pizarro en la fundación de Lima fueron once individuos, a saber: el tesorero Alonso Riquelme, el veedor García de Salcedo, Antonio Picado, Nicolás de la Rivera, el viejo, Nicolás de la Rivera, el mozo, Rodrigo Mazuelas, Juan Telo, Rui Díaz, Alonso Martín de Don Benito, Cristóbal Palomino y Cristóbal de la Presa. Vinieron de San Gallan 30 personas y con otras 28 que bajaron de Jauja, se formó el número de los 70 primeros pobladores de Lima" (M. García Irigoyen, o.c., 7, nota 2).

57 Toribio Alfonso de Mogrovejo (1538–1606), natural de Mayorga, fue Bachiller en Sagrados Cánones por la Universidad de Salamanca y Licenciado por la de Santiago de Compostela. Obtuvo una beca como alumno de doctorado en el Colegio Mayor de Oviedo, perteneciente al estudio salmantino y fue nombrado juez inquisidor del Tribunal del Santo Oficio de Granada (1573) y Arzobispo de la Ciudad de los Reyes (1579). Entró en Lima en 1581. Durante sus 25 años de episcopado recorrió toda su diócesis varias veces, estableció innumerables doctrinas y parroquias, fundó el Seminario Conciliar, convocó tres Concilios provinciales y trece Sínodos diocesanos. Las numerosas cartas que escribió a las autoridades, tanto en Madrid como en Roma, representan documentos llenos de información de aquella época de valor incalculable. Fue el organizador de las estructuras canónicas de buena parte del continente sudamericano.

58 "En los albores de la conquista se ha destacado ya de Mayorga don Juan de Mogrovejo, primo carnal del padre de Santo Toribio, como hijo que era de don Gonzalo Mogrovejo. Acompañó a Pizarro en la conquista del Perú y formó parte del pelotón montado con que Pizarro dio el golpe de audacia de Cajamarca. "Fue de los de Cajamarca", escribirá después Santo Toribio, y de los fundadores de Lima. Al año siguiente de la fundación de la ciudad, 1536, hizo testamento, que envió a Mayorga, y quedó archivado en la parroquia del Salvador" (V. Rodríguez Valencia, Santo Toribio de Mogrovejo. Organizador y Apóstol de Sudamérica, vol. 1, Madrid: CSIC, 1956, 27–28). Este Juan de Mogrovejo, debió de ser el Mogrovejo Quiñones del que nos habla Trujillo, que llegó

al Rey Felipe II, escrita el 4 de mayo de 1592. En ella le dice, entre otras cosas, hablando del primo de su padre:

> "... en la ocasión del levantamiento general de los indios fue con la gente desta ciudad al socorro del Cuzco y, llegando a la provincia de Xauxa, castigó a los indios que allí parecieron estar alzados y, prosiguiendo su viaje en un paso estrecho, le tiraron los indios una galga y le mataron y comieron... sirvió siempre a V. M. a su costa y minción como leal vasallo"[59].

Si Pizarro fue el fundador y primer gobernador del Perú, será su sucesor Cristóbal Vaca de Castro[60], quien bajo el encargo recibido del Patronato Regio, fijará los límites necesarios para el establecimiento de la diócesis limense. Como dato destacable de la vida de este gobernante, señalamos sus últimos años que transcurrieron como fraile agustino en Valladolid hasta su muerte[61]. Tal documento en el que Vaca de Castro establece los términos y jurisdicción de los obispados de Lima, Cuzco y Quito, lleva fecha de 18 de febrero de 1543, tan sólo ocho años después de la fundación de la ciudad[62].

La diócesis de Lima había sido fundada ya un par de años antes, en 1541, con territorio desmembrado del obispado de Cuzco[63]. De Cartagena de Indias llegaba

---

en la expedición de Benalcázar, para unirse a los hombres de Pizarro en tierras de Portoviejo: "Del navío que fue a Nicaragua vino luego Sebastián de Benalcázar, en un navío y trajo poca gente, que fueron Morgovejo de Quiñones y Alonso Pérez de Vivero y Hernando Beltrán y Alonso Maraver y Diego de Ojuelos y Martín Bueno e Miguel Astete y otros: de éstos no hay nadie vivo" (D. Trujillo, Relación del descubrimiento del reino del Perú, in: F. de Xerez, o.c., 194–195).

59 Carta del Arzobispo de Los Reyes al rey Felipe II, 4 de mayo de 1592 (AGI, Patronato 248, R. 21; tomado de, E. Lissón Chavez, La Iglesia de España en el Perú. Colección de documentos para la historia de la Iglesia en el Perú que se encuentran en varios archivos, vol. 3, 2ª parte, Sevilla: s.n., 1943–1948, 662).

60 Nació en Mayorga (León) en 1492 y murió en Valladolid, en 1572. "Cristóbal Vaca de Castro era licenciado en Leyes y hacia 1534 figuraba como corregidor en la villa de Roa. Fue nombrado oidor de la Real Audiencia de Valladolid en 1536... se le había concedido el hábito de la Orden de Santiago e incorporado al Consejo Real" (H. A. Zapata Guzmán, Vaca de Castro, Cristóbal, in: DBE, vol. XLVIII, 2013, 843–844).

61 Cfr., V. Rodríguez Valencia, vol. 1, o.c., 28.

62 "Demarcación hecha por el Ilustre señor licenciado Christobal Vaca de Castro en 18 de febrero de 1543 de los términos y jurisdicción de los Obispados de Lima, Cuzco y Quito" (AGI, *Patronato* 185, R.º, 39; tomado de, E. Lissón Chavez, La Iglesia de España..., vol. 1, nº. 4, o.c., 127–132).

63 "[Cuzco] fue el lugar donde definitivamente se erigió el primer obispado peruano, decisión obvia por ser la capital incaica y la primera ciudad que también por los españoles

su primer obispo, don Jerónimo de Loaysa, fraile dominico, que se convertirá también en su primer Arzobispo[64]. Fue el rey Carlos I de España (V de Alemania), quien firma en Lovaina, la carta de presentación de Loaysa como obispo para Lima, dirigida al Papa[65]. Era el mismo monarca el que establecía las dotaciones que correspondían a cada diócesis y obispo, asignando para el de Lima una renta anual de 500.000 maravedíes. Paulo III, quien en última instancia debía

---

fue considerada como «cabecera de los Reinos del Pirú». El territorio que comprendía la nueva diócesis se extendía desde los confines de los obispados de Cartagena y Santa Marta, por el Norte, hasta tierras chilenas, en la dirección Norte-Sur y siguiendo la cordillera andina; y desde el Pacífico hasta el Tucumán y el Río de la Plata en el sentido Oeste-Este. La sede cuzqueña fue erigida sufragánea de la metropolitana de Sevilla, al igual que el resto de las diócesis americanas hasta el establecimiento de los primeros arzobispados en 1546... El primer obispo del Cuzco fue el dominico Fr. Vicente Valverde,... Valverde fue presentado para el cargo en 1535, confirmado por Paulo III a principios de 1537 y finalmente llegó al Cuzco en 1538" (E. Garzón Heredia, Perú: La Iglesia Diocesana (I), in: P. Borges (dir.), Historia de la Iglesia en Hispanoamérica y Filipinas, vol. II, Madrid: BAC, 1992, 479).

64 Nació en Trujillo (Cáceres), en 1498 y murió en Lima, en 1575. Ingresa en la Orden de Santo Domingo y en 1529 se va a las Indias. En la recién fundada población de Santa Marta (Colombia) inicia su tarea misionera, entre los indios. Tras un breve paso por Cartagena de Indias y una estancia de unos cuatro años en la Península, es elegido como obispo de esta diócesis colombiana y nombrado por el Emperador como protector de los indios. Erigida la diócesis de Los Reyes en 1541, fue designado Loaysa para la misma, llegando a ella en 1543 (cfr., J. Barrado Barquilla, Loaysa y Carvajal, Jerónimo de, in: DBE, vol. XXX, 2009 115–120).

65 "Había sido erigido el obispado de Lima, desmembrado de Cuzco, en 1541, a los seis años de la fundación de la ciudad. Su primer obispo, por traslado de Cartagena de Indias, fue Fray Jerónimo de Loaysa, dominico, por presentación del Emperador al Papa en carta firmada en Lovaina" (V. Rodríguez Valencia, vol. 1, o.c., 138). Los documentos originales son los siguientes: "Información hecha en Madrid sobre la necesidad de crear un obispado en Lima" (AGI, *Patronato* 185, Rº. 22; tomado de, E. Lissón Chavez, vol. 1, nº. 3, o.c., 20–26), en Madrid, a 14 de agosto de 1540; "Presentación de Fr. Geronimo de Loaysa para Obispo de los Reyes" y "Carta del Emperador a Su Santidad sobre el Obispado de los Reyes para Fr. Geronimo de Loaysa" (AGI, *A. de Lima* 566, Lib. 4º., f. 58; tomado de, E. Lissón Chavez, vol. 1, nº. 3, 26–27), ambas misivas está firmadas en Lovaina, a 31 de mayo de 1540; "C. R. Al Obispo Fr. Loaysa para que guarde los límites que le fueren señalados" (AGI, *A. de Lima* 566, Lib. 4º, f. 25v; tomado de, E. LissónChavez, vol 1, nº. 3, o.c., 37–38), firmada en Madrid, a 19 de junio de 1540.

confirmar lo estipulado por el rey, la hace sufragánea de Sevilla (como había hecho con el Cuzco)[66].

Será el príncipe Felipe quien comunique a Loaysa la elevación de Lima a sede metropolitana, por parte del papa Paulo III, el 12 de febrero de 1546. Se le asignan como diócesis sufragáneas las de Cuzco (recordemos que ésta había sido anteriormente la matriz de Lima), Quito, Panamá, Nicaragua y Popayán[67]. Como la diócesis del Cuzco abarcaba un inmenso territorio, a medida que se va desarrollando la organización socio-política y la eclesiástica, se desmembrarán de ella las diócesis de "Charcas (1552), Santiago de Chile (1562) y La Imperial (1564), que

---

66 "el emperador Carlos V ordenó que la nueva diócesis se desmembrase de la del Cuzco y el 19 de junio de 1540 nombraba a Fr. Jerónimo de Loaysa como su primer obispo, con una renta anual de 500.000 maravedíes. Sin embargo, esta decisión no fue confirmada hasta que lo hizo Paulo III el 15 de mayo de 1541, declarándola, como en el caso del Cuzco, sufragánea de Sevilla" (E. Garzón Heredia, Perú: La Iglesia Diocesana (I), in: P. Borges (dir.), o.c., 479). En lo concerniente a la fecha exacta de erección, nos han llegado datos que no coinciden, según cada autor. Además de la anteriormente señalada del 15 de mayo de 1541, tenemos la que nos da Eubel, el cual nos dice que el consistorio tuvo lugar el 13 de mayo de ese año (cfr., C. Eubel, Hierarchia Catholica Medii et Recentioris Aevi, vol. 3, Sumptibus et typis librariae Regensbergianae, 1923, 225). Y todavía, la de García Irigoyen: "Dichas preces [de Carlos I] fueron acogidas benévolamente por Su Santidad, quien resolvió al efecto, por Bula expedida en Roma a 14 de Mayo de 1541, "honrar y señalar con el *título de ciudad* al dicho pueblo (los Reyes) y erigir y constituir perpetuamente una Iglesia Catedral para un Obispo que hiciera edificarla y presidiese en ella" (M. García Irigoyen, o.c., 10–11). La Bula auténtica de erección de la diócesis ha sido publicada por Metzler. Se trata de la *Illius fulciti praesido*, con fecha 14 de mayo de 1541 (cfr., J. Metzler (ed.), America Pontificia. Primi Saeculi Evangelizationis 1493–1592, vol. 1, Città del Vaticano: Librería Editrice Vaticana, 1991, 431–434.

67 En Eubel aparece el 12 de febrero de 1546, como fecha de la elevación de Lima a metropolitana y la de 15 de junio de 1547, como el día que Loaysa recibe el palio arzobispal (C. Eubel, o.c., 225, nota 1). El príncipe Felipe se lo comunica a Loaysa, con una carta firmada en Monzón de Aragón, a 16 de noviembre de 1546 (AGI, *A. de Lima* 566, Lib. 5º, f. 263; tomado de, E. Lissón Chavez, vol. 1, nº. 4, 151–152). Notemos que Garzón Heredia da una fecha de erección como archidiócesis en la que adelanta un día: del 12 al 11 de febrero y que no cita entre las diócesis sufragáneas que se le asignan la de Nicaragua, que sí aparece en la carta del príncipe al obispo, apenas indicada: "se le otorgó a la nueva diócesis el carácter de metropolitana, independiente de Sevilla, el 11 de febrero de 1546, adjudicándole como sufragáneas las diócesis de Panamá, Quito, Popayán y Cuzco" (E. Garzón Heredia, Perú: La Iglesia Diocesana (I), in: P. Borges, o.c., 480). J. Metzler ofrece en su *America Pontificia* la Bula original, titulada *Super universas*, con fecha de 12 de febrero de 1546 (cfr., J. Metzler, o.c., vol. 1, 526–528).

pasarán a ser sufragáneas de Lima"[68]. Se presentó un proyecto en 1576 para erigir en diócesis Arequipa y Trujillo, desmembradas de Lima y Cuzco. Tal proyecto fue parado en 1578, por la oposición de los cabildos de ambas diócesis, alegando que tal desmembramiento reduciría enormemente sus ingresos, dependientes mayormente de los diezmos y éstos de la extensión de tierras cultivadas (finalmente, el papa Paulo V las erigía en diócesis en 1609)[69]. Por lo tanto, las diócesis mencionadas van a ser todas las sufragáneas de Lima en el tiempo en que Toribio pasa a ser cabeza de la misma y durante todo su pontificado.

En cuanto a sus límites geográficos diremos, siguiendo a Rodríguez Valencia, que la diócesis de Lima ocupaba:

> "la franja alargada que se extiende desde el actual departamento de Ica, al sur de Lima, hasta la frontera del Ecuador en los departamentos de Lambayeque, Loreto y Amazonas, ensanchándose por Chachapoyas y Moyobamba hacia la frontera del Brasil. Con unos mil kilómetros de longitud por trescientos de anchura media, y tres mil de contorno"[70].

II. Instituciones civiles y eclesiales fundadas en Lima en el siglo XVI

1. Introducción

Para completar el panorama diseñado en el primer apartado, en el que narramos los principales eventos históricos que condujeron a la fundación de la ciudad y la diócesis de Los Reyes o Lima[71], vamos ahora a describir las instituciones más relevantes establecidas en ésta a partir de su erección. Una de las características más significativas que definen o describen un grupo humano son las relaciones que entre ellos se establecen. Éstas son, precisamente, reguladas por las diferentes instituciones con las cuales el mismo se dota, para poder vivir en sociedad.

---

68 E. Garzón Heredia, Perú: La Iglesia Diocesana (I), in: P. Borges, o.c., 480.

69 Ibid., 480.

70 V. Rodríguez Valencia, vol. 1, o.c., 139. La demarcación hecha por el gobernador Vaca de Castro, en la que va nombrando sus límites (interesante informe, por el cual podemos conocer el nombre de varios caciques y cacicazgos que formaban parte de la diócesis), puede verse en AGI, *Patronato* 185, R°. 39; tomado de, E. Lissón Chavez, vol. 1, n°. 4, 130–131. Véase también al respecto: "Consulta del Consejo de Indias satisfaciendo a lo ordenado a otra consulta sobre la división de obispados", fechada en Madrid, el 6 de septiembre de 1608 (E. Lissón Chavez, vol. 4, o.c., 618–621).

71 "Aunque el nombre de ciudad de los Reyes se conservó en papeles de oficio y judiciales, fue prescindiéndose de él y dándose la preferencia al de Lima que se generalizó con el tiempo" (M. García Irigoyen, o.c., 5).

Todas las instituciones fundadas en los virreinatos de Ultramar debían erigirse al amparo del llamado Patronato Regio, sistema jurídico especial de amplias facultades concedidas por los sumos pontífices, en el caso que nos ocupa, a los monarcas españoles[72]. Así sucederá con las que se funden en la ciudad y en la diócesis de Lima.

Como pieza fundamental de este Patronato, situada tan sólo un peldaño por debajo de la figura del Monarca debemos mencionar al Consejo de Indias, cuyas decisiones, a pesar de ser tomadas en la Península Ibérica, tenían plena repercusión y eficacia en el otro lado del Océano[73]. Su jurisdicción, originariamente secular, alcanzaba incluso el plano eclesial, de manera singular en pleitos eclesiásticos cuando se pasaba al grado de apelación. También las Audiencias Virreinales gozaban de tal autoridad, lo que ocasionó no pocos enfrentamientos entre uno y otro poder jurisdiccional, pues no existía una absoluta delimitación de foros en cuanto a las atribuciones de cada quien. Finalmente, debemos constatar cómo el número de leyes, civiles y eclesiales, emitidas durante el período virreinal es realmente abrumador[74].

---

72 Rodríguez Valencia nos resume esas concesiones pontificias: "1) La misión evangélica confiada a la Corona Española en Indias, con cargo a la conciencia. 2) La exclusiva de fundación de doctrinas, templos e iglesias catedrales. 3) El derecho de delimitar las diócesis. 4) El derecho de presentación a los obispados y a todos los Beneficios. 5) Otorgamiento de los diezmos, de los que después los reyes hicieron redonación a las iglesias. 6) Concesión de regular el número y calidad de los religiosos misioneros que hubieren de enviarse a las Indias con jurisdicción de los superiores de las Órdenes para *designar*, y de los reyes para *aprobar*, *regular* el número y *enviar*" (V. Rodríguez Valencia, El Patronato regio de Indias y la Santa Sede en Santo Toribio de Mogrovejo (1581–1606), Roma: Publicación del Instituto Español de Estudios Eclesiásticos, 1957, 27).

73 "... el Consejo de Indias. Éste ejercía una función misional con atribuciones que después reclamaría para sí, como privativas, la S. Congregación de Propaganda Fide. Entre tanto, los papas del Renacimiento y de la Contrarreforma,..., viven absorbidos por los problemas europeos" (V. Rodríguez Valencia, El Patronato regio de Indias..., o.c., 30).

74 Desde la perspectiva secular, las disposiciones adoptadas recibían diferentes denominaciones, según su fuerza, contenido y por su forma de promulgación: "Bajo el nombre genérico de Leyes, se incluyen en el siglo XVI distintos tipos de disposiciones, a las que se designa como Leyes, Pragmáticas, Provisiones, Cédulas, Ordenanzas, Instrucciones, Cartas reales y Declaraciones. La distinción entre unas y otras no siempre aparece clara... la confusión entre todos estos tipos de leyes es sólo aparente; los juristas de la época los distinguían sin vacilación" (A. García Gallo, La ley como fuente del derecho en Indias en el siglo XVI, in: Anuario de Historia del Derecho Español, serie 1ª, XXI / 32 (1951) 17–18).

2. Virreinato. Cancillería y Tribunales seculares

A imagen de los antiguos reinos peninsulares, la Corona española creó en las Indias las figuras político-administrativas de los virreinatos[75]. Así, en lo que había sido el territorio del Imperio Inca se estableció el Virreinato de Nueva Castilla o del Perú, cuya capital fue la ciudad de Los Reyes o Lima, de acuerdo a una cédula de 1542[76].

En la segunda mitad del siglo XVI, distinguimos tres momentos decisivos de la historia del Virreinato, marco en el que situar la fundación de las principales instituciones. Concluidos los acontecimientos del destronamiento de Atahualpa y las peripecias de las guerras entre algunos de los conquistadores, tendríamos un período de "pacificación" (1551–1561), en el que jugó un papel determinante el presidente La Gasca[77]; un período de "organización" (1561–1580), en donde dos figuras, una en el ámbito civil y otra en el eclesial, son las protagonistas

---

75 Debemos matizar esta afirmación, ya que, aunque se trasladó el nombre de la institución, las competencias y funcionamiento podían variar enormemente (cfr., P. Cardim; Joan Lluís Palos (eds.), El mundo de los virreyes en las monarquías de España y Portugal, Madrid, Frankfurt: Iberoamericana-Vervuert, 2012, 11–30). Estamos de acuerdo con Hernández, cuando afirma que no hay que insistir demasiado en la condición de propiedades exclusivas de los Reyes, cuando hablamos de las Indias, como si dispusiesen de un estatuto jurídico completamente diferente al resto de territorios sobre los que regían en Europa, los cuales formaban parte de la Corona como herencia igualmente personal (Cfr. L. Hernández Alfonso, Virreinato del Perú, Madrid: Editora Nacional, 1945, 281–282).

76 "Capítulo de las nuevas leyes de las Indias, en que se manda fundar Audiencia en la ciudad de los Reyes con quatro Oydores y un Visorrey que govierne aquella tierra y sea Presidente en la dicha Audiencia. Ytem, ordenamos y mandamos, que en las provincias o Reynos del Peru resida un Visorrey y una audiencia real de quatro Oydores letrados, y el dicho Visorrey presida en la dicha Audiencia, la qual residira en la ciudad de los Reyes, por ser en la parte más convenible, porque de aquí adelante no ha de aver audiencia en Panamá". Al margen "Año de 542" (D. de Encinas (rec.), Cedulario Indiano, vol. 2, Madrid: Ediciones Cultura Hispánica, 1946, 1).

77 Nació en Ávila, en 1493 y murió en Sigüenza (Guadalajara), en 1567. Licenciado en Teología y en Cánones, fue rector de la Universidad de Salamanca, miembro del Colegio de San Bartolomé y canónigo de la catedral de la misma ciudad. Posteriormente, ocupó el notable puesto de magistrado en el Supremo Consejo de la Inquisición y fue designado como visitador general de los oficiales del reino de Valencia, puesto político, para el que el Papa le concede la requerida dispensa. Para tratar de poner orden en las contiendas desencadenadas en el Perú, entre pizarristas y almagristas, se le envía con plenos poderes, logrando la pacificación del Virreinato. Ya en España, es elevado a la dignidad de obispo de Palencia y posteriormente a la de Sigüenza. Fue uno de los

principales: el virrey Francisco de Toledo[78] y el arzobispo Jerónimo de Loaysa; finalmente, el período de "consolidación" (1580–1590): civilmente, destacan los virreyes don Martín de Enríquez[79] y Conde del Villar[80]; eclesialmente, Toribio de Mogrovejo.

Así pues, tenemos la ciudad de Lima, capital del Virreinato, diócesis desde 1541; archidiócesis desde 1546. En ella estaba, por lo tanto, la sede del gobierno arzobispal y del gobierno del Virreinato, donde tenían su residencia tanto el Arzobispo como el Virrey[81]. En la administración de justicia, este último era el

---

consejeros de Carlos I, de España (V de Alemania) (cfr. T. Hampe Martínez, Gasca, Pedro de la, in: DBE, vol. XXII, 2009, 540–545).

78 Francisco Álvarez de Toledo. Nació en 1515, en Oropesa (Toledo) y murió en 1582, en Escalona (Toledo). En la Junta Magna de 1568 fue nombrado Virrey del Perú (gobernó de 1569 a 1581). Visitó personalmente la mayor parte del territorio del Virreinato, lo que le permitió tener una información real a la hora de estructurarlo y de legislar de acuerdo a las condiciones de vida concretas de sus habitantes. La organización por él establecida en aquella extensa geografía sentará las bases de la sociedad de los futuros siglos. Una buena biografía de Francisco de Toledo: R. Levillier, Don Francisco de Toledo, supremo organizador del Perú, Madrid: Espasa-Calpe, 1935.

79 Martín Enríquez de Almansa. Nació en torno a 1510 y murió en Lima en 1583. Fue nombrado en la Junta Magna de 1568 Virrey de la Nueva España (1568–1580). Posteriormente fue designado Virrey del Perú (1581–1583). Entre la legislación que emitió se encuentra una provisión sobre la enseñanza del quechua en la universidad: "Real provisión del Virrey Don Martín Enríquez para la enseñanza de la lengua del Inga en la universidad, 23.XI.1581" (L. Hanke (ed.), Los Virreyes Españoles en América durante el gobierno de la casa de Austria. Perú, vol. 1, Madrid: Biblioteca de Autores Españoles, 1978, 159, nota 2).

80 Fernando de Torres y Portugal, Conde del Villardompardo. Nació en Jaén (desconocemos cuándo) y murió en Villardompardo en 1592. De familia noble castellano-portuguesa, fue Virrey del Perú desde 1585 a 1590. Entre las muchas provisiones que hizo, hay una que se refiere a la elección del rector de la joven Universidad de San Marcos, lo que denota su preocupación por la misma: "... Ordené hasta tanto otra cosa se proveyese, no fuese rector ninguna persona de la audiencia, ni del Santo Oficio, ni provisor ni vicario ni otra alguna que fuese juez seglar eclesiástico, porque así me pareció que convenía; y que de los demás, un año se eligiese a un lego y otro a un clérigo, conforme a lo cual se eligió luego uno" ("Estado en que el Conde del Villardompardo encontró el gobierno del Perú", 25.V. 1586, in: L. Hanke (ed.), Los Virreyes Españoles en América..., vol. 1, o.c., 197.

81 Estableciendo una secuencia de máximas autoridades conocidas, en el Perú, tendríamos: Huayna Cápac, Huáscar (1532), Atahualpa (1532), Pizarro (gobernador, 1532–1541), Almagro el Mozo (gobernador 1541–1542), Vaca de Castro (gobernador, 1542–1544), Blasco Núñez Vela (primer Virrey, 1544–1546), Pedro de La Gasca

magistrado mayor que ostentaba la plena jurisdicción de todas las cancillerías del Virreinato[82]: la de Lima, la de Quito y la de Charcas (o Chuquisaca).

La Cancillería o Real Audiencia de Lima, vacando el puesto de Virrey, era la encargada de gobernar[83]. Además de la jurisdicción sobre todos los asuntos de la vida civil, le competía a este tribunal como órgano del Patronato Regio dirimir los problemas de competencia entre ambas jurisdicciones, la civil y la eclesiástica, al tiempo que prestaba asesoramiento al Virrey en relación al ejercicio del Patronato[84]. El control contable de la gestión de los funcionarios reales se hizo en un primer momento a través de visitadores procedentes de la Península. El

---

(presidente de la Audiencia, 1546–1550), Andrés de Cianca (presidente de la Audiencia, 1550–1551), Antonio de Mendoza (Virrey, 1551–1552), Andrés de Cianca (presidente de la Audiencia, 1552–1553), Melchor Bravo de Saravia (presidente de la Audiencia, 1553–1556), Andrés Hurtado de Mendoza (Marqués de Cañete, Virrey, 1556–1560), Diego López de Zúñiga y Velasco (Conde de Nieva, Virrey, 1561–1564), Hernando de Saavedra (Oidor, presidente provisional de la Audiencia, 1564), Lope García de Castro (presidente de la Audiencia, 1564–1569), Francisco de Toledo (Virrey, 1569–1581), Martín Enríquez (Virrey, 1581–1583), Cristóbal Ramírez de Cartagena (presidente de la Audiencia, 1583–1585), Conde del Villar (Virrey, 1585–1590), Hurtado de Mendoza (Marqués de Cañete, Virrey, 1590–1596), Luis de Velasco y Castilla (Virrey, 1596–1604), Gaspar de Zúñiga y Acevedo (conde de Monterrey, Virrey, 1604–1606). Terminamos la relación en 1606, pues es cuando muere el arzobispo Toribio de Mogrovejo. Para más información ver: L. Hanke, Guía de las fuentes en el Archivo General de Indias para el estudio de la administración virreinal española en México y en el Perú 1535–1700, vol. 1, Colonia: Böhlau Verlag, 1976, 190–237.

82 "Aunque ningún funcionario real en ultramar dispuso de autoridad absoluta para tomar decisiones, la posición del virrey era única... nadie más tenía más poder que él en el virreinato... Los virreyes fueron siempre acusados de desempeñar el papel de protectores de los indios en contra de las crecientes demandas de los criollos (españoles nacidos en América) y los propietarios de tierras y de minas" (L. Hanke, Guía de las fuentes en el Archivo General de..., vol. 1, o.c., 8). No obstante, su poder estaba limitado, pues debía someterse a ley, a la costumbre y a la voluntad del rey, expresada frecuentemente a través de las cédulas reales (cfr. M. Rivero Rodríguez, La edad de oro de los virreyes, Madrid: Akal, 2011, 205 y ss.).

83 "De acuerdo con una cédula real del 19 de marzo de 1550, se le asignó a la Audiencia de Lima la responsabilidad de gobernar cuando no había un virrey en Perú. Esto ocurrió con regular frecuencia" (L. Hanke (ed.), Los Virreyes Españoles en América..., vol. 1, o.c., 11).

84 Aunque era un tribunal y como tal su principal encargo era el de impartir justicia, los magistrados que lo componían ejercían no sólo la potestad judicial, sino también la ejecutiva y legislativa sobre diferentes ámbitos: fiscalidad, hacienda, salud pública, etc. (cfr. M. Rivero Rodríguez, La edad de oro de los virreyes, o.c., 207).

virrey Hurtado de Mendoza, el 1 de agosto de 1556, crea una primera institución propia en Lima para llevar a cabo tal tarea, el Consejo de Hacienda del Perú (que no elimina por completo el anterior sistema). Éste constituye el antecedente de las contadurías indianas, que serán creadas años más tarde por Felipe III, por las ordenanzas de los Tribunales de Cuentas en Indias, firmadas en Burgos, el 24 de agosto de 1605[85].

3. Cabildos: municipal y catedralicio

Habían sido establecidos en Lima los dos típicos cabildos que funcionaban en las ciudades, sedes episcopales, de la Península: el municipal y el catedralicio. Izaguirre nos habla con más detalle de la composición del organismo secular, que se impuso de Norte a Sur por, prácticamente, todo el continente:

> "El cabildo de aquella época era una institución española de admirable engranaje, que se interponía entre los derechos del pueblo y la autoridad real. En Lima dichos cabildos constaban de doce regidores, dos alcaldes ordinarios, un alférez mayor, un alcalde de la hermandad, dos fiscales ejecutores, un escribano mayor, un depositario general y un escribano público, todos con voz y voto en el Cabildo"[86].

Cuando en 1543, el obispo Loaysa entre en Lima, firmará el Acta de Erección de la catedral y la creación de su Cabildo, que quedará constituido por primera vez en agosto de ese año[87]. Desde los cuatro primeros miembros, arcediano, chantre y dos canónigos fue aumentando su número, con la incorporación del deán, maestrescuela, tesorero y otro canónigo, alcanzando en 1552 los ocho prebendados (cinco dignidades y tres canónigos, que era lo estatuido en la erección

---

85 Cfr., R. Escobedo, Control fiscal en el virreinato peruano. El Tribunal de Cuentas, Madrid: Alhambra, 1986, 9–32.

86 B. Izaguirre, Historia de las Misiones Franciscanas en el Oriente del Perú, Lima: s. n., 2002, 87.

87 Sólo se conservan las Actas del Cabildo a partir del 26 de abril de 1564. Para averiguar los nombres de los primeros prebendados hay que acudir al *Liber erectionis ac fundationis almae ecclesiae* (limensis) *nec non receptionis prelatorum dignitatum et canonicorum a primo succesive*, que se encuentra en la Catedral de Lima. Allí figuran los siguientes: "Agosto de 1543: Arcediano: D. *Francisco de León*, de la diócesis hispalense. Chantre: D. *Francisco de Ávila*, de la diócesis de Granada. Canónigos: D. *Alfonso Pulido*, de la diócesis de Plasencia, y D. *Juan Lozano*, de la diócesis hispalense" (M. Olmedo Jiménez, Actas Capitulares durante el pontificado de Jerónimo de Loaysa, O.P., Salamanca: Editorial San Esteban, 1992, 11).

del mismo)[88]. A la institución se irán incorporando otros, variando su número a lo largo del siglo: se llega a doce o trece en 1563, para descender a seis, en 1575, fecha de la muerte de Loaysa. De entre sus miembros, eran elegidos profesores para las cátedras de la Universidad de San Marcos, cuyo prestigio fue notorio y, así mismo, de allí salieron candidatos para el gobierno de varias sedes del Nuevo Mundo.

4. Tribunal del Santo Oficio

Entre los tribunales más característicos de la época se encuentra el del Santo Oficio, más conocido como Inquisición. Las razones que llevaron al establecimiento del mismo en Lima no fueron las mismas que las que movieron a las autoridades a introducirlo en los países de Europa. En el viejo continente se pretendía corregir las desviaciones de la fe y perseguir la herejía. En el Nuevo Mundo eso no era necesario y lo que se buscaba era, más bien, prevenir la aparición de la misma[89].

La creación de un tribunal con estas características para Lima fue decidida por Felipe II y la Junta de 1568[90] y se plasmó en una cédula real que lleva fecha de 25 de enero de 1569[91]. El Tribunal del Santo Oficio de la ciudad de Los Reyes

---

88 Sus nombres son los siguiente: "Dignidades: Deán: D. Juan Toscano, desde 1549. Arcediano: D. Francisco de León, desde 1543. Chantre: D. Francisco de Ávila, desde 1543. Maestrescuela: D. Juan de Cerviago, desde 1550. Tesorero: D. Alfonso Gómez, desde 1552. Canónigos: D. Alfonso Pulido (desde 1543), D. Juan Lozano (desde 1543) y D. Agustín Arias (desde 1550)" (M. Olmedo Jiménez, o.c., 12–13).

89 Abril Stoffels apunta al hecho de pasar a las Indias muchos de los llamados "judaizantes", perseguidos en la Península Ibérica, a la presencia de protestantes en el Caribe, la crisis de autoridad y de costumbres, así como la necesidad de construir una Iglesia auténtica y disciplinada, como razones para el establecimiento de la Inquisición en el Virreinato del Perú (cfr., V. Abril Castelló; M. J. Abril Stoffels, Francisco de la Cruz, Inquisición, Actas II, vol. 2, Madrid: CSIC, 1997, 1656).

90 La publicación del documento conteniente las resoluciones e instrucciones de la Junta Magna de 1568, en la que se decide la fundación de la Inquisición en el Perú en, V. Abril Castelló; M. J. Abril Stoffels, Francisco de la Cruz, Inquisición, Actas II, vol. 1, Madrid: CSIC, 1997, 129–195.

91 En esta Real Cédula, el rey determina que fuese sostenido económicamente por la Hacienda Real, hasta llegar a financiarse de sus propias actividades (Cfr. D. de Encinas (rec.), Cedulario Indiano, vol. 1, Madrid: Ediciones Cultura Hispánica, 1946, 56–57). Sobre las finanzas de la Inquisición puede verse: R. Millar Carvacho, Inquisición y sociedad en el Virreinato del Perú, Santiago de Chile: Ediciones Universidad Católica de Chile, 1998, 101 y ss.

fue erigido, siendo virrey don Francisco de Toledo, el 29 de enero de 1570[92]. El de Lima era un Tribunal dependiente de la Inquisición Española con sede en Madrid, como todos los tribunales de esta categoría. Debía, por lo mismo, mandar informes regularmente a la metrópoli y seguir las directrices y consejos que desde ella le llegaban[93].

Al frente del mismo estaban los jueces inquisidores, que en Lima solían ser dos, llegando en algún momento a haber cuatro. Inmediatamente después de los inquisidores venían los fiscales. Tanto los primeros como los segundos, debían ser juristas y sacerdotes. A continuación venían los secretarios o notarios del secreto, que ejercían múltiples funciones dentro del Tribunal: poner por escrito las deposiciones de los testigos y detenidos, llevar registro de las disposiciones de los jueces, despachar la correspondencia, firmar los traslados de los autos, etc. Trabajaba también aquí el notario de secuestros, que jugaba el papel principal en todo lo que tenía que ver con la confiscación, apropiación y venta de los bienes de los reos. Otro oficial de la Inquisición era el alguacil mayor, que se encargaba de ejecutar las sentencias, sobre todo, en lo referente a la captura del condenado y el embargo de sus propiedades. La economía del Tribunal estaba en manos del llamado receptor. Como controlador de las cuentas del mismo se ocupaba el contador. La nómina de operarios de la Inquisición se completa con los siguientes funcionarios: los abogados del fisco y de los presos; el nuncio y el portero; el alcaide y dispensero; y finalmente, médicos, cirujanos, boticarios y barberos[94].

En la misma flota que llegaba el virrey Toledo, venían los dos primeros inquisidores nombrados para Lima y algunos oficiales. Los jueces eran los licenciados Cerezuela y Bustamante; este último morirá al poco de llegar al Nuevo Mundo, antes de alcanzar su destino, siendo sustituido por Antonio Gutiérrez de Ulloa[95].

---

92 Cfr., R. Levillier, Don Francisco de Toledo, o.c., 126–127.

93 Cfr., P. Castañeda Delgado; P. Hernández Aparicio, La Inquisición de Lima (1570–1635), Madrid: Editorial Deimos, 1989, XXIII.

94 Los arriba mencionados eran aquellos que propiamente trabajaban para la Inquisición limeña. Además, había otra serie de oficiales, que no eran asalariados de la misma, pero que colaboraban en sus tareas ocasionalmente (cfr., P. Castañeda Delgado; P. Hernández Aparicio, o.c., 1–67).

95 "vinieron proveídos por Su Majestad dos varones tales cuales convenían para asentarla y para las cosas que subcedieron: Licenciado Bustamante, que murió en Tierra Firme, y el licenciado Cerezuela; al licenciado Bustamante subcedió el Inquisidor Antonio Gutierres de Ulloa, todos en sus facultades muy doctos;... vino fiscal el licenciado Alcedo, secretario, Ambrosio de Arrieta" (R. de Lizárraga, Descripción del Perú, Tucumán, Río de la Plata y Chile [ed. de I. Ballesteros], Madrid: Historia 16, 1987, 365–366). Además, se crearon otros puestos, como nos dice Ricardo Palma: "Criaram-se ainda os

5. La Catedral de Lima

Francisco Pizarro destacaba por su religiosidad, por ello, desde el momento de la fundación de la ciudad de Los Reyes inicia la construcción de su iglesia[96]. Como era típico, al fundar una población se hacía reparto de terrenos entre sus primeros moradores. El gobernador señala, pues, el espacio que va a ocupar el templo y, según el acta de fundación[97], pone la primera piedra. Sin embargo, este terreno inicial, designado para templo principal de la ciudad, tuvo que ser ampliado posteriormente siendo inaugurado éste, por fin, el 1 de marzo de 1540. Dicha iglesia era erigida en Sede catedralicia por Bula papal con fecha de 14 de mayo de 1541[98].

El primer edificio construido estaba llamado, por su simplicidad y poca capacidad para la población de una capital, a no subsistir. Ya desde 1541 se iniciaron los trabajos para construir una nueva. También la segunda fue juzgada por el entonces gobernador Vaca de Castro como insuficiente, desde sus mismos cimientos. Será esta autoridad la que invitará al Consejo, Justicia y Regimiento de la ciudad para que hiciesen Cabildo y procurasen los recursos económicos necesarios de modo que se pudiese levantar una iglesia más grande y adecuada. Las guerras civiles entre pizarristas y almagristas, como era de suponer, frenaron las obras de la catedral.

El primer obispo, el dominico Jerónimo de Loaysa, pondrá todo su afán en la construcción de su iglesia, a la que contribuirán todos los cristianos, desde el rey, pasando por las clases privilegiadas, hasta los últimos fieles[99].

---

seguintes empregos: um reitor e um alguazil-mor, ganhando mil pesos; um notário, com seiscentos pesos, um alcaide, com quinhentos; um núncio, com quatrocentos; um contador, com duzentos, e um porteiro, com quatrocentos – salários que se mantiveram até que Urbano VIII deteminou a criação de novos canonicatos nas catedrais do Peru para a subsistência dos ministros do Santo Ofício" (R. Palma, Anais de Inquisição de Lima [trad. de C. Giordano], São Paulo: Editora de Universidade de São Paulo, 1992, 20).

96 "Aunque el Gobernador don Francisco Pizarro cuando el mismo día de la fundación de Lima (18 de Enero de 1535) puso la primera piedra de la fábrica de la iglesia, la dedicó a Nuestra Señora de la Asunción, ya sea porque el Pontífice Paulo III ignorase esta circunstancia o porque la del Cuzco tenía ya la misma, la mandó intitular de San Juan Evangelista como su principal patrón" (M. García Irigoyen, o.c., 5, nota 1).

97 Este acta está inserta en el libro primero del Cabildo secular de Lima (cfr., M. García Irigoyen, o.c., 5, nota 2).

98 Como hay fechas diferentes, tomamos la que nos da Conrad Eubel (véase más arriba la nota 66 de este capítulo).

99 "En esa obra, a la que se consagró su Ilustrísima con empeñoso afán, se invirtieron quince mil pesos de oro, tres mil de estos donados por el Rey, y el producto de los dos novenos reales de diezmos que el mismo monarca cedió para tan importante objeto...

La nueva catedral se estrenó en 1551, cuando ya la diócesis había sido elevada a arzobispado (1546). También ésta se quedó pequeña e inadecuada para las necesidades de la ciudad. Así que el Arzobispo, en 1565, convoca al Deán y Cabildo para que se planifique una nueva. Sufrió este proyecto diversas modificaciones debidas a variadas causas (demasiado ambicioso, muerte del Arzobispo, terremotos,...), pero ya en 1604 se pudo estrenar la construcción de la primera fase de la iglesia; ocupaba la sede episcopal Toribio Alfonso de Mogrovejo. Las obras continuaron a lo largo del siglo XVII, y el 19 de octubre de 1625 fue consagrada definitivamente por el arzobispo Gonzalo de Ocampo[100].

6. La Universidad de San Marcos y Colegios Mayores

Los dominicos se habían hecho presentes en el territorio del Perú desde los inicios de la llegada de los europeos en la persona de Vicente Valverde. Pronto se instalan en la ciudad de Los Reyes y fundan un Estudio General en su convento del Rosario, actividad característica de la Orden de Predicadores. Será Tomás de San Martín quien gestione la elevación de tal institución a la categoría de Universidad. Esto tiene lugar el 12 de mayo de 1551, cuando un decreto de Carlos I decide su fundación[101]. Posteriormente, tal decisión será sancionada por el papa Pío V, quien le otorgará en 1571 el título de Pontificia[102]. El virrey Toledo la instalará en un edificio propio y en ella figurarán las facultades de: Cánones, Leyes, Teología, Artes y de Lengua Indígena. Esta institución de enseñanza superior estaba abierta a españoles, mestizos e indios.

[los fieles contribuyeron] con cuantiosas limosnas. Además de las cantidades mencionadas, se invirtieron cinco mil pesos de oro exclusivamente en la construcción de la capilla mayor, que se hizo de bóveda, por haberlos legado con ese objeto doña Francisca Pizarro" (M. García Irigoyen, o.c., 13–14). Recordemos que Francisca Pizarro era hija de Pizarro y nieta de Huayna Cápac, padre de Atahualpa.

100 Cfr., M. García Irigoyen, o.c., 16 y ss.

101 La Real Cédula lleva fecha de 12 de mayo de 1551 y está firmada por la Reina (cfr. D. de Encinas (rec.), Cedulario Indiano, vol. 1, o.c., 204).

102 Hasta el año 1571 estuvo regida por los dominicos, pasando a ser nombrado ese año un rector seglar: "Informando al Señor D. Felipe II, no ser conveniente se mantuviese en poder de regulares, y alcanzada su real aprobación en cédula de 30 de diciembre de 1571, suspendida la Rectoría que obtenían los RR. PP. Priores, ordenó, nombrase el Claustro entre sus Doctores seculares; y practicado escrutinio secreto en 2 de julio de 1572, fue electo Rector el Doctor en Medicina y Maestro en Artes Gaspar Meneses, incorporado en dichos grados desde el 7 de febrero de 1565" (D. Rubio, La Universidad de San Marcos de Lima, Madrid: s. n., 1933, 22).

Además de esta estructura académica, organismo de máximo relieve, fueron fundadas otras a imitación de los Colegios Mayores que existían en la Universidad de Salamanca[103]: "el Eclesiástico o Seminario, y el Real de San Felipe, así como el Colegio Mayor y Menor de San Martín, de los Padres jesuitas"[104]. De ellos nos habla Lizárraga en su descripción del Perú.

> "También por orden de Su Majestad se fundó un colegio, llamado El Real, donde sustenta cierto número de colegiales a costas de Su Majestad... llámase de San Felipe;... El arzobispo D. Toribio Mogrobejo [sic] fundó otro, que es el seminario que manda el concilio Tridentino;... Los padres de la Compañía tienen otro colegillo a las espaldas de su casa, donde enseñan solamente latín, nombrado San Martín a devoción del Virrey D. Martín Enríquez"[105].

Detengámonos un poco más en la institución erigida por Mogrovejo. El Concilio de Trento había ordenado la fundación de seminarios para la formación de sacerdotes[106]. En el Concilio III Limense, se había dispuesto que se fundaran en las diócesis de la provincia eclesiástica, destinando para su creación y mantenimiento el tres por ciento de las rentas de todos los beneficios[107].

---

103 Los tres más relevantes eran el Colegio de San Salvador de Oviedo, el de Cuenca y el de San Bartolomé.

104 V. Rodríguez Valencia, Santo Toribio..., vol. 1, o.c., 137. Izaguirre nos habla también de estas instituciones: "Vino a poco la Universidad,..., con veintidós cátedras y un claustro de más de noventa doctores; a que siguieron las fundaciones de varios colegios reales" (B. Izaguirre, o.c., 88).

105 R. de Lizárraga, Descripción del Perú, Tucumán, Río de la Plata y Chile, o.c., 120.

106 Concilio de Trento, Sesión 23, *Decreta super reformatione*, canon 18.

107 "*Porro ad erigenda et constituenda convenienter praedicta seminaria ex auctoritate nobis ab universali concilio in hac parte specialiter concessa uno consensu statuimus et ordinamus contributionem ex quibuscumque redditibus et bonis ecclesiasticis in hunc modum faciendam: ut ex decimis, beneficiis, capellaniis, hospitalibus, confraternitatibus iuxta eiusdem concilii statutum sive episcopales sive capitulares, sive beneficiales, reditus sint, etiam ex doctrinis Indorum, etiamsi regulares doctrinas ipsas teneant, tria de centum in perpetuum applicentur et ex nunc applicata censeantur. Ad quam sane portionem – satis certe moderatam – omnes clerici et praedictae personae in conscientia teneantur nec non oeconomi ipsi et officiales aut quicumque persolvere habent eiusmodi ecclesiasticos reditus, praefactam portionem; trium videlicet de quolibet centenario retineant pro seminario cuius fundationem et administrationem episcopi fideliter et sollicite curent secundum tenorem et formam a concilio Tridentino traditam scientes se Deo omnipotenti et sanctae eius ecclesiae rationem siquid minus recte egerint, reddituros*" (Concilio Limense III, Acción 2ª, cap. 44º).

A causa de lo polémico de esta disposición conciliar sobre el tres por ciento, que levantó la oposición de diversos sectores de la diócesis y por las dificultades que puso a esta institución el recién llegado virrey Hurtado de Mendoza[108], el seminario fundado en 1590, no pudo funcionar con normalidad hasta unos años después, cuando estos problemas fueron solucionados, al menos en parte: se reunieron los recursos necesarios para la obra y sustento de la misma y llegó otro Virrey[109].

7. Doctrinas, parroquias y conventos

Lo que en los tiempos modernos se entiende, desde el punto de vista canónico, como una *missio sui iuris* no fue establecido en los inicios de la evangelización de las Indias Occidentales. "Misión" era para el jesuita Acosta la salida transitoria que se hacía a los pueblos y ciudades para predicar, pero no una estructura jurídica. Lo que sí se fundaron fueron doctrinas, cuya categoría canónica era la de beneficios curados en encomienda movible a voluntad (*ad nutum admovile*). Éstas eran de hecho más parecidas a una misión *sui iuris*, pero jurídicamente se asemejaban más a una parroquia[110]. Su origen se remonta a las reducciones de indios iniciadas en el tiempo del pacificador La Gasca, para instruir a los naturales en las formas de vida en sociedad a la europea y en la fe cristiana. Al fundarse

108 De hecho el Rey envía una cédula, fechada en el Escorial a 20 de mayo de 1592, en la que ordena al Virrey que deje lo que concierne al gobierno del seminario y del nombramiento de colegiales al Arzobispo de Los Reyes (Cfr. D. de Encinas (rec.), Cedulario Indiano, vol. 1, o.c., 217–218).

109 "El 2 de Febrero de 1593 se expidió una cédula al Virrey y Audiencia para que se diese todo favor al Arzobispo en lo relacionado con el Seminario mandado crear por el Conc. de Trento y por el decreto 14 de la Acción Segunda de este Tercer Concilio" (R. Vargas Ugarte, Concilios Limenses (1551–1772), vol. III (Historia), Lima: s.n., 1954 110, nota 4). En realidad, no es el capítulo 14, sino el 44 de la Acción segunda, del III Concilio Limense. Al Arzobispo escribe el Monarca, el 29 de diciembre de 1593, para que gaste en el colegio seminario lo que para él debe aplicarse, de modo que haya estudiantes y comience a funcionar como tal (Cfr. D. de Encinas (rec.), Cedulario Indiano, vol. 1, o.c., 217).

110 Con respecto a la Parroquia no difiere, canónicamente hablando, "tiene, sí, la Doctrina un grado de inferioridad, por razón del título, que no es perpetuo, sino amovible. Y una diferencia de orden teológico: en la Doctrina el sujeto parroquial, es muy vario; unos están ya instruidos en la fe, otros no; unos bautizados, otros catecúmenos; y hasta otros, no convertidos aún; la Doctrina es una unidad misional en sentido propio; esta diferencia teológica se refiere más al hecho que al derecho" (V. Rodríguez Valencia, Santo Toribio, vol. 1, o.c., 387).

una encomienda, el encomendero debía ocuparse de todo lo concerniente a las cuestiones sociales y económicas, y el doctrinero que se nombraba para atender a los indios de la misma, de la labor religiosa[111].

Poco a poco el derecho las iba equiparando a las parroquias, erigidas para los españoles, dándole a las doctrinas categorías de beneficios perpetuos. Con este cambio legal, pasaban a ser, como las anteriores, de presentación directa del Rey. En un primer momento, a las que seguían siendo beneficios *ad nutum admoviles*, eran presentados candidatos por los prelados en nombre del Rey; esta facultad de los obispos fue asumida posteriormente por el Virrey[112].

Los buenos resultados obtenidos a nivel evangelizador, unidos a la fundación del Seminario, hicieron que Toribio se encontrase a finales del XVI con un superávit de candidatos al presbiterado[113]. Ésta fue una de las razones que le movió a pedir al Rey que elevase las doctrinas a beneficios perpetuos, pues ello suponía que, al encomendarlas a los sacerdotes, éstos tendrían una renta mayor con la que podrían vivir dignamente y la cual sería un estímulo para su estabilidad en las mismas[114]. Si cuando toma posesión de su diócesis Toribio de Mogrovejo habría unas ciento cincuenta doctrinas, diez años más tarde, en la última década de este siglo, superaban las doscientas[115]. Ello es indicador del progreso y dinamismo de estas poblaciones:

---

111 Ver el apartado siguiente: "Encomiendas y encomenderos".

112 "R. La orden que se ha de tener por los prelados de Indias en la provisión de los beneficios", Real Cédula, en el Escorial, con fecha de 3 de noviembre de 1567 (E. Lissón Chavez, vol. 2, o.c., 370–371). "Cedula general dada en declaracion del patronazgo Real cerca de la orden que se ha de tener en la presentacion de los Arçobispados y Obispados, y prevendas de las Indias, beneficios y doctrinas de las yglesias catredales dellas", que lleva fecha de 1 de junio de 1574 (Cfr., D. de Encinas (rec.), Cedulario Indiano, vol. 1, o.c., 83–86).

113 "8 mayo 1593. Carta del Arzobispo D. Toribio Alfonso Mogrovejo a S. M. sobre el gran número de clérigos y religiosos que hay en Lima" (E. Lissón Chavez, vol. 3, 2ª parte, o.c., 39–40).

114 "En la práctica se fue haciendo lentamente; pero en la ley se dio situación de derecho en el Patronazgo a la transformación de las Doctrinas de indios en Beneficios Curados Perpetuos en 1609, tres años después de su muerte [de Toribio]" (V. Rodríguez Valencia, Santo Toribio, vol. 1, o.c., 391). No era la económica una cuestión baladí o puramente mercantilista. El doctrinero no podía recibir derechos parroquiales, ya que a los indios debían dársele todos los servicios de manera gratuita. Por ello, era imprescindible tener asegurado por otra vía la necesaria manutención del cura de doctrina, sin la cual ni el obispo enviaba a un sacerdote, ni éste podía subsistir con la dignidad mínima para realizar su misión.

115 "En 1593, doscientas diecinueve. En 1598, doscientas cuarenta: 122 de Religiosos, 118 de Clérigos. Aparte, las parroquias de españoles… En 1603, doscientas cuarenta

reducción de naturales a un único lugar, fundación de la encomienda, erección de la doctrina, levantamiento de la iglesia y de las casas de los funcionarios regios, escuela, hospital, obrajes, telares, tributos, cultivos, ganados, etc.

En lo que concierne a las instituciones religiosas en la ciudad de Los Reyes, además del Cabildo catedralicio, contaba Lima en 1581 con "dos parroquias, cinco conventos, que eran casas de formación y base de distribución de misioneros por las reducciones, con un total, entre todos, de más de cuatrocientos religiosos, entre escolares, sacerdotes y legos. Tres conventos de monjas, con unas cuatrocientas religiosas"[116].

Si tomamos en consideración más particularmente cada Orden religiosa, podemos añadir los siguientes datos. En relación a los varones había, en 1598: 140 dominicos, 114 franciscanos, 120 agustinos, 60 mercedarios y 70 jesuitas. En cuanto a las mujeres, existían el convento de la Encarnación, canónigas seglares de san Agustín, con 174 monjas; el de la Concepción, de Santa Clara,

---

y cuatro. Están expresadas con especificación de sus Curas cada una de ellas en las sucesivas relaciones que Santo Toribio envió al Consejo de Indias en 1599, 1602 y 1604" (V. Rodríguez Valencia, Santo Toribio, vol. 1, o.c., 377). Según nos dice Irigoyen, citando una relación del prelado a Clemente VIII, de 1598: "Hay muchas doctrinas que tienen los frailes, que son ciento veintidós, poco más o menos. Hay de Clérigos, ciento dieciocho, poco más o menos, y con sus hospitales" (C. García Irigoyen, Santo Toribio, vol. 2, Lima: Imprenta y Librería de San Pedro, 1906, 251). Véase al respecto: "Relación (muy interesante) sobre las doctrinas que tienen los frailes de todas las Órdenes en el Arzobispo de los Reyes y el estipendio que se les da, hecha por orden superior y suscrito por el escribano real D. Francisco de Avendaño. 1598. 6 de abril" (AGI, *A. de Lima* 320; tomado de, E. Lissón Chavez, vol. 3, 2ª parte, o.c., 216-222); "Carta del Arzobispo de los Reyes (Sto. Toribio), con relación de las doctrinas y quienes las sirven. 1599, 18 abril... Anexo a la carta del Arzobispo de 18 de abril de 1599" (AGI, *Patronato* 248, R. 30; tomado de, E. Lissón Chavez, vol. 3, 2ª. parte, o.c., 266-274); "Carta del arzobispo de los Reyes, Sto. Toribio, a S. M. remitiendo relación de prebendas y doctrinas y sus rentas. 1602, 30 de abril... Clérigos de doctrinas" (AGI, *Patronato* 248, R. 33; tomado de, E. Lissón Chavez, vol. 4, o.c., 444-447); "Carta del Arzobispo de los Reyes a S. M., remitiendo la relación de los clérigos, frailes y iglesias del Arzobispado. 1604, 10 de mayo... Clérigos doctrineros que saben la lengua" (AGI, *Patronato* 248, R. 37; tomado de, E. Lissón Chavez, vol. 4, o.c., 508-512).

116 V. Rodríguez Valencia, Santo Toribio, vol. 1, o.c., 137. Una relación de las primeras parroquias con sus párrocos, en este siglo XVI, puede ver en C. García Irigoyen, Santo Toribio, vol. 1, Lima: Imprenta y Librería de San Pedro, 1906, 322-332.

con 150 monjas; y el de la Santísima Trinidad, de la Orden de san Bernardo, con 36 monjas[117].

8. Encomiendas y encomenderos

Por toda Europa funcionaban las instituciones en las que un grupo de individuos pagaban tributo (especie, servicios o pecunio) a otro, a cambio de recibir un bien u otra prestación (protección, formación, etc.), de este último. En Castilla, a medida que avanzaba la Reconquista y era necesario repoblar los territorios que se iban ganando hacia el Sur, la Corona iba otorgando éstos, de manera temporal o definitiva, a aquéllos que se destacaban en las victorias. Como dice M. Anxo Pena: "A dichos señores se les hacía cesión *in commenda* de dichos territorios, comprometiéndose al amparo y protección de los mismos, pudiendo percibir un rendimiento económico, ya fuera por medio de la tierra o del territorio que quedaba bajo su custodia y protección…"[118].

Simplificando, podemos reducir a tres las formas de vida y trabajo de los indígenas en la era prehispánica: aquéllos que vivían en total libertad en selvas y montañas; aquéllos que trabajaban las tierras colectivas o prestaban servicios de mita de acuerdo al sistema inca, pagando el tributo correspondiente a éstos; aquéllos que, habiendo sido sometidos por la fuerza, eran deportados a otras regiones y allí tenían que trabajar para un cacique o curaca[119].

De lo dicho, se deduce que el sistema de la encomienda no era totalmente ajeno a la vida indígena. De ahí que, para facilitar la convivencia en "policía" y crear sociedades que permitiesen el desarrollo de los individuos, una buena parte de

117 Cfr., C. García Irigoyen, Santo Toribio, vol. 2, o.c., 244–247.

118 M.A. Pena González, La lucha por la libertad de naturales y africanos en las Indias Occidentales (siglos XVI y XVII), in: REDC, 71 / 176 (2014) 371. Como el mismo autor nos explica, el termino *in commendam*, es una expresión canónica que se refiere a la recepción provisional de un beneficio eclesiástico, en oposición al recibido como *titulum*, que otorgaba una colación regular e incondicional (cfr., ibid., 371, nota 3).

119 Un ejemplo de esto último sucedió en el norte del Perú, en el valle del Jetepequete. Los pueblos que allí habitaban invadidos por los Incas, fueron sometidos al imperio. Ante la oposición presentada, fueron deportados a otras tierras, importando de otras regiones pueblos enteros para habitar en medio de éstos y evitar así futuras rebeliones. Por ello, en esta región no existía al tiempo de la llegada de los españoles una organización en ayllos, sino que los indios vivían como pertenecientes a otro indio principal o cacique, diferente, digamos, del natural de la tierra (cfr., M. Burga, De la encomienda a la hacienda capitalista, Lima: Instituto de Estudios Peruanos, 1976, 83–87).

los naturales fueron reducidos a pueblos y dentro de estas reducciones, entregados en sistema de encomienda a un señor (español o indio). Con ello, se buscaba además el favorecer la conversión de los naturales a la fe católica, al tiempo que se les enseñaba a leer y escribir, a los que estaban en edad para aprender. De modo que una Real Provisión del 20 de diciembre de 1503 institucionaliza la encomienda indiana[120].

Los abusos perpetrados en sus inicios, llevaron a la Corona a convocar la Junta de Burgos, para intentar frenarlos[121]. En 1512 se aprueban las Leyes de Burgos, que tratan de precisar lo más posible los derechos de los indios y las obligaciones de los encomenderos. Y en 1518 se promulga una ley que prohíbe reducir a indios que tengan suficientes recursos para vivir de manera autónoma. Para establecer una nueva encomienda era necesario, de acuerdo con una ley de 1527, que el religioso responsable diera su aprobación, juzgando de la oportunidad para crearla o no, según beneficiase o perjudicase al indio. El sistema fue evolucionando desde una aportación del indio mediante su trabajo a una aportación tributaria, en dinero o especie[122].

Pizarro había comenzado a dar indios en "depósito" a españoles ya en 1532, un año antes de que recibiese autorización para tales repartimientos por parte de la Corona, por Real Cédula de marzo de 1533. Otra de mayo de 1536, concedía al extremeño la facultad de repartir indios en encomienda, que pudiese ser transmitida en herencia. Para que el reparto fuese equitativo, de modo que fomentase el asentamiento y población de los españoles y no desbordase las posibilidades de trabajo o de tributo del natural, el gobernador nombra una comisión

---

120 "El origen legal de esta institución en América se remonta a 1503, año en el cual Isabel la Católica expidió en Medina del Campo una Real Cédula por medio de la cual oficialmente se aceptaban los repartimientos de indios... y el consecuente trabajo forzoso de los naturales, aunque señalándose asimismo que debía pagarse a estos salario, por tratarse de hombres libres" (J. de la Puente Brunke, Encomienda y encomenderos en el Perú, Sevilla: Diputación Provincial de Sevilla, 1992, 15).

121 "Los sucesos de 1511 en La Española tuvieron inmenso eco en la metrópoli, originando la reunión al año siguiente de la célebre Junta de Burgos" (J. de la Puente Brunke, o.c., 16).

122 "la referida cédula de 26 de mayo de 1536 representó el inicio de una lenta transformación hacia la encomienda de tributo. Esa disposición ordenaba que Fr. Tomás de Berlanga procediese a tasar los tributos de los naturales del Perú; se inició allí por parte de la Corona el intento de convertir la encomienda en una cesión de tributos, para que dejara de ser simplemente una vía a través de la cual los encomenderos aprovechaban directamente y sin límite la fuerza de trabajo indígena" (J. de la Puente Brunke, o.c., 19–20).

de visitadores para conocer las condiciones de vida de los indios de los pueblos. El nuevo reparto pretendía ser más objetivo, pero ciertas injusticias que Pizarro cometió retirando encomiendas, provocaron el levantamiento que condujo a la guerra civil y a su propia muerte. Será el pacificador La Gasca, quien reforme el sistema y comience a ejecutar repartimientos en sentido estricto, no como simples "depósitos"[123].

Las Leyes Nuevas de 1542 quisieron acabar con los abusos del sistema, prohibiendo entre otras cosas, la perpetuidad de las concesiones y la esclavitud de los naturales[124]. Fue, sobre todo, la primera disposición lo que despertó tal oposición en la Indias, que condujo a un levantamiento de los encomenderos, y sus allegados, contra ellas[125]. Éstos eran los responsables de que el sistema funcionase, aunque no tenían obligación de residir en el lugar físico en donde se ubicaba la encomienda. Los indios solían entregar su tributo al mayordomo o cacique correspondiente quien, a su vez, lo daba al encomendero, que solía vivir de rentas en la ciudad. Se introdujeron reformas en el funcionamiento de las mismas, de modo que, la fijación del monto del tributo y su misma recogida pasarían a manos del funcionario real o corregidor[126].

---

123 Cfr., J. de la Puente Brunke, o.c., 18–22.

124 "una vez que es prohibida la esclavitud por medio de las Leyes Nuevas (1542), el sistema se sustentará a partir del propio funcionamiento de las comunidades indígenas. Dichas leyes, así como las normas de Repartimiento (1548), dotarán a los naturales de tierras y de una organización administrativa y urbana semejante a las villas de españoles. Estando, por lo mismo obligados a abonar tributos en especie y moneda, así como prestaciones de trabajo, basadas en dicho repartimiento" (M. A. Pena González, o.c., 373).

125 "Lo que estaba verdaderamente en juego era la aspiración de los encomenderos a constituirse en una nobleza militar todopoderosa y con cierta vocación autónoma, enfrentada a los intereses de la Corona. Ésta, que se había visto obligada a conceder encomiendas y mercedes a quienes habían conquistado la nueva tierra a su costa y riesgo, se disponía a recuperar posiciones imponiendo la autoridad de sus funcionarios sobre las prerrogativas de los encomenderos, limitando el poder de éstos, privándolos de legitimar la perpetuidad de sus mercedes y subordinándolos a su regla. La reacción de los encomenderos fue rápida y decidida" (E. Trelles Aréstegui, Lucas Martínez Vegazo: Funcionamiento de una encomienda peruana inicial, Lima: Pontificia Universidad Católica del Perú, 1991, 62).

126 "Luego, bajo el gobierno del virrey Toledo continuó de manera más firme la reglamentación de esas instituciones. Además de las diversas medidas de reforma del régimen de encomiendas se afirmaron la autoridad y las funciones de los corregidores, y se instauraron las reducciones y el sistema de la mita" (J. de la Puente Brunke, o.c., 29).

Por las ordenanzas del virrey Toledo, eran tres los fines de la encomienda: contribuir a la hacienda real; dar protección, instrucción y buen trato a los indios; y sostener al sacerdote de la misma. Esta autoridad fijó también las obligaciones del encomendero: sufragar cualquier aumento en los gastos de la doctrina; prohibición de imponer servicio personal a sus indios, ni aumentar la tasa que pagaban; no podía tener posesiones en donde se ubicaba la encomienda; tenía el deber de defender a sus encomendados frente a los abusos de sus caciques; y tenía prohibido trato comercial con ellos, así como debía velar para que el doctrinero tampoco negociara con los mismos[127].

9. Corregimientos y corregidores

El corregidor era un funcionario real, de los muchos que existían en la Península[128] y en el Nuevo Mundo. No obstante la coincidencia en la denominación, las atribuciones que tenía uno en Castilla no eran las mismas que las que se le otorgaron en las Indias. Por ello, debemos abordar las competencias de éste, elegido como servidor público, aún cuando su fama de corrupto haya desbordado la historiografía secular, hispana y extranjera. Huelga decir que su jurisdicción abarcaba a todos los moradores de la circunscripción conocida como corregimiento, siendo la autoridad más próxima al ciudadano[129].

En el Nuevo Mundo, se estableció la figura del corregidor, por una parte, para los españoles y, por otra, para los indios. Tenía una función de representación del Monarca, al tiempo que podía intervenir en asuntos judiciales e incluso asistir militarmente a los conquistadores de nuevas tierras. Era un magistrado que hacía de puente entre el mundo indígena y el hispánico. Primeramente, se

---

127 Cfr., J. de la Puente Brunke, o.c., 53.

128 "Filiada en las funciones de que anteriormente había estado investido el Merino, la clásica magistratura castellana del Corregidor se remontaba en sus orígenes al período de Enrique II, bien que sólo a partir de la época de los Reyes Católicos puede hablarse con regularidad de tal institución, adornada con los distintivos que constituyeron sus atributos seculares" (G. Lohmann Villena, El Corregidor de Indios en el Perú bajo los Austrias, Madrid: Ediciones Cultura Hispánica, 1957, 4–5).

129 Tuvieron los Corregimientos gran importancia en la configuración del Virreinato de Nueva Castilla, prolongando su existencia en la República del Perú. Como afirma Lohmann Villena: "los Corregimientos proporcionaron el esquema de la actual demarcación territorial del Perú. Las circunscripciones constituidas en la época del Virrey Toledo han formado el molde de la subdivisión administrativa y política de hoy, como si se hubieran intuido los principios generales de la geopolítica con cuatro siglos de anticipación" (G. Lohmann Villena, o.c., XVI).

establecieron en las ciudades, en donde se les conocía como alcaldes mayores o justicias mayores, encargados precisamente de impartirla, frenando excesos y corrigiendo abusos, lo cual no les ayudó en cuanto a la fama se refiere[130]. A su llegada, el Marqués de Cañete se encontró con el excesivo número de veintitrés magistrados (puestos buscados por el honor, más que por lucro directo), reduciéndolo a diez y, por primera vez, "dotando cada plaza con una competente remuneración, y designando para ocuparlas a letrados de los más idóneos"[131].

Fue el Gobernador García de Castro quien instituirá la figura entre los indios. Coincidió su establecimiento con una época de reflorecimiento de los cultos religiosos pre-hispánicos que obligó a la autoridad a acelerar el proceso, impidiendo que se hiciera de manera más pausada y progresiva, como en un inicio se había planificado[132].

---

130 "ya Francisco Pizarro habíalos nombrado en Lima, Los Charcas y Piura; a su vez, Vaca de Castro, Núñez Vela y Gonzalo Pizarro también los designaron. Tanto la Gasca como la Audiencia gobernadora proveyeron, aunque con repugnancia, para ocupar estos cargos a vecinos –o sea, a encomenderos acaudalados y poderosos–, que servían el oficio sin remuneración, pues las rentas fiscales carecían de consignación para cubrir tales egresos" (G. Lohmann Villena, o.c., 22).

131 G. Lohmann Villena, o.c., 23. El Virrey encargó a estos Corregidores de las ciudades la obligación de velar por la defensa y adoctrinamiento de los indios, para que su tratamiento estuviese a la altura de los demás vasallos del Monarca; actuarían contra todo delincuente que injuriase a un natural, como si se tratase de un español; y cuidarían de que los indios no fuesen forzados a pagar más tributo que el tasado; ellos representaban la instancia primera a la cual podía acudir el indígena a reclamar sus derechos (cfr., ibid., 23–24).

132 La premura en establecer esta figura con poder regio entre los naturales tenía causas más antiguas, que las sucesivas medidas del Consejo de Indias o del Virrey no daban atajado. Dos eran las más sangrantes: por una parte, el problema de los encomenderos que hasta este momento era prácticamente la única autoridad castellana ante los indios, lo cual les hacía juez y parte en muchas de las reclamaciones que aquellos elevaban; por otra parte, la autoridad de los curacas o caciques sobre los propios naturales que llegaba a tal punto que les permitía gobernarlos con arbitrariedad, llegando incluso a la explotación de los mismos. Desaparecida la autoridad central y fuerte del Inca, habían surgido, entonces, innumerables reyezuelos quienes, beneficiados por el aislamiento y la falta de otra autoridad, hacían y deshacían a capricho, pues la mayoría de los indios estaba educada simplemente para obedecer. La situación de éstos empeoró cuando se produjo el entendimiento entre los encomenderos y los curacas (cfr., G. Lohmann Villena, o.c., 8–15 y 20–21). A los abusos de encomenderos y curacas en estos primeros treinta años de Virreinato se unieron, por momentos, los perpetrados por algunos doctrineros sin escrúpulos (cfr., ibid., 27–30).

El 25 de octubre de 1564, García de Castro asume el poder, no como Virrey sino como Presidente de la Real Audiencia. El asunto había preocupado a las autoridades que le precedieron, por lo que era un tema candente. Los mismos indios reclamaban, desde diferentes puntos geográficos, autoridades solventes y eficientes. Ello hizo que Castro expidiese una provisión sobre este tema en una fecha que se mueve entre abril y mayo de 1565, según Lohmann Villena. Sus ordenanzas fueron tachadas de irreprochables por el Virrey Toledo, sucesor de aquél.

En el auto dado por Castro se creaban los corregimientos y se señalaban las obligaciones de los corregidores. Para una mejor ejecución de lo allí propuesto se preveía la reducción de los poblados indígenas esparcidos por muchos lugares, las más de las veces inhóspitos, a pueblos de mayor población que facilitasen la organización y el desarrollo social. Entre los deberes de la nueva figura de poder estaban la vigilancia y protección de los indios, su buen gobierno, control sobre las actividades de los españoles, doctrineros y curacas, así como la regulación fiscal y la administración de justicia.

Estas ordenanzas de García de Castro fueron completadas por el virrey Francisco de Toledo en tres ocasiones, 1574, 1579 y 1580. La distancia de casi un decenio de funcionamiento de la institución permitió al sucesor de Castro corregir deficiencias y profundizar en algunas de las funciones a desempeñar por el corregidor, de modo que sirviesen a su propósito: administrar justicia y elevar en todas sus dimensiones el nivel de vida del natural. Toledo constata que las instrucciones de su antecesor fueron apropiadas para poner a funcionar el cargo, el problema residía en encontrar candidatos preparados para el mismo[133]. Pasados más de tres decenios desde su establecimiento, habiendo sido mudadas muchas circunstancias desde entonces, el virrey Velasco promulga un nuevo estatuto para los corregidores, el 31 de julio de 1601[134].

Entre los asuntos más conflictivos encontramos la recogida y distribución de las tasas fiscales. Para ello se instituyeron las cajas de comunidad, a las que iban

---

133 Desde el mismo momento de su erección, este cargo suscitó muchas dudas, pidiéndose posteriormente su supresión. Como dice Rodríguez Valencia: "Discutida no por razones teóricas, que por ahí la institución es clara, sino por razones prácticas de no poder contar con un número conveniente de funcionarios probos en aquella nueva organización administrativa de la población indígena. En la discusión, los Prelados colectivamente se habían manifestado por la supresión de los Corregidores" (V. Rodríguez Valencia, Santo Toribio, vol. 1, o.c., 417).

134 Más información sobre las reformas de Toledo y Velasco en, G. Lohmann Villena, o.c., 203–209.

a parar los tributos entregados y de las cuales salía el salario del corregidor, el del doctrinero y el del curaca. El resto debía emplearse en obras de interés público, preferentemente en aquellas que velaban por los indios más desprotegidos[135].

De estas cajas de comunidad salía el dinero para construir los hospitales y sostener las iglesias. Para la construcción de éstas estaba prevista una triple financiación: un tercio de la Hacienda Real; un tercio de los encomenderos; y el último tercio de los mismos indios[136]. La parte correspondiente que entraba en el arca, administrada por el corregidor, se consideraba como bienes de fábrica. Tenemos aquí ya un conflicto latente entre los dos fueros, civil y eclesiástico, pues el administrador general era el oficial real; el de la parte correspondiente a los templos y, más tarde, incluso a los hospitales, será el prelado, algo que no entendían fácilmente los primeros (reacios a liberar el dinero para los dichos fines)[137].

Las cajas de comunidad, abiertas siempre para ingresar el tributo indígena, se resistían con entereza a la hora de pagar los gastos necesarios para mantener dignamente los lugares sagrados con sus complementos y para la edificación de los hospitales[138]. El arzobispo Mogrovejo, que había entablado pleito contra algún corregidor como el de Cajatambo por tales motivos, escribe al Rey reclamando

135 "Con el propósito de evitar las extorsiones a que los curacas sometían a sus súbditos, bajo pretexto de recolección de tributos, esta tarea se transferiría en lo sucesivo a los Corregidores. Para atesorar el monto de la contribución comarcal, se fundarían unas cajas o arcas de la comunidad, de las cuales se extraerían la remuneración asignada al propio Corregidor, el estipendio fijado al doctrinero y los emolumentos que el curaca devengaba por razón de su investidura. El remanente hallaría aplicación en obras de beneficencia pública, preferentemente de los necesitados indígenas" (G. Lohmann Villena, o.c., 54).

136 Cfr., Real Cédula de la Reina Gobernadora a la Audiencia de Lima, 24 de abril 1550, refrendada por el Príncipe don Felipe, 24 de septiembre 1551 (tomado de, V. Rodríguez Valencia, Santo Toribio, vol. 1, o.c., 416, nota 2).

137 Memoriales redactados por los sacerdotes, quejándose de ello: "Anexo a la carta de 4 de abril de 1585. Copia de un memorial que en el Perú dieron al Arzobispo de Los Reyes acerca de la necesidad que padecen las iglesias y hospitales de aquellas partes" (AGI, *Patronato* 248, R. 11; tomado de, E. Lissón Chavez, vol. 3, 1ª. parte, o.c., 336–343); "Testimonio de autos entre el Fiscal de la Audiencia de Los Reyes y el Arzobispo Mogrovejo sobre la entrega exigida a los corregidores de los caudales de fábricas para ornamento de las iglesias. 1585, 1 mayo... Carta del pueblo de Copa al Arzobispo" (AGI, *A. de Lima* 300; tomado de, E. Lissón Chavez, vol. 3, 1ª. parte, o.c., 355–360).

138 Algunas de las cédulas reales en las que se manda la construcción y el sostenimiento de hospitales pueden verse en: D. de Encinas (rec.), Cedulario Indiano, vol. 1, o.c., 219–224.

los derechos que le asisten. El Monarca en carta al virrey Enríquez responde concediendo plena jurisdicción en cuanto a lo que a ambos terrenos se refiere: la gestión de los caudales que eran para la casa de Dios y para los hospitales[139].

Los oficiales reales, no obstante disponer de tal legislación, no se prestaban a la ejecución de los dichos decretos. Hasta 1591 llegó el pleito interpuesto por el prelado limeño para que se le reconociese su jurisdicción sobre los dineros destinados a la fábrica de las iglesias. Por fin, en una Real Cédula de ese año, se zanjará la cuestión, concediendo el Rey al Arzobispo, además de lo solicitado, incluso el derecho de inspección sobre los bienes de los hospitales, pudiendo pedir cuentas a los corregidores. Indudablemente, era una sabia solución que no impedía al funcionario realizar su oficio, pero sometiéndolo al control de una instancia ajena e imparcial[140].

---

139 "Real Cédula ordenando se deje a los Prelados nombrar mayordomos de fábricas... no os entrometáis [al virrey Martín Enríquez] ni consintáis que otros algunos de nuestros jueces y Justicias se entremetan a nombrar mayordomos de las Iglesias ni tomar las quentas de las fábricas, y lo dexeis hazer al Prelado, a quien pertenece, - fecha en Lisboa a diez de hebrero de mill e quinietos y ochenta y tres años" (AGI, *Lima* 300; tomado de, E. Lissón Chavez, vol. 3, o.c., 30 y vol. 3, 1ª. parte, o.c., 302; también aparece en AGI, Lima 570, Lib. 14, f. 315; ver en E. Lissón Chavez, vol. 3, 1ª. parte, o.c., 346).

140 "La resolución total del Monarca llega a más incluso que los derechos eclesiásticos. Reconoce y ampara al Arzobispo los derechos "espirituales" de los bienes de Iglesias, y le confía un derecho de intervención y de inspección en los mismos bienes legos de los hospitales... y conservando a los oficiales Reales la función de cobranza y custodia en las Cajas de Comunidad, se reserva al Prelado el derecho de inspeccionar, tomar cuentas y administrar el dinero de las Iglesias y de los hospitales... No se suprimía al Corregidor como funcionario, pero se le sometía al control de los Obispos" (V. Rodríguez Valencia, Santo Toribio, vol. 1, o.c., 425). Véase al respecto: "R. C. autorizando al Arzobispo para visitar los bienes de fábricas. 1591, 28 agosto" (AGI, *A. de Lima* 300; tomado de, E. Lissón Chavez, vol. 3, 2ª. parte, o.c., 627 y 27–28); también: "Real Cédula disponiendo remedio de las necesidades de las iglesias y hospitales del Perú. 1585, 28 de agosto" (AGI, *A. de Lima* 300; tomado de, E. Lissón Chavez, vol. 4, o.c., 379–380). En esta última leemos: "... por la cual declaro, quiero y es mi voluntad que vos el dicho Arzobispo y vuestros sucesores en ese Arzobispado por vuestra persona o por vuestros visitadores podais y puedan visitar los bienes pertenecientes a las fábricas de dichas iglesias y hospitales de indios de todo ese Arzobispado y tomar las cuentas a los mayordomos y administradores de las dichas fábricas de las dichas iglesias y hospitales y cobrar los alcances que les hicieredes y ponerlos en la caxa de la Comunidad" (E. Lissón Chavez, vol. 4, o.c., 380).

Sobre el terreno, tanto los templos como los hospitales iban poblando las localidades de españoles e indios. En la última década del siglo XVI, habían sido construidas varias instituciones sanitarias en la ciudad de Los Reyes[141] y, al menos, una en cada una de las grandes villas y pueblos. Entre otros documentos que nos lo atestiguan, está el *Libro de visitas del Arzobispo*, que recoge numerosos datos del funcionamiento de las parroquias y doctrinas de Lima desde 1593 a 1605. Aparecen citadas en él muchas poblaciones con su hospital o su cofradía y con la renta que tenían asignada para su sostenimiento. Destacamos, a continuación, algunas localidades que disponían de hospital: san Sebastián de Huaraz[142], santo Domingo de Yungay, santa Ana de Unchup, Moro, santa María de Parrilla, Santa, Ferreñafe, Túcome, Lambayeque, san Martín de Reque y un largo etcétera.

10. Órdenes Religiosas

A continuación, mencionaremos la instalación de las Órdenes religiosas en el Virreinato del Perú y, por consiguiente, en la ciudad de Lima. La importancia que tuvieron las mismas es tal que, la sola mención de tales instituciones resulta de todo insuficiente. Por ello, al hablar de cada una, dejaremos constancia de alguna obra especializada en la que se detallen sus acciones y la repercusión de las mismas, tanto en el plano eclesial como en el socio-político y económico.

a. Orden de Predicadores

Comencemos por la Orden de Santo Domingo. A su primera fundación, simbólicamente establecida sobre el mismo "Coricancha" o templo máximo del sol en el Cuzco, donde levantaron un convento, siguió otra en Limatambo y otra en el valle de Chancay. En torno a 1540 se comienza la fundación del convento de Los

141 Iraburu, sobre los hospitales, afirma: "Hay hospitales para españoles y para indios, muy buenos y bien proveídos, con muchas rentas, como es el hospital de san Andrés, que es de los españoles, y el de santa Ana, que es de los naturales, y el hospital de san Pedro, que es para curar clérigos pobres. Hay otro fuera de la ciudad, de la otra parte del río, que es el de san Lázaro, donde se curan llagas; y a todos éstos se acude con mucha limosna que para ellos se pide" (J. M. Iraburu, Hechos de los apóstoles de América, Pamplona: Fundación GRATIS DATE, 2003, 287–288).

142 En muchos casos se nos da la renta del mismo, como en éste de Huaraz: "Tiene el hospital del dicho pueblo 3317 cabezas de dicho ganado [ovejuno] que dejó Sebastián Robles, español" (Libro de visitas de Santo Toribio Mogrovejo (1593–1605) [ed. de J. Antonio Benito], Lima: Fondo Editorial. Pontificia Universidad Católica del Perú, 2006, 19).

Reyes. Cuando en ese mismo año se funda la ciudad de Arequipa, los dominicos contribuyen a tal acontecimiento con su presencia[143].

Prontamente establecieron los dominicos una provincia en el Nuevo Mundo, la Provincia de San Juan Bautista en 1540. Abarcaba ésta un territorio inmenso desde Nicaragua al Río de la Plata y su primer provincial fue fray Tomás de San Martín. Fue este dominico una auténtica institución que planeó y realizó el establecimiento de los suyos por buena parte de la geografía peruana. Así se establecieron en: "Charcas, Canta, Bombón, Tarma, Huánuco, Trujillo, Ayacucho, Chincha, Guaylas, Jauja, Huancayo, Huarochirí, Cajatambo, Chancay, Juli y otros"[144].

Como ya dijimos más arriba, la Universidad de San Marcos se funda a partir del Estudio Mayor de los dominicos. Fue un dominico, Domingo de Santo Tomás, el que redacta la primera gramática quechua (publicada en Valladolid, en 1560)[145].

b. Orden de San Francisco

Pasemos ahora a la Orden Franciscana. En 1532, con fray Marcos de Niza, desembarcan en el Virreinato los franciscanos. En 1534 fundan un convento a las afueras del Cuzco; fue su promotor fray Pedro Portugués. Esta primera comunidad pasaría, posteriormente, a ser instalada en el centro de la ciudad. Fundada en 1535 la capital del Virreinato, ya presentes en el valle de Pachacamac, solicitan fundar un convento en Lima, que fray Francisco de la Cruz comienza en 1546[146].

La Observancia Franciscana se extendió rápidamente por todo el territorio del Virreinato, fundando comunidades y conventos en: Chachapoyas, Cajamarca, Ayacucho, Arequipa, Trujillo, Pisco, Cañete, Ica, Colca, Jauja, Huánuco, Chancay, Huaura, Huaral, Chiclayo, entre otros lugares. Llegaron a alcanzar un número de religiosos que superó con mucho a los de las otras Órdenes, desarrollando una enorme actividad y adquiriendo un prestigio extraordinario[147].

---

143 J. Heras, Perú: La evangelización fundante (siglo XVI), in: P. Borges, (dir.), Historia de la Iglesia en Hispanoamérica y Filipinas, vol. 2, Madrid: BAC, 1992, 505.

144 Ibid., 505–506.

145 Para más información, véase A. E. Ariza, Misioneros Dominicos de España en América y Filipinas en el Siglo XVI, Bogotá: Convento de Santo Domingo, 1971.

146 Cfr., F. Mateos, Obras del P. Bernabé Cobo, vol. 2, Madrid: BAE, 1964, 420.

147 J. Heras, Perú: La evangelización fundante (siglo XVI), in: P. Borges, (dir.), o.c., vol. 2, 506.

En cuanto a la primera provincia franciscana, ésta se llamó de los Doce Apóstoles, y su territorio se extendía desde Nicaragua hasta el sur del continente. Fue fray Luis de Oña, su primer provincial[148].

El Capítulo General de la Orden presidido por el ministro general Fr. Alonso Puteo, celebrado en 1565, decidió dividir la Provincia limeña de los Doce Apóstoles en cinco provincias y una custodia[149]. Ello significa que treinta y tres años después de su llegada, la Orden de San Francisco se había extendido por el territorio a un ritmo constante y, a todas luces, sorprendente. Esa misma velocidad de expansión continuará en los años siguientes, de forma que en 1587, según datos que aparecen en una obra del General de entonces, Francisco Gonzaga, las fundaciones franciscanas se habían implantado en, prácticamente, todas las poblaciones importantes existentes en la Nueva Castilla, en la segunda mitad del siglo XVI[150].

A finales del XVI, el número de conventos franciscanos de los cuales hay noticia, nos indica que no sólo aumentaba el número de frailes o el número de monumentos (capillas, iglesias, claustros, monasterios, retablos, esculturas, pinturas, etc.) sino que crecía el número de villas y ciudades, lo cual es indicador de un progreso material que se iba extendiendo por todo el territorio del Virreinato[151].

---

148 Ibid., 506. Otros franciscanos que llevaron a cabo una encomiable labor en el Perú fueron: Mateo de Jumilla, Alonso de Escarcena, Alonso de Alcañices o Diego de Medellín (cfr., B. Izaguirre, o.c., 89 y 92).

149 El texto del capítulo en el que se llevó a cabo tal división, en: B. Izaguirre, o.c., 92.

150 Nos lo cuenta Izaguirre, del siguiente modo: "Según esto, en 1587, nuestro venerable P. General Fr. Francisco Gonzaga, en su preciosa obra *De Origine Seraphicae Religionis*, adjudica a la Provincia de los XII Apóstoles los conventos de Lima, Cuzco, Potosí, Charcas, Chuquiabo, Huánuco, Chachapoyas, Trujillo, Cañete, Guamanga, Yucay, Collao, Collagua, Pocona, Concepción de Jauja, Cajamarca, Copabamb [sic], Estero, Tucumán, Talavera del Estero, Córdoba, Asunción y Santa Fé" (B. Izaguirre, o.c., 92). Información original en: "F. Gonzaga, De origine Seraphicae Religionis Franciscanae, eiusque progressibus [sic], 2 vol., Venecia 1603" (ibid., 92, nota 75).

151 "Mientras tanto la Provincia de los XII Apóstoles crecía, se extendía y se intensificaba, fundando nuevos conventos; de suerte que en fecha no muy posterior a la que hemos citado [1587] tenía conventos en Lima tres, en el Callao, en Surco, en la Magdalena, en Panamá, Trujillo, Guamanga, Chachapoyas, Cañete, Ica, Saña, Chiclayo, Chancay, en Cajamarca dos, en Pisco, Huaura, Huancavelica, Pomabamba, Tunán, Piura, Huánuco, Mito, San Pablo, Asunción, Contumazá, Orcotuna, Apata, Nansiche, Chilinquín, Levanto, Jesús, San Marcos, Trinidad, Cascas, San Miguel, Eten, San Miguel de la Sierra, Santa Cruz, Lurín, Huchapampa y Santa" (B. Izaguirre, o.c., 93–94). Información original en: "L. GÓMEZ CANEDO, La Provincia de los XII Apóstoles del Perú en el primer tercio del siglo XVII. Una Tabla Capitular del 1630, in: AIA, 5 (1845) 91–102" (ibid., 94, nota 78).

c. *Orden de Nuestra Señora de la Merced*

Pasemos a relatar, a continuación, los datos concernientes a otra de las grandes Órdenes religiosas que se hicieron presentes en el Nuevo Mundo desde la primera hora: los Mercedarios. Habían desembarcado en las Indias ya en 1493[152], aunque no será hasta 1514, cuando se instalen de manera definitiva fundando un convento en Santo Domingo. A diferencia del resto de las Órdenes que fueron avanzando hacia el norte de las provincias españolas en las Indias, los discípulos de Pedro Nolasco, fueron primeramente hacia el centro y sur del continente[153].

Ya en la temprana fecha de 1532 se instalan en Piura, "en 1534 en el Cuzco, en 1535 en Lima y en 1539 en Ayacucho". Fundaron comunidades y conventos también en Trujillo, Huánuco, Chachapoyas, Arequipa y Jaén[154]. Entre sus hombres más importantes destacan Diego de Porres[155], Juan de Vargas, Antonio Bravo, Alejo Daza, Miguel Troilo y Gabriel Álvarez de la Carrera[156].

---

152 Un mercedario fue en el viaje que en este año hizo Colón, con la función de capellán del Almirante: "de repente vio aparecer un hombre vestido de blanco, a quien tomó en el primer momento por el fraile de la Merced que el Almirante llevaba consigo por capellán". La cita es de la obra de Pedro Mártir de Anglería, tomada de G. Vázquez, La Orden de la Merced en Hispanoamérica, Madrid: Revista Estudios, 1968, 42.

153 Cfr., P. Borges, Las Órdenes Religiosas, in: P. Borges (dir.), Historia de la Iglesia en Hispanoamérica y Filipinas, vol. 1, Madrid: BAC, 1992, 219.

154 Cfr., J. Heras, Perú: La evangelización fundante (siglo XVI), in: P. Borges (dir.), o.c., vol. 2, 506–507. Pedro Borges, en el capítulo general correspondiente de esta obra, nos da otras fechas un poco más tardías: "En el Perú se asentaron definitivamente en 1535 con la fundación del convento de Piura, al que siguieron los de Lima y Cuzco en 1536" (P. Borges, Las Órdenes Religiosas, in: P. Borges (dir.), o.c., vol. 1, 219). En una obra de conjunto de la Orden de la Merced, leemos: "Fundaron primero en San Miguel de Piura (1532). Posiblemente antes de la fundación española de la ciudad, el 18 de enero de 1535, el padre Antonio Bravo celebró la primera misa en Lima. En esta ciudad, el padre Miguel de Orenes, el mismo año, instituyó convento de la Merced y el padre Sebastián de Castañeda, en 1534, fundó el convento del Cusco" (VV. AA., La Orden de Santa María de la Merced (1218–1992), Roma: Instituto Histórico de la Orden de la Merced, 1997, 113). Véase también: E. Alarcón Bejarano, Primeros capellanes y misioneros mercedarios en América, in: S. Peredo Meza (ed.), Analecta Mercedaria. Actas del I Congreso Internacional Mercedario, Roma: Instituto Histórico de la Orden de la Merced, 1991, 7–8.

155 Véase sobre este destacado misionero mercedario: P. Nolasco Pérez, Historia de las misiones mercedarias en América, Madrid: s.n., 1966, 261–279.

156 Cfr., VV. AA., La Orden de Santa María..., o.c., 113.

En cuanto a su estructuración, debemos decir que ya desde 1564 formaron sus propias provincias en Indias, independientes de la de Castilla[157]. En esa fecha se crean la de Los Reyes y la del Cuzco. Además, en los territorios que conformaban el Virreinato del Perú, se erige la provincia de Chile en 1566, la de Santa Bárbara del Tucumán y Río de la Plata, en 1593 y la de Quito, en 1615. Desde 1587 existe una autoridad con rango de Vicario General para todas las provincias españolas del Sur. Jurídicamente tuvieron dificultades en los años que van de 1543 a 1575, pues no eran directamente una Orden misionera (recordemos que fueron fundados para la redención de cautivos). Con la reforma de la misma en esta última fecha, se les acaba por reconocer oficialmente su carácter misionero, que por lo demás era lo que estaban haciendo desde su llegada al Nuevo Mundo[158].

d. Orden de San Agustín[159]

De entre las grandes Órdenes misioneras, los agustinos fueron los que llegaron a las Indias en cuarto lugar, tras franciscanos, dominicos y mercedarios. Se instalan, primeramente, en México en 1533 y, posteriormente, comenzarán su andadura en tierras del Perú, en Lima en el año 1551. Se establecieron, a continuación, en: Huamachucho, Huarochirí, Barranca, Pachacamac, Cañete, Trujillo, Conchucos, Cuzco, Arequipa, Huánuco, Saña, Chachapoyas, llegando hasta Copacabana, en la región del lago Titicaca. Uno de sus hombres más ilustres fue Diego Ruiz Ortiz[160].

---

157 P. Borges nos da el año 1564, como el de inicio de funcionamiento de las provincias mercedarias del Perú. En cambio, en G. Vázquez, podemos leer: "En 1563 aparece como provincial del Cuzco el P. Jerónimo de Villalobos y desde la misma fecha debió serlo de Lima el P. Orenes" (G. Vázquez, o.c., 189).

158 Cfr., P. Borges, Las Órdenes Religiosas, in: P. Borges (dir.), o.c., vol. 1, 220.

159 Cronistas agustinos de esta primera época fueron Antonio de la Calancha y Bernardo de Torres: "Calancha, Antonio de la, Corónica Moralizada del Orden de San Agustín en el Perú, Barcelona 1638 y 1639. Torres, Bernardo de, Crónica de la Provincia Peruana del Orden de los Ermitaños de S. Agustín, Lima 1657" (F. J. Campos y Fdez. de Sevilla, Lectura crítica de las Crónicas agustinianas del Perú, siglos XVI–XVII, in: I. Rodríguez Rodríguez (dir.), Agustinos en América y Filipinas. Actas del Congreso Internacional, vol. 1, Valladolid-Madrid: s.n., 1990, 238, nota 1).

160 Cfr., J. Heras, Perú: La evangelización fundante (siglo XVI), in: P. Borges, (dir.), o.c., vol. 2, 507. Mora Mérida nos señala algunas fechas concretas de las fundaciones: Lima (1551), Huamachuco (1554), Trujillo (1558), Cuzco (1559), Paria (1559), Capinata (1559), La Paz (1562), Chuquiaguy (1562), Valle de Clisa (1570), Catabamba (1571), Arequipa (1574), Valle del Abancay (1575), Cochabamba (1578), Chuquisaca (1578), Pucarani (1582), Tapacari (1583), Ica (1583), Huamanga (1584), Santiago de

En el resto del Virreinato de Nueva Castilla, en el siglo XVI, su expansión fue dirigida hacia el Norte: se establecen en Quito en 1573 y en Bogotá en 1575; y hacia el Este y el Sur: fundan en La Paz en 1562 y en Santiago de Chile en 1595. Se organizaban en prioratos y vicariatos (llamados también vicarías o conventillos), según estuviesen ya formalmente fundados o fuesen conventos de poco personal y no definitivamente constituidos. Los que se establecían entre indios se llamaban prioratos de indios. Al frente de los de una región, se encontraba el Prior Provincial, que dependía directamente del Prior General de Roma. En lo que respecta al Virreinato, en el siglo XVI, fueron constituidas la provincia de San Agustín del Perú en 1551 y la de San Miguel de Quito en 1579. Aunque erigieron numerosos conventos y algunos muy suntuosos, no alcanzaron la expansión de las otras grandes Órdenes[161].

e. *La Compañía de Jesús*

Franciscanos, dominicos, mercedarios y agustinos ya estaban asentados y con una actividad casi frenética cuando hace su aparición en escena la última de las grandes Órdenes evangelizadoras del siglo XVI: la *Societas Iesu*. Los primeros jesuitas llegan al Nuevo Mundo en 1566, instalándose en la Florida, en donde permanecen hasta 1572[162]. Puesto que la Corona se mostró, en un principio, renuente a aceptarlos en los territorios de Indias, fue la propia Compañía la que fleta un navío para embarcar a los primeros miembros con destino al Perú. Era el año 1567, recibiendo plena autorización por parte del Monarca para su tarea misionera, al año siguiente, 1568[163]. Se instalan en México a partir de 1572. Su

---

Miraflores (1584), Potosí (1584), Chusgoni (1587), Copacabana (1591), Tarija (1592) (cfr., J. L. Mora Mérida, Misiones Agustinianas en el Perú (siglos XVI–XVII), in: I. Rodríguez Rodríguez (dir.), vol. 1, o.c., 195).

161 Cfr., P. Borges, Las Órdenes Religiosas, in: P. Borges (dir.), o.c., vol. 1, 221–222.

162 “En las capitulaciones concedidas por Felipe II a Pedro Menéndez de Avilés para la conquista de la Florida, se le concedía por Cédula de 20 de marzo de 1565 que pudiese llevar consigo jesuitas como capellanes de la expedición, y además con miras a la conversión de los indios” (F. Mateos (ed.), Historia general de la Compañía de Jesús en la provincia del Perú. Crónica anónima de 1600, vol. 1, Madrid: CSIC, 1944, 9).

163 “Finalmente, el año siguiente de 1568 y con fecha 3 de marzo, escribió el mismo Rey una cédula a San Francisco de Borja, entonces General de la Compañía de Jesús, en que le ruega y encarga mande 24 personas de la Compañía a los lugares que le señale el Consejo de Indias,... [éste] después de larga oposición, había roto, por fin, en favor de la Compañía el coto cerrado que era América para las cuatro grandes Órdenes de Santo Domingo, San Francisco, San Agustín y la Merced, asociando a la joven Orden a la gran obra que ellas realizaban de infundir la cultura y civilización cristiana en

organización giraba en torno a residencias que se iban estableciendo en cada territorio, las cuales, al formar una Provincia o Vice-Provincia, tenían un carácter autónomo. El Vice-Provincial dependía del Prepósito Provincial y éste del Prepósito General, residente en Roma[164].

Se establecen en Lima, Cuzco, Potosí, Juli, Arequipa[165]. A lo largo del siglo XVI, su expansión fue bastante lenta. En 1568 se constituye la Provincia del Perú, cuyo primer provincial sería Jerónimo Ruiz del Portillo. No obstante, sus casas, sus colegios[166], sus centros sociales, su dedicación al cultivo del arte, aun siendo los últimos en llegar no fueron menos deslumbrantes que los de los demás, si atendemos a sus esfuerzos y a sus resultados[167]. Uno de sus miembros más destacados en esta segunda mitad del siglo fue José de Acosta, eminente jurista y teólogo, y estrecho colaborador del arzobispo Mogrovejo[168].

los pueblos americanos" (F. Mateos (ed.), Historia general de la Compañía, vol. 1, o.c., 10).

164 Cfr., P. Borges, Las Órdenes Religiosas, in: P. Borges (dir.), o.c., vol. 1, 222–223.

165 "llegaron… al Callao, donde desembarcaron el 28 de marzo de 1568, y el 1º. de abril entraron en Lima" (F. Mateos (ed.), Historia general de la Compañía, vol. 1, o.c., 12).

166 Como en toda Europa, los colegios de la Compañía fueron instituciones de enseñanza que marcaron a las sociedades en las que se implantaron. Fue, sobre todo a partir de 1560, cuando los jesuitas los asumen como una de sus prioridades: "On 10 August 1560, Polanco wrote in Lainez's name a letter to all superiors… He said that: "generally speaking, there are [in the society] two ways of helping our neighbors: one in the colleges, through the education of youth in letters, learning and Christian life,…" The letter thus explicitly recognized that the schools were by that date understood not simple as one ministry among many, but as a supercategory equivalent to that into which all the other *consueta ministeria* fell" (J. W. O'Malley, The first Jesuits, London: Harvard University Press, 1993, 200). En esta segunda mitad del siglo XVI, fundaron los tales en Lima, Cuzco, Potosí, Arequipa, La Paz, Quito, Chuquisaca y Santiago de Chile.

167 Cfr., J. Heras, Perú: La evangelización fundante (siglo XVI), in: P. Borges, (dir.), o.c., vol. 2, 507.

168 "no pisó tierra limeña hasta el 28 de abril de 1572" (L. Lopetegui, El Padre José de Acosta y las misiones, Madrid: CSIC, 1942, 125).

Capítulo Segundo
La Teoría de la Justicia de John Rawls

I. Introducción general

1. Antecedentes

a. Condicionamientos históricos

En este libro se presenta un trabajo de corte jurídico, ya que lo que se pretende es hacer un análisis de un conjunto de leyes; por otra parte, éstas no pertenecen al derecho vigente, sino al histórico, lo que nos ha obligado a realizar un estudio de las circunstancias político-sociales y religiosas del momento en el que dichas normas fueron promulgadas, pues sin ese marco, nos sería imposible realizar tal investigación sobre las mismas; finalmente, el planteamiento por el que nos hemos decidido a la hora de estudiar los cánones elegidos, lo hemos extraído de la filosofía del derecho, es decir, vamos a radiografiarlos desde un punto de vista muy concreto: el de la justicia social.

Así pues, hasta ahora nos hemos detenido en la explicación del contexto histórico que ha rodeado la convocación de las Asambleas sinodales, que han sido las instituciones encargadas de emitir la legislación canónica. Con la brevedad exigida por su función contextual e introductoria, hemos expuesto los acontecimientos que condujeron a hacer realidad la celebración de los llamados Sínodos Limenses: desde la llegada de Colón y los castellanos al Nuevo Mundo, pasando por la caída y desaparición de un orden jurídico representado por el régimen eminentemente jerárquico de los reyes incas, para ser substituido por otro sistema legal impregnado hasta la médula por los principios cristianos. Establecido este nuevo marco jurídico, nos hemos detenido a explicar la fundación y constitución de las principales instituciones que han ido surgiendo y que conformaron, a su vez, el contexto próximo en el que tendrán lugar los Sínodos mencionados.

Con ello creemos haber logrado un triple objetivo: por una parte, mostrar que todo en este mundo tiene un origen y unas causas que lo condicionan y lo explican hasta cierto punto, lo cual no iba a ser menos para las leyes canónicas; por otra, que esas condiciones concretas, situadas en un marco espacio-temporal, son siempre y en modo destacable, deficitarias e imperfectas; finalmente, y en consecuencia, por ello tenemos necesidad del derecho y de personas que lo ejecuten[1].

b. Contexto jurídico-filosófico

Partiendo, por lo tanto, de lo puramente histórico llegamos ahora al puerto de lo jurídico-filosófico. Como hemos indicado poco más arriba, nuestro objetivo es analizar ciertas instituciones y ciertas leyes canónicas desde el punto de vista de la justicia social. No hace falta citar documentos para constatar que sobre tal concepto la divergencia de opiniones puede llegar hasta límites imponderables. Por ello, teníamos que tomar partido por una de ellas y justificarla. Eso es lo que viene a continuación.

Nos parece que la definición de justicia social tal y como es presentada por John Rawls cumple unos requisitos mínimos con los que, si no todos, una gran mayoría de especialistas podrán estar de acuerdo[2]. Al mismo tiempo, creemos que supone para nuestro objetivo un instrumento de análisis válido que nos ayudará a entrar en la entraña de las leyes e instituciones canónicas del siglo XVI, evitando caer en ciertos peligros que más adelante señalaremos.

---

1 Esto que afirmamos del contexto de las Indias en el siglo XVI, se podría decir de toda sociedad en cualquier época. Ahora bien, es importante valorar dos aspectos en esta cuestión: primero, no obstante todo grupo humano se mueva en medio de circunstancias impregnadas de un alto grado de imperfección, se debe en cada caso particular discriminar aquellas peculiares que la caracterizan y no caer en el error de generalizar; y segundo, lo importante, en nuestra opinión, no es tanto juzgar las relaciones establecidas entre los miembros de una comunidad desde el concepto de "perfecta justicia", cuanto destacar el progreso o retroceso, que con respecto al ideal se produce en comparación con etapas previas.

2 Su obra representa, más allá de acuerdos y desacuerdos, una de las más estudiadas y comentadas desde los más variados campos disciplinarios, en la segunda mitad del siglo XX. Como dice Miguel Ángel Rodilla: "En lo que va de siglo pocas obras de filosofía política o moral han producido un impacto comparable al de A Theory of Justice, de John Rawls" (J. Rawls, Justicia como equidad. Materiales para una teoría de la justicia [trad. de M. A. Rodilla], Madrid: Tecnos, 1986, IX). Incluso para aquellos que no comparten alguno, o algunos, de sus postulados es una obra de referencia obligada. Entre ellos se cuenta Robert Nozick, quien comenta: "A *Theory of Justice* es un trabajo vigoroso, produndo... como no se había visto otro igual, cuando menos desde los escritos de John Stuart Mill... Ahora los filósofos políticos tienen que trabajar según la teoría de Rawls, o bien, explicar por qué no lo hacen" (R. Nozick, Anarquía, Estado y Utopía [trad. de R. Tamayo], México: Fondo de Cultura Económica, 1974, p. 183).

Concluyendo este apartado introductorio, que intenta hacer patente el hilo conductor de todo el trabajo, pasamos a señalar las partes que componen lo que viene a continuación. En el capítulo siguiente expondremos los puntos que consideramos fundamentales de la teoría de la justicia de Rawls. Dedicamos una primera sección, a los presupuestos y nociones fundamentales de su pensamiento; y, una segunda, a desarrollar los "principios básicos de justicia social", con las cuestiones que giran en torno a su interpretación y aplicación. En el apartado final, estableceremos un elenco de sus ideas, a manera de inventario, que constituirá el material a utilizar en el siguiente capítulo.

El último (y más importante), tendrá dos partes. En la primera, expondremos las circunstancias históricas y jurídicas que rodearon la celebración de los Sínodos y estableceremos una relación de instituciones y cánones que supondrán el concreto y preciso objeto de nuestro análisis. Será relativamente breve, pues el contexto general ha quedado plasmado en los primeros capítulos de este trabajo, al igual que la vida de los personajes que lo protagonizaron. En la segunda, dividida en cuatro apartados, aplicaremos el método señalado: desde la óptica de la justicia social de Rawls, analizaremos cada institución y norma seleccionada, para argumentar a favor o en contra de su alineación en el dominio de lo justo o de lo injusto, socialmente hablando. Al final de cada sección, extraeremos las conclusiones que del análisis previo, sin duda, fluirán. Un último apartado presentará las conclusiones generales de todo el trabajo de investigación realizado.

2. Introducción a la teoría de la justicia de Rawls

Si el objeto de nuestro estudio van a ser los cánones de los tres primeros Sínodos de Toribio de Mogrovejo, celebrados en la diócesis de Lima en los años 1582, 1584 y 1585, el método o la perspectiva desde la cual vamos a estudiarlos es la "justicia social". Conscientes de que con este término pretendemos decir mucho y, al mismo tiempo, no decimos nada, vamos a aquilatar el vocablo, definiendo bien qué entendemos por él y qué contenido podemos atribuirle.

Desde la antigüedad hasta la actualidad han sido innumerables los autores que se han parado a reflexionar por causa de la justicia o de sus exigencias y muchos los que han dedicado buena parte de su vida a repensar lo que ella es y lleva consigo. Sobre una noción general y abstracta de la misma no resulta complicado poner de acuerdo a la inmensa mayoría de los autores, nos atrevemos a decir, incluso a los que ya han muerto. Todos podrían coincidir con Ulpiano que la justicia vendría a ser como la actuación del "ius", palabra de la que procede, concretándose en la máxima: "dar a cada uno lo suyo"[3].

Pero aquí acaba el consenso y comienza la discordia. ¿En qué consiste ese derecho que a cada uno le corresponde? ¿Cómo encontrar la fórmula que permita, en medio de las vicisitudes histórico-sociales, ejecutar tal atribución? Las respuestas a tales interrogantes han sido múltiples a lo largo de la historia y se reflejan en las corrientes de pensamiento que figuran en los elencos de la filosofía del derecho, la reflexión moral o la ética, así como de la política o económica.

De todas ellas, de las cuales no podemos aquí hablar, hemos elegido una, que nos parece que tiene ciertas ventajas y que, sopesados sus pros y contras, creemos que es la más adecuada para hacer una lectura desde la óptica de inicios del siglo XXI sobre unos documentos jurídicos de finales del siglo XVI. Tal teoría es la de Jonh Rawls[4].

El primer punto a destacar de esta teoría es su actualidad. El autor, teórico del derecho, nacido en los Estados Unidos de Norteamérica y antiguo profesor en la Universidad de Harvard, escribe sus obras en la segunda mitad del siglo XX. Es, por tanto, un escritor que, al tiempo que conoce a los pensadores anteriores, propone una teoría razonada en la que incorpora los últimos logros de la filosofía del derecho de nuestro tiempo. El segundo punto a favor, es su notable repercusión en varios ámbitos[5]: el político, siendo un escritor citado en el Congreso de

---

3 "Honeste vivere, alterum non laedare, cuique suum tribuere" (Vivir honestamente, no dañar a otros y dar a cada uno lo suyo).

4 Uno de los méritos de Rawls consiste en recuperar para la reflexión filosófica la relación que existe entre política, derecho y ética, vinculación que había sido minada y, por momentos, destruida desde posturas filosóficas de corte positivista: "Con su pretensión de construir una teoría capaz de proporcionar principios que pudieran servir de base para la legitimación racional de sistemas sociales, Rawls vuelve a estrechar el nexo entre ética y teoría política, reanudando una forma históricamente interrumpida de discurso de hondo aliento sobre cuestiones prácticas, morales y políticas, sustantivas" (J. Rawls, Justicia como equidad. Materiales…, o.c., XI).

5 "Al margen de lo atractiva que pueda resultar esta concepción de la justicia social, con su sugestiva forma de armonizar exigencias de libertad e igualdad, con la amplitud de sus aplicaciones y su capacidad para dar expresión sistemática a convicciones incorporadas a la conciencia pública de las sociedades democráticas, uno de los motivos de la rápida difusión de la obra de Rawls más allá del círculo de los cultivadores de la filosofía moral y política reside, sin duda, en la misma elección de las herramientas teóricas… Rawls concibe la teoría de la justicia como un asunto político no metafísico: su tarea primaria es de naturaleza práctica y su éxito – y en cierto sentido su «verdad» – se mide por su capacidad para articular un entendimiento público sobre

los Estados Unidos de Norteamérica; el filosófico, constituyendo un autor, cuyas tesis han sido ampliamente comentadas, tanto para alabarlas como para criticarlas y completarlas; y esperamos que, a partir de este trabajo de investigación, también desde el punto de vista histórico y canónico.

Creemos que uno de los peligros que podemos correr al intentar aplicar un método como éste, producido en el siglo XX–XXI a un objeto procedente del siglo XVI, es caer en el anacronismo. Bien es cierto que, actualmente, las nuevas aportaciones al ámbito de la historiografía desde el punto de vista de las ciencias de la cultura o estudios culturales, con su, llamémoslo, "relativismo histórico", podrían objetar tal afirmación, diciendo que no existen anacronismos sino relecturas de los hechos que la historiografía nos transmite; la clave estaría en contemplar el texto desde otros puntos de vista o leerlo desde otras sensibilidades. Quizá tengan razón para algunas de esas lecturas, que deshacen el mito de la interpretación única y oficial de la historia, aportando otras visiones que armonizan ampliamente con los hechos sucedidos y los contextos que los enmarcaron, suponiendo elecciones selectivas válidas de lo que, con palabras de las ciencias apenas mencionadas, llamaríamos la "memoria colectiva". No obstante, opinamos que no todas las revisiones que se han hecho de esa "memoria colectiva" son igualmente válidas, dándose en algunas de ellas una excesiva insistencia en ciertos aspectos que acaban por caricaturizar o deformar, cuando no mutilar o matar, cualquier hecho acontecido.

Otro de los grandes riesgos que hemos podido observar al leer trabajos similares al nuestro es lo que definimos con el nombre de "utopismo": no es raro pretender juzgar realidades sociales, históricas o contemporáneas, desde la perspectiva única y exclusiva del "ideal". Ello supone caer, según nuestra opinión, en dos crasos errores: uno, creer que es posible la existencia de una sociedad perfectamente ordenada; dos, pensar que la tal coincide con el pensamiento del correspondiente historiador, filósofo o jurista, en trance de juzgarla. Para bien y para mal, si una verdad podemos afirmar sin temor a equivocarnos es la de la imperfección, en grados diversos, de todas las instituciones que regulan las relaciones humanas. Lo interesante es descubrir en cada una de ellas por separado el proceso evolutivo o involutivo que en las mismas se produce, señalando sus

---

cuestiones básicas de justicia social. Diciéndolo en términos kantianos, la teoría se entiende a sí misma como una forma de «uso público de la razón»; en cuanto forma de discurso práctico, tiene como horizonte de referencia el «público raciocinante» y se encamina a la formación de una opinión pública coherente sobre asuntos relativos a la forma apropiada de organizar nuestra convivencia" (J. Rawls, Justicia como equidad. Materiales…, o.c., XXXIII).

causas e indicando sus posibles soluciones[6]. Para ello, las tres perspectivas que hemos elegido como guías de nuestra investigación, la histórica, la jurídica y la filosófica, nos parecen el camino más adecuado a seguir.

No obstante todo lo que acabamos de afirmar, nuestra propuesta es una más. No pretendemos que sea la última, pero sí que lo que digamos tenga un fundamento en los datos que nos han llegado, ansiando valorar en su justa medida los contextos en los que surgieron esos hechos. No nos olvidamos que la información la recibimos a través de textos y que éstos siempre nos aparecerán marcados por un punto de parcialidad o de relatividad. Aceptado esto, también debemos admitir que mientras no aparezcan otros documentos que digan lo contrario a los que tenemos, si bien no podremos afirmar tal cual está escrito que todo aconteció de esa manera, lo que no podemos decir es que sucedió lo contrario a lo que allí queda reflejado sin datos o argumentos igualmente válidos.

Podemos reconocer en los mismos textos diferentes niveles de autoridad u objetividad. No es lo mismo un panfleto político, una crónica periodística, un informe de un organismo oficial o un texto jurídico que tiene la vocación de ser válido en todo lugar o época en el que se emite. Los nuestros tienen la ventaja de ser documentos legales, llamados a perdurar a lo largo del tiempo, mientras no cambien las circunstancias bajo las cuales han brotado. Ello les concede un margen de confianza que nos facilita su estudio, incluso cuando ya no constituyan derecho vigente.

Volvamos a Rawls y a su teoría de la justicia. ¿Qué razones más la avalan como un buen método a aplicar a unos textos jurídicos del siglo XVI? Cuando una teoría es excesivamente abstracta o general, corre el riesgo de decirlo todo y no decir nada, pero tiene la ventaja de poder ser aplicada a un mayor número de realidades. Si, además, esa teoría ofrece la posibilidad de ser actualizada o concretada en un amplio número de contextos temporales y espaciales, resulta una teoría ciertamente útil. Así consideramos a la teoría de Rawls: lo suficientemente abstracta como para poder ser aplicada a lo acontecido a finales del siglo XVI y lo suficientemente particularizable como para que su aplicación vaya más allá del nivel generalista, hasta permitirnos una lectura de datos concretos, como

---

6 Un peligro añadido a los ya mencionados es el de dar por sentado que con el tiempo y los cambios todo mejora. Creemos que no es necesario ofrecer ejemplos históricos concretos para demostrar la patente falsedad de tal pensamiento. Bastaría ver el desarrollo de los grandes imperios, desde el de Alejandro Magno al de Roma, para convencerse de ello.

en nuestro caso, de las leyes e instituciones que integran la legislación canónica sinodal de la diócesis limeña[7].

De algunos de los inconvenientes atribuidos a la tesis del autor que hemos elegido nos ocuparemos a la hora de desarrollar lo fundamental de su pensamiento en los apartados de este trabajo que vienen a continuación.

II. Presupuestos básicos de su teoría de la justicia

1. Introducción

Como toda construcción teórica, la de Rawls se erige a partir de conceptos tomados de otros autores y del acervo general de la filosofía. Por ello es conveniente, antes de presentar su pensamiento, dejar claros cuáles son los materiales con los cuales va a levantar y sostener sus razonamientos, de manera que la inteligencia de los primeros nos facilite la comprensión de los segundos.

En este apartado, expondremos sucintamente las nociones básicas en las que nuestro autor se apoya para formular su teoría. En un primer momento, presentaremos los elementos que el profesor de Harvard ha tomado del bagaje filosófico común; y posteriormente, elencaremos e intentaremos hacer inteligibles, de la manera más breve posible, los conceptos originales que constituirán su aportación, nada despreciable, a esa misma tradición.

2. Presupuestos básicos para una teoría de la justicia

Las premisas de las que parte Rawls en su teoría de la justica son las siguientes[8]: la justicia es la primera virtud de las instituciones sociales, de modo que una ley

7 "su teoría de la justicia contiene, *en segundo lugar*, una argumentación bastante compleja a favor de dicha concepción – en otras palabras, un *discurso práctico* que, por cierto, al versar sobre principios no propiamente sobre normas e instituciones, se mueve en un nivel muy elevado de generalidad y abstracción. Aunque dadas las restricciones – como veremos, extremadamente inusuales – dentro de las que se lleva a cabo, se trate de un discurso práctico muy estilizado, constituye en todo caso una argumentación sobre las *razones* que podemos esgrimir a favor de los principios, esto es, una respuesta a la pregunta de *por qué* debemos guiarnos por ellos en nuestro juicio y nuestra conducta" (J. Rawls, Justicia como equidad. Materiales…, o.c., XV).

8 Cfr. J. Rawls, A theory of Justice. Revised edition, Cambridge (Massachusetts): Harvard University Press, 1999, 3–4.

o una institución, por muy eficiente y bien organizada que parezca si se reconoce que es injusta debe ser reformada o abolida[9].

Cada persona posee una inviolabilidad que se funda en la justicia, la cual ni tan siquiera por razones de bienestar social puede ser eliminada o preterida. Por ello, no es justificable reducir o privar de ciertas libertades a unos pocos amparándose en que ello redunda en un mayor beneficio de otros muchos. De modo que, en una sociedad que se tenga por justa, las libertades de los ciudadanos, considerados iguales, en las mismas circunstancias y condiciones, es uno de sus fundamentos.

Los derechos que la justicia debe proteger, en una tal sociedad, no pueden estar sujetos a la negociación política o al cálculo de intereses sociales. Solamente podríamos consentir que suceda una injusticia, cuando ello evite que otra mayor sea llevada a cabo. Por todo ello, solamente nos es lícito dar nuestra adhesión a una teoría de la justicia que considerásemos errónea en el único caso de carecer de otra mejor[10].

En lo que se refiere a la sociedad, Rawls asume que ésta está compuesta por una asociación de personas, que son más o menos autosuficientes, las cuales aceptan una serie de reglas, que regulan sus relaciones, como obligatorias y de acuerdo a las cuales tratan de actuar, al menos la mayor parte de los que conforman esa sociedad. Supone, además, que con estas normas sociales se establece un sistema de cooperación que posibilita el bienestar de aquellos que forman

---

9 La justicia es la primera virtud de las instituciones sociales para nuestro autor, por ello su principal preocupación va a versar sobre la pregunta: ¿cuándo podemos decir que una ley o una institución son justas? (Cfr., R. GARGARELLA, Las teorías de la justicia después de Rawls, Barcelona et alt.: Paidós, 1999, 21). Una institución o una ley no permeada por la justicia no está legitimada y pierde su validez: "«Justicia» entra en la obra de Rawls designando «la primera virtud de las instituciones sociales»; la pretensión de ser justas es su pretensión de validez última, la piedra de toque de su legitimidad. La tarea de fundamentar principios de justicia forma parte, así, de una teoría sobre la legitimación racional de un sistema político y social" (J. RAWLS, Justicia como equidad. Materiales,..., o.c., X).

10 La cuestión no es tan sencilla como desde esta afirmación pueda parecer. En la configuración de una teoría de la justicia son varias las dimensiones implicadas que hay que tener en cuenta, dando a cada una su justo valor en el momento conveniente: "lo que conocemos como teoría rawlsiana de la justicia es un producto complejo cuyos ingredientes se distribuyen al menos en cuatro planos...: el de la ética normativa, el del discurso práctico, el de la metodología del razonamiento práctico y el de la fundamentación" (J. RAWLS, Justicia como equidad. Materiales..., o.c., XIV).

parte de él. Éste va a estar marcado tanto por el conflicto como por la identidad de intereses.

La coincidencia de intereses se produce desde el momento en que los individuos reconocen que la cooperación social les permite lograr una mejor calidad de vida, en comparación con la que alcanzarían si tuvieran que lograrlo solos y con sus propios esfuerzos. El conflicto resulta del hecho que las personas no son indiferentes al modo de distribución de esos bienes, fruto de la cooperación de cada uno, ya que todos prefieren que se les asigne una cuota mayor de los beneficios, sean del tipo que sean, a una más pequeña.

Por todo ello, es necesario alcanzar un pacto social, basado en una serie de presupuestos, el cual establezca una adecuada distribución de beneficios y cargas, de modo que todos puedan estar de acuerdo en subscribirlo. Los principios de la justicia social que Rawls propone serán esos fundamentos que posibilitarán una adecuada asignación de derechos y obligaciones en las instituciones básicas de la sociedad y definirán cómo estos deben de ser distribuidos entre los miembros de la misma, en el desarrollo de la cooperación social[11].

Podemos decir, según Rawls, que una sociedad está bien organizada no sólo si está diseñada en tal modo que hace progresar el bien de sus miembros sino, sobre todo, cuando está regulada por una concepción pública de la justicia. Ello conlleva que cada miembro de la sociedad "conoce y acepta" que los demás también "conocen y aceptan" los mismos principios de justicia que él, que las instituciones sociales funcionan de acuerdo a ellos y que así es reconocido o asumido por los ciudadanos.

Así pues, es fundamental que en una sociedad que quiera presentarse como bien organizada, compuesta por individuos, cuyas metas e intereses pueden ser muy diferentes, exista una concepción de la justicia social compartida por todos. Cuando todos están invadidos por este deseo común y éste se ve plasmado en una concreta teoría que es capaz de reunir un consenso unánime, entonces nos encontramos ante la mejor situación posible para alcanzarla. Los lazos que establecerá tal concepción de la justicia social, públicamente reconocida y aceptada, pondrán un límite a aquellos que quieren perseguir otros fines diferentes o contrarios a un orden social justo.

Rawls constata que raramente encontramos una sociedad organizada de este modo puesto que, lo que se considera como justo o injusto, suele estar, en el

---

11 "These principles are the principles of social justice: they provide a way of assigning rights and duties in the basic institutions of society and they define the appropriate distribution of the benefits and burdens of social cooperation" (J. Rawls, A theory of Justice, o.c., 4).

seno de prácticamente todas las comunidades humanas, en disputa. No existe un acuerdo para establecer, de manera clara y definitiva, cuáles son los fundamentos que rijan el sistema de cooperación social. A pesar ello, lo interesante es que todos consideran tener una determinada noción de justicia. Esto significa que cada uno reconoce la necesidad de tal concepción, de lo que se puede inferir que toda la sociedad está de acuerdo en encontrar un conjunto de principios, los cuales regulen derechos y deberes y que establezcan la manera adecuada de repartición de beneficios y cargas sociales.

Ahora bien, debajo de todo ese desacuerdo en lo que al concepto de justicia se refiere, Rawls reconoce que pueden establecerse unos puntos comunes, que recibirían una aprobación unánime. Primero, nadie aceptaría como justa una sociedad, cuyas instituciones hiciesen distinciones arbitrarias entre personas a la hora de asignar derechos y obligaciones básicas o lo que es lo mismo, todos podrían considerar como justas las estructuras de una sociedad que no hace tales diferencias arbitrarias cuando se trata de dichas asignaciones. Segundo, esos mismos miembros podrían aceptar como justas las leyes de una sociedad que son capaces de establecer un equilibrio adecuado entre las diversas exigencias de los individuos o grupos que reclaman ventajas sociales.

Rawls da por supuesto que, además del acuerdo sobre los principios básicos que fundamenten las instituciones, en una sociedad existen toda otra serie de cuestiones a las que hay que atender, tales como los problemas de coordinación, de eficiencia y de estabilidad. Esto conlleva la armonización de los diferentes proyectos que los individuos puedan tener, de forma que ninguno se sienta defraudado, y de modo que la ejecución de los mismos conduzca a alcanzar las metas sociales de manera eficiente y de acuerdo a la idea de justicia, previamente fijada. Para todo ello es esencial que la cooperación social sea asumida por cada miembro, con la intención de cumplir las normas definidas, incluyendo el acuerdo acerca de lo que hay que hacer cuando aparecen infracciones: habrá que prever la actuación de fuerzas que eviten presumibles transgresiones, así como corrija los daños causados cuando éstas se producen, dando de este modo a la sociedad una continuidad o estabilidad.

Coordinación, eficiencia y estabilidad social están en directa relación con la justicia. Sin un acuerdo previo sobre lo que es justo o injusto, será muy difícil que estos presupuestos, fundamentales para el buen funcionamiento de una sociedad, puedan ser hechos realidad y mantenidos en el tiempo por los miembros de la misma.

Así pues, una concepción de la justicia en una sociedad está puesta en relación con otras dimensiones, más allá del puro reparto de derechos y deberes básicos, o de la asignación de beneficios y cargas. Hablando hipotéticamente, ante dos conceptos de justicia que nos ofreciesen las mismas garantías, tendríamos que preferir aquél que posibilitase del modo mejor la coordinación, la eficiencia y la estabilidad de los bienes sociales[12].

3. El sujeto de la justicia

Hemos hablado de la necesidad de encontrar una teoría de la justicia, que defina unos principios básicos, conforme a los cuales se distribuyan de manera ecuánime derechos y deberes a los miembros de una sociedad, así como posibiliten la asignación, a los mismos, de una cuota de participación en los beneficios y las cargas de la misma, que nadie se sintiese obligado a rechazar. Hemos resumido los presupuestos de los que Rawls parte a la hora de construir esa teoría de la justicia y los presupuestos esenciales en torno a los cuales se debe estructurar tal concepción. Ahora, con Rawls, nos preguntamos, ¿quién es el sujeto primario de la justicia? Es decir, ¿a quién vamos a aplicar esa teoría a elaborar y esos principios que la sustentan y que le dan contenido?

Para Rawls el sujeto primario de la justicia es la estructura básica de la sociedad, la cual está constituida por las principales instituciones sociales, ya que los efectos de sus actuaciones son los más profundos e influyen en todas las demás dimensiones desde sus mismos comienzos. Especificando un poco más, citamos algunas de estas instituciones: la constitución política, las principales estructuras y acuerdos económico-sociales, tales como, la protección legal de la libertad de pensamiento y la libertad de conciencia, la competitividad de los mercados, la propiedad privada en los medios de producción, la familia monógama (serían ejemplos de instituciones sociales de primer orden).

---

12 Como el autor nos dice, existen factores diversos que influyen en las relaciones sociales y que las distorsionan, lo que hace que una teoría de la justicia no pueda quedarse en dar solución al mero reparto de bienes: "Distrust and resentment corrode the ties of civility, and suspicion and hostility tempt men to act in ways they would otherwise avoid. So while the distinctive role of conceptions of justice is to specify basic rights and duties and to determine the appropriate distributive shares, the way in which a conception does this is bound to affect the problems of efficiency, coordination, and stability. We cannot, in general, assess a conception of justice by its distributive role alone, however useful this role may be in identifying the concept of justice. We must take into account its wider connections; for even though justice has a certain priority, being the most important virtue of institutions, it is still true that, other things equal, one conception of justice is preferable to another when its broader consequences are more desirable" (J. Rawls, A theory of Justice, o.c., 6).

Como intuición inicial[13], señala Rawls, el hecho de que en la estructura básica de la sociedad existen posiciones sociales desiguales y, dado que cualquier ciudadano puede nacer en cualquiera de ellas, sus expectativas de vida van a verse influidas por éste, su punto de origen; sobre tal situación inicial influirán tanto el sistema político como las circunstancias sociales y económicas que regulen las relaciones de tales posiciones. Las instituciones de una sociedad favorecen ciertas posiciones sociales sobre otras, lo que crea profundas desigualdades, afectando a las posibilidades de desarrollo y progeso de los ciudadanos que en ellas se encuentran y que no dependen de los méritos o deméritos de ellos. Sobre estas diferencias primeras, presentes probablemente en toda sociedad, deben ser aplicados los principios de justicia social, con el objetivo de influir, desde la configuración de la constitución política de la misma, en todos los demás acuerdos económicos y sociales.

Rawls nos hace, a continuación, la siguiente advertencia sobre lo anteriomente dicho. Según él, se puede discutir el hecho de que la definición dada sobre la estructura básica de la sociedad y el contenido que se le ha atribuido pueden resultar, ciertamente, un tanto vagos e, incluso, se podrán encontrar dimensiones sociales a las cuales los principios de justicia social no dan una respuesta satisfactoria. Siendo todo ello posible, no considera este inconveniente de tal envergadura como para abandonar su propósito, ya que la idea de la estructura básica de la sociedad presentada, es suficiente para comenzar dicha argumentación y las lagunas que puedan producirse en la misma no la desautorizan. La razón que justifica tal postura es muy clarificadora: Rawls no pretende descubrir una teoría de la justicia perfecta, sino una real y posible, que tenga validez en la medida en que cualquier otra, en igualdad de condiciones, aparece como menos justa o más injusta[14].

---

13 Nuestro autor mantiene con respecto al uso de las "intuiciones" y al "intuicionismo" una, digamos, doble posición: por una parte, critica al intuicionismo porque no nos ofrece un criterio objetivo para resolver el conflicto que se produce entre las diversas normas de justicia, sino que somos dejados al juicio de nuestras intuiciones en cada caso, sin poder establecer una jerarquía entre ellas; por otra parte, reconoce que en ciertos momentos no podemos evadirnos del recurso a la intuición cuando iniciamos la búsqueda de una teoría de la justicia, aunque debamos limitar al máximo tal apelación (cfr., R. Gargarella, Las teorías…, o.c., 26).

14 En concreto, el profesor de Harvard va a ajustar sus cuentas con el intuicionismo y con el utilitarismo, dos propuestas que pretenden fundamentar una teoría de la justicia y que, en su opinión, presentan una mayor incapacidad explicativa que su propia propuesta (cfr., J. Rawls, A theory of Justice, o.c.,19–40). En la nota anterior, hemos hablado de su postura ante el intuicionismo, digamos dos palabras sobre su crítica

Recapitulemos. Con la teoría de Rawls intentamos definir el concepto de justicia, cuya función es especificar los principios adecuados para una correcta distribución de derechos y deberes y la apropiada asignación de ventajas y de cargas sociales. En definitiva, la teoría de la justicia intenta dar una interpretación de esa función desempeñada por la virtud de la justicia.

4. *Justice as fairness*

Rawls toma como punto de partida una sociedad que se asienta sobre el pacto social de los miembros que la componen[15]. El establecimiento de este contrato presupone que los componentes de la misma deben pretender la construcción de un entramado social justo desde sus mismos fundamentos. Para lograr esta finalidad han de ponerse de acuerdo sobre unos principios que, aplicados a la estructura básica, es decir, a sus instituciones fundamentales, vehicule una adecuada atribución de derechos y deberes, o sea, que en igualdad de condiciones debe producirse una asignación semejante. Además, en la distribución de beneficios y cargas sociales, el sistema creado no sólo distribuirá de manera justa sino razonable, compensando incluso las posibles desigualdades debidas a las distintas posiciones que uno puede ocupar en la sociedad por causa de condicionamientos que no dependen del esfuerzo propio, como pueden ser el nacimiento o las dotes naturales.

al utilitarismo. Éste aventaja al anterior en cuanto que sí nos ofrece un criterio para jerarquizar las reglas de justicia: la contribución al bienestar general. Ahora bien, para ello puede ser necesario el sacrificio de los derechos de ciertos sectores de la sociedad en beneficio del conjunto, lo cual, sin una justificación adicional, hace del utilitarismo una doctrina que encontrará resistencias ya desde el mismo momento de su elección (cfr., R. Gargarella, Las teorías..., o.c., 22 y ss.). Volveremos sobre el principio de utilidad más adelante.

15 Con ello entronca con la tradición filosófica y política liberal, al menos en lo que al contractualismo se refiere. Éste, partiendo de la autonomía de la persona, establece como criterio determinante a la hora de valorar una propuesta el que ésta pueda se aprobada por todos los ciudadanos que potencialmente se viesen afectados por ella. Como afirma Gargarella: "el contractualismo... nos ayuda a responder de un modo interesante dos preguntas básicas de toda teoría moral: a) ¿qué nos demanda la moral?; y b) ¿Por qué debemos obedecer ciertas reglas? A la primera pregunta, el contractualismo responde: la moral nos exige que cumplamos aquellas obligaciones que nos hemos comprometido a cumplir. Y, frente a la segunda pregunta, el contractualismo sostiene que la razón por la cual debemos obedecer ciertas reglas es la de que nos hemos comprometido a ello" (cfr., R. Gargarella, Las teorías..., o.c., 31).

Así, el contenido esencial de ese pacto social original son los principios de justicia social. Con ellos, personas libres e iguales, dotadas del uso de razón, se proveen con los términos fundamentales que definirán su forma de cooperación social así como el tipo de gobierno que puede ser establecido, con el fin de hacer progresar sus propios intereses. Con estos presupuestos primeros se regularán el modo de establecer y aplicar otros, digamos que derivados o secundarios. A esta teoría, la cual concibe de este modo los principios de la justicia social, Rawls la define como "Justice as fairness":

> "the guiding idea is that the principles of justice for the basic structure of society are the object of the original agreement. They are the principles that free and rational persons concerned to further their own interests would accept in an initial position of equality as defining the fundamental terms of their association. These principles are to regulate all further agreements; they specify the kinds of social cooperation that can be entered into and the forms of government that can be established. This way of regarding the principles of justice I shall call justice as fairness"[16].

Por lo tanto, en ese pacto que, desde una posición de igualdad como ciudadanos libres y racionales, los miembros de la sociedad van a firmar, serán definidos los principios a aplicar a la estructura básica de la sociedad, de modo que pueda establecerse el mecanismo correcto para atribuir a cada uno derechos y deberes y pueda establecerse la forma más adecuada para distribuir los beneficios y las cargas sociales. Al mismo tiempo, debe ser determinado el modo cómo se resolverán las situaciones de conflicto que puedan presentarse, motivadas por causas o contingencias varias.

---

16 J. Rawls, A theory of Justice, o.c., 10. Para nuestro autor no todos los principios que en teoría pueden ser elegidos tienen el mismo peso, ni todos son válidos simplemente porque puedan brotar de ese pacto primero. Los elegidos tendrán que surgir tras la aplicación de un proceso establecido y ser racionales o estar bien fundados: "Al recurrir a la idea de un acuerdo, Rawls somete el problema de la fundamentación de principios de justicia a un tratamiento resueltamente procedimental: el carácter de «racional» o «bien fundada» de una concepción de la justicia social no consistiría en su concordancia con una presunta esfera de verdades morales previas e independientes, sino en su susceptibilidad de ser acordada siguiendo un cierto procedimiento. Desde luego, no cabe atribuir el sentido de bien fundados a principios que resulten de cualquier acuerdo al que pudiera llegarse con arreglo a no importa qué procedimiento. La intuición moral básica que ha de incorporar el procedimiento apropiado la enuncia Rawls con la expresión «justicia como equidad» (*justice as fairness*), que con el tiempo se ha convertido en emblemática para toda su teoría" (J. Rawls, Justicia como equidad. Materiales…, o.c., XV).

5. La posición original y el velo de ignorancia

Debemos, primeramente, dejar claro que para Rawls el concepto de "posición original" es un instrumento puramente hipotético que no define ninguna situación histórica real. No debe ser confundida con una ordenación de circunstancias propias de un estadio primitivo o incivilizado, ni tampoco identificada con otros períodos de la historia de la Humanidad o de una sociedad concreta. Es pues un "utensilio" con el que definir el primer estado de cosas en el que se encontrarían los miembros de un grupo humano, que pretenden firmar este pacto social, en el que se establecen los principios básicos del mismo, desde una determinada concepción de la justicia[17].

Este estado de "situación original" estaría caracterizado por los siguientes aspectos: ninguno de los que hipotéticamente participan en el establecimiento de los principios de justicia social puede saber cuál será su puesto en la futura sociedad, a qué clase va a pertenecer o que status social tendrá. Tampoco podrá conocer, ninguno de los participantes, cuáles serán sus dotes naturales o sus habilidades, es decir, su coeficiente intelectual, su fuerza física y similares[18]. Además,

---

17 Es un mero instrumento de trabajo, pero inherente a la teoría de Rawls, con el cual marcará la diferencia con respecto a otras formas de contractualismo como la de Hobbes o la de Gauthier o Buchanan: "En la «teoría de la justicia» se habla de un contrato muy particular – un *contrato hipotético* –. Rawls se refiere, entonces, a un acuerdo que firmaríamos bajo ciertas condiciones ideales, y en el cual se respeta nuestro carácter de seres libres e iguales. Antes de detenernos en tal propuesta específica, es importante advertir que la defensa que hace Rawls de su particular modelo de contrato hipotético, implica un obvio y directo rechazo frente a las versiones no idealizadas del contractualismo. Por ejemplo, en la aproximación hobbesiana al contrato social, se pretende determinar cuál es el acuerdo que están interesados en firmar seres de carne y hueso como los que conocemos en nuestra vida cotidiana, en tanto seres orientados a establecer reglas mutuamente beneficiosas para todos. Dentro de este tipo de Contractualismo hobbesiano, podemos situar a autores como David Gauthier o James Buchanan. Ellos también rechazan la existencia de deberes naturales o derechos divinos. Pero en este caso, se asume que las reglas morales no dependen de otra cosa que de los deseos o preferencias de las personas. No hay hechos malos en sí, como el maltratar o discriminar a alguien. El punto es, sin embargo, que todos estaríamos mejor si no nos causáramos daños unos a otros y, más precisamente, si aceptáramos una convención que determine como inaceptables tales daños" (R. GARGARELLA, Las teorías..., o.c., 32).

18 La intuición parece simple, pero se presenta cargada de intención: si además de saber qué posición ocuparemos, tenemos habilidades para la negociación, entonces seremos capaces de hacer que se aprueben propuestas que nos beneficiarán a nosotros

las partes no tendrán conocimiento de sus concepciones acerca del bien o sus inclinaciones psicológicas especiales.

Estrechamente ligado al de la "posición original", se encuentra el concepto de "velo de ignorancia", con el cual pretende, precisamente, definir esa situación primera en la que deben encontrarse, hipotéticamente, los que van a pactar los principios de justicia social a aplicar a la estructura básica de la sociedad o a sus instituciones fundamentales. Tal situación inicial, así definida, será una condición previa, la cual haga posible que aquellos sean, en verdad, premisas razonables que puedan ser aplicados adecuadamente a los casos concretos.

Así, las partes tendrán que elegir permaneciendo cubierto su conocimieno por un "velo de ignorancia", que permitirá que en la elección de los principios de justicia social no pueda tenerse en mente el cálculo previo sobre una posible o probable ventaja o desventaja social, al escoger tal o cual principio, ya que no se conocen ni las cualidades con que la naturaleza nos dotará ni tampoco las circunstancias sociales en las que nos tocará vivir[19]. Este velo dejará pasar tan solo información general, impidiendo que pase la de carácter particular que concierna a los ciudadanos y sus circunstancias sociales. Estos no conocerán, por

---

y a nuestra clase, en detrimento de otros. Para Rawls, ello iría en contra de la más básica intuición moral, a la que repugnaría un sistema en el que los mejor situados y dotados, pueden negociar las reglas básicas reguladoras vulnerando los derechos de los desafortunados.

19 En el fondo, el profesor de Harvard, no quiere hacer de los derechos básicos del individuo una mercancía sujeta a negociación, por muy justa que pueda ésta aparecer: "A Rawls no le parecen interesantes este tipo de acuerdos, en la medida en que sus resultados no van a reflejar ciertas ideas que parecen propias de nuestras concepciones habituales sobre la moralidad: así, la idea de que debe respetarse el valor intrínseco de cada individuo; o la idea de que existe un deber especial de proteger prioritariamente a los más vulnerables. En este sentido, puede decirse que los contratos de tipo hobbesiano no capturan la naturaleza propia de la moralidad. Parece claro que los acuerdos de este último tipo van a depender de la capacidad de negociación – de la fuerza de cada uno de los participantes del acuerdo: los más fuertes, los más talentosos, los más poderosos, van a obtener más ventajas, y los más desaventajados son los que van a quedar peor. Parece contraintuitivo, luego, que los derechos de cada uno queden sujetos al poder de negociación de cada uno – que no podamos atribuir a las personas derechos morales inherentes –. Parece contraintuitivo, también, que el buen trato que se pueda dispensar a los demás resulte dependiente de la conveniencia de cada uno. Pero eso es lo que ocurre cuando queremos ver la moral como una creación humana (que subsiste en tanto es conveniente para todos), mientras negamos la existencia de deberes naturales hacia los demás" (R. GARGARELLA, Las teorías…, o.c., 34).

lo tanto, cuáles serán sus intereses concretos, sus capacidades para alcanzarlos, ni los rasgos propicios o adversos de su psicología que podrían beneficiarles o perjudicarles en la carrera por obtenerlos. Con ello, el profesor de Harvard, fija una "completa simetría entre las partes y garantiza la unanimidad", haciendo que sea la racionalidad el principio rector de los pactantes, quienes necesariamente tienen que adoptar "un punto de vista universal" a la hora de tomar sus decisiones, persiguiendo objetivos o intereses generales[20].

En consecuencia, la "posición original" condicionada por ese "velo de ignorancia" representa el mejor "estatus quo" para alcanzar unos acuerdos con la perspectiva de que ellos sean "fair". De ahí lo de "justice as fairness". Los principios de justicia social tienen más probabilidades de ser "fair" si la situación previa en la que se han elegido y de la que se parte para definirlos es también "fair". Aunque eso no significa que los conceptos de "justice" y de "fairness" sean lo mismo[21].

La teoría rawlsiana sobre la justicia como "fairness" comienza por la elección de los principios básicos según los cuales las instituciones fundamentales de la sociedad van a ser reguladas, criticadas y reformadas. Estos principios han

---

20 Cfr., J. Rawls, Justicia como equidad. Materiales..., o.c., XVI–XVII. Al final, más que de un contrato, como apunta Rodilla, se trataría de un proceso de "entendimiento común alcanzado tras sopesar argumentos traídos a colación por todos".

21 Nos lo vuelve a explicar con el ejemplo de la "poesía como metáfora": "The original position is, one might say, the appropriate initial status quo, and thus the fundamental agreements reached in it are fair. This explain the propriety of the name "justice as fairness": it conveys the idea that the principles of justice are agreed to in an initial situation that is fair. The name does not mean that the concepts of justice and fairness are the same, any more than the phrase "poetry as metaphor" means that the concepts of poetry and metaphor are the same" (J. Rawls, A theory of Justice, o.c., 11). Podríamos calificar su situación como "equitativa", en cuanto ciudadanos libres e iguales, sin sentir la presión de ocupar una potencial posición de explotador o de explotado, o de verse condicionado por otros factores ajenos a la libre decisión personal, a la hora de escoger esas premisas reguladoras básicas: "Con arreglo a la idea de la justicia como equidad, principios de justicia razonables y bien fundados serían aquéllos que serían acordados unánimemente por individuos racionales, libres e iguales, orientados a proteger sus intereses pero al mismo tiempo colocados en una situación equitativa, es decir, en una situación tal que entre ellos no sólo carezcan de virtualidad las relaciones de autoridad y dependencia, dominio y sumisión que pudieran regir en la vida diaria, sino que ninguno de ellos, a la hora de proponer o prestar su asentimiento a principios, se encuentre en condiciones de explotar (o ser víctima de) contingencias naturales y sociales tales como haber nacido bien o mal dotado, haber crecido en el seno de una clase social poderosa o indigente, o haber sido o no criado en un medio cultivado" (J. Rawls, Justicia como equidad. Materiales..., o.c., XV).

de caracterizar a la concepción de justicia que los contratantes quieren tener como marco social, y según la cual configurarán una constitución y emitirán las correspondientes leyes que conformen su legislación. Si las diversas estructuras que regulan nuestra cooperación social se encuentran dentro del espacio, digamos jurídicamente delimitado por esos primeros principios, por la constitución y por la legislación que de ambos va brotando, podemos decir que son estructuras o instituciones justas.

En resumidas cuentas, la tarea principal que tenemos delante para definir nuestra teoría de la "justice as fairness" es fijar cuáles son los principios de justicia social que van a ser elegidos por las partes en la posición original. Pasemos a describir más en detalle las condiciones de la posición original, que determinarán la elección de esos fundamentos básicos, confrontándonos a continuación con el principio de utilidad.

6. El principio de utilidad

En la posición original, en la que los individuos se saben racionales e iguales, sin conocer los dones naturales que les serán concedidos, ni tampoco la posición social que ocuparán, ¿elegirán como uno de las premisas fundantes el llamado "principio de utilidad"? La postura de Rawls es netamente contraria a ello. Al menos, él va a proponer toda una serie de objeciones que harían muy difícil que alguien, dotado de razón y con el objetivo de establecer las condiciones básicas en la sociedad que le permitan alcanzar las metas que se proponga en igualdad de condiciones al resto de los ciudadanos, lo eligiese[22].

El argumento principal que él utiliza es el siguiente: resulta difícil creer que alguien estaría de acuerdo en un principio según el cual algunos tendrían que reducir sus perspectivas en la vida simplemente para que el resto de la sociedad

---

22 En la base de todo ello se sitúan dos tradiciones de pensamiento diversas sobre el modo de entender los fundamentos del orden social: por un lado, el utilitarismo, predominante en la filosofía anglosajona; por el otro, la teoría del contrato social. La confrontación entre ambas podríamos definirla brevemente del siguiente modo: "frente a la legitimación por el resultado, una legitimación por el procedimiento; de otro modo, frente al modelo teleológico de la maximización del bienestar agregado, el modelo deontológico del consenso entre ciudadanos libres e iguales. Si en el primer caso la legitimidad del Estado se piensa como función de su capacidad para promover el bienestar en la sociedad, concebida como objeto de administración benéfica, en el segundo se la quiere hacer descansar en la forma como están estructuradas las relaciones entre los ciudadanos como co-sujetos del orden político" (J. Rawls, Justicia como equidad. Materiales..., o.c., XXII).

pueda disfrutar de un mayor bienestar. Por lo tanto, nadie en sus cabales aceptaría de entrada que le redujesen sus beneficios o los de sus descendientes, aunque ello repercutiese en un aumento de las ganancias netas disfrutadas por otros, o lo que es lo mismo, nadie querría que para subir el nivel de ventajas neto de la sociedad, le tocase a él rebajar el suyo propio. Todos quieren, como premisa inicial, proteger sus intereses y su capacidad de desarrollar la idea que tienen de bien y bienestar y no sólo para otros. Rawls no toma en consideración, en este momento, esos impulsos de generosidad y sacrificio que muchos ciudadanos manifiestan, pero que no son los que en una situación como la que nos ocupa, sería responsable ni razonable considerar[23].

Concluyendo, un principio como el de "utilidad" que pide el sacrificio de los derechos propios a favor de la maximización algebraica de los bienes de otros, no parece compatible con una concepción de sociedad concebida como cooperación social entre partes iguales, que buscan establecer las condiciones más justas, con la finalidad de hacer progresar sus propios objetivos[24].

---

23 Nuestro autor, más bien, da por supuesto que los motivos de las partes contratantes, no siendo de orden moral, se reducen a una "racionalidad autointeresada" o "mutuamente desinteresada": "por lo que se refiere a la orientación motivacional, se presupone que quienes toman parte en la posición original no obedecen, al adoptar un acuerdo sobre principios de justicia, a ningún tipo de motivación moral, sino que se orientan por máximas prudenciales – expresado en los términos de Rawls, las partes evalúan principios alternativos de justicia social en términos de racionalidad autointeresada o mutuamente desinteresada (*self-interested, mutually disinterested rationality*)" (J. Rawls, Justicia como equidad. Materiales..., o.c., XVI).

24 Un principio tal, para ser mantenido en el tiempo, necesitaría de otros impulsos o fuerzas extra, pues no se sostiene de por sí entre ciudadanos que se tengan por libres e iguales: "Offhand it hardly seems likely that persons who view themselves as equals, entitled to press their claims upon one another, would agree to a principle which may require lesser life prospects for some simply for the sake off a greater sum of advantages enjoyed by others. Since each desires to protect his interests, his capacity to advance his conception of the good, no one has a reason to acquiesce in an enduring loss for himself in order to bring about a greater net balance of satisfaction. In the absence of strong and lasting benevolent impulses, a rational man would not accept a basic structure merely because it maximized the algebraic sum of advantages irrespective of its permanent effects on his own basic rights and interests. Thus it seems that the principle of utility is incompatible with the conception of social cooperation among equals for mutual advantage. It appears to be inconsistent with the idea of reciprocity implicit in the notion of a well-ordered society. Or, at any rate, so I shall argue" (J. Rawls, A theory of Justice, o.c., 13).

Descartado el de utilidad, por las razones previamente señaladas, pasemos ahora a describir una primera formulación de los dos principios básicos de justicia social, que serán desarrollados, juntamente con su interpretación y posibles aplicaciones, en el apartado siguiente.

7. Los dos principios

Para Rawls, las personas que se reúnan en esa hipotética posición original, no tendrán problema en ponerse de acuerdo en la elección de los dos siguientes principios:

1. Igualdad en la asignación de derechos y deberes básicos.
2. Las desigualdades sociales y económicas, por ejemplo de riqueza o autoridad, solamente pueden ser consideradas como justas en el caso de que proporcionen beneficios compensatorios para todos, en especial para los miembros de la sociedad menos favorecidos[25].

De este modo, y a diferencia del de "utilidad", estos principios no están justificando instituciones que exijan ciertas privaciones a unos por el hecho de aumentar el porcentaje de bienes del conjunto; es decir, que pidan a unos sufrir para que otros muchos puedan gozar. Por el contrario, no parece que sea injusto conceder a un número indeterminado de miembros de la sociedad ciertas ventajas, si éstas van a redundar en beneficio de todos y en especial de aquellos que pueden estar en situaciones poco ventajosas o más desafortunadas.

En el fondo, todo se enmarca en el esquema intuitivo de Rawls, que diseña para la sociedad un sistema en el que el bienestar de cada uno depende de la cooperación de los demás. Por consiguiente, las condiciones que establecen el reparto de ventajas o beneficios tienen que ser tales, que sean capaces de atraer y fomentar la cooperación voluntaria de todos, incluyendo a los peor situados en la escala social. Es decir, nosotros no sabemos, en la posición original, si seremos de aquellos mejor dotados o de aquellos que ocupen una posición, digamos, relevante en la sociedad. Pero tampoco es seguro que no formemos parte de ese grupo. Por ello, seremos más propensos a elegir unos principios como base de un esquema social que, en el caso que nos coloque en la cima, podamos tener la

25 En palabras de Rawls: "the first requires equality in the assignment of basic rights and duties, while the second holds that social and economic inequalities, for example inequalities of wealth and authority, are just only if they result in compensating benefits for everyone, and in particular for the least advantaged members of society" (J. Rawls, A theory of Justice, o.c., 13).

certeza que vamos a contar con la cooperación de los que están situados debajo, ya que estos últimos sabrán que los beneficios que nosostros recibamos sólo serán posibles si también ellos los reciben. Y si somos de los que no ocupamos un puesto de destaque en la pirámide social, podemos estar seguros de que nuestro esfuerzo, aunque reporte beneficios a los que sí ocupan puestos de relevancia, esos beneficios, en una medida o en otra, acabarán por aumentar los nuestros propios[26].

Claramente, Rawls, en su búsqueda de unos principios básicos, cuya aplicación cree los fundamentos de un sistema social justo, quiere prescindir de todo aquello que puede ser arbitrario y que no depende de la propia voluntad del ser humano, como son las dotes que la naturaleza pueda otorgar a cada individuo o también el hecho de nacer en un determinado contexto socio-económico o en otro[27]. Quiere, al mismo tiempo, hacer depender esos principios de un pacto inicial llevado a cabo en una situación primera en la que todos aparecen como iguales, es decir, todos puestos en las mismas circunstancias en el punto de partida, sin tener ventajas ni tan siquiera cognoscitivas. Por ello, habla del término contrato, como algo que va a ser acordado entre personas libres y racionales, y al cual van a ligar su propia voluntad, cuando decidan subscribirlo[28].

---

26 La idea de la cooperación social y la participación voluntaria (y gustosa) de todos en la misma, que no deja de ser una intuición, representa uno de los marcos básicos de la teoría del profesor de Harvard: "The intuitive idea is that since everyone's well-being depends upon a scheme of cooperation without which no one could have a satisfactory life, the division of advantages should be such as to draw forth the willing cooperation of everyone taking part in it, including those less well situated. The two principles mentioned seem to be a fair basis on which those better endowed, or more fortunate in their social position, neither of which we can be said to deserve, could expect the willing cooperation of others when some workable scheme is a necessary condition of the welfare of all" (J. Rawls, A theory of Justice, o.c., 13–14).

27 Precisamente, sus principios, surgen del hecho de dejar de lado todo lo que puede resultar arbitrario en la existencia humana: "Once we decide to look for a conception of justice that prevents the use of the accidents of natural endowment and the contingencies of social circumstances as counters in a quest for political and economic advantage, we are led to these principles. They express the result of leaving aside those aspects of the social world that seem arbitrary from a moral point of view" (J. Rawls, A theory of Justice, o.c.,14).

28 Como ya hemos indicado, este pacto nos obligará porque nos hemos comprometido a ello. Los principios que lo componen deben cumplir una serie de condiciones mínimas, que nos recuerda Gargarella: "ser generales (no vale, por ejemplo, un principio como el de que «lo que favorezca a X y a Z… debe seguirse»); universales (o sea, aplicables a todas las personas morales); completos (o sea, capaces de ordenar cualquier par de

8. El principio de la racionalidad y la razonabilidad

Podemos decir que la teoría rawlsiana de "justice as fairness" es una teoría de la "elección racional", que implica varias partes en la determinación y elección de esos primeros principios y que exige una propiedad esencial: la "publicidad". Ésta indica que todos conocen los principios por los que tienen que regir sus futuras decisiones, así como, saben cuáles son aquellos por los que los demás ciudadanos harán lo mismo[29].

La cuestión, pues, es establecer los principios que será racional elegir, en una situación en la que nuestras relaciones sociales se basen en un sistema contractual. Así, la concepción de la justicia que justifique tales principios, será una concepción más racional que las otras que pudiésemos haber elegido[30].

Si nos ubicamos en la situación original, ¿qué será, pues, más razonable y aceptable por personas en su normal uso de razón, hacer que los principios que regulen las posibilidades de desarrollo y bienestar social dependan de las cualidades naturales o de la clase social en la que el nacimiento los colocará o que prescindan de tales contingencias? ¿Habrá que fijar principios cortados a la medida de las circunstancias que rodean cada caso particular, cada una de las inclinaciones, aspiraciones o diferentes concepciones del bien, o deberán los pactantes prescindir de todo ello?[31]

---

pretensiones que se les presente); y finales (al decir, con carácter último, los conflictos que se presenten). Los sujetos de la posición original se comprometen a respetar los principios, una vez elegidos, y salidos ellos de la posición original" (R. GARGARELLA, Las teorías..., o.c., 36, nota2).

29 Da la impresión que el concepto "fairness", aunque ha sido traducido comúnmente como "equidad", podría serlo por "racionalidad"; lo mismo con la noción de "fair", cuya equivalencia no pocas veces podría ser "racional" (cfr., J. RAWLS, A theory of Justice, o.c., 15).

30 Éstos van a ser principios suficientemente fundados según la ética del discurso que se construiría en la posición original a partir de las premisas arriba mencionadas y que llevaría a alcanzar entre los electores o firmantes del pacto un consenso racional, con la sola fuerza de los argumentos (cfr., J. RAWLS, Justicia como equidad. Materiales..., o.c., XVI).

31 Por otra parte, sería imposible elegir unos principios cortados a la medida de cada caso particular, con sus peculiares inclinaciones o aspiraciones: "Thus it seems reasonable and generally acceptable that no one should be advantaged or disadvantaged by natural fortune or social circumstances in the choice of principles. It also seems widely agreed that it should be impossible to tailor principles to the circumstances of one's own case. We should insure further that particular inclinations and aspirations, and persons'

Si esto fuera así y, en la posición original, las partes supiesen cuál sería su bagaje de aptitudes o su riqueza material, seguro que elegirían principios en su propio beneficio. Si yo sé que voy a poseer bienes, muebles e inmuebles, seguro que racionalmente me opondré a un principio que cargue con excesivas tasas las propiedades; si yo sé que seré pobre, no tendré ningún inconveniente en que a los que poseen se les impongan impuestos sobre su patrimonio, sin importarme lo elevado de la cantidad. Si los que participan en la elección poseen estos conocimientos, además de tratar de imponer principios opuestos entre ellos, nunca sería posible llegar a un acuerdo, por lo que en la posición original, el velo de ignorancia que cubre los conocimientos de los contratantes se presenta como algo natural o racional, evitando así que sus decisiones sean motivadas por esos prejuicios[32].

De este modo, el carecer de toda esa información que pondría a los hombres en desacuerdo, parece ser lo más razonable como condición previa para poder elegir, también de la manera más racional posible, esos principios por personas que son iguales, es decir, que tienen los mismos derechos en el acto de elección y en la justificación racional de los mismos[33].

---

conceptions of their good do not affect the principles adopted" (J. Rawls, A theory of Justice, o.c., 16–17).

32 Repitamos una vez más que ese "velo de ignorancia" impediría tener conocimiento sobre cuál será la posición social a ocupar, las cualidades naturales o talentos, la fortuna o desgracia, la posesión de inteligencia o fuerza, la pertenencia a una raza o a una generación determinada; tampoco cuáles serán las concepciones del bien o del mal y las inclinaciones psicológicas. En cambio como nos recuerda Gargarella: "dicho «velo» no les impide reconocer ciertas proposiciones generales, tales como los descubrimientos básicos que las ciencias sociales han hecho en materia de economía, psicología social, etc. En definitiva, lo que los citados agentes desconocen es toda aquella información que les permita orientar la decisión en cuestión en su propio favor… De este modo, entonces, las partes en la «posición original» se orientan a alcanzar un acuerdo capaz de considerar imparcialmente los puntos de vista de todos los participantes" (R. Gargarella, Las teorías…, o.c., 36–37).

33 Además de estas condiciones en negativo, los primeros contractualistas tendrían que tener algún tipo de interés que les motive a elegir. Rawls define éste como la búsqueda de los "bienes primarios", o sea, aquellos que son indispensables en la satisfacción de cualquier proyecto existencial (de ellos hablaremos con más detalle en el capítulo siguiente). Nuestro autor divide estos en dos categorías: bienes de tipo social, otorgados por las instituciones de manera directa (riqueza, derechos, oportunidades); y bienes de tipo natural, no dados directamente por las instituciones (salud, inteligencia, dotes, etc.) (cfr., R. Gargarella, Las teorías…, o.c., 37–38).

Una confirmación ulterior de lo acertado que supone definir así las condiciones de la situación original a la hora de establecer los principios de justicia social puede ser hacer la siguiente comprobación: veamos si esos principios elegidos de manera racional bajo las circunstancias descritas coinciden con nuestras convicciones acerca de la justicia o si incluso las alargan, en una medida aceptable. Podríamos hacer el ejercicio mental de verificar si la aplicación de esos principios a la estructura básica de la sociedad nos conduce a los mismos juicios que hacemos de manera intuitiva sobre su justicia o injusticia, juicios que, por otra parte, consideramos como válidos[34]. Y también comprobar, ante las posibles dudas que nos surgen en determinadas ocasiones sobre lo justo o injusto de una institución, si ellos nos ayudan a resolverlas de manera reflexionada y razonable[35].

Para clarificar lo anterior, el mismo Rawls ofrece una serie de ejemplos. Toda persona en su sano juicio concordaría con nosotros acerca de la injusticia que supone la intolerancia religiosa o la discriminación racial. Tal opinión sobre estos temas parece claramente racional y razonable, estando ausente del mismo cualquier tipo de intereses particulares. Una teoría de la justicia, y los presupuestos que la definan, con pretensión de validez, tendría que proporcionar una explicación que condujese a este tipo de juicios. Lo cual supondría un

34 Con estas afirmaciones Rawls está revalorizando, en cierta medida, el intuicionismo, según el cual existen ciertos presupuestos que consideramos como válidos siempre. Conforme a esta corriente de pensamiento, existen principios y valores objetivos, pertenecientes a un mundo moral independiente, que pueden ser captados a través de la facultad de la intuición y que nos permiten justificar racionalmente nuestros juicios morales. Sin embargo, su teoría no se apoya en este razonamiento, sino que prescinde por completo de él. La elección que hacen los contratantes en la posición original no hace referencia a máximas válidas previas, sino que es el hecho de decidirse racionalmente por unos principios, lo que hace que ellos sean los correctos (cfr., J. Rawls, Justicia como equidad. Materiales…, o.c., XVII–XVIII).

35 De hecho, todos tenemos unas determinadas convicciones sobre la justicia. De entre éstas, algunas las hemos adquirido tras un proceso razonado y otras las poseemos como simples intuiciones. Con ellas se verán confrontados los principios rawlsianos: "There is, however, another side to justifying a particular description of the original position. This is to see if the principles which would be chosen match our considered convictions of justice or extend them in an acceptable way. We can note whether applying these principles would lead us to make the same judgments about the basis structure of society which we now make intuitively and in which we have the greatest confidence; or whether, in cases where our present judgments are in doubt and given with hesitation, these principles offer a resolution which we can affirm on reflection" (J. Rawls, A theory of Justice, o.c.,17).

punto, diríamos que fijo, para juzgar los primeros principios y la teoría que los apoya[36].

Ahora bien, en contraste con los ejemplos citados, debemos afirmar que no poseemos el mismo grado de certeza si hablamos de la distribución de la riqueza o de la autoridad. Aquí es donde la aplicación de esos principios rawlsianos, elegidos de la manera en la que hemos ido explicando, podrían conducirnos a convicciones más racionales y firmes. Puede ser que al hacer esta comparación, descubramos que tenemos que cambiar las condiciones fijadas para la situación original; o puede suceder, que lo que tengamos que modificar sean nuestras convicciones previas acerca de la justicia, ya que las recién adquiridas nos aparecen como más racionales y mejor fundadas[37].

Con esta confrontación iremos alcanzando lo que Rawls llama un "equilibrio reflexivo" en el que nuestros juicios acerca de la justicia se van acercando e identificando con los principios de justicia social, al tiempo que estos brotan de las premisas establecidas a través de un razonamiento adecuado[38].

---

36 Dándole la vuelta a esta prueba, la conclusión es, igualmente, palmaria: Si una teoría de la justicia y los principios en los que se apoya nos llevan a conclusiones contrarias a estas intuiciones morales, entonces no podemos sino descartarla como inicua o injusta.

37 El profesor de Harvard nos proporciona una regla de racionalidad para los casos en los cuales se nos oscurece el razonamiento y no somos capaces de alcanzar la certeza necesaria para elegir entre varias propuestas. Es la llamada "regla maximin", la cual nos asistiría ante la necesidad de escoger una entre varias alternativas, en principio, igualmente atractivas. Roberto Gargarella nos la aclara del siguiente modo: "La mencionada regla dice que en tales ocasiones de incertidumbre deben jerarquizarse las distintas alternativas conforme a sus peores resultados posibles. En este sentido, deberá adoptarse la alternativa cuyo peor resultado sea superior al peor de los resultados de las otras alternativas. La elección de esta regla no surge de un sesgo «conservador» de los participantes, sino de la peculiar situación en la que están insertos: los sujetos en cuestión no saben cuál es la probabilidad que tienen a su alcance; ni tienen un particular interés en beneficios mayores que el mínimo; ni quieren opciones que envuelvan riesgos muy graves. Un ejemplo claro de lo que se quiere evitar es el siguiente: si una de las alternativas en cuestión da lugar a que algunos terminen en una situación de virtual esclavitud, dicha situación resultará inaceptable, por más que pueda otorgarles grandes beneficios a la mayoría restante" (R. Gargarella, Las teorías..., o.c., 38).

38 Aunque es un concepto interesante, el "equilibrio reflexivo", no es fundamental para el objetivo que nosotros nos hemos propuesto, por lo que no vamos a profundizar más en él. Permítasenos, tan sólo, ofrecer la siguiente explicación que consideramos breve y clara: "Por su parte, la idea de la *coherencia en equilibrio reflexivo* forma parte de un

Concluyendo esta parte, diremos que Rawls no pretende que los principios sean tenidos como verdades necesarias (o derivados de éstas). Según él, una concepción de la justicia no puede ser deducida de premisas que son auto-evidentes. Más bien, la justificación de tal teoría y de tales principios es una cuestión que abarca diversas consideraciones, que deben sustentarse mutuamente y que todas juntas deben conformar una visión de conjunto coherente. De hecho, él no se preocupa demasiado por buscar una fundamentación última a sus principios. Ello por dos razones: por una parte, no intenta proponer su sistema como una teoría con validez absoluta; y por otra, porque su empresa no es especulativa, sino práctica; es decir, sobre la constatación de la existencia de un desacuerdo sobre cómo justificar o criticar las leyes y las instituciones básicas sobre las que se apoya nuestra convivencia, asienta unas bases para que los ciudadanos, libres e iguales, puedan alcanzar un acuerdo operativo a través del ejercicio público de la razón[39].

---

modo de entender la teoría moral que parece avanzar en la dirección opuesta: aquí no se trata de *construir* (ni de *acordar*) principios morales, sino de *encontrar* aquéllos que mejor casen con nuestros juicios morales «considerados» – entendiendo por tales aquellos juicios que emitimos en circunstancias de reflexión favorables, en las que es menos probable que nuestro juicio moral se vea sujeto a distorsiones. En este caso se parte de ciertas convicciones morales intuitivas en las que tenemos especial confianza y de las que nos parece que toda teoría correcta tendría que dar cuenta. Las llamamos «intuitivas» en la medida en que en su apoyo no aducimos (todavía) principios morales. Y sin embargo, les atribuimos un peso tal que tenderíamos a rechazar toda teoría moral que entrara en conflicto con ellas. El objetivo de la teoría moral no sería inventar principios nuevos, sino más bien descubrir aquellos principios que, de algún modo, están implícitos en nuestro sentido moral tal como se expresa en nuestras convicciones consideradas; en otras palabras, aquellos principios que les proporcionan una mejor «explicación», permitiendo organizarlas coherentemente y resolver problemas ante los que nos sentimos perplejos. Por lo demás, en el proceso de explicación nada se encuentra inmune a la revisión: por supuesto no los principios, pero tampoco nuestros juicios, que pueden ser modificados a la luz de consideraciones que se producen en el proceso de explicación. Entre nuestras convicciones morales de distinto nivel existe una relación refleja de mutuo apoyo y corrección. Y el objetivo de la teoría es alcanzar entre ellas un estado de equilibrio reflexivo" (J. Rawls, Justicia como equidad. Materiales…, o.c., XVIII).

39 Precisamente por ello, nos va a ser tremendamente útil y práctico a la hora de llevar a cabo nuestro análisis y comentario de los cánones y las instituciones de la legislación diocesana toribiense.

III. Los primeros principios de justicia social

1. Introducción

En el apartado anterior de este capítulo ha sido introducida la concepción de "justice as fairness" de John Rawls. Allí aparecen, en primer lugar, los presupuestos fundamentales que el filósofo toma como base de su argumentación: justicia, libertades individuales, inviolabilidad de la persona[40], la cooperación social, pacto social[41], publicidad y necesidad de la justicia, distribución equilibrada de cargas y beneficios, coordinación, eficiencia y estabilidad.

A ello añadimos sus elementos propios, tales como "la estructura básica de la sociedad, sujeto primario de la justicia", "justice as fairness", la "posición original" y el "velo de ignorancia" que la caracterizan. Hemos introducido ya una formulación inicial de los dos principios primeros de justicia social, que no se definen desde la "utilidad", sino desde la racionalidad y la razonabilidad. Pues bien, a continuación, pasamos a considerar con más detalle lo que estos dos presupuestos básicos afirman y cómo pueden ser interpretados y aplicados.

---

40 Aunque en el anterior apartado no hemos insistido demasiado en ello, éste es una de las premisas previas a todo el sistema, que no está sujeta a negociación de ningún tipo. De hecho, si algo debe perseguir una sociedad tenida por justa es el respeto y la defensa de la inviolabilidad de cada persona, frente a cualquier otro tipo de cálculos políticos o económicos (ni tan siquiera por aumentar el bienestar global de la sociedad puede ser conculcada).

41 El tipo de pacto social que Rawls propone no puede separarse de la máxima de la cooperación social, lo que le convierte en un contrato un tanto diferente del planteado por otros autores hasta el momento. Ello aparecerá nítido en el modo de escoger los principios de justicia social, los cuales son "el resultado de un acuerdo hipotético alcanzado con arreglo a un procedimiento en el que no estamos representados como individuos particulares, sino como personas morales libres e iguales en cuyas deliberaciones carecen de influencia presiones institucionales e intereses empíricos. De este modo, sin resultar de un proceso de negociación real, como fruto de un acuerdo hipotético, los principios, que pretenden explicitar nuestro sentido de la justicia compartido, intentan dar expresión a un consenso de fondo cuyo cumplimiento nos permitiría ver nuestras relaciones sociales no como el efecto de la coerción natural o de la violencia institucional, sino como una forma de cooperación voluntaria" (J. Rawls, Justicia como equidad. Materiales..., o.c., XXVII).

2. Dos principios de justica para las instituciones básicas de la sociedad

Supuesta la situación original descrita en el apartado previo, ¿cuáles son las premisas básicas de las que disponemos, sobre las que recaerá la elección? ¿cuál será el argumento en que apoyemos ésta? ¿cuál es el sentido y qué aplicación tienen los principios adoptados?

Recordemos, una vez más, que el objetivo de la elección de unos principios de justicia social es poder aplicarlos a las instituciones básicas de una sociedad, de modo que regulen, en ella, la asignación de derechos y deberes esenciales y determinen cuál ha de ser la distribución adecuada de beneficios y cargas dentro de la misma. Llegados a este punto, Rawls nos hace una advertencia: estos son principios para las instituciones, no para aplicar a las acciones concretas de los individuos en circunstancias particulares[42]; dicha aplicación podría hacernos llegar a conclusiones erróneas, no coincidentes con las alcanzadas cuando aplicamos tales principios a las estructuras mencionadas[43].

---

42 No se puede pasar por alto este marco de aplicación de la teoría de Rawls, que no va dirigida a sustanciar conflictos entre ciudadanos, sino que busca hacer más justas las estructuras básicas de todo grupo humano, es decir, convertirlas en instrumentos de beneficio para los miembros del mismo. Como afirma Gargarella: "En primer lugar corresponde considerar que dicho contrato tiene como objetivo último el establecimiento de ciertos principios básicos de justicia. Estos principios, sin embargo, no se orientan a resolver casos particulares, problemas cotidianos de justicia... Una sociedad bien ordenada es aquella que está orientada a promover el bien de sus miembros. Una sociedad en donde priman las circunstancias de justicia es aquella en la que no existe ni una extrema escasez ni una abundancia de bienes; en donde las personas son más o menos iguales entre sí (en cuanto a sus capacidades físicas y mentales) y, también, vulnerables frente a las agresiones de los demás" (R. Gargarella, Las teorías..., 35). Sin intención de contradecir a nuestro autor, no cabe duda que algunas de esas máximas que él aplica a las estructuras jurídicas, van a ser perfectamente válidas para juzgar comportamientos o acciones individuales, aunque no sea ese el propósito primero de Rawls: "La teoría de Rawls contiene, en efecto, *en primer lugar* una *concepción* de la justicia social, es decir, un conjunto sistemáticamente articulado de principios sustantivos para juzgar de la rectitud de normas e instituciones (e indirectamente también de acciones" (J. Rawls, Justicia como equidad. Materiales..., o.c., XIV).

43 Rawls deja clara la diferencia entre las dos aplicaciones: "We have seen that these principles are to govern the assignment of rights and duties in these institutions and they are to determine the appropriate distribution of the benefits and burdens of social life. The principles of justice for institutions must not be confused with the principles which

¿Qué entendemos por una institución? Según Rawls, ésta consistiría en un sistema público de leyes que definen funciones y posiciones, a las que van unidas derechos y deberes, poderes e inmunidades, y cosas semejantes. Estas normas determinan ciertas formas de actuación como permitidas y otras como prohibidas; y, en caso de que se produzcan transgresiones, prevén ciertos mecanismos de defensa, así como castigos o penas.

Una institución puede ser concebida de dos modos: en primer lugar, como un objeto abstracto, es decir, como una forma de conducta concretada en un sistema de normas; y en segundo lugar, como el espacio y el tiempo de las acciones determinadas por esas normas, las cuales son observadas con regularidad, dado un público acuerdo según el que todos aceptan que las reglas que definen tal institución han de ser guardadas[44]. Una institución, concebida como un ente abstracto puede ser justa o injusta, en la medida en la que cada concreción de la misma sea también, justa o injusta.

Una de las características más importantes de toda institución, concebida tal y como previamente Rawls la define, es su carácter "público". Esta propiedad indica que cada uno, que forma parte de la misma, debe conocer las reglas que la conforman y, al mismo tiempo, da por supuesto que los demás poseen el mismo conocimiento y viceversa. Todo ello como si tales reglas hubiesen surgido tras un previo acuerdo entre todos los que se mueven en el ámbito de dicha estructura. De este modo, Rawls afirma que los principios de justicia serán aplicados a ordenamientos sociales, una de cuyas principales características será el ser públicos en el sentido apuntado[45].

---

apply to individuals and their actions in particular circumstances" (J. Rawls, A theory of Justice, o.c., 47).

44 Creemos que esta idea merece ser clarificada un poco más. Tomemos como ejemplo la institución del matrimonio. Ésta viene definida por una serie de normas, conforme a las cuales quienes entran en ella deben comportarse, es decir, su conducta como esposo y esposa están fijadas por dicha institución. En el seno de una sociedad, en donde el matrimonio está regulado por la ley, todos conocen cuáles son las reglas conforme a las cuales deberán actuar si desean entrar en dicha estructura jurídica. Ésta se concreta en un lugar y en un tiempo a través de todos los que contrajeron nupcias, de acuerdo a la legislación vigente.

45 La publicidad del sitema jurídico constituye uno de los presupuestos básicos de la teoría de nuestro filósofo del derecho, ya que permite que cualquier ciudadano conozca las normas que forman parte del mismo y tiene certeza de que sus coetáneos también: "With "a public system of rules, I mean then that everyone engaged in it knows what he would know if these rules and his participation in the activity they define were the result of an agreement. A person taking part in an institution knows what the rules

En otras palabras, cada miembro de una sociedad, al conocer las reglas que gobiernan las instituciones que estructuran a la misma, saben cuáles son las conductas que tales normas permiten y cuáles prohíben, o lo que es lo mismo, todos compartirán una misma concepción de justicia de la que resulte un público acuerdo en torno a lo que es justo y lo que es injusto.

A continuación, Rawls establece una diferencia esencial entre norma (o grupo de normas), institución (o una parte importante de la misma) y la estructura básica del sistema social concebido como un todo. Tal distinción tiene como finalidad clarificar lo siguiente: una o varias normas pueden ser injustas, sin que el completo ordenamiento de un organismo jurídico sea injusto; una institución puede ser injusta sin que el sistema social considerado en su conjunto sea injusto[46]. Puede, incluso, darse tal combinación que dentro de una misma institución o de un ordenamiento social, una aparente injusticia sea la compensación de otra similar, de modo que el conjunto es menos injusto de cómo sería si sólo contuviese una de ellas[47]. Hasta sería posible imaginar un sistema social que pudiera

---

demand of him and of the others. He also knows that the others know this and that they know that he knows this, and so on... The principles of justice are to apply to social arrangements understood to be public in this sense" (J. Rawls, A theory of Justice, o.c., 48).

46 Estas afirmaciones de nuestro autor, que podríamos calificar de intuiciones, fácilmente compartidas por quien está en pleno uso de sus facultades, presuponen siempre una concepción previa de la justicia, conforme a la cual juzgar una norma o una institución. Desde los presupuestos de alguna filosofía del derecho, como por ejemplo la positivista, se le objetaría que no es posible que una norma sea considerada injusta, si ha sido promulgada conforme al procedimiento establecido en una legislación por la autoridad competente para hacerlo. No es el momento de entrar en la polémica entre una posición positivista fuerte y el iusnaturalismo, pero creemos que la primera, que pone la fuerza de la ley en la voluntad del legislador, ha quedado sobradamente reprobada a lo largo del siglo XX; baste supervisar los procesos de Núremberg a los jerarcas nazis, tras la Segunda Guerra Mundial. Una reflexión, en nuestra opinión muy documentada, sobre la responsabilidad moral de los que detentan el poder en un estado soberano, puede leerse en M. Walzer, Guerras justas e injustas [trad. por T. Fernández Aúz y B. Eguibar], Barcelona, etc.: Paidós, 2001, 383–393.

47 De nuevo es iluminador poner ante los ojos un ejemplo para entender tal afirmación. Pensemos en los países en donde se han emitido ciertas leyes, conforme a la cuales los varones que ejercen violencia sobre su cónyuge o pareja, son castigados de manera más estricta que si la violencia es realizada en dirección contraria. Aparentemente es una ley injusta, ya que castiga el mismo delito en las mismas circunstancias con penas diferentes. Ahora bien, dada la realidad social, en la que el número de mujeres que sufren tales agresiones es muy superior al de los varones, la ley, a través de ese

ser injusto, incluso cuando ninguna de sus partes esenciales lo fuesen, analizadas éstas separadamente[48]: la injusticia no sería sino una consecuencia del modo de combinarse tales estructuras en dicho sistema.

3. Una segunda formulación de los dos principios de justicia social

La formulación definitiva de los dos principios básicos de justicia social, deberá aparecer al final de la reflexión realizada por Rawls. El autor da, de nuevo, otra provisional de los mismos, sobre la que vamos a trabajar. Es la siguiente:

> "First: each person is to have an equal right to the most extensive scheme of equal basic liberties compatible with a similar scheme of liberties for others. Second: social and economic inequalities are to be arranged so that they are both (a) reasonably expected to be to everyone's advantage, and (b) attached to positions and offices open to all"[49].

Recordemos, una vez más, que tales principios deberán ser aplicados a la estructura básica de la sociedad, esto es, a sus instituciones esenciales y deben regular la asignación de derechos y deberes básicos, al tiempo que la distribución de beneficios y cargas sociales y económicas.

Según Rawls, entre las libertades básicas se encuentra la libertad política, o sea, la capacidad de ejercer el derecho al voto y la posibilidad para, en caso de ser elegido, ejercer un oficio público; la libertad de expresión y la de reunión; la libertad de conciencia y la de pensamiento; además de la libertad personal, que incluye verse libre de cualquier opresión psicológica, ataque físico o mutilación (referida a la integridad física y moral de la persona); el derecho a retener la

---

"trato discriminatorio" intenta compensar esa desigualdad existente en ese momento histórico.

48 No es sencillo imaginar un caso práctico que podamos traer a colación para hacer visible esta idea. Quizá, un ejemplo, sería aquél Estado Federal, en el que hablando hipotéticamente, todas sus instituciones son consideradas justas, tanto a nivel nacional como a nivel de cada uno de los estados que lo componen. Si se produce el hecho de que un delincuente comete un delito en un estado, no siendo ese mismo acto penado en otro, al cual el transgresor se fuga, entonces de la combinación de todas las instituciones justas resulta una injusticia, pues permiten que el malhechor se escape sin castigo, con un simple cambio de domicilio (damos por supuesto que existe una ley federal justa que prohíbe a un Estado inmiscuirse en los asuntos de otros).

49 J. Rawls, A theory of Justice, o.c., 53.

propiedad personal, a no ser arrestado o embargado arbitrariamente, según lo define el concepto de estado de derecho[50].

En relación al segundo, digamos que se aplica a la distribución de ingresos y de riqueza y al diseño de organizaciones que hacen uso de diferencias en cuanto a la autoridad y a la responsabilidad[51]. Con su formulación, el profesor de Harvard, quiere superar la idea de una justicia distributiva común en las sociedades modernas, que tiene por justo todo lo adquirido por los ciudadanos, beneficios o empleos, siempre que hubiesen sido accesibles a todos. Tal noción de igualdad podría ser forzada si tales adquisiciones no se enmarcan en un esquema superior, conforme al cual ellas mejoran las expectativas de los más desfavorecidos de la sociedad[52].

Entre ambos principios se establece una jerarquía o un orden de prioridad, un "serial order", como dice Rawls. Ello significa que no podría justificarse la transgresión o conculcación de libertades básicas iguales para todos, protegidas por el primer principio, en nombre de beneficios sociales y económicos, ni tan siquiera podría compensarse una cosa con la otra[53]. Por consiguiente, las

---

50 Para elencar las libertades de su sistema, Rawls recurre al catálogo clásico que procede de la tradición liberal y al prescribir su valor absoluto se sitúa en la esfera del pensamiento liberal moderno (cfr., J. Rawls, Justicia como equidad. Materiales…, o.c., XXIX).

51 Si el primero se relacionaba más con la idea de la libertad, este segundo está en conexión con la de la igualdad: "El segundo principio o «principio de diferencia» es el que gobierna la distribución de los recursos de la sociedad. Si el primero se mostraba vinculado con la idea de la libertad, éste se muestra asociado a la idea de igualdad. Y si aquél parecía resultar del desconocimiento de cada uno respecto de su concepción del bien, éste parece derivarse de la ignorancia de datos tales como la posición social y económica, o los talentos de cada uno" (R. Gargarella, Las teorías…, o.c., 39).

52 Cfr., R. Gargarella, Las teorías…, o.c., 39–40. Como afirma Miguel Ángel Rodilla: "las desigualdades se justifican ahora no simplemente si redundan en provecho de todos, sino en la medida en que maximicen las expectativas de los menos favorecidos; y las posiciones y cargos a los que van adscritas deben no sólo ser formalmente accesibles a todos, sino serlo en el sentido de una equitativa igualdad de oportunidades" (J. Rawls, Justicia como equidad. Materiales…, o.c., XLIV).

53 Como nos explica Rodilla: "la libertad posee un valor absoluto frente al bienestar material: ningún incremento de éste justifica el sacrificio de aquélla. Ahora bien, «libertad» ha de entenderse aquí en el sentido de un *sistema* de libertades. Es el sistema en su conjunto el que posee valor absoluto; por el contrario, dentro del sistema cada una de las libertades posee un valor relativo: su alcance puede ser ampliado o restringido atendiendo a la contribución funcional que cada una de ellas hace al sistema en su conjunto" (J. Rawls, Justicia como equidad. Materiales…, o.c., XXIX).

libertades disponen de un campo central de aplicación, que sólo puede ser limitado o comprometido cuando surge un conflicto entre ellas[54].

4. Concepción de la justicia en la que se apoyan los principios

La concepción general de la justicia que sostiene estos principios, según Rawls, puede ser formulada como sigue:

> "All social values – liberty and opportunity, income and wealth, and the social bases of self-respect – are to be distributed equally unless an unequal distribution of any, or all, of these values is to everyone's advantage"[55].

Así pues, para Rawls, la injusticia, consiste en las desigualdades que no son para beneficio de todos. Imaginemos una situación inicial en la que la asignación de derechos y deberes, así como la distribución de ingresos y bienes es equitativa. Si al organizar las instituciones son posibles algunas desigualdades en la riqueza y en la detención de la autoridad que, partiendo de este estado primigenio, aporten beneficios a todos y cada uno de los miembros de esa sociedad con respecto a ese punto de referencia que es la situación inicial, entonces esas leyes que rigen esas instituciones están en sintonía con la concepción general de la justicia aquí expuesta.

En todo este proceso, damos por supuesto que la sociedad, en un principio de manera hipotética, es un organismo vivo y, por lo tanto dinámico o en evolución, en el cual es inevitable que se produzcan ganancias y pérdidas y redistribuciones o reasignaciones de esos derechos y deberes básicos debido a las vicisitudes y condicionamientos creados, bien por la voluntad humana bien por causas ajenas a una voluntad individual, pero fruto de las contingencias sociales. De no ser así, y si todo permaneciese como en la hipotética situación inicial, sería superfluo establecer ningún tipo de diferencias que aportasen beneficios a todos, ya que no habría mayor ganancia que ese reparto equitativo de obligaciones y derechos y esa distribución de riqueza e ingresos primitivo.

Imaginemos de nuevo que de la renuncia a ciertas libertades fundamentales resulta una ganancia en términos sociales y económicos para los miembros de la

54 Es decir, sólo otra igual, puede reducir o limitar un tipo de libertad, de lo contrario poseen un valor absoluto: "This ordering means that infringements of basic equal liberties protected by the first principle cannot be justified, or compensated for, by greater social and economic advantages. These liberties have a central range of application within which they can be limited and compromised only when they conflict with other basic liberties" (J. Rawls, A theory of Justice, o.c., 53–54).

55 J. Rawls, A theory of Justice, o.c., 54.

sociedad, que les compensan aquellas pérdidas. Para Rawls, es precisamente este tipo de intercambio el que tendría que ser impedido por la aplicación de los dos principios de justicia social y el orden jerárquico que se establece entre ellos. De acuerdo con su "serial order" no sería posible canjear beneficios sociales o económicos por libertades básicas, a no ser bajo circunstancias atenuantes[56]. Prácticamente, la única razón posible para limitar el alcance de las libertades sería la mutua interferencia entre ellas, como queda apuntado más arriba, de modo que, bajo algunas circunstancias, el progreso de alguna de ellas supusiese el retroceso de otras o viceversa.

Merece la pena detenernos un momento, para hacer una reflexión más profunda sobre lo que concierne a la aplicación del segundo principio, ya que puede resultar el más novedoso e, incluso, el menos fácil de entender. Cuando Rawls afirma que las desigualdades en la asignación de la autoridad o la riqueza pueden estar justificadas siempre y cuando las tales redunden en un mayor beneficio para todos y cada uno de los miembros que configuran una sociedad, no quiere decir con ello que se le asigne a individuos concretos o específicos dichos aumentos, sino que los mismos serían hipotéticamente atribuidos a aquellos personajes representativos de la sociedad que ocuparían ciertas funciones o puestos de responsabilidad, definidos por la estructura básica de la misma. Desde esta asignación, digamos que asimétrica, no sólo crecerían las expectativas del que ocupa esa posición sino también las de todos serían mayores, partiendo de esas diferencias permitidas, que si por el contrario no se dieran tales desigualdades[57].

---

56 Cfr., J. Rawls, A theory of Justice, o.c., 55). Además, ver las ps. 26 y 39, de la misma obra.

57 Todo ello produce en los miembros de las diferentes capas sociales un efecto psicológico terriblemente importante para la fortaleza del sistema: la estabilidad. Así como los principios en los que se sustentaba el utilitarismo o el intuicionismo no permitían tal sensación, el de Rawls sí, pues reduce al máximo los motivos de resentimiento o incluso de pasividad, ya que ofrece motivos continuos para la cooperación social, incluso más que la simple igualdad tradicional de oportunidades. Como nos aclara Gargarella: "Para Rawls, esta concepción es más «estable» que la que presenta la mera noción de igualdad de oportunidades. La idea de estabilidad es muy importante en la teoría de Rawls, y refleja una de las pocas ocasiones en que su teoría apela a factores empíricos [...]. Lo que significa tal idea es que la propuesta de justicia debe resultar – psicológicamente – estable, en cuanto a que genere el menor grado posible de resentimiento, o sensación de ser inequitativamente tratado. El principio de mera igualdad de oportunidades (como también puede ocurrir con los principios propios del utilitarismo) resultan «inestables», dado el malestar que puede generar que aquellos favorecidos

Añadamos, finalmente, que Rawls parte del hecho que el primer principio es satisfecho, digamos que de manera más natural y que la economía que está en la base de los razonamientos sobre los que se apoya la interpretación y aplicación del segundo de los presupuestos de justicia social es una economía de libre mercado, sean los medios de producción propiedad privada o no. Con relación a ello existe otra serie de suposiciones que estarían en íntima relación con este segundo. Los elementos que lo configuraban eran el hecho de que "el beneficio tiene que ser para todos y cada uno" y de que "las carreras y los cargos públicos deben estar igualmente abiertos a todos". En relación al primer elemento se encuentra el "principio de eficiencia". En relación al segundo, el hecho de que todos los que estén capacitados y tengan voluntad de acceder a una carrera o a un oficio público deben poder hacerlo, estableciendo una igualdad de oportunidades en el mismo proceso de acceso.

5. El segundo principio

a. Matizaciones en torno a su aplicación: la eficiencia

¿Por qué el principio de eficiencia debería ser elegido como una parte o una aplicación de las premisas básicas por los contratantes en la posición original? O mejor, ¿cómo debería entenderse el de eficiencia para poder ser aceptado como uno que posibilita la aplicación de los otros dos principios, sobre todo del segundo?

Veámoslo a partir de su opuesto, es decir, a partir de un sistema basado en la ineficiencia. Cuando en una determinada sociedad se percibe que existen otras formas de repartir los bienes producidos, de modo que algunos individuos de la misma recibirían un mejor beneficio sin que los otros fuesen perjudicados en nada, es un claro síntoma de que el sistema es ineficiente. Por consiguiente, cualquiera de los que participan en la subscripción del pacto social aceptaría elegir aquel sistema en el que sería imposible cambiarlo a fin de mejorar la situación de algunas personas (al menos una) sin que al mismo tiempo se hiciera peor la de otras (al menos una). De ahí que, este principio puede ser elegido como criterio para juzgar el funcionamiento de la economía y también de los acuerdos sociales[58].

---

por meras contingencias naturales resulten, finalmente, recompensados por el sistema institucional" (R. Gargarella, Las teorías…, o.c., 40, nota 31).

58 El lenguaje utilizado en esta reflexión procede en su totalidad del ámbito del sistema de producción y distribución de bienes, lo cual puede suponer un reduccionismo equívoco. No podemos pensar que la argumentación del filósofo del derecho se reduce al puro

De todas formas, en la teoría de Rawls, los principios de justicia tienen prioridad sobre las consideraciones del de eficiencia y por lo tanto, una distribución justa es generalmente preferible a una más eficiente pero injusta.

Si pasamos del terreno puramente económico al de la organización de la estructura básica de la sociedad y le aplicamos el principio de eficiencia, diríamos que un acuerdo sobre la asignación de derechos y deberes en las instituciones fundantes de una sociedad es eficiente si, y solo si, es imposible cambiar las normas, con la finalidad de redefinir el esquema de derechos y deberes, a fin de elevar las expectativas de cualquier hombre representativo (al menos uno) sin que, al mismo tiempo, se rebajen las expectativas de algunos otros de la misma condición (al menos uno).

Todo ello se debe ejecutar en coherencia con los demás presupuestos mencionados, es decir, nunca se puede conculcar el principio de libertades básicas iguales o el requisito de que los cargos públicos y otros empleos estén abiertos a todos. Sólo podría alterarse el modo de distribución de ingresos y de riqueza, así como la forma según la cual los que detentan la autoridad regulan las actividades sociales.

Rawls asume que existan, en una sociedad, diferentes acuerdos que respeten el principio de eficiencia aplicado a la estructura básica; ahora bien, la clave es escoger entre ellos aquél, que según una determinada concepción de justicia, resulta al mismo tiempo eficiente y justo.

En definitiva, de todo el razonamiento anterior, lo que Rawls intenta transmitir es que el principio de eficiencia no es suficiente para justificar o sostener una concepción de la justicia. Solamente cuando el de eficiencia se encuentra limitado por ciertas instituciones previas, o lo que es igual, al mismo tiempo que los parámetros de lo eficiente se cumplen también otros requisitos, como los propuestos por Rawls, entonces se puede mantener que una distribución eficiente sea también justa.

b. Nacimiento desfavorable y dones naturales insuficientes

Uno de lo elementos que constituyen el segundo principio, como ya hemos recordado previamente, es el requisito de que los empleos y oficios públicos, es decir, los puestos más relevantes socialmente hablando, tienen que estar abiertos a todos, o sea, que cualquiera pueda tener acceso a ellos, al menos si reúne las cualidades o tiene los talentos que esas responsabilidades exigen. Establecidas

terreno mercantilista, ya que bajo el término bienes, podemos entender todos los beneficios que atañen a la persona y a los grupos humanos en sus múltiples dimensiones.

como condiciones previas la existencia de una libertad igual para todos, que resultaría de la elección del primer principio de justicia, y una economía de libre mercado, para contrarrestar el peso de las contingencias sociales, debe ser preservada una justa igualdad (formal) inicial de oportunidades para todos los que poseen las capacidades necesarias para concurrir a esos puestos. Así, este principio obligará a establecer las instituciones sociales necesarias, con los reglamentos oportunos, que posibiliten que aquellos dotados con las mismas habilidades y aspiraciones no se vean afectados por las desventajas de su pertenencia a una clase social determinada[59].

Esta interpretación liberal del segundo principio puede ayudar a corregir la injusticia que provoca el nacimiento o la pertenencia a una clase social baja o de condición social marginal, pero no resuelve las injusticias procedentes de las contingencias naturales, según las cuales unos están dotados con talentos y habilidades, de los cuales otros, por el contrario, carecen.

Según Rawls, si queremos que nuestra teoría sea en verdad una teoría de la justicia, esto es, un marco en el que se asienten unos principios, cuya aplicación contribuya de manera eficaz a una adecuada asignación de derechos y deberes básicos, así como a una justa distribución de ingresos, riqueza y poder, tenemos que buscar algún otro mecanismo o principio que, combinado con los anteriores, anule los efectos, digamos que perniciosos para la justicia del sistema, provocados por esa inicial y natural distribución de dones y cualidades[60]. De

59 La equitativa igualdad de oportunidades que ordena el segundo de los principios rawlsianos establece una primera forma de corrección, que condicionará la estructuración de las instituciones y modificará las relaciones entre Estado y sociedad civil, permitiendo que el primero pueda y deba llevar a cabo intervenciones como las siguientes: "La aplicación del principio puede, por ejemplo, requerir en el campo de la educación no sólo el aseguramiento de oportunidades para todos de acceso a la cultura, sino incluso medidas compensatorias que pueden llegar hasta formas de «discriminación inversa»; apoyándose en él, y no sólo en razones de eficiencia económica, cabe justificar políticas de control de las fuerzas del mercado; y apelando a él, y sin necesidad de recurrir a consideraciones sobre las necesidades financieras del Estado, puede justificarse una tributación progresiva sobre la herencia" (J. Rawls, Justicia como equidad. Materiales…, o.c., XXX).

60 En opinión de nuestro autor, una teoría de la justicia que no corrigiese esas ventajas ajenas a las decisiones del individuo, no podría ser considerada como auténtica: "Cuando Rawls describe a los agentes de la «posición original» como individuos que desconocen los rasgos básicos de sus biografías, torna visible la intuición fundamental de su propuesta. Ella dice que una teoría de justicia no merece ser reconocida como tal si permite que las personas resulten beneficiadas o perjudicadas por circunstancias

no encontrar una solución que ofrezca una respuesta absoluta a tal objeción, al menos deberemos hallar un resorte dentro de nuestra teoría que nos permita mitigar los efectos de tan involuntaria y, al menos a primera vista, tan arbitraria lotería natural[61]. Según Rawls, desde la concepción liberal no es posible hallar salida a este problema, por consiguiente es necesario buscar otras interpretaciones de los principios de justicia que puedan sernos útiles[62].

La solución que Rawls plantea a este punto muerto, en el que nos encontramos, la denomina: principio de la "igualdad democrática" o interpretación democrática, que supone una combinación del de "justa igualdad de oportunidades" con el de la "diferencia". Lo que nuestro autor propone es la creación de un marco institucional en el que a los principios ya citados se debe añadir éste, que debe desembocar en el siguiente resultado: "Assuming the framework of institutions required by equal liberty and fair equality of opportunity, the higher expectations of those better situated are just if and only if they work as part of a scheme which improves the expectations of the least advantaged members of society"[63].

---

ajenas a su voluntad – esto es, por circunstancias ajenas a sus propias elecciones" (R. Gargarella, Las teorías…, o.c., 40).

61 Para el pensamiento igualitario, la sociedad debe encontrar los mecanismos necesarios de modo a igualar a los ciudadanos en sus circunstancias, con el objetivo de reducir la influencia de los llamados hechos arbitrarios y lograr que lo que suceda en sus vidas dependa, en el grado máximo posible, de sus elecciones personales. No obstante coincidan en el diagnóstico, las soluciones propuestas por los liberales son bastante divergentes: "tanto los liberales más igualitarios como los más conservadores coinciden en una primera aproximación a este punto: ambos grupos reconocen como obvia la existencia de esta «lotería de la naturaleza»… Ellos disienten, en cambio, a la hora de considerar el modo en que una sociedad justa debe responder ante tales circunstancias" (R. Gargarella, Las teorías…, o.c., 40).

62 Como nuestro autor afirmará en otro momento, esa distribución natural desigual de talentos no representa en sí algo justo o injusto. Tal categorización residirá en el modo como las instituciones de una sociedad se configuran para lidiar con tales desigualdades, siendo éste uno de las cuestiones centrales que definirán la justicia de todo el sistema. Mientras que la tradición liberal defendía la apropiación del "producto del propio esfuerzo" como un derecho absoluto, Rawls propondrá una especie de acuerdo que "socialice" los dones o activos naturales distribuidos entre todos, como un patrimonio común, con el objetivo de que los beneficios resultantes alcancen también a todos. Ello exige una actitud solidaria y fraterna, pues el destino de cada ciudadano está íntimamente relacionado con el de los demás (cfr., J. Rawls, Justicia como equidad. Materiales…, o.c., XXX–XXXI).

63 J. Rawls, A theory of Justice, o.c., 65.

Rawls ilustra todo ello con un ejemplo tomado de la cotidianeidad. Consideremos la distribución de ingresos entre las clases sociales. Supongamos que los varios grupos de niveles de ingreso están en relación con los individuos más representativos de cada uno de ellos, conforme a cuyas expectativas nosotros podemos juzgar esa distribución. Entonces, aquellos que parten como miembros de la clase emprendedora en una democracia en la que rige la propiedad privada, digamos, tienen unas perspectivas mejores que aquellos que empiezan perteneciendo a la clase de los trabajadores no cualificados.

¿Qué razón podría justificar este tipo de desigualdad inicial en las expectativas de la vida?, se pregunta Rawls. Según el principio de la diferencia, ello sería solamente justificable si, la misma, facilita el beneficio del hombre representativo de un determinado grupo social, el cual se encuentra en una situación peor, en este caso el obrero no cualificado. Es decir, sólo sería permisible si bajando las expectativas de la clase emprendedora se redujeran también las de la clase obrera antes mencionada. Así, las mayores expectativas que tuviesen en consideración los mejor situados tendrían que animarlos a emprender iniciativas que elevaran las de los trabajadores no cualificados (haciendo más eficiente el proceso económico, o que la innovación marche a un ritmo más rápido, etc.).

Hechas estas aclaraciones, Rawls deja expuesto, al mismo tiempo, que un cierto esquema de este tipo podría ser injusto cuando las expectativas más elevadas se convierten en excesivas. Ello se puede reconocer invirtiendo el proceso: si éstas fuesen rebajadas y la situación de los menos favorecidos mejorase con ello, entonces resultaría claro que, aquéllas habrían alcanzado niveles que convertirían en injusto al sistema. Así, un acuerdo social puede resultar injusto según cuán elevadas sean las expectativas de los más afortunados y hasta qué medida la satisfacción de las mismas dependa de la violación de otros principios de justicia, como por ejemplo, el de justa igualdad de oportunidades. Cuando la diferencia existente entre las clases sociales se convierte en desproporcionada, entonces se están conculcando los presupuestos que promueven el mutuo beneficio y el principio de la igualdad democrática:

> "A scheme is unjust when the higher expectations, one or more of them, are excessive. If these expectations were decreased, the situation of the least favored would be improved. How unjust an arrangement is depends on how excessive the higher expectations are and to what extent they depend upon the violation of the other principles of justice, for example, fair equality of opportunity; but I shall no attempt to measure the degrees of injustice… The even larger difference between classes violates the principles of mutual advantage as well as democratic equality"[64].

---

64 J. Rawls, A theory of Justice, o.c., 68–69. El segundo principio justifica las desigualdades, si bien no cualquier tipo de ellas. Solamente aquéllas que surjan después de aplicar los principios y las reglas de prioridad a ellos adjuntas.

c. La conexión en cadena de las expectativas

Vayamos un poco más allá en la aplicación del principio de la diferencia. Hemos asumido que cuando éste es ejecutado todos salen beneficiados, ya que las esperanzas de mejora de unos crecen a la par que las de otros. Ahora Rawls asevera lo siguiente: en la sociedad, las desigualdades en las expectativas pueden ser consideradas como formando una cadena gradual que va de más a menos (o de menos a más, el orden es indiferente). En dicha cadena todas las expectativas están ligadas por una especie de conexión. Así pues, si las mejoras ejecutadas por los más favorecidos de la cadena social acrecientan las de los que se encuentran en la posición más desafortunada, harán aumentar también las de los que se hallan en los puestos intermedios de esa escala gradual. Como hemos dejado indicado más arriba, si las más grandes expectativas de los emprendedores producen un beneficio para los obreros sin especialización, entonces también se beneficiarán los que poseen algún tipo de preparación. De este modo, si el principio de la diferencia es satisfecho y las expectativas están íntimamente ligadas, resulta imposible aumentar o reducir las de cualquier hombre representativo sin, al mismo tiempo, aumentar o reducir las de todos los demás hombres en la misma condición, especialmente las de aquellos más desfavorecidos.

Según Rawls, tales suposiciones hacen que en la mente del ciudadano exista la sensación de que todos salen ganando cuando es satisfecho el principio de la diferencia[65]. El hombre representativo que se encuentra mejor situado sacará

---

65 En nuestra opinión, tal y como lo plantea Rawls, al menos la mayor parte de los miembros de la sociedad estarían de acuerdo, pues percibirían las ventajas de dicho modo de proceder. Ahora bien, si pensamos en aquellos que defienden una libertad a ultranza del individuo frente a las instituciones y al aparato estatal en general, tal propuesta no encontraría tanto entusiasmo. La razón es muy sencilla: las correcciones y redistribuciones que exigen los principios rawlsianos no se imponen de por sí, sino que necesitan de una fuerza ajena para poder producir sus efectos. Esa fuerza sería la intervención del Estado en la vida de los individuos, la cual para los libertarios es un acto lesivo contra el ciudadano, que no se puede tolerar. Coincidimos con Gargarella al decir que, para estos autores, la intrusión de la sociedad en la corrección de las desigualdades representaría un perjuicio mayor que ellas mismas: "Para los libertarios, no corresponde que la sociedad intervenga para intentar remediar o suprimir circunstancias como las mencionadas. Según este pensamiento, no es tarea de una sociedad justa la de tratar de remediar hechos como los mencionados: aun cuando aquellos hechos deban lamentarse, aun cuando sean capaces de dar lugar a desigualdades muy severas y dolorosas, todo remedio institucional resultaría peor que la enfermedad misma. La pretensión de que una agencia estatal – una agencia dotada de poder coercitivo – resuelva tales males abriría las puertas a la aparición de una entidad omnipresente e intrusiva en la vida

provecho de las ventajas que se le ofrecen de aumentar sus expectativas; el menos favorecido, podrá beneficiarse de las contribuciones que esas desigualdades producen. En la realidad, puede que todas estas condiciones no se den; de ser así, aquellos más afortunados, no podrán imponer una prohibición o un freno sobre las ganancias disponibles para los menos afortunados, ya que de una manera u otra, ellos se verán también beneficiados. Con ello, podemos decir que, maximizamos las expectativas de los más desfavorecidos en la cadena social[66].

6. Bienes sociales primarios, base de las expectativas de los ciudadanos

Pasemos ahora a reflexionar sobre lo que Rawls ha llamado las expectativas de los ciudadanos y la forma cómo estos las calculan y valoran.

Rawls define las expectativas como la relación de los bienes sociales primarios que un individuo representativo puede ansiar. Comprendería una serie de elementos básicos que todo hombre dotado de la facultad de razonar querría alcanzar, fuesen cuales fuesen el resto de sus aspiraciones. Más en concreto, podemos identificarlos con derechos básicos, libertades, oportunidades, ingresos, riqueza[67]. La adquisición de todos estos bienes primarios están en relación con la estructura básica y con las instituciones que la componen, cuyas leyes regulan el proceso de obtención de los mismos[68].

---

privada de cada uno. ¿Cómo establecer y justificar los límites de tal intervencionismo? ¿Cómo impedir que este ente con poderes coercitivos se inmiscuya sobre los mínimos detalles de nuestras vidas, una vez que lo autorizamos a actuar frente a desigualdades como las referidas?" (R. Gargarella, Las teorías…, o.c., 41).

66 Cfr., J. Rawls, A theory of Justice, o.c., 70.

67 Serían aquellos que todo ciudadano desea maximizar, independientemente de cuáles sean las expectativas de su plan de vida, puesto que están perfectamente en sintonía con la naturaleza del ser humano que vive en sociedad. La forma cómo ésta se articule o regule, va a tener una influencia decisiva en el reparo de los mismos (cfr., J. Rawls, Justicia como equidad. Materiales…, o.c., XXVIII).

68 Una vez más Rawls insiste en la cuestión de la "racionalidad" que debe caracterizar al individuo representativo de un grupo que desea obtener esos bienes. Podríamos decir, que ese "*rational man*", no es más que la personificación de la "elección racional", como criterio que debe regir en la toma de decisiones: "In fact, I define these expectations simply as the index of these goods which a representative individual can look forward to… Now primary goods, as I have already remarked, are things which it is supposed a rational man wants whatever else he wants… The primary social goods, to give them in broad categories, are rights, liberties, and opportunities, and income and wealth… They are social goods in view of their connection with the basic

Hablando en general, no es fácil establecer un orden de prioridad en la relación de bienes sociales. Ahora bien, los dos principios de justicia, ordenados jerárquicamente, tal como los ha establecido Rawls, ayudan a definir uno dentro de esos bienes primarios. En primer lugar se situarían las libertades básicas, asentadas sobre un mismo nivel, y la justa igualdad de oportunidades. A continuación vendrían los bienes sociales que estarían sujetos a variación, tales como los poderes y las prerrogativas vinculados a posiciones de autoridad; y, finalmente, la distribución de ingresos o la adquisición de la riqueza[69].

Esta variación, que posiblemente resultara problemática de inicio, podría encontrar una vía de solución aplicando el principio de la diferencia. Éste deberá ser ejecutado, tomando en consideración, sobre todo, el individuo representativo de la clase más desfavorecida, ya que los más favorecidos, indudablemente, poseen ya la capacidad para obtener los bienes sociales primarios[70]. Así pues, como afirma Rodilla:

> "mientras que las libertades cívicas y las oportunidades han de distribuirse por igual [primer principio o «*principio de igual libertad de ciudadanía*», en conexión con la cláusula b) del segundo, o «*principio de equidad igualdad de oportunidades*»], los poderes y prerrogativas, la renta y la riqueza admiten una distribución desigual, con tal que se sujete al criterio distributivo maximin: una distribución desigual de la riqueza y la autoridad

---

structure; liberties and opportunities ar defined by the rules of major institutions and the distribution of income and wealth is regulated by them" (J. Rawls, A theory of Justice, o.c., 79).

69 A ellos habría que añadir un bien, diríamos un tanto abstracto y derivado, pero que permanece estrechamente ligado a la distribución de los anteriores: "las bases sociales del respeto de sí mismo" (cfr., J. Rawls, Justicia como equidad. Materiales..., o.c., XXVIII).

70 El papel decisivo que en todo ello juega la razón o "elección racional" no desbanca por completo a la "intuición", de la cual en ciertos momentos no podemos prescindir: "... difficulties. One problem clearly is the construction of the index of primary social goods. Assuming that the two principles of justice are serially ordered, this problem is greatly simplified. The basic liberties are always equal, and there is fair equality of opportunity;... The primary social goods that vary in their distribution are the rights and prerogatives of authority, and income and wealth. But... because the nature of the difference principle. The only index problem that concerns us is that for the least advantaged group... The index problem largely reduces, then, to that of weighting primary goods for the least advantaged. We try to do this by taking up the standpoint of the representative individual from this group and asking which combination of primary social goods it would be rational for him to prefer. In doing this we admittedly rely upon intuitive estimates. But this cannot be avoided entirely" (J. Rawls, A theory of Justice, o.c., 80).

es justa sólo en el caso de que ninguna otra forma de articular las instituciones sociales fuera capaz de mejorar las expectativas del grupo menos favorecido [cláusula b) del segundo principio o «*principio de diferencia*»]"[71].

Es importante destacar que para Rawls la solvencia o solidez de su "*justice as fairness*" reside tanto en sus consecuencias o resultados como en la aceptabilidad de sus premisas[72]. Ahora bien, como él mismo dice, es imposible separar un aspecto del otro, y en consecuencia, de ello tratará en otro momento[73].

7. ¿Qué entiende Rawls por posiciones sociales relevantes o representativas?

Cuando se trata de aplicar los principios de justicia social a la estructura básica de la sociedad, toma como referencia aquellas posiciones de individuos representativos para observar cómo el entramado social se les presenta o aparece. Es decir, Rawls trata de individualizar ciertas posiciones sociales como más básicas, como aquellas que serían las más adecuadas para juzgar el sistema social. El

---

71 J. Rawls, Justicia como equidad. Materiales…, o.c., XXVIII. El criterio maximin, se constituye como principio de justicia: "«Todos los bienes sociales primarios – la libertad y la oportunidad, la renta y la riqueza, y las bases sociales del respeto de sí mismo – han de ser distribuidos por igual a menos que una distribución desigual de algunos de estos bienes o de todos ellos sea en provecho de los menos favorecidos». Es evidente que la concepción general no es sino el criterio distributivo maximin erigido en principio de justicia" (ibid., XLVII).

72 Es éste un punto trascendental en cualquier sistema filosófico, ya que las conclusiones del mismo deben deducirse de manera lógica de las premisas establecidas y éstas, si bien no siempre deben ser justificadas pues pueden ser evidentes, deben gozar al menos de la cualidad de la racionabilidad o de la plausibilidad. Creemos que éste es el caso de las premisas de nuestro filósofo. Aún pudiendo levantarse alguna objeción contra alguna de ellas, en su conjunto y desde sus planteamientos, representan un sistema plausible, del que se extraen de modo coherente las consecuencias. Por no versar este trabajo sobre el pensamiento de Rawls, creemos que no es momento de profundizar en ello, ya que lo que a nosotros nos interesan son, precisamente, esos resultados a los que llega y que nos servirán para analizar las instituciones que constituyen el objeto central de nuestro estudio.

73 Con relación a esto, resulta interesante leer las objeciones que Ronald Dworkin presenta: en primer lugar, a la naturaleza de un contrato que se establece de manera hipotética y a su fuerza obligatoria; y, en segundo lugar, a la utilidad de la posición original y sus requisitos, como medio para obtener los dos principios de justicia (cfr., R. Dworkin, Los derechos en serio [trad. por M. Guastavino], Barcelona: Ariel, 2002, 234–275).

modo de definir y seleccionar éstas, constituye un elemento característico de la teoría de la justicia de Rawls, quien se pregunta: ¿cuáles son los criterios para identificar tales posiciones?

Como hemos afirmado, el primer sujeto de la justicia es la estructura básica de la sociedad. Prácticamente, en todas las sociedades las posiciones de salida de los ciudadanos suelen ser diferentes, siendo favorecidos unos sobre otros, en lo que al reparto de los beneficios sociales se refiere. Por ello, se aplican a la estructura básica los dos principios de justicia, para regular estas desigualdades surgidas en el mismo inicio del proceso de cooperación social, en el nacimiento y en la pertenencia a una determinada clase social, origen de profundas desigualdades. En posteriores momentos, surgirán diferencias, pero éstas serán debidas a las acciones voluntarias de los hombres según el principio de libre asociación[74]. Así pues, las posiciones sociales relevantes o representativas son las ocupadas en el punto de partida por los ciudadanos, adecuadamente generalizadas y colectivizadas[75].

Por consiguiente, podemos afirmar que en cada persona se consideran dos posiciones relevantes: en primer lugar, la de ciudadano con iguales derechos; y, en segundo lugar, la definida según el puesto que ocupe en la distribución de ingresos y de riqueza. Los hombres relevantes son los ciudadanos (no considerados en sus peculiaridades personales), que se erigen en representantes de aquellos colectivos, detentadores de diferentes expectativas ante los bienes primarios, desigualmente distribuidos.

Dicho esto, el siguiente paso será definir a estos individuos que representan a una clase o a un conjunto de sus iguales, caracterizados por las mismas condiciones sociales. La cuestión principal será individualizar a los que representan al grupo

74 "El pensamiento igualitario se ha referido a este tipo de criterios mediante la distinción entre hechos arbitrarios desde un punto de vista moral (hechos ajenos a la responsabilidad de cada uno), y hechos de los cuales uno es plenamente responsable" (R. Gargarella, Las teorías…, o.c., 40).

75 Para corregir las desigualdades arbitrarias que entre estas posiciones iniciales, de hecho, se producen, es reclamada la aplicación de los dos principios de justicia social: "The primary subject of justice, as I have emphasized, is the basic structure of society… This structure favors some starting places over others in the division of the benefits of social cooperation. It is these inequalities which the two principles are to regulate… other inequalities are allowed to arise from men's voluntary actions in accordance with the principle of free association. Thus the relevant social positions are, so to speak, the starting places properly generalized and aggregated. By choosing these positions to specify the general point of view one follows the idea that the two principles attempt to mitigate the arbitrariness of natural contingency and social fortune" (J. Rawls, A theory of Justice, o.c., 82).

de los menos aventajados. Para Rawls estos estarían marcados por haber sido desfavorecidos por cada uno de los tres tipos de contingencias principales. En primer lugar, estaría compuesto este grupo por personas cuya familia y orígenes sociales son inferiores a los demás; en segundo lugar, sus dones naturales no les permiten progresar de manera adecuada o como lo harían los otros; y, en tercer lugar, aquellos cuya fortuna en el transcurso de la vida resultó ser menos feliz que la de sus coetáneos. Todo ello, hay que recordarlo, teniendo como criterio de evaluación el orden establecido para los bienes sociales primarios.

Establecido todo esto, parece evidente que esta valoración hecha sobre quiénes forman parte del grupo de los menos favorecidos en la sociedad no es una tarea matemática, lo cual hace que cierta arbitrariedad a la hora de realizar la identificación aparezca como inevitable[76].

Hasta donde es posible, "*justice as fairness*" considera el sistema social desde la posición de los ciudadanos con iguales derechos y desde los varios niveles de ingresos y riqueza. Sin embargo, puede darse que en ocasiones haya que tener en cuenta otras posiciones sociales relevantes. Es posible que se produzca una desigualdad en los derechos básicos, debida a determinadas características naturales. Estas desigualdades van a señalar otras situaciones representativas. Si estas características naturales no pueden ser transformadas, entonces los puestos que son definidos por ellas aparecen como lugares de punto de partida en la estructura básica. Por ejemplo, las diferencias basadas en el sexo, en la raza o en la cultura pueden ser de este tipo[77]. Cuando tales desigualdades entran en escena, entonces

---

76 En nuestra opinión, uno de los méritos de la exposición de Rawls, es el tono de inacabada que da a su teoría. A cada paso, es él mismo, quien señala las insuficiencias que la pueblan, reconociendo, como en este caso, las razones de las mismas. De esta opinión es Miguel Ángel Rodilla, quien afirma: "Ni siquiera como teoría de la justicia pretende ser completa. Su propósito es defender una concepción de la justicia aplicable a un caso especial, a saber: a lo que él mismo denomina «la estructura básica de la sociedad»; se trata, en otras palabras, de ofrecer una colección sistemáticamente articulada de argumentos a favor de un conjunto definido de principios destinados a servir de criterios para la justificación y la crítica de las instituciones fundamentales de la sociedad: de la constitución política y de las estructuras económicas y sociales más importantes" (J. Rawls, Justicia como equidad. Materiales…, o.c., X).

77 Para nuestro estudio esta matización resulta de suma relevancia, ya que, al analizar los cánones de los Sínodos diocesanos de Lima, veremos cómo la raza, el color de la piel o el nivel cultural, son factores diferenciadores y creadores de legislación. Más aún, algunas instituciones vendrán establecidas y configuradas a partir de las desigualdades que la raza reparte arbitrariamente en el seno de la sociedad indo-hispana.

se multiplican las posiciones sociales relevantes y ello hace que la aplicación de los dos principios de justicia se complique.

El hecho de partir de las llamadas posiciones relevantes, permite a Rawls evitar la complicación que supondría tener en cuenta todas las exigencias o demandas de los particulares, que conduciría a un caos a la hora de intentar dar respuesta a las mismas. Así, con esta categoría se especifica el punto de vista general desde el cual los dos principios de justicia social tienen que ser aplicados a la estructura básica de la sociedad[78]. De este modo los intereses de todos son tenidos en cuenta, dado que cada persona es un ciudadano con iguales derechos y todos tienen un lugar en la distribución de los ingresos y de la riqueza o en la categoría de características naturales inamovibles sobre las que se basan las diferencias.

8. La tendencia a la igualdad: el principio de compensación

¿Por qué la concepción de la justicia en la que se enmarcan los dos principios de justicia social es "igualitaria"? Alguno puede poner la objeción al principio de igualdad de oportunidades, diciendo que conduce a una meritocracia, ya que aquellos que posean o hagan más méritos pasarán a ocupar los puestos o cargos más destacados en las instituciones sociales[79].

Es por ello que Rawls expone y desarrolla el principio de la diferencia, el cual va a dar cabida a ciertas consideraciones que están en relación con el de "compensación". Puesto que las desigualdades positivas provocadas por el nacimiento y por la posesión de dones naturales son inmerecidas, esta situación clama por algún tipo de compensación. Por ello, el principio de la diferencia sostiene que para poder tratar a todas las personas de manera igual, para fomentar una auténtica igualdad de oportunidades, la sociedad debe prestar más atención a aquellos

---

78 Cfr., J. Rawls, A theory of Justice, o.c., 84–85. Estamos plenamente de acuerdo con el profesor de Harvard que una teoría no puede atender a cada caso individual, sino que tiene que generalizar para poder ser mínimamente viable. Ahora bien, se podría objetar que en este caso, no dedique más espacio a individualizar los "ciudadanos representativos" de manera más pormenorizada, pues precisamente parecería ser una exigencia del principio de la diferencia, que no dejaría de lado ni a la más insignificante de las categorías sociales, bajo amenaza de caer en contradicción consigo mismo.

79 La objeción parte del propio Rawls: "I wish to conclude this discussion of the two principles by explaining the sense in which they express an egalitarian conception of justice. Also I should like to forestall the objection to the principle of fair opportunity that it leads to a meritocratic society… aspects of the conception of justice that I have set out" (J. Rawls, A theory of Justice, o.c., 86).

que disponen de menores recursos naturales y a los que han nacido dentro de las clases sociales menos favorecidas.

No es el de compensación el principio básico de la justicia, pero en el sistema de Rawls juega un papel destacado[80]. Éste debe ser puesto en relación con el principio que promueve la mejora del nivel de vida promedio o que busca hacer progresar el bien común. Pero, advierte Rawls, no se identifican el de compensación y el de la diferencia. La concepción de Rawls no pretende eliminar las diferencias presentes o futuras que se producen entre las personas y las clases sociales a través de leyes compensatorias. Lo que sí busca es que cuando se produce una mejora en los recursos de los situados más arriba, las leyes conduzcan a que, al mismo tiempo, progrese la situación de los más desfavorecidos[81]. Como ya hemos afirmado, aquellos que han recibido ventajas por parte de la naturaleza podrán sacar provecho de su buena fortuna solamente en la medida en que ello beneficie también a los que no las han recibido. Por ello, no hay razón que obligue a eliminar esas diferencias[82]; al contrario, la estructura básica puede ser organizada de modo que estas contingencias contribuyan realmente al bien de los más desafortunados[83].

80 Principio contra el que los libertarios radicales opondrían toda su resistencia. Algún autor como Nozick, que en un principio, había criticado a Rawls la insuficiencia liberal de su teoría, acaba por admitir en obras posteriores la posibilidad de justificar ciertos esquemas de justicia redistributiva, los cuales previamente había denostado (cfr., R. Gargarella, Las teorías…, o.c., 45 y 67).

81 Cfr., J. Rawls, A theory of Justice, o.c., 86–87.

82 De hecho, el que existan puede significar un factor de dinamización y mejora de la sociedad. Así como se le ha objetado a este filósofo del derecho que su propuesta podría conducir a una pura méritocracia, que él contradice con el principio de compensación, también se le podría objetar a continuación, que este último favorecería la pasividad de los menos comprometidos socialmente, ya que aunque no pongan de su parte van a salir siempre beneficiados. Esto, en la teoría de la justicia rawlsiana, es cierto, ya que todo lo que haga aumentar el beneficio de los más favorecidos debe acrecentar, al mismo tiempo, el de los menos. No obstante, al permanecer en pie las diferencias, éstas supondrán un estimulo para aquellos que, con su esfuerzo, quieren seguir progresando en bienes sociales y derechos, mientras que los no activos, aún recibiendo lo que la dinámica del sistema les ofrece, tardarán mucho más en cerrar el agujero que les separa de los demás. Si, por el contrario, el principio de compensación eliminara las diferencias, las consecuencias podrían ser desastrosas para el conjunto: trabaje o no, me esfuerce o no, siempre voy a estar como los demás, claramente, mejor no trabajo. Ello llevaría a la paralización de la vida social.

83 Aún manteniéndose las desigualdades, unos y otros, los más y los menos afortunados, pueden encontrar una razón y un estímulo para participar activamente en el sistema

En opinión de algunos, comenta Rawls, esa doble injusticia primera, que supone tanto la distribución de talentos naturales como el nacer en una clase social desfavorecida, hace que el ordenamiento de las instituciones sociales permanezca siempre defectuoso. Para Rawls, tanto ese reparto inicial de dones como el lugar que se nos asigna en el entramado social no es ni justo ni injusto; lo que puede ser lo uno o lo otro es la forma cómo las instituciones tratan con estos hechos[84]. De modo que no hay por qué resignarse a esas desigualdades primeras. El orden social no es inamovible, sino que puede estar sometido a la acción humana[85]. En la concepción de Rawls, los hombres están de acuerdo en hacer uso de estos

---

de cooperación social, de cuyo progreso saldrán beneficiados: "Those who have been favored by nature, whoever they are, may gain from their good fortune only on terms that improve the situation of those who have lost out... But, of course, this is no reason to ignore, much less to eliminate these distinctions. Instead, the basic structure can be arranged so that these contingencies work for the good of the least fortunate" (J. Rawls, A theory of Justice, o.c., 87).

84 A nuestro modo de ver, esta intuición del profesor de Harvard es sumamente productiva. Pensemos que buena parte de la fuerza que dinamiza la teoría rawlsiana se apoya en la convicción psicológica que todos deben adquirir de que el sistema es beneficioso para el conjunto y para cada uno, de modo que ello les empuje a entrar en él y a cooperar. Condiciones concretas como la clase en la que nacemos y las cualidades que tenemos, juegan un papel más que relativo a la hora de sentirnos con voluntad de colaborar o no en las cuestiones del entramado social. Si desde el inicio estamos convencidos que se nos ha tratado injustamente, va a ser muy difícil que mantengamos una actitud positiva o de confianza hacia el entorno. En cambio, desde la certeza que lo que nos ha tocado no es ni justo ni injusto, aún siendo diferente, y de que las instituciones que regularán esas diferencias van a premiar nuestros esfuerzos y los de los demás para que todos salgamos ganando, es indudablemente un elemento que estimula la participación en todo lo que concierne a la "res" pública.

85 Esta afirmación resulta de gran trascendencia, desde el punto de vista del análisis que en el próximo capítulo realizaremos sobre los artículos publicados en los Sínodos limeños. En primer lugar, es una declaración de intenciones, ya que quiebra toda clase de determinismos, tengan estos su origen en una religión, en una filosofía o en un sistema económico. En segundo lugar, en el seno de una sociedad fuertemente jerarquizada rompe una lanza a favor de la movilidad social, según la cual también los de "abajo" pueden un día ocupar los puestos que tienen los de "arriba". En tercer y último lugar, estimula la actividad legislativa y la búsqueda de un sistema jurídico que permita que tales afirmaciones encuentren su realización en un tiempo y en un espacio determinados: una buena legislación es la premisa apropiada para edificar una sociedad bien ordenada.

accidentes de la naturaleza y de las circunstancias sociales solamente cuando al hacer esto repercuta en favor del bien común[86].

La aplicación de los dos principios de justicia social es un modo adecuado de hacer frente a esa arbitrariedad provocada por la suerte y, si bien se puede decir que las instituciones sociales son defectuosas en muchos aspectos, al menos, las que satisfagan estos dos presupuestos básicos pueden ser llamadas justas.

Además, añade Rawls, el principio de la diferencia expresa una concepción de reciprocidad, de modo que, aunque pudiese parecer que se inclina a favorecer el bien de una sola parte, la de los más desfavorecidos, en el fondo busca el mutuo beneficio. Cuando los mejor situados en la sociedad ven la pintura general de ésta, pueden comprender que el bienestar de cada uno depende de un esquema de cooperación social entre todos, sin el que ninguno podría disfrutar de una vida satisfactoria. Por ello, deben reconocer que la cooperación de los miembros de la estructura social sólo será prestada de manera voluntaria si todos entienden que se mueven dentro de un esquema, cuyos términos aparecen como razonables. De este modo ellos podrían renunciar a toda exigencia propia de su posición, que se situara por encima o que fuese previa a la de otras posiciones, siendo compensados por la recepción de los beneficios que el principio de la diferencia establece al regular la estructura social[87].

¿Por qué los mejor dotados por la naturaleza y mejor situados en la escala social no deben sentirse perjudicados por un principio que, en el fondo, les va

86 Cfr., J. Rawls, A theory of Justice, o.c., 87–88.

87 Para el profesor de Harvard, nociones como reciprocidad y beneficio mutuo, se transforman en un leitmotiv que atraviesa toda su teoría: "A further point is that the difference principle expresses a conception of reciprocity. It is a principle of mutual benefit. At first sight, however, it may appear unfairly biased towards the least favored… if we give any weight to the more fortunate, we are valuing for their own sake the gains to those already more favored by natural and social contingencies. No one had an antecedent claim to be benefited in this way, and so to maximize a weighted mean is, so to speak, to favor the more fortunate twice over. Thus the more advantaged, when they view the matter from a general perspective, recognize that the well-being of each depends on a scheme of social cooperation without which no one could have a satisfactory life; they recognize also that they can expect the willing cooperation of all only if the terms of the scheme are reasonable. So they regard themselves as already compensated, as it were, by the advantages to which no one (including themselves) had a prior claim. They forego the idea of maximizing a weighted mean and regard the difference principle as a fair basis for regulating the basic structure" (J. Rawls, A theory of Justice, o.c., 88).

a poner un cierto "límite", al menos en teoría, no permitiéndoles perseguir fines que en otros esquemas sociales podrían alcanzar? Simplemente, porque los dones naturales y la posición social que les ha tocado, no es algo para lo cual ellos hayan hecho méritos; por consiguiente, no poseen ningún título o derecho que justifique su situación de cierta ventaja delante de los demás, ya que lo obtenido ha sido puro, digamos, golpe de suerte. Con lo cual no tendrían fundamento para presentar una reclamación, como presuntos perjudicados por el principio de la diferencia[88].

Lo que sí les concede un título y protege su posición de salida privilegiada, así como los recursos que poseen, ellos y todos los que se encuentran en otras posiciones, es el primer principio de libertades básicas, que entre otras cuestiones, ampara la integridad de la persona y el derecho de propiedad. Desde estos presupuestos, los más favorecidos pueden hacer progresar sus recursos de acuerdo con las reglas de un sistema de cooperación social que sea razonable[89]. El problema

88 Podríamos preguntarnos: ¿qué he hecho yo para obtener mi inteligencia, o mi fuerza física o mi carácter? ¿cuáles han sido los méritos que me han llevado a nacer en un país desarrollado, en una clase de tradición cultural elevada o con medios económicos suficientes? La respuesta es, al mismo tiempo, evidente y trágica, nada: "Thus it is incorrect that individuals with greater natural endowments and the superior character that has made their development possible have a right to a cooperative scheme that enables them to obtain even further benefits in ways that do not contribute to the advantages of others. We do not deserve our place in the distribution of native endowments, any more than we deserve our initial starting place in society" (J. Rawls, A theory of Justice, o.c., 89).

89 Ejemplos tenemos en la realidad para contradecir la teoría de nuestro autor, en el sentido, que normalmente los que más poseen, menos se conforman y quieren adquirir más y con mayor celeridad. Siendo esto cierto, no debemos olvidar que el estadounidense lo que pretende es establecer una teoría ideal que sirva de confrontación con unas instituciones, con la finalidad de hacerlas más justas. Por ello, no es metodológicamente correcto traer a colación tales casos, que podrán darse incluso dentro de tal sistema, pero que supondrán las transgresiones al mismo. En realidad, si los que así piensan, tuviesen la capacidad de reflexionar en profundidad, verían cómo a medio y largo plazo, sus beneficios serían mayores cuando respetan tales instituciones. Podríamos alegar muchas razones para ello; baste una: siguiendo sus reglas el sistema entra en fase de destrucción, pues acabará por imponerse la ley de los más fuertes o astutos, categoría sumamente variable. Siguiendo, en cambio, los principios de justicia, la estabilidad favorece la posibilidad de un progreso creciente y continuo.

aparece a la hora de diseñar tal esquema que defina la estructura básica de la sociedad. El principio de la diferencia aparece como aceptable, a la hora de dibujar dicho esquema dentro de ese sistema justo de cooperación social, tanto para los más aventajados como para los más desfavorecidos[90].

Con todo ello, Rawls ha trazado el bosquejo de su teoría de la justicia basada en los dos principios aplicables a las instituciones que configuran la estructura básica de la sociedad. Reguladas estas instituciones por medio de estos dos principios de justicia social, los diferentes grupos que se rigen por ellas y que poseen diferencias tanto de dones naturales como de ingresos o patrimonio pueden concordar en ellos, pues todos reconocerán el beneficio que los dones naturales y la posición social inicial ventajosa que unos ostentan puede aportar a la sociedad en general, al tiempo que entienden que el principio de la diferencia hará que funcione de manera práctica y eficaz ese mecanismo, que en última instancia posibilita el progreso del bien común: la cooperación social[91].

90 Cfr., J. Rawls, A theory of Justice, o.c., 89).

91 Tal cooperación social instaurada en un tiempo y en un espacio, gracias a los principios de justicia social sugeridos por nuestro autor, estará apoyada sobre los mejores fundamentos que le garantizan su perpetuidad en el tiempo o, al menos, la más firme de las estabilidades, ya que todos podrían subscribir una teoría como ésta. Incluso los liberales, no radicales, estarían de acuerdo con un igualitarismo que, en palabras de Gargarella, resumiríamos en los tres puntos siguientes: "a) conforme a Rawls, las instituciones de una sociedad pueden ser consideradas instituciones justas cuando permiten que la vida de las personas dependa de lo que cada uno autónomamente elige, y no de los «azares de la naturaleza» – esto es, de las «circunstancias» que a cada uno le han tocado vivir, por fortuna o desgracia; b) para el logro del objetivo señalado en el punto anterior, las instituciones deben dirigirse a igualar a los individuos en sus circunstancias, lo cual se traduce, fundamentalmente, en dotar a cada uno con un manojo igual de «bienes primarios»; c) la igualdad que se asegura en el punto anterior no implica una igualdad absoluta y estricta, una igualdad inmodificable, «rígida». Si ciertas desigualdades en el ingreso, en la riqueza, en la autoridad o en el grado de responsabilidad de cada uno, llevan a que todos mejoren en comparación con la situación de igualdad inicial – se pregunta Rawls –, ¿por qué no permitirlas?" (R. Gargarella, Las teorías…, o.c., 70).

9. Formulación final de los principios de justicia para las instituciones y de las reglas prioritarias que los acompañan[92]

Primer principio o de las libertades:

Cada persona debe gozar del mismo derecho que otros al conjunto más extenso posible de libertades básicas, que sea compatible con uno semejante para los demás.

Segundo principio o de la diferencia:

Las desigualdades sociales y económicas tienen que ser organizadas de modo que ambas:

a) Estén puestas al servicio del mayor beneficio de los más desafortunados, respetando ciertas reglas, y
b) Vayan ligadas a empleos y cargos públicos abiertos a todos, manteniendo una justa igualdad de oportunidades.

Principios secundarios unidos a ellos:

Eficiencia: entre las varias posibilidades que se nos ofrezcan, deberemos escoger aquella teoría que conduzca a una sociedad que sea, al mismo tiempo, eficiente y justa, reconociendo que lo primero queda supeditado a lo segundo.

Publicidad: según este principio, cada miembro al que afecta una concreta institución conocerá las normas que la regulan y tendrá la certeza de que los demás han obtenido también ese conocimiento.

Reglas prioritarias:

Primera:

Los principios de justicia deben ordenarse según un orden "léxico", por lo cual las libertades básicas sólo pueden ser restringidas por causa de sí mismas. Dos casos podemos tener:

a) una libertad recortada tiene que fortalecer el sistema total de libertades compartidas por todos;
b) una libertad más pequeña que la equitativa tiene que ser aceptable para aquellos, poseedores de la menor libertad.

---

92 Para las siguientes formulaciones nos servimos de todo lo expuesto en este capítulo, así como de las hechas por el mismo autor en las páginas 266 y 267 de "A theory of Justice", eliminando aquellos elementos que hacen referencia a aspectos en los que no hemos entrado en nuestra explicación, por considerarlos irrelevantes para el objeto central de nuestro estudio (cuestiones bien de tipo puramente económico o financiero, bien de redistribución mercantilista).

Segunda (prioridad de la justicia sobre la eficiencia y la prosperidad):

El segundo principio de justicia tiene prioridad "lexicográfica" sobre el de eficiencia y sobre aquél que maximiza la suma de ventajas; y el de iguales oportunidades es prioritario sobre el principio de la diferencia, a no ser que, una desigualdad de oportunidades pueda aumentar las de aquellos con menos capacidad para aprovecharlas[93].

93 Concluimos reiterando una idea varias veces repetida por nuestro autor, de que la suya no es la teoría de la justicia perfecta, sino aquella que eligiríamos entre otras, pues es la que mejor responde a las circunstancias y dificultades que caracterizan a la sociedad, no siendo ella misma capaz de encontrar una salida a todas situaciones posibles. Como él dice, con su propuesta, si no evitamos que llegue el día del Juicio Final, al menos, lo pospondremos de manera que hagamos que su retraso sea perpetuo: "By way of comment, these principles and priority rules are no doubt incomplete. Other modifications will surely have to be made, but I shall not further complicate the statement of the principles. It suffices to observe that when we come to nonideal theory, the lexical ordering of the two principles, and the valuations that this ordering implies, suggest priority rules which seem to be reasonable enough in many cases… In the more extreme and tangled instances of nonideal theory this priority of rules will no doubt fail; and indeed, we may be able to find no satisfactory answer at all. But we must try to postpone the day of reckoning as long as possible, and try to arrange society so that it never comes" (J. Rawls, A theory of justice, o.c., 267).

Capítulo Tercero
Indios y Europeos en el Siglo XVI
Justicia Social y Ley Canónica

I. Los tres primeros Sínodos diocesanos de Lima

1. Introducción

Todo lo expresado hasta el momento tenía como finalidad ir preparando el terreno para poder desarrollar, con la visión más amplia posible, lo que a continuación expondremos. El capítulo primero, en el que tratamos de los acontecimientos sucedidos desde la llegada de Colón al Nuevo Mundo, hasta la fundación de la ciudad y diócesis de Los Reyes, destacando algunos de los personajes que marcaron aquel período y de las instituciones que, prácticamente *ex nihilo*, fueron erigidas, nos ofrece el marco histórico justo para no tener ahora que detenernos en contextualizar los tres primeros Sínodos convocados y realizados por el tercer Arzobispo de Lima. Más aún, con la descripción de los eventos fundantes de todo un nuevo "reino", queda fijada la hoja de ruta que va a seguirse, no sólo en la segunda mitad del siglo XVI, sino en los siguientes tres siglos (con muy pequeñas variantes en cuanto a las directrices esenciales). Los Sínodos diocesanos Limenses se insertan dentro de este nuevo sistema jurídico-canónico, que alimenta una tradición y unas costumbres concretas y diferentes a las del régimen anterior[1].

Es precisamente este prelado, Toribio Alfonso de Mogrovejo, su trayectoria vital, su formación académica y su experiencia laboral, el que hace posible la existencia de estos magníficos documentos jurídicos de los que hoy disponemos, al decidir convocar, conforme a los plazos establecidos por el derecho, las Asambleas sinodales diocesanas, concluyéndolas con unos resultados más que relativos. Si cuando se produce una duda en la ley, una de las claves interpretativas es la voluntad del legislador[2], en el caso que nos ocupa, la vida y obra

1 "La costumbre es el mejor intérprete de las leyes" (Código de Derecho Canónico [ed. de los Profesores de la Facultad de Derecho Canónico de la UPSA], Madrid: BAC, 2014, c. 27).

2 "Las leyes eclesiásticas deben entenderse según el significado propio de las palabras, considerado en el texto y en el contexto; si resulta dudoso y oscuro se ha de recurrir a los lugares paralelos, cuando los haya, al fin y circunstancias de la ley y a la intención del legislador" (Código de Derecho Canónico, o.c., c. 17).

de Mogrovejo son el mejor criterio para poder entender, en su justa medida y sentido, las constituciones sinodales por él promulgadas.

Un Sínodo diocesano supone la concreción última, entre las grandes asambleas legislativas de la Iglesia Católica, que plasma en la forma más próxima posible al ciudadano y fiel las leyes universales y generales. Se entiende perfectamente que el sentido completo de las constituciones sinodales podría verse empañado si nos olvidamos de las fuentes de las que han brotado, sean estas a nivel provincial o a nivel de la "Ecumene". De ahí que, en adelante, traeremos a colación muchos de los cánones emitidos en los tres primeros Concilios provinciales Limenses. Mucho de lo que los artículos de los Diocesanos no dicen o dan por supuesto, incluso las materias que no tocan, aun estando en conexión con otras que sí abordan, hay que ir a buscarlo a los Provinciales[3]. Sólo así se guardará la coherencia y la fidelidad, no sólo a la letra, sino también al espíritu de la ley.

Con la visión que lo anterior nos ha aportado, nos encontramos en disposición de abordar el objeto de nuestro estudio. Las normas canónicas que nos decidimos a analizar adquieren su justo sentido desde el contexto descrito. Ahora bien, ¿responden a las circunstancias reales de la existencia de los habitantes del Virreinato del Perú en el último cuarto del siglo XVI? O lo que es lo mismo, ¿puede considerarse que fomentan instituciones y leyes conducentes a un funcionamiento ordenado de la sociedad? Para afrontar estas cuestiones necesitábamos un instrumento adecuado. Hemos recurrido, por lo mismo, a una teoría de la justicia que, no obstante no ser la perfecta, sí que es portadora de un método aplicable al objeto que nos ocupa. La exposición y desarrollo de las ideas de John Rawls en el capítulo anterior está justificada por esta razón. De este pensador extraemos sintéticamente los elementos que nos parecen útiles y, con ellos, pasamos a analizar algunas de las normas emitidas por la legislación diocesana limeña.

En este primer apartado introductorio, aprovechamos para dar un pequeño marco histórico más inmediato de los Sínodos de 1582, 1584 y 1585, así como una breve relación de los aspectos que los cánones de los mismos abordan. Finalmente, haremos mención a los que nosotros hemos seleccionado, agrupándolos

---

3 "Cuando, sobre una determinada materia, no exista una prescripción expresa de la ley universal o particular o una costumbre, la causa, salvo que sea penal, se ha de decidir atendiendo a las leyes dadas para los casos semejantes, a los principios generales del derecho aplicados con equidad canónica, a la jurisprudencia y práctica de la Curia Romana, y a la opinión común y constante de los doctores" (Código de Derecho Canónico, o.c., c. 19).

en ámbitos afines y dando razón del orden que vamos a seguir en el trabajo que llevaremos a cabo en los apartados siguientes.

2. Los Sínodos: contexto y contenido

a. Introducción

Resulta increíble constatar cómo unos documentos jurídicos, que por naturaleza deberían ser escuetos y áridos, están llenos de sabrosos detalles de la vida a todos los niveles, en la época virreinal. Se podría, de hecho, reconstruir muchas costumbres, o si se quiere cuadros sociales del Perú de la segunda mitad del XVI, con la ayuda de las informaciones en ellos contenidas. No es ésta la finalidad de nuestro trabajo, por lo que no podemos detenernos en tal tarea. Ahora bien, tampoco podemos prescindir de realizar una mínima mención a tales detalles, trazando con ellos una pequeña pintura de los usos de la época.

El pontificado de Toribio de Mogrovejo se desarrolló entre 1581 y 1606[4]. Entre estas dos fechas, el tercer arzobispo de Lima convocará trece Sínodos, de los cuales nos han llegado Actas de diez de ellos[5]. La extensión de unos y otros es diversa, como podremos constatar en los tres primeros, objeto de nuestra investigación. Las razones que explicarían tal variedad podrían ser múltiples. Creemos que una de peso, viene dada por las materias tratadas en los cánones, las cuales a su vez, respondían a unas circunstancias históricas, sociales y religiosas concretas. De este modo, el de 1582 está constituido por veintinueve disposiciones (primero de todos que sirvió como de experimento); el de 1584 por tan sólo once (vino tras el Concilio provincial de 1583, en el que se legisló ampliamente); y el de 1585, por noventa y tres (después de cuatro años en Lima, visitando y tomando contacto con la realidad más viva, el prelado lleva a cabo un intento práctico de adaptación del Provincial de 1583 a la situación de la diócesis).

4 Oficialmente era obispo desde 1579, pero de facto no inicia su ministerio episcopal hasta su llegada a Lima en 1581.

5 "Los por él celebrados fueron trece, como consta por la carta que dirigió a su Santidad Clemente VIII, en la cual va enumerando los que ha llevado a cabo. Ya el Cardenal Aguirre señaló su falta y Haroldo, en su Lima Limata, también advirtió este vacío. Por otra parte, en el libro en que se transcriben las actas del tercer concilio Limense y las actas de los sínodos toribianos, no se encuentran los sínodos indicados. D. José Manuel Bermúdez, el insigne canónigo de Lima, que se proponía hacer una edición de unos y otros los echa de menos, aun cuando él conocía perfectamente los papeles que se guardaban en el Archivo del Cabildo Eclesiástico de Lima, como secretario que había sido por muchos años del mismo" (J. Torres (ed.), Sínodos Diocesanos de Santo Toribio 1582–1604, Cuernavaca (México): CIDOC, 1970, 0/22).

Antes de adentrarnos en la descripción de cada uno de ellos, queremos narrar un pequeño hecho muy significativo del impacto que estas Asambleas tenían, tanto en el Virreinato como en la metrópoli. Las medidas tomadas en ellas no siempre agradaban a todos. En su inmensa mayoría, se orientan a proteger los derechos de los naturales, a reducir los abusos de las autoridades y a una mejor redistribución de cargas y beneficios. Esto último provocó que el Cabildo de la Metropolitana, afectado y dolido, escribiese un memorial al Consejo de Indias (el 7 de abril de 1587), para que el Monarca pusiese freno a lo que consideraban un "superávit" jurídico del Arzobispo. Dice así el informe:

> "Son tantos los sínodos, leyes y estatutos tan pesados que el Arzobispo de esta ciudad cada año hace y ordena sin consejo alguno, por ser en partes tan remotas, donde carece de personas doctas que le podrían ayudar e ir a la mano para el remedio de muchas cosas que él manda con tanto rigor guardar, que no podemos dejar de acudir a V. Alteza, suplicando se ponga remedio en ello…"[6].

Quizá no les faltase razón a los prebendados en cuanto a la cantidad de leyes promulgadas, no obstante el motivo último por el que se quejaban era menos "altruista". En el cuarto Sínodo, convocado para el 25 de julio de 1586 y celebrado en el pueblo de Santiago de Yaurasbamba se emite una disposición que dice: "Que los diezmos de las doctrinas de los indios se arriende de por sí" (c. 28). Con ésta, los miembros de la institución catedralicia se habían sentido perjudicados en cierta medida, lo que les lleva a presentar sus reclamaciones al Rey[7]. Éste, movido, bien por el dicho memorial, bien por otras razones de carácter más general, impone la prohibición de publicar e imprimir los dichos Sínodos sin que antes fuesen revisados por el Consejo. Lo hace, mediante una Real Cédula emitida en Madrid, con fecha 16 de enero de 1590. El Arzobispo, si bien no los imprimió, los siguió celebrando y publicando en la catedral y las iglesias, como veremos, tal y como mandaba el Pontifical.

---

6 J. Torres (ed.), o.c., 0/23.

7 Como nos dice el autor (o autores) de la introducción a la edición simple de los Sínodos de Toribio (1970): "El Cabildo se sentía algo ofendido, por haber prohibido el Santo en el Sínodo Cuarto que no se arrendaran los diezmos en masa, pues de esta manera no era fácil conocer lo que por razón de los novenos habían de aplicarse a las Iglesias y Hospitales y lo que había de desquitar a los curas de su salario" (ibid., 0/23).

b. Sínodo de 1582

Hagamos memoria de algunos datos históricos. Esta Asamblea diocesana, convocada para el día de san Matías (25 de febrero), se celebra en la capital del Virreinato, probablemente, entre finales de este mes e inicios del siguiente, concluyéndose el 10 de marzo. Sus veintinueve cánones fueron publicados solemnemente en la catedral metropolitana el 18 de ese mismo mes. Eran las primeras constituciones que firmaba el recién estrenado Arzobispo de Los Reyes, cuyos aspectos más significativos, resumimos a continuación[8].

Resulta, sumamente sugestivo, el que el primer canon se refiera a la obligación que los curas tienen de estar en sus doctrinas o iglesias y que lo emita, justamente, tras sus contactos iniciales con las doctrinas esparcidas por el territorio del Virreinato. Los siguientes artículos hacen relación a cuestiones personales de los clérigos: vestidos, juegos, granjerías, negociaciones, tratos, mujeres, vida y honestidad. A continuación, entran las constituciones en los temas litúrgicos: coro, procesiones y entierros; domingos y fiestas: misa y vísperas cantadas (entre semana "en tono"). Luego vienen los puntos que tocan a la doctrina y la obligación de enseñarla; la obligación de tener los casos reservados al prelado y la bula de la cena. Pasa después a la caridad: visita de enfermos, examinar las representaciones, pedir para los pobres. Detrás de éstos, llega un canon que prohíbe la presencia de legos y muchachos en la sacristía mientras se están celebrando los oficios divinos; dos que definen las tareas del sacristán, destacando la de enseñar a los mozos de coro a cantar, leer y escribir; para dar, seguidamente, una variedad de cánones: prohibición a los clérigos de visitar monjas sin licencia o de tener hijos en sus casas; obligación de los señores de hacer que sus esclavos vivan con honestidad o que los clérigos no traigan negros a ganar dinero; dos que se refieren a la prohibición de entrar los seglares al coro mientras se celebran oficios o que los sacerdotes se asienten en las sillas de los prebendados.

Luego, un canon estrictamente procesal: no se pueden aceptar denuncias contra ninguno de los que participan en el Sínodo durante el mismo. Señala, el siguiente, la obligación de administrar los sacramentos de la Eucaristía y la Extremaunción a los naturales. Ya casi terminando, aparece la orden de nombramiento

8 Por celebrarse en la ciudad de Los Reyes y por ser el primero, a éste Sínodo, con toda probabilidad acudieron bastantes participantes. No nos ha quedado una relación de los mismos (si exceptuamos los nombres del secretario y los testigos oficiales), pero por la convocatoria y la obligación que tenían seguro que asistieron el Deán y el Cabildo catedralicio y vicarios y curas de la ciudad, así como representantes de las Órdenes religiosas y, suponemos, algunas autoridades civiles.

de examinadores, jueces apostólicos y testigos sinodales. Para concluir con la forma de aplicar las penas y a quién corresponde interpretar las dudas acerca de todo lo anterior. En el epílogo, se manda que todos tengan y conozcan las constituciones del Sínodo; que se publiquen, que se ejecuten y cumplan con la fuerza que tienen.

c. Sínodo de 1584

El Concilio provincial se termina en octubre de 1583. La obligación de los obispos se trasladaba ahora de la Asamblea Limense a sus sedes episcopales; había que pasar de la legislación a la aplicación. Para cumplir con ello, Toribio convoca el segundo Sínodo diocesano para 1584, que se concluirá el 8 de febrero (abriéndose, probablemente este mismo día), publicándose sus once constituciones el 9 de ese mes y año, en la catedral limeña por el bachiller Gonzalo de Trejo de la Cerda. El prelado pretendía que los sacerdotes y seglares de su arzobispado tomasen contacto con los cánones del Concilio provincial y comenzasen a regirse según lo allí estipulado[9].

Las once disposiciones de esta Asamblea versan sobre lo siguiente: la primera, habla del modo de hacer los padrones de confesión; la segunda, de las misas que los curas y beneficiados están obligados a decir por el pueblo; la tercera, manda a los notarios llevar bien la cuenta de sus despachos; la cuarta, que se toque la campana a medio día; la quinta, que se ponga la tabla de las fiestas en las iglesias; la sexta y séptima, se refieren al nombramiento de examinadores y de testigos sinodales; la octava, vuelve sobre el tema de las fiestas de guardar, señalando las propias de la ciudad de Los Reyes; la novena, obliga a todos a tener las constituciones del Sínodo; la décima, ordena que los curas avisen de los que se encuentran en pecados públicos; y la undécima y última, hace relación a la publicación de ciertos capítulos del Concilio de Trento.

d. Sínodo de 1585

Éste es el más extenso de todos los que conocemos. Había sido convocado en el anterior para el día de la Santísima Trinidad de ese año (16 de junio) y fue concluido en el pueblo de Santo Domingo de Yungay, el 17 de julio. De él salieron noventa y tres constituciones, que intentan aplicar los cánones del Provincial de

9 Éste fue celebrado también en la capital del Virreinato y suponemos que la asistencia fue, por ello, más fácil para los convocados: Deán y Cabildo, Vicarios y Curas, prelados de las Órdenes religiosas y otras autoridades, así como a los demás que por derecho o costumbre debían asistir.

1583, a la realidad concreta de la Archidiócesis de Lima. Pasamos a resumir el contenido de los aspectos más destacados del mismo. Dado el elevado número de artículos, los dividiremos en dos bloques (división que no aparece en las Actas).

En la primera sección, incluimos los que tocan directamente a los indios: Así, el 1°, de los padrones; el 2°, de la limosna para los pobres; el 3°, de la Salve sabatina; el 4°, 24°, 25°, 47° y 54°, de la doctrina y catecismo; el 7° y el 69°, de las procesiones; el 10°,12°, 19°, 32°, 33°, 34° y 44°, del oficio y deberes de los curas de indios; el 13°, 14°, 15°, 16°, 20°, 21°, 23°, 28°, 39°, 62°, 66°, 70° y 79°, de los sacramentos y otros ritos; el 17°, de los libros parroquiales; el 18°, 50°, 52° y 58°, de las fiestas de guardar; el 22° y el 27°, de los hospitales e iglesias; el 26°, de los fiscales; el 30° y el 31°, de los diezmos y los tres novenos; el 35°, de las deudas debidas a los indios; el 40°, 45°, 46°, 51°, 74°, 75° y 76°, de las idolatrías y otras ceremonias; el 53° y el 61°, del buen ejemplo de los españoles; el 57°, de los toros; el 60°, de las relaciones prematrimoniales; el 63° y el 71°, de la misa; el 65°, del comercio con los indios; el 67°, 68° y 86°, de las muchachas y mujeres indias; el 73°, 77°, 78°, 80°, 82°, 83°, 84°, 85°, 87° y 88°, del castigo y las penas; el 81°, del suicidio; el 89°, del conocimiento de las constituciones.

El resto de cánones, aunque afectan también a los naturales, son de carácter general. Por ejemplo, los números 5° y 6°, tratan del óleo, crisma y la custodia del Santísimo Sacramento; el 8° y 9°, de las candelas y de las limosnas de misa y pitanzas votivas y de testamentos; el 11°, del juego de los clérigos; el 29°, de sus hijos; el 36°, de la vida, letras y costumbres de los mismos; el 37° y el 38°, del nombramiento de testigos sinodales y de examinadores para los beneficios; el 41°, 42°, 43° y 55°, de ciertas prohibiciones y obligaciones de los clérigos (visitar monjas, acudir a la catedral, ejercitar las órdenes menores y cultivar la amistad); el 48°, de las iglesias; el 49°, del Concilio de Trento; el 56°, de las apelaciones; el 59°, de la doctrina vaca; el 64°, de los corregidores y el salario del sacerdote; el 72°, de la preparación al matrimonio; y finalmente, los números 90°, 91° y 92°, de la ejecución de las constituciones, de la distribución de las penas y la declaración de las dudas; el 93° y último, de la obligación de acudir al Sínodo diocesano.

Haciendo un balance, podemos observar que de noventa y tres cánones que lo conforman, nada menos que setenta se dirigen directamente a los indios. Los demás, de carácter más general no dejan también de afectarles de alguna manera. Claramente, la legislación diocesana va dirigida a los ciudadanos que constituían la mayor porción de la sociedad (y la más desfavorecida), intentando dar respuesta adaptada a sus necesidades.

3. Selección de leyes e instituciones y formulación de los principios de justicia social

De entre las instituciones mencionadas en las actas de estas Asambleas diocesanas y de los cánones allí publicados, hemos llevado a cabo una selección en orden a un análisis de los tales, desde la óptica de la filosofía del derecho (como reiteradamente hemos afirmado). La perspectiva concreta desde la cual observaremos dichos artículos y dichas estructuras jurídicas serán los principios que John Rawls establece como fundamentos de su teoría de la justicia, que daremos a continuación[10].

Dividiremos los cánones escogidos en cuatro grupos, de acuerdo a ciertas afinidades que iremos estableciendo, por razones metodológicas de practicidad y pedagogía. Al primero, lo denominamos "Fiestas de guardar y descanso laboral"; al segundo, "Instituciones de enseñanza y lenguas indígenas"; al tercero, "Infraestructuras básicas y seguridad social: hospitales, iglesias, enfermos y pobres"; y al cuarto y último, "Manifestaciones idolátricas y conductas sociales". Pasemos ahora a hacer mención de los artículos de cada uno de los Sínodos que hemos atribuido a cada sección, dando de ellos tan sólo el título, ya que en los apartados siguientes entraremos en detalle en cada uno.

Dentro de la primera, "Fiestas de guardar y descanso laboral", tenemos:

Del Sínodo de 1582 no hemos seleccionado ningún canon.

Del de 1584, los dos siguientes: c. 5. Que haya tabla de las fiestas que se han de guardar; c. 8. De las fiestas que son de guardar en esta ciudad.

Del de 1585, los siete que vienen a continuación: c. 18. Que ningún español camine en día de domingo y fiestas de guardar; c. 50. Que los curas tengan tablas de las fiestas; c. 52. Que nadie compela a los indios a que trabajen las fiestas que no quisieren; c. 54. Que los indios de los obrajes vengan a la doctrina a las

10 "Los principios rawlsianos son *materiales* pero *abstractos*; de ellos no es posible derivar de forma inmediata e inequívoca una configuración concreta de la sociedad... adecuadamente instrumentados y dependiendo de las circunstancias, sus principios podrían ser compatibles tanto con un sistema económico de propiedad privada de los medios de producción como con un sistema socialista liberal. Ahora bien, abstractos como son, y abiertos a múltiples aplicaciones, no son sin embargo triviales. Como principios públicos, incorporados al acervo de la cultura pública de una sociedad, los principios determinarían qué tipo de razones son válidas en cuestiones de justicia social y en este sentido representarían un consenso básico para guiar el discurso práctico para la justificación y crítica de las instituciones y orientar la acción política para su reforma" (J. Rawls, Justicia como equidad. Materiales para una teoría de la justicia [trad. de M. A. Rodilla], Madrid: Tecnos, 1986, XXXII).

iglesias los días de obligación entre semana; c. 58. Que las fiestas de guardar en los pueblos y ciudades, villas y lugares se guarden así mismo en el campo; c. 61. Que los curas de indios compelan a los españoles que residen entre los indios a oír misa y guardar las fiestas; c. 82. De la pena de los que no guardaren las fiestas y no vinieren a misa.

Dentro de la segunda, "Instituciones de enseñanza y lenguas indígenas", tenemos:

Del Sínodo de 1582, los dos que siguen: c. 9. Que los curas digan la doctrina y los que están en doctrina la enseñen personalmente; c. 16. Que los sacristanes enseñen a los mozos de coro a cantar, leer y escribir.

Del Sínodo de 1584 no hemos seleccionado ningún canon.

Del de 1585, los once siguientes: c. 4. Que los curas de españoles digan la doctrina cristiana; c. 24. Que los curas de indios enseñen el catecismo hecho por el Concilio provincial; c. 25. Que los curas de indios hagan leer a los muchachos de las escuelas por los catecismos; c. 26. Que los curas de indios señalen persona que tenga cuenta de los que fueren a misa y a la doctrina; c. 44. Que los curas de españoles e indios prediquen los domingos y fiestas solemnes; c. 47. Que nadie perturbe a los indios estando en la doctrina; c. 54. Que los indios de los obrajes vengan a la doctrina a las iglesias los días de obligación entre semana; c. 62. Que los curas den los santísimos sacramentos de la Eucaristía y Extremaunción a los indios y los instruyan en ello; c. 67. Que las muchachas de la doctrina no sirvan a los sacerdotes; c. 68. Que las muchachas de doce años para arriba sabiendo la doctrina no se compelan a venir a ella; c. 83. De la pena del que no viniere a la doctrina.

Dentro de la tercera, "Infraestructuras básicas y seguridad social: hospitales, iglesias, enfermos y pobres", tenemos:

Del Sínodo de 1582, los dos que damos a continuación: c. 11. Que los curas visiten los enfermos de su parroquia; c. 13. Que los curas pidan para los pobres vergonzantes.

Del Sínodo de 1584 no hemos seleccionado ningún canon.

Del de 1585, los ocho que siguen: c. 2. Que los curas de indios pidan limosna los domingos para los pobres; c. 21. Que a los curas de indios no les den cosa alguna por la administración de los sacramentos; c. 22. Que los curas de indios tengan cuidado en el hacer los hospitales; c. 27. Que los curas de indios den aviso de las necesidades de las iglesias y hospitales; c. 30. Que al cobrar de los diezmos se hallen presentes los curas de los pueblos de indios; c. 31. Que los curas tengan particular cuidado en cobrar los tres novenos; c. 48. Que los vicarios de las provincias den orden para que en los pueblos donde no hubiere iglesias se hagan y reparen; c. 66. Que en lo tocante a los derechos funerales se guarden las costumbres loables.

Dentro de la cuarta, "Manifestaciones idolátricas y conductas sociales", tenemos:

Del Sínodo de 1582, el que citamos a continuación: c. 12. Que no se haga representación sin ser primero examinada.

Del de 1584, el que sigue: c. 4. Que toquen la campana al mediodía.

Del de 1585, los doce siguientes: c. 3. Que los curas de españoles e indios digan la Salve todos los sábados en la tarde; c. 7. Que los curas de indios hagan procesiones de las letanías en los tiempos de ellas; c. 40. Que los corregidores no conozcan de idolatrías; c. 45. Que los indios no críen cuyes; c. 46. Que no se haga azúa con jora y yuca; c. 51. Que los curas de indios no consientan hacer taquíes ni ceremonias; c. 57. Que no se corran toros en días de fiesta ni se hallen los clérigos a verlos correr en ningún tiempo; c. 69. Que no haya disciplina ni procesión entre los indios fuera del tiempo que la hay entre los españoles; c. 70. Que los curas de indios hagan los entierros con devoción sobrepelliz, cruz y estola; c. 74. Que los indios no amolden las cabezas de sus hijos; c. 75. Que los indios no horaden las orejas; c. 76. Que no hagan taquíes ni borracheras en el tiempo de sembrar y otros.

Ellos constituyen la materia prima sobre la que trabajaremos en los apartados que vienen a continuación. A ellos añadiremos las fuentes más inmediatas en las que se inspiraron estas disposiciones que extraeremos de los Provinciales Limenses de 1551–52, de 1567–68 y de 1582–83.

Pasamos ahora a exponer, sucintamente, el método que aplicaremos: los principios de justicia social de John Rawls. Lo haremos recogiendo el material expuesto en el capítulo segundo de este trabajo. Así pues, serían los que siguen:

A) Premisa contextualizadora

1. La cooperación social, como presupuesto básico de todo grupo humano, según el cual, cada miembro del mismo tiene voluntad de participar en el buen funcionamiento y desarrollo de todo lo que le afecta.

B) Primeros principios de justicia social

2. El principio de las libertades, que formulamos, del siguiente modo: cada persona debe gozar del mismo derecho que otros al conjunto más extenso posible de libertades básicas, que sea compatible con uno semejante para los demás.
3. El principio de la diferencia, según el cual, las desigualdades sociales y económicas tienen que ser organizadas de modo que ambas:

- estén puestas al servicio del mayor beneficio de los más desafortunados, respetando ciertas reglas, y
- vayan ligadas a empleos y cargos públicos abiertos a todos, manteniendo una justa igualdad de oportunidades.

C) Principios complementarios (secundarios)

4. El de la eficiencia, que nos posibilita escoger, entre las varias posibilidades que se nos ofrezcan, aquella teoría que conduzca a una sociedad, la cual resulte, al mismo tiempo, eficiente y justa, reconociendo que lo primero queda supeditado a lo segundo.
5. El de la publicidad, que prescribiría que cada miembro al que afecta una concreta institución conocerá las normas que la regulan y tendrá la certeza de que los demás han obtenido también ese conocimiento.

4. Presentación de los siguientes apartados

> "Para él [Rawls] resulta obvio, por una parte, que las arbitrariedades morales no son justas o injustas en sí mismas: no tendría sentido «reprocharle» a la naturaleza el que nos haya favorecido o desfavorecido en nuestras asignaciones iniciales. Sin embargo, en su opinión sí tiene sentido hacer una evaluación sobre la justicia o injusticia de las instituciones básicas de nuestra sociedad: la naturaleza no es justa o injusta con nosotros, lo que es justo o injusto es el modo en que el sistema institucional procesa estos hechos de la naturaleza. De ahí surge su afirmación de que la «primera virtud» de cualquier sistema institucional ha de ser la de su justicia"[11].

Estas palabras resumen a la perfección el objetivo y método que en nuestro estudio emplearemos. Representan, además, el presupuesto más básico desde el que partimos para realizar nuestra investigación, que nos evita malentendidos y explicaciones a mayores: nacer blanco, negro, indio, mestizo o mulato; ser pagano, musulmán, judío o cristiano; pertenecer a una clase social culta o rica, ser parte de una popular o pobre, no es ni justo ni injusto (según Rawls). Lo que de verdad puede decirse que participa de estas características son las leyes e instituciones que combinan todos esos elementos, haciendo que las relaciones entre los miembros de un grupo humano estén atravesadas por la justicia o su contrario. Al análisis de algunas de las mismas dedicamos las líneas que siguen.

En los apartados que vienen a continuación seguiremos el orden de trabajo siguiente: en primer lugar, citaremos y daremos el texto de todos los cánones que

11 R. Gargarella, Las teorías de la justicia después de Rawls, Barcelona et al.: Paidós, 1999, 41.

aparecen en los tres Sínodos diocesanos Limenses que vamos a estudiar referidos al tema del epígrafe; en segundo lugar, mencionaremos las fuentes que sirvieron de inspiración a los mismos; en tercer lugar, describiremos los elementos esenciales contenidos en ellos y realizaremos el comentario pertinente; en cuarto y último lugar, extraeremos una o varias conclusiones, procedentes del análisis realizado.

Antes de adentrarnos en el análisis de cada uno de los cuatro ámbitos seleccionados para el mismo, queremos justificar el porqué hemos seguido este orden. El tema que aparece en primer lugar, las "fiestas de guardar y el descanso laboral", refleja de manera clara, a nuestro modo de ver, dos de las intuiciones básicas de nuestro trabajo.

La primera se deriva de la vinculación de ambos conceptos, el uno más eclesial el otro más civil. La obligación de tener que participar en los días fijados por la Iglesia en una celebración bien dominical, bien de otra festividad a lo largo del año, iba estrechamente unida al derecho a no trabajar en esas jornadas. Dicha conexión, que era inmediata y sin necesitar de ningún tipo de disposiciones complementarias, a no ser para extenderla a algún o algunos otros días del año, si bien no era exclusiva de la legislación emitida en el Nuevo Mundo (ya que regía para toda la Iglesia Universal), la repercusión que allí tuvo fue de una enorme trascendencia. La segunda, en continuidad con la anterior, resulta de la observación de la situación del mercado de trabajo en la época: condiciones extremadamente duras y carencia de seguridades laborales (como por lo demás sucedía en Europa y otros lugares). Las disposiciones de los Sínodos al respecto, no sólo representan una de las primeras legislaciones en este ámbito, sino que además, como esperamos mostrar, han sido de las más adecuadas al contexto particular y de las más justas, si atendemos al tiempo y el lugar.

El segundo terreno en el que nos adentraremos nos viene dado por el tema de la enseñanza sistemática al que unimos, no sin razón, el de las lenguas indígenas. De nuevo, podremos constatar la estrecha relación entre las leyes de la Iglesia y las del Estado. Además, esta cuestión abrirá nuestra inteligencia a una doble observación, en nuestra opinión, tremendamente sugestiva. En primer lugar, la fundación y sostenimiento de un sistema de formación a varios niveles, el intelectual, técnico y humano, que dada la prehistoria de las regiones tratadas, en las que no existía nada parecido en el siglo del que hablamos, no puede ser sino calificado de pionero o incluso rompedor (pensemos que no es fácil encontrar en las naciones de Europa, en aquella misma época, una legislación que insista en ello como la que ahora presentamos). En segundo lugar, la promoción y desarrollo de las lenguas indígenas, con la fuerza que los cánones conciliares y sinodales dan a las mismas, se adelanta con mucho a la explosión de los estudios filológicos que tendrá lugar entre los siglos XIX y XX[12].

En tercer lugar, navegaremos por aguas más tranquilas al ocuparnos de lo que hemos denominado como "infraestructuras básicas y seguridad social". Una vez más, podremos reconocer la mutua interferencia y, en nuestra opinión, positiva influencia de las normas emitidas por las autoridades religiosas y las promulgadas por las regias. Más allá de ello, en una sociedad que estaba en proceso de profunda transformación hasta tal punto que en muchos aspectos se levantaban estructuras, tanto físicas como mentales, sin fundamento previo, los edificios mandados erigir por las disposiciones sinodales, normalmente templos y hospitales, configuraban un tipo concreto de sociedad, cuya identidad será deudora, y no en pequeña medida, de tales normas y tales construcciones.

Finalmente, lidiaremos con un espinoso tema que ha movido y promovido abundantes interpretaciones, muchas de las cuales de difícil reconciliación: las manifestaciones idolátricas y las conductas sociales. Es éste un ámbito que podría anteceder a los otros tres aquí tratados, pues el tema toca lo más profundo de la identidad de los pueblos, tanto de los que ya estaban en las Indias, como de los apenas arribados a ellas. No obstante, hemos preferido dejarlo para el final por dos razones. Por una parte, no se puede entender con corrección la legislación emitida sobre el mismo, y la intención de la autoridad promulgadora, si se descontextualiza. De ahí que, al haber tratado los otros tres aspectos con anterioridad, los datos en ellos recogidos nos disponen para afrontar con mayor facilidad esta cuestión. Por otra parte, consideramos las constituciones que abordan esta problemática (que brota del conflicto entre tales ceremonias o ritos) y su repercusión en el terreno de los comportamientos sociales y las relaciones entre los ciudadanos, como auténticamente representativa de la anudación profunda que entre lo civil y lo religioso existía en el siglo XVI (con sus consecuencias para el tema de la justicia social).

12 Pero no sólo eso. Aunque las comparaciones son siempre odiosas, en el caso que nos ocupa, se nos muestran como imprescindibles. Pongamos un ejemplo archiconocido de legislación lingüística en un país de los tenidos por civilizados. Tras la Revolución Francesa de 1789, en la Francia de finales del XVIII, todas las lenguas de la nación gala fueron prohibidas, por ley y por la fuerza, a favor de la lengua de la denominada "Île de France", así el bretón, el provenzal, el occitano y otras minoritarias desaparecieron casi por completo. Estamos hablando de la Europa ilustrada y de dos siglos más tarde.

II. Fiestas de guardar y descanso laboral

1. Introducción

Con este apartado iniciamos el primero de los cuatro, que suponen la parte central de este libro. Como ya hemos explicado en el anterior, las razones que nos han llevado a principiar con los cánones que abordan el tema de las "fiestas de guardar y el descanso laboral" son su capacidad para mostrarnos lo intrincado que estaban las leyes de la Iglesia y las del Estado, al tiempo que suponen, en el terreno laboral, un ejemplo de legislación puntera para la época y el lugar.

Desde la Antigüedad, pensadores como Aristóteles y otros no de poca resonancia, han defendido la tesis sobre la existencia de la esclavitud natural, es decir, hay hombres o grupos de hombres que por naturaleza nacen para ocupar el puesto de esclavos de otros (posición que no podrán abandonar). En los albores de la Edad Moderna, tales opiniones tuvieron eco en autores de la época, como Juan Ginés de Sepúlveda, que recogió esas ideas y las defendió con denodado vigor. A éste se opuso, y refutó sus opiniones, ya en el mismo siglo XVI, Diego de Covarrubias y Leyva, negando tales afirmaciones acerca de la existencia de esa raza de seres humanos que por naturaleza estaban abocados a la esclavitud permanente. Con él, toda la Escuela de Salamanca se opone a este concepto, que vigente desde antiguo, iba a repercutir de manera no poco importante en tierras del Nuevo Mundo[13]. No obstante, los pensadores salmantinos del XVI, utilizarán el término para reconocer una realidad empírica: la naturaleza reviste a los humanos con dotes diferentes, sobre todo a la hora de desempeñar un puesto de mando en la sociedad. Como nos dice Luciano Pereña:

> "La Escuela de Salamanca ha vaciado de verdadero sentido el concepto aristotélico de esclavitud natural... Viene a significar el sometimiento jerárquico exigido por la naturaleza para su ordenado funcionamiento... Todos los hombres nacen libres, pero no todos

13 Una presentación de la evolución del pensamiento filosófico sobre el tema de la esclavitud, en general, desde la Antigüedad (Aristóteles y los pensadores de Roma), pasando por la época de los Santos Padres, Santo Tomás de Aquino, Duns Scoto y la Escuela de Salamanca (Francisco de Vitoria, Domingo de Soto y otros), hasta llegar al siglo XVII, puede verse en, M. A. Pena González, Francisco José de Jaca. La primera propuesta abolicionista de la esclavitud en el pensamiento hispano, Salamanca: Publicaciones Universidad Pontifica de Salamanca, 2003, 25–144. En esta obra se presenta la primera propuesta sistemática de abolición de la esclavitud, formulada por un pensador español desde el Nuevo Mundo (cfr., ibid., 209–389).

nacen con igual capacidad para mandar. Muchos no podrán hacer otra cosa que servir, porque la naturaleza no les ha capacitado para tareas más altas"[14].

La cuestión de la esclavitud puede ser enfrentada desde perspectivas diferentes, desde la moral a la jurídica, desde la social a la laboral, desde la individual a la colectiva, etc. A nosotros tan sólo nos interesa constatar cuál era la opinión común que sobre la misma primaba en la España del siglo que estudiamos, entre los principales pensadores, para comprobar su repercusión en los temas que analizamos, sin necesidad de abordar todos los enfoques. Si partiésemos de una rígida concepción esclavista, en la que los indios no tienen otro destino que el servir, superfluos serían los Concilios y Sínodos convocados y celebrados en la Lima de entonces, los cuales si algo pretenden es, precisamente, mejorar las condiciones de vida del indígena y elevar su dignidad y estado real, de modo que se ajuste a su estatus jurídico: súbdito libre de la Católica Majestad.

No es pequeña la lista de los derechos que son reconocidos a los naturales por las constituciones sinodales y conciliares, lo cual significa que su concepción de los mismos no corresponde con la tesis de la esclavitud natural, ya que, nadie posee menos títulos beneficiarios que un esclavo. Por ello, en consonancia con el pensamiento de los autores de la Escuela de Salamanca, la servidumbre que los indios padecen (situación ancestral), no es un hecho inmodificable, imposible de superar. Los escritores de la ciudad del Tormes y los legisladores de la del Rímac[15] concibieron la instrucción como ese instrumento, válido y eficaz, que les sacara de tal postración, de forma que aprendiendo buenas costumbres y "urbanidad", recibiesen los recursos necesarios para subir por sí mismos en la escala social[16].

Para realizar el trabajo que nos hemos propuesto, daremos, en primer lugar, el texto de los cánones que hacen referencia al tema que figura en el epígrafe. A continuación, mencionaremos las fuentes en las que tales normas se fundamentan, extraídas de los Concilios provinciales Limenses. Pasaremos luego al análisis y comentario de los mismos, haciendo una descripción del contenido de tales disposiciones y una reflexión a partir de los principios ralwsianos de justicia social. Finalmente, sacaremos las conclusiones que de lo anterior se irán desprendiendo.

---

14 L. Pereña, Carta Magna de los Indios, Madrid: UPSA, 1987, 102–103.

15 Río que baña la ciudad de Lima.

16 Como dice Diego Pérez de Mesa: "El gobierno de éstos [indios no soberbios], aunque sea señoril y despótico, debe ser reduciéndolos a civilidad y buenas costumbres y haciéndoles todo el bien de que fueren capaces" (D. Pérez de Mesa, Política o Razón de Estado [ed. de L. Pereña et alt.], Madrid: CSIC, 1980, 128).

2. Cánones[17]

Sínodo de 1582: No aparece ningún artículo dedicado a ello.

Sínodo de 1584:

Capítulo 5. Que haya tabla de las fiestas que se han de guardar.

> Item, ordenamos y mandamos, que haya tabla en todas las iglesias de este arzobispado en que se asienten todas las fiestas que el santo Concilio provincial próximo pasado del año de ochenta y tres mandó guardar, así de guarda para españoles como para los indios; y las fiestas, que fueren de costumbre en cada iglesia y pueblo, y asimismo en esta ciudad las que en este Sínodo diocesano se manda guardar y declaramos que las fiestas, que el santo Concilio provincial mandó guardar, ha de ser en toda parte así en el pueblo como en el campo, y en las de costumbre, guardarse la costumbre que ha habido y hay acerca de la observación de ellas. La cual dicha tabla pongan los curas en sus iglesias dentro de quince días después que esta constitución venga a su noticia, con apercibimiento que, siendo negligentes en cumplirla, serán castigados con todo rigor.

Capítulo 8. De las fiestas que son de guardar en esta ciudad.

> Item, movidos por justas razones y muchas consideraciones mandamos se guarden las fiestas siguientes: san Sebastián y san Marcelo, en esta ciudad y en el campo, la conversión de san Pablo y san Bernardo y san Blas en esta ciudad.

Sínodo de 1585:

Capítulo 18. Que ningún español camine en día de domingo y fiestas de guardar.

> Item, ha llegado a tanta libertad el no guardarse en los pueblos de los indios por los españoles los días de domingos y fiestas de guardar caminando en ellos antes de la misa mayor, cosa que causa y ha causado mal ejemplo a estos naturales, que nos obliga a poner estrecho remedio en ello como cosa que tanto importa, así ordenamos y mandamos que de aquí adelante ningún español, ni otra persona de cualquier calidad que sea, en día de domingo y fiesta de guardar, no comience camino, ni le prosiga sino fuere con causa muy urgente y en tal caso sea después de misa mayor y sermón y contra los transgresores se haga información y se remita al dicho vicario; y los curas adviertan de esta constitución y se la declaren a los caciques e indios para que no den indios antes del dicho tiempo a los que caminan.

---

17 Están tomados de, J. L. Fernández Cadavid, "La Justicia Social en los Sínodos diocesanos de Toribio de Mogrovejo de 1582, 1584 y 1585, de acuerdo al pensamiento de John Rawls" [Tesis doctoral] Director: M. A. Pena González, Universidad Pontificia de Salamanca, 2014, 459–587 (y han sido parcialmente actualizados).

Capítulo 50: Que los curas tengan tablas de las fiestas.

Item, que los curas así de españoles como de indios tengan tablas de las fiestas de guardar de precepto del año y de los días de ayuno de los indios, la cual tabla tengan dentro de dos meses después de la publicación de este sínodo.

Capítulo 52. Que nadie compela a los indios a que trabajen las fiestas que no quisieren.

Item, que ninguna persona compela a los indios a trabajar en las fiestas que ellos quisieran guardar, no estando obligados a ello, y contra los transgresores hagan los curas información y la remitan al vicario, el cual haga justicia con rigor.

Capítulo 54. Que los indios de los obrajes vengan a la doctrina a las iglesias los días de obligación entre semana.

Item, por cuanto somos informados que los indios de algunos obrajes no acuden a la doctrina los días de entresemana que hay costumbre acudir a ella, y por esto puede deservirse nuestro Señor y no saben la doctrina cristiana los dichos indios, ni el catecismo ordenado por el santo Concilio, ordenamos y mandamos que de aquí adelante los indios que estuvieren en los dichos obrajes sean obligados a venir a la doctrina a la iglesia del pueblo donde estuviere el dicho obraje los días de entre semana a que tuvieren obligación, salvo si el señor del obraje tuviere sacerdote que les diga la doctrina los dichos días en el mismo obraje; y no lo teniendo los compela el cura del pueblo a venir según dicho es. Y donde los dichos obrajes estuvieren distantes en manera que no puedan acudir a la doctrina los dichos días de obligación se les provea de sacerdote con salario competente conforme a lo proveído por el Concilio provincial de ochenta y tres y, para que los indios de los dichos obrajes puedan ir a trabajar a ellos, mandamos a los curas de indios digan la doctrina muy de mañana para que los dichos indios puedan ir a sus labores, como les está ordenado a los dichos curas por constituciones de este arzobispado con apercibimiento que no levantándose muy de mañana a decir la dicha doctrina serán castigados con todo rigor. Y adonde hubiere dos sacerdotes en la doctrina acuda el un sacerdote al obraje a decírsela para que con más comodidad puedan trabajar.

Capítulo 58. Que las fiestas de guardar en los pueblos y ciudades, villas y lugares se guarden así mismo en el campo.

Item, por cuanto tenemos relación que en algunas partes las fiestas que se guardan en el pueblo no se guardan en el campo, ordenamos y mandamos que de aquí adelante todas las fiestas que fueren de guardar y se guardaren en las ciudades, villas y lugares de este nuestro arzobispado se guarden asimismo enteramente en el campo, no obstante la costumbre que haya habido y haya en contrario y contra los transgresores procedan nuestros jueces eclesiásticos con todo rigor.

Capítulo 61. Que los curas de indios compelan a los españoles que residen entre los indios a oír misa y guardar las fiestas.

Item, mandamos que los dichos curas de indios tengan cuidado de que los españoles que viven en sus curatos oigan misa y no trabajen las fiestas; y a los que en esto hallaren culpados, procedan contra ellos y los penen en dos libras de cera para la iglesia por cada vez; y si continuaren en esto muchas veces, hagan información sobre ello y la remitan al dicho vicario. Y si los dichos españoles cometieren otros delitos y ofensas de Dios, tocantes a nuestro fuero la punición de ello hagan información sobre el caso, y la remitan al vicario según dicho es.

Capítulo 82. De la pena de los que no guardaren las fiestas y no vinieren a misa.

Item, el indio que en día de domingo y fiesta de guardar de ellos no viniere a misa, no teniendo justo impedimento que de derecho lo excuse, o trabajare en el dicho día de fiesta, si fuere cacique o indio principal sea penado en que sirva a la iglesia de un pueblo cuatro días, y en ella asista, la tarde y mañana con los muchachos, por la primera vez; por la segunda, doblada la pena; y si continuare, se haga información, según dicho es, y se remita al vicario de la provincia. Y si fuere otro cualquier indio, se le den veinte azotes por la primera vez; y por la segunda, doblada la pena; y si continuare, se haga información y se remita, según dicho es. Y si fuere mujer, la que faltare de misa o trabajare en los dichos días, sea penada en que acuda a la doctrina cuatro días continuos con los muchachos, a tarde y mañana, por la primera vez; y por la segunda, doblada la pena; y si continuare se haga información y se remita al dicho vicario, según dicho es.

3. Fuentes

Concilios provinciales

Limense I[18]

De los naturales, c. 21. Qué fiestas son los indios obligados a guardar.

"Item, por cuanto nuestro muy santo padre, papa Paulo tercio, como padre piadoso destos nuevamente convertidos, y considerando cuánto conviene que los que nuevamente entran en la Iglesia sientan la suavidad y dulzura de la ley de gracia que resciben, dejando el grave y duro yugo de la idolatría en que han servido; conformándose con la flaqueza destos, tiene por su bula determinada la orden que estos nuevamente convertidos han de tener en lo que toca a los ayunos y uso de mantenimientos quadragesimales y fiestas que entre el año han de guardar. Conformándonos con las dichas letras apostólicas: S. S. ap. declaramos, las fiestas que estos han de guardar de precepto y son obligados a oir misa, son las siguientes: todos los domingos del año, la fiesta de la Circuncisión, la fiesta de

---

18 Extraemos los cánones del Concilio Limense I tal y como nos los da Vargas Ugarte en, R. Vargas Ugarte, Concilios Limenses (1551–1772), vol. 1, Lima: s.n., 1954, 3–93.

los Reyes, los primeros días de las tres Pascuas, la fiesta de la Ascensión de Cristo, la de Corpus Christi, y las cuatro fiestas de nuestra Señora, la Natividad, la Anunciación, Purificación y Asumpción y la fiesta de Sant Pedro y Sant Pablo. Y los ayunos que de precepto son obligados a guardar los que fueren de edad de derecho, son las vigilias de la Natividad y Resurrección y todos los viernes de la cuaresma. En lo que toca a la abstinencia de la carne y demás mantenimientos vedados, declaramos poder usar estos dellos, como lo pueden los españoles que tienen la bula de la Cruzada, o de Sant Pedro, y declaramos que pueden comer carne los sábados, por la falta que tienen de mantenimiento".

De los españoles, c. 55. Que todos los cristianos guarden las fiestas, y cuáles son las que se han de guardar y la pena de los quebrantadores.

"Por muy señalado obsequio y sacrificio debido a Dios N. S., él quiso reservar para servicio y sacrificio suyo y exercicio de obras espirituales el día Santo del Domingo y las otras fiestas por la Santa Madre Yglesia ynstruidas, en las quales los fieles cristianos se deven abstener y apartar de toda obra servil y exercitarse en oyr misa y los divinos oficios y otras buenas obras, porque de hazerse lo contrario algunas veces N. S. ayrado nos denega los bienes temporales y embia otras persecuciones que cada día vemos, por ende, S. C. A. estatuymos y hordenamos que las Pascuas, Domingos y fiestas que la Yglesia guarda, todos los fieles cristianos se abstengan de toda obra servil y cesen de hazer y no hagan cosas de oficios ni obras serviles, salvo en caso de evidente necesidad y entonces con que sea dicha la misa mayor del puebo y con licencia del vicario del pueblo do fuere el que tuviere necesidad de la tal licencia y no de otra manera y si alguno lo contrario hiziere caiga en pena de 3 pesos, la mitad para la fábrica de la Yglesia do esto fuere y la otra mitad para el fiscal que lo acusare y si fuere persona pobre que la pena le sea commutada en alguna penitencia y mandamos a los dichos Curas, sus tenientes, que exorten y amonesten a sus parrochianos que en los dichos días de fiestas oigan misa mayor, como son obligados y porque sean movidos con algún premio para oir las Vísperas en los tales días concedemos 40 días de perdón a qualquier persona que las fuere a oir y estuviere en ellas en la Yglesia y porque las fiestas que entre año ay son muchas y los pobres resciben mucho trabajo, porque de su trabajo se sustentan. S. C. A. estatuymos y mandamos que de aquí adelante no guarden más fietas de las siguientes:
La Pascua del Espíritu Santo con 2 días siguientes.
Todos los domingos del año.
El día de la Circuncisión de N. S. J. C.
La Epifanía.
La Purificación de Nra. Sra.
San Matías Apóstol.
La Anunciación.
San Marcos Evangelista, en la ciudad no más.
S. Felipe y Santiago.
La Invención de la Cruz.
S. Bernabé Apóstol, en la ciudad.

San Juan Bautista.
San Pedro y San Pablo.
Santa María Magdalena, en la ciudad.
Santiago Apóstol.
Santa Ana, en la ciudad.
La Transfiguración.
Santo Domingo, en la ciudad.
San Lorenzo Mártir.
La Asunción.
San Bartolomé Apóstol.
San Agustín, en la ciudad.
La Natividad de Nra. Sra.
San Mateo Apóstol y Evangelista.
San Miguel.
San Lucas Evangelista.
San Simón e Judas Apóstol.
El día de Todos Santos.
San Andrés, Apóstol.
La Natividad de N. S. J. C.
San Esteban.
San Juan, Apóstol Evangelista.
La Pascua de Resurrección con 2 días siguientes.
La Ascensión.
La Pascua del Espíritu Santo con 2 días siguientes.
El día de Corpus Christi".

De los españoles, c. 56. Que todos los dichos días de fiesta en especial los vecinos y parroquianos, oigan misa mayor en su parroquia.

"Cosa justa e conforme a la doctrina evangélica es que los curas que tienen cargo de ánimas conozcan las personas de sus parochianos y sepan cómo cumplen los mandamientos de Dios y preceptos de su Santa Yglesia y para esto es necesario que, a lo menos los días que son obligados a oir la misa mayor, estén en sus yglesias, por ende, S. C. A. estatuymos y mandamos a todos los fieles cristianos, asi ombres como mujeres, que en los días de las pascuas, domingos e fiestas de guardar vengan a sus propias parrochias y estén en la Yglesia, desde que la misa mayor se comienze hasta que se acabe de dezir, y el que asi no biniere y estuviere con justa causa o impedimento que lo escuse y del conste a su cura o se supiere aver oido misa en algún monasterio que aya en nuestra diócesis, en pena de un peso, la mitad para la fábrica y la otra mitad para el fiscal que tuviere cargo de lo executar y en los demás obispados a nos sufragáneos los perlados pongan pena a los transgresores conforme a la tierra".

Limene II[19]

De los españoles, c. 132. *Ne dominicis et festivis diebus nundinae et mercatus fiant.*

"que los días de domingos y fiestas no aya mercados ni ferias sino fuere de cosas necesarias, ni se abran las tiendas de mercaderes ni se hagan autos judiciales, y si alguno oviere de yr camino en día de fiesta, de fuerza, en ninguna manera salga antes de oyr missa entera"[20].

De los indios, c. 80: *Quod Synodus hortatur gobernatores et praesides, ut indi reducantur ad populos.*

"que la muchedumbre de los indios que está esparcida por diversos ranchos se reduzcan a pueblos copiosos e concentrados como lo tiene mandado la magestad católica"[21].

De los indios, c. 90. *Quae festa sunt ab indis intra annun ex praecepto observanda.*

"que conforme a la bulla de Paulo 3º guarden los yndios los días de fiesta siguientes; todos los domingos del año, el primer día de las tres pasquas de resurretion, natividad y spíritu santo, ytem el día de la circuncisión y el día de la epiffanía y fiesta de los reyes, el día de ascensción, el día de corpus christi, de nuestra señora las quatro fiestas principales de su natividad y anunciación y purificación y asunpción, la fiesta de los apóstoles san pedro y san pablo; fuera destas no les obliguen a guardar otras fiestas y en las dichas ha de celebrar el cura por el pueblo"[22].

De los indios, c. 97. *Quod hispani diebus festivis et dominicis non iter agant neque a populo indorum eggrediantur ante missam.*

"que ningún español en día de domingo o fiesta del pueblo de yndios comience camino o le prosiga, sino oviere caussa urgente y entonces sea después de oir misa y sermón, so

---

19 A la hora de tomar los artículos de este Concilio Limense de 1567–1568, nos hemos basado en la obra de R. Vargas Ugarte, Concilios Limenses (1551–1772), vol. 1, o.c., 95–223. Los cánones de este Concilio han sido publicados en latín, con sus respectivos títulos también en esta lengua. Puesto que, al final de este trabajo, aparece un resumen de cada constitución, tanto de la sección dedicada a los españoles como a los indios, los transcribiremos tal cual allí aparecen, dando la página en la que se encuentran. Éste sumario inicia del siguiente modo: "Sumario del concilio provincial que se celebró en la ciudad los reyes el año de mill y 567 fecho y sacado por orden y con autoridad del último concilio provincial que se zelebró en la dicha ciudad este año de 1583" (ibid., 225). Ocupa el tal, las páginas 225 a 257.

20 R. Vargas Ugarte, Concilios Limenses (1551–1772), vol. 1, o.c., 240.

21 Ibid., 250.

22 Ibid., 252.

pena de diez pesos, y con la misma se mande al cura que declare esta constitución a los caciques, para que no den indios antes del tiempo dicho a los que caminan"[23].

De los indios, c. 116. *Quod sacerdotes indorum propriis manibus propter nullam causam eso puniant.*

"que todos los ministros de la iglesia traten humanamente y con amor a los indios y con precepto se proive que ningún cura ni visitador castigue o hiera y azote por su mano a indio alguno, por culpado que sea, y mucho menos le trasquile o haga trasquilar; el que cometiere algo de lo dicho sea penado en treinta pesos y en otras penas más graves según fuere la culpa"[24].

Limense III[25]

Acción tercera, c. 40. Los días festivos deben observarse.

"Prohíbanse las compras y ventas de mercancías los días domingos y festivos, especialmente en las poblaciones de indios. Pero aquellas mercancías que se suelen exponer a la venta en la plaza, esperen la celebración de la misa para ello. Excomuníquese a los mercaderes que actuaren en contrario, especialmente si escandalizaren a los indios. En lo concerniente a las cargas de los asnos y otros animales de carga y otras tareas serviles, aplíquese a los desobedientes la pena impuesta por Pío V santísimo pontífice de feliz memoria. Castíguese también severamente a los blasfemos, según lo ordenado por el mismo santísimo pontífice y el concilio anterior".

Acción cuarta, c. 9. De los días de guardar.

"De ahora en más guárdense con total devoción los días festivos instituidos por la Iglesia. Los que conviene que observen todos los españoles en nuestra provincia son los siguientes: la natividad de Nuestro Señor Jesucristo, Esteban protomártir, Juan apóstol y evangelista, la circuncisión del Señor, la Purificación de la beata Virgen, Mateo apóstol, la Anunciación de la beata María, la Resurrección del Señor con los dos días siguientes, Marcos evangelista, Felipe y Santiago, apóstoles, la Invención de la Santa Cruz, la Ascensión del Señor, Pentecostés con los dos días siguientes, la Trinidad, Corpus Christi, Barnabás apóstol, el nacimiento de Juan Bautista, Pedro y Pablo, apóstoles; María Magdalena, Santiago apóstol, la Transfiguración del Señor, Lorenzo mártir, la Asunción de la beata Virgen María, Bartolomé apóstol, la natividad de la beata María, Mateo apóstol, la dedicación de San Miguel Arcángel, Lucas evangelista, Simón y Judas apóstoles, todos los Santos, Andrés apóstol, la Concepción de la beata María, Tomás apóstol Aparte de estos si los hubiere introducidos como días festivos por una costumbre probada o

---

23 Ibid., 252–253.

24 Ibid,, 256.

25 Los cánones del Concilio Limense de 1582–1583, se tomarán de la edición siguiente: F. L. Lisi, El Tercer Concilio Limense y la aculturación de los indígenas sudamericanos, Salamanca: Ediciones Universidad de Salamanca, 1990, 107–227.

por legítimos privilegios, guárdense también religiosamente en cada región. Además, los nuevos fieles, a los que la materna indulgencia de la Iglesia consideró que había que librar parcialmente del gran peso de sus preceptos, sean obligados a guardar sólo los días siguientes según el estatuto del sínodo provincial anterior: primero, todos los días domingos que siempre guarda la Iglesia universal, luego, el día de la Natividad del señor, el primer día de la Resurrección, el primero de Pentecostés, de la Circuncisión, de la Epifanía, de la Ascensión y de Corpus Christi, también la fiesta de la Natividad de la beata Virgen María, de la Anunciación, de la Purificación y de la Asunción, finalmente los apóstoles Pedro y Pablo. Sin embargo, los indios que quieran guardar otros días festivos, siguiendo nuestra costumbre, y en estos días ser librados de los trabajos serviles totalmente, pueden hacerlo según su devoción y nadie los compela a trabajar en absoluto".

4. Análisis de instituciones y cánones

a. Introducción

Como ya hemos señalado un poco más arriba, aplicaremos ahora al objeto de nuestro estudio, los cánones transcritos, los conceptos que John Rawls nos ofrece en su *Teoría de la Justicia*. Serán, prácticamente, los mismos para cada una de las cuatro secciones que iniciamos con la presente (si bien, en alguna sección, podamos prescindir de alguno o invertir el orden de aparición). Son los siguientes: el presupuesto básico de la cooperación social; el principio primero o de las libertades; el segundo o de la diferencia; y los complementarios, de la eficiencia y de la publicidad. La reflexión irá precedida de una introducción que desgranará el contenido de los artículos sinodales correspondientes y los situará en su oportuno contexto.

Este primer conjunto de cánones de los tres Sínodos que hemos agrupado bajo el lema de "fiestas de guardar y descanso laboral", debemos contextualizarlo dentro de una doble perspectiva: la religiosa y la social. Toda fiesta litúrgica que fuese de precepto llevaba consigo la obligación (siendo factible) de oír misa, al tiempo que para facilitar tal deber, se prohibía ejecutar el trabajo habitual. Así lo manda el primero de los mandamientos de la Iglesia Católica: "Oír misa entera todos los domingos y fiestas de guardar"[26]. Además, el dedicar un día a no realizar una actividad lucrativa (o "servil") tenía para el cristiano el sentido de gratuidad, con el que se reconocía todo lo que la Providencia divina otorgaba al

26 Cfr., nº. 2180, Catecismo de la Iglesia Católica. Nueva Edición conforme al texto latino oficial, Bilbao: Asociación de Editores del Catecismo, 1999, 586.

ser humano, al tiempo que se la imitaba en ese descanso llevado a cabo tras los seis días de trabajo, a causa de la Creación[27].

Para no tergiversar el sentido de dichas leyes, debemos dejar claro que éstas eran, ante todo, normas para facilitar el cumplimiento del precepto religioso y no normas dirigidas a regular la cuestión laboral. Así se pone de manifiesto en la mayoría de los cánones en los que aparece, ya que la Iglesia tenía y tiene como finalidad primera la "salvación de las almas"[28]. Ahora bien, que esto sea así, no es para nada incompatible con la segunda intención que las constituciones encierran, dejando ver la voluntad del legislador: la contribución a la humanización del trabajador.

Los agentes encargados de la emisión de las constituciones de un Concilio o de un Sínodo, eran el obispo de una diócesis y sus colaboradores (provisor, vicarios, miembros del Cabildo, prelados de las Órdenes religiosas, autoridades civiles, etc.), normalmente licenciados en Leyes (Cánones) y Teología, al tiempo que conocedores de la realidad en la que vivían los indígenas (al menos, muchos de los mismos). No podemos suponer en ellos ignorancia en lo que toca a la situación laboral. De hecho sabemos, por otros documentos como las cartas de Toribio de Mogrovejo, cómo estaba al corriente de los abusos y, también hay que decirlo, del buen funcionamiento de muchas de las encomiendas[29], tanto por la visita que iba realizando a las doctrinas como por los memoriales que los curas le enviaban. No hay ningún dato en la legislación que nos haga pensar que su única preocupación era la "espiritual" en detrimento de la "corporal" de sus súbditos, como a continuación veremos.

Desde el punto de vista meramente social, la Iglesia fue haciéndose consciente de la necesidad de disponer de una jornada para el reposo de las tareas físicas, que durante muchos siglos ocuparon a la mayor parte de la población de la

---

27 Unido a este día de descanso semanal van elementos humanizadores, como la fiesta, la alegría, la convivencia, la cultura, el arte, el deporte, la familia o el disfrute de la naturaleza. Esta institución debe entenderse como un instrumento al servicio del hombre, de su libertad, dignidad y promoción, ordenada a lograr su equilibrio físico y psíquico, así como a su realización como sujeto individual y social.

28 C. 1752: "..., servata aequitate canonica et prae oculis habita salute animarum, quae in Ecclesia suprema semper lex esse debet" (Código de Derecho Canónico [ed. de los Profesores de la Facultad de Derecho Canónico de la UPSA], Madrid: BAC, 2014, 1004–1005).

29 Mogrovejo no aboga por la supresión de las encomiendas, sino por la reforma de los corregidores, que eran los que tenían la llave de la caja de caudales, utilizada, en ocasiones, en su propio provecho.

Humanidad[30]. En Europa, los pobladores estuvieron, en su mayoría, dedicados a la agricultura, la ganadería, la pesca durante aproximadamente diez y siete siglos de nuestra Era. A partir del XVIII, se inicia la revolución industrial que convertirá al agricultor o ganadero en proletario. La industrialización se extenderá a lo largo del siglo XIX a varios países del Viejo Continente y también del Nuevo, para acabar imponiéndose de manera definitiva en el siglo XX por todo el Globo Terráqueo (a excepción de algunos países en vías de desarrollo)[31].

Si miramos a las Indias en el siglo XVI, debemos considerar como contexto más frecuente de la actividad laboral del indígena, clase social que por nacimiento se adscribía entre las más desfavorecidas[32], la institución de la encomienda (de la cual ya hemos hablado en el capítulo primero). En ella, los naturales entregados a un encomendero, debían bien aportar su trabajo personal, bien pagar su tributo. Todo lo cual, incluso si prescindimos de los casos en los cuales se producían abusos del sistema, llevaba a que la jornada laboral del indio fuese realmente dura[33]. Ahora bien, no obstante la mayor o menor dificultad con la

30 Durante los primeros siglos, el domingo era día de trabajo para todos, incluso para los cristianos, aún dedicando parte del día a la celebración dominical.

31 Todo este proceso ha reducido, tantas veces, al ser humano occidental a "homo faber", el cual ha pospuesto elementos como la fiesta o lo lúdico, valorando sus acciones casi exclusivamente en términos productivos o comerciales.

32 Las opiniones difieren en lo que concierne a qué grupo ocupaba el último puesto en la escala social. Normalmente, se acepta que en éste, se asentaban los esclavos de raza negra que no tenían jurídicamente un reconocimiento de "súbditos libres de la Corona", comparable al resto de los grupos que componían el entramado social. Ahora bien, algún autor como Magnus Mörner, coloca a los indios por debajo de estos. Como nos dice Mauricio Valiente: "para Magnus Mörner, la teoría legal pretendía crear una sociedad jerárquica encabezada por los blancos, seguida de los indios, las castas y que situaba en último lugar a los esclavos; según el historiador sueco, la realidad social transformó esta jerarquía colocando en primer lugar a los blancos, seguidos de los mestizos, los elementos con sangre africana y, en último lugar, la gran masa de indios" (M. Valiente Ots, Los grupos raciales en el Cuzco de los siglos XVI y XVII, Madrid: Universidad Carlos III, 2002, 212).

33 Cuando decimos duro, dejamos de lado los lugares como las minas bajo tierra, en donde esa dureza podía llegar a ser inhumana. Por los datos del *Libro de visitas del Arzobispo*, unidos a los que nos aportan los Sínodos, obtenemos una radiografía bastante realista de algunos aspectos del mundo laboral y de los trabajos desarrollados en el inmenso territorio que ocupaba la Archidiócesis de Lima en el último cuarto del siglo XVI. Los lugares en donde se ocupaban los indios eran los siguientes: minas a ras de tierra, ingenios para moler, obrajes para fabricación de ropa y calzado, telares, rancherías en las que cuidaban de la ganadería, huertas para la agricultura, labores de servicio en

que debían cumplir con cada una de las tareas[34], la obligación mandaba que se les remunerase por ellas, lo que convertía, a muchos de ellos, en asalariados. Algún ejemplo del montante que se debía pagar como remuneración, según una tabla de salarios, nos lo ha dejado el *Libro de visitas del Arzobispo*:

> "[Nos hallamos en los primeros años de la década de 1590, posiblemente entre 1593 y 1595] En el pueblo de San Pedro de Caruaz,... hay 446 indios tributarios y 114 reservados... Hay dentro de este pueblo un obraje que es del capitán Acacio Ramírez; tiene 3 telares y 30 tornos, tiene de provisión 15 indios casados y 30 muchachos. Págaseles a los casados a real y a los muchachos a medio cada día"[35].

---

casas (limpieza, mayordomía, servidumbre, etc.). De los innumerables ejemplos que podríamos extraer de este documento, que nos describe diferentes dimensiones de la vida de los pueblos y doctrinas, mencionamos los siguientes: "Está a siete leguas de este pueblo una estancia que es de Inés de Salazar que vive y tiene su casa en el pueblo de Caruaz de esta doctrina que la dicha estancia se llama Pan Palomas, en la cual hay más de 10.000 cabezas de ganado ovejuno de Castilla y cría de mulas para cuya guarda se dan de este pueblo de Guata 9 indios pastores de ordinario, que algunos de ellos asisten en la dicha estancia con sus mujeres e hijos" (Libro de visitas de Santo Toribio Mogrovejo (1593–1605) [ed. de J. A. Benito], Lima: Fondo Editorial. Pontificia Universidad Católica del Perú, 2006, 349). Otro ejemplo: "Lucas Rodríguez Mejía tiene en el dicho asiento ingenios molientes y corrientes: 5, y para su beneficio y labor de las minas de plata que tiene en contorno del dicho asiento se le dan por provisiones que tiene del Virrey don Luis de Velasco 180 indios, todos tributarios, los cuales acuden al dicho ministerio del corregimiento de Conchucos, y desde Guaylas asiste de ordinario el dicho Lucas Rodríguez con su casa e hijos en el dicho asiento" (ibid., 352). Un último obraje: "Hay en este pueblo un obraje que es de la comunidad de los indios de él en que trabajan de ordinario 10 indios tributarios y 20 muchachos. Hácense cada año en el dicho obraje dos mil varas de ropa y de sayales cordellates y jerga con cuyo interés suplen los indios la paga de sus tributos y necesidades" (ibid., 340). Para que percibamos la variedad de posibilidades que podían darse, hemos elegido una estancia perteneciente a una mujer; un ingenio de un español; y un obraje propiedad de los mismos indios.

34 En su inmensa mayoría los trabajos que realizaban los indígenas estaban relacionados con la agricultura o con la ganadería, como en los tiempos de los Incas. A medida que se van desarrollando los obrajes, se ocupan cada vez más en oficios técnicos, trabajando en telares, molinos, talleres de fabricación de zapatos, minas, etc.

35 Libro de visitas de Santo Toribio Mogrovejo (1593–1605), o.c., 20. Nos ha quedado un ejemplo, según el cual, de fiarnos de las palabras del cronista, tenemos noticia de en cuánto la ley había fijado el salario de tales trabajos para aquel fin de siglo, lo cual supone un dato más que interesante: "El pueblo de san Pablo de Mato,... Hay en él 100 tributarios y 14 reservados... Tiene dentro del pueblo un obraje que es de la comunidad y es administrador de él don Jerónimo de Guevara; tiene nueve telares y 57 tornos. Tiene 24 indios casados. Los doce de Mato y los doce de Guacta, y 42 muchachos, los

b. Datos de las constituciones sinodales

Pasemos, ahora, a desgranar el contenido de los artículos de los Sínodos diocesanos, que más arriba hemos ofrecido, completando el panorama con los que nos dan sus fuentes, los Provinciales. Si los leemos con detenimiento, podemos extraer los siguientes datos objetivos:

Primero. La cuestión de la fiesta de guardar y el descanso laboral representa un asunto de los que más preocupó al legislador, pues ya desde el I Concilio provincial aparecen leyes dedicadas al mismo, que volverán a estar presentes en el II y en el III Concilios Limenses. Si exceptuamos el Sínodo diocesano de 1582, el primero que celebra Toribio de Mogrovejo, en el que no aparece ningún artículo referido a ello, en el de 1584 y 1585, emerge de manera repetitiva. Así, en el inmediatamente posterior a la Asamblea provincial de 1583, de los once capítulos que contiene, dos hablan de las fiestas de guardar y el descanso laboral unido a ellas: cc. 5 y 8. En la del año siguiente, entre los noventa y tres, seis tocan el tema aquí estudiado: cc. 18, 50, 52, 58, 61 y 82.

Segundo. Si atendemos al contenido de los cánones del Sínodo de 1584, podemos resumir el mismo como sigue: de ellos se desprende el deber de los párrocos y doctrineros de dar a conocer a los ciudadanos afectados cuáles son los días en los que tienen obligación de guardar las fiestas y el derecho a no trabajar[36]. Se determina además la forma de publicidad que se le ha de dar, a través de las famosas tablas clavadas en las puertas de las iglesias que podían ser vistas por todos, (al tiempo que se anunciaba dentro de los templos, para aquellos que no sabían leer). Se intuye en el legislador, además, una voluntad de ampliar esos días de precepto, sumando a las ya establecidas otras jornadas en las que se debe oír misa y se prohíbe realizar trabajo alguno, bien en el campo bien en la ciudad.

Tercero. En los cánones del Sínodo de 1585, tenemos varias cuestiones:

a. Se insiste, primeramente, en la obligación del descanso laboral, o por mejor decir, en la prohibición de realizar cualquier trabajo o actividad física en esos días (c. 18). Esto es indicador de dos datos: por un lado, un buen número de sacerdotes habían cumplido con su deber de dar a conocer las fiestas de guardar; por otro, sobre todo los ciudadanos de origen peninsular, o sea, los españoles,

22 de Mato y los 20 de Guacta; págaseles a los casados a razón de 24 pesos por año y a los muchachos a razón de 13 pesos por año, como lo manda la ordenanza" (IBID., 23–24).

36 La relación de esas fiestas, así como la obligación de guardarlas, había sido fijada en el Limense I, de los indios, c. 21 y de los españoles, c. 55; así como en el Limense II, de los indios, c. 90; y en el Limense III, Acción 3ª., c. 40 y Acción 4ª., c. 9.

no cumplían con dicho precepto o al menos, lo incumplían parcialmente pues, por lo que dice el canon, iniciaban viaje en tales fechas, lo que les impediría oír misa, y se llevaban consigo indios a los cuales forzaban a incumplir la misma obligación. Se recuerda al cura el deber de dar publicidad a tales decretos.

b. En el c. 50, se pide a los curas que tengan las tablas de las fiestas, lo cual indica que algunos no las tenían, impedimento esencial para darles publicidad y para que los afectados por tales normas las pudiesen cumplir, al menos, en los casos más particulares de ciertas celebraciones, ya que los domingos y las grandes festividades, era más difícil fingir ignorancia y transgredir el precepto.
c. De acuerdo al c. 52, había quien obligaba a los naturales a trabajar en algunos de esos días en los que estaba prohibido. Según este canon, basado en los de los Concilios provinciales, a los indios se les obligaba a guardar menos días de "oír misa" que a los españoles. La razón no parece desdeñable: "porque son nuevos en la fe y no es oportuno cargarlos de obligaciones". Ahora bien, unido a este deber, estaba un derecho no poco beneficioso que era el de no realizar trabajo alguno, por ello el legislador abre la posibilidad a que los naturales puedan también guardar el resto de fiestas a las que no están obligados y puedan descansar las tales jornadas. No parece ser intención de la legislación el constreñimiento de los naturales al máximo número de días de trabajo, lo cual podía tener una doble lectura: personalmente, era una ventaja para los operarios; socialmente, podría resentirse la producción y la eficiencia de la misma.
d. En los cánones de los Concilios provinciales constatamos que hay fiestas propias para las ciudades y otras para el campo. El c. 58 de este Diocesano, obliga a que todos, también los del campo, guarden la celebración de las festividades urbanas, lo cual ampliaba el número de jornadas sin ocupación laboral.
e. En el c. 61, se ataca directamente el mal de los que transgreden el precepto del descanso festivo. Se trata de españoles que trabajan en domingo o fiestas de guardar y se supone que obligan a trabajar a los nativos. Dichos delitos, son penados por este canon, con una contribución económica en especie de dos libras de cera para la iglesia del lugar.
f. En el c. 82, se establecen las penas para los indios transgresores del precepto. Se podía infringir de dos maneras: bien no oyendo misa, bien trabajando ese día. A diferencia de la pena impuesta a los castellanos, en lo que concierne al natural se fijan tres penas diferentes: si el indio es cacique o principal, es decir, aquél que solía conservar su estatus al frente de los demás y no tenía la obligación de un trabajo físico como los otros, no paga sino que deberá servir cuatro días en la iglesia y acudir con los muchachos a doctrina. Si reincide, entonces, las penas se endurecen en el mismo sentido. Si es un indio común,

digamos, de los que sí trabajaban en granjas, en telares, chácaras,... tampoco pagaba, ni prestaba servicio al templo, sino que se le azotaba veinte veces, la primera vez y, se le doblada el castigo, la segunda. Si se trataba de una india, tampoco estaba obligada a pagar, ni con dinero ni en especie, ni debía aportar días de servicio a la casa de Dios, ni se la azotaba, sino que tenía que acudir con los niños, mañana y tarde durante cuatro días, a la doctrina, doblándosele la pena en caso de reincidencia. Si no se corregían, se podía pasar a medidas más severas (nunca sanciones pecuniarias).

Cuarto. Si sumamos los domingos, más los días de fiesta comunes que se debían de guardar en todas partes, más los de la ciudad y ponemos unos cuatro o cinco más que podían variar o tenerse por localidades, pueblos o motivos diferentes, nos salen entre 80 y 90 días al año[37], en los que era obligado oír misa entera y estaba prohibido realizar trabajos físicos y serviles.

c. *Comentario*

Una vez hecha la descripción material de los cánones con los elementos esenciales que los componen y habiendo añadido alguna información acerca de las circunstancias que reinaban en el mundo laboral a las que tenían que dar respuesta,

37 Entre finales del siglo XIX y principios del siglo XX, la evolución que se dio en lo referente a los derechos de los trabajadores, sin duda superó con mucho a lo que sucedió en los otros dieciocho siglos de Era Cristiana. Dos son, en nuestra opinión, los motivos que condujeron a un reconocimiento jurídico tal, a favor del trabajador: la explosión en cuanto al número de proletarios, causada por la expansión de la revolución industrial; y el progreso del pensamiento y la reflexión sobre el trabajo y las luchas sociales, que lograron imponer mejoras en las legislaciones. Como ejemplo, podemos citar un par de artículos del primer Estatuto de los Trabajadores que se promulga en el Reino de España, a inicios de la década de 1980, justamente 400 años después que las constituciones sinodales toribianas, y que viene a ser similar al de otras naciones por aquel entonces: "Los trabajadores tendrán derecho a un descanso mínimo semanal de día y medio ininterrumpido que, como regla general, comprenderá la tarde del sábado, o en su caso, la mañana del lunes y el día completo del domingo" (Estatuto de los Trabajadores, Ley 8/1980, de 10 de marzo, art. 37.1). Citemos también la parte que se refiere a los días festivos: "Las fiestas laborales, que tendrán carácter retribuido y no recuperable, no podrán exceder de 14 al año, de las cuales dos serán locales. En cualquier caso se respetarán como fiestas de ámbito nacional las de la Natividad del Señor, Año Nuevo y 1 de Mayo, como Fiesta del Trabajo" (Estatuto de los Trabajadores, Ley 8/1980, de 10 de marzo, art. 37.2).

pasamos al análisis de los mismos, utilizando la perspectiva que nos hemos propuesto desde un inicio: los criterios de justicia según Rawls[38].

- *La cooperación social*

Cuando en el capítulo primero de este trabajo, en el apartado sobre las instituciones fundadas en el Virreinato del Perú, tratamos de las encomiendas, erigidas muchas gracias a las reducciones de indios, dijimos que tal sistema no era totalmente ajeno a los naturales de la tierra. De hecho, ya los Incas la practicaban a su modo. Tras la conquista militar de un territorio o de un ayllu (clan constituido por una familia o grupo de ellas) por parte de los anteriores, muchos de los habitantes que no habían muerto en la batalla huían a lugares inhóspitos para escapar de las represalias de los vencedores, que no solían practicar la piedad con los guerreros vencidos. Esta situación creaba al jefe incaico, normalmente interesado en reconstruir la economía de la región basada en la inmensa mayoría de los casos en la agricultura, un problema no pequeño. Por ello, antes de iniciar las magníficas obras de construcción de andenes, con sus extensos canales para la irrigación de las tierras más inaccesibles y otras obras de ingeniería que sorprendieron a los castellanos por su complejidad y eficacia[39], debía reunir a la población. Como nos dice Baudin:

> "Los agentes del inca comienzan por agrupar en aldeas a aquellos indios que se han retirado a lugares aislados… es la misma operación que los españoles intentarán acometer nuevamente más tarde"[40].

---

38 Advertimos un dato de gran relevancia: aunque Rawls propone su *Teoría de la Justicia* como un todo unitario en el que las partes se apoyan mutuamente y guardan la debida coherencia, él mismo admite que los elementos que la componen pueden ser perfectamente aceptados por separado. De hecho así lo hacen autores como J. P. Sterba en su «Distributive Justice» o N. MacCormick, en «Legal Right and Social Democracy» y «Justice: an Un-original Position» por citar dos ejemplos (cfr., J. Rawls, Justicia como equidad. Materiales para una teoría de la justicia, Madrid: Tecnos, 1986, XIV).

39 Una descripción, sintética pero bastante completa, de las espléndidas construcciones, tales como los andenes para el cultivo, las obras hidráulicas para el riego (incluso de zonas de alta montaña) y otras tierras previamente improductivas ganadas para la agricultura, de edificios para almacenar los excedentes de producción (llamados generalmente "tambos"), de vías de comunicación, tanto por la costa como por la sierra, de ciudades espléndidas como el Cuzco, así como del funcionamiento de la economía incaica, puede verse en, C. Bravo Guerreira, El tiempo de los Incas, Madrid: Alhambra, 1986, 121–148.

40 L. Baudin, El Imperio socialista de los Incas [trad. de J. A. Arze], Madrid: Rodas, 1972, 183.

Los conquistadores que precedieron a los europeos lograron crear un sistema de cooperación social a todas luces eficaz. Intentemos resumir las características del funcionamiento del mismo, digamos en su modo más habitual. El pueblo que llegó desde las proximidades del lago Titicaca a las tierras de lo que hoy es el Perú (alcanzando hasta las norteñas latitudes de San Francisco de Quito), se impuso sobre los otros no sólo por su supremacía militar, sino también por la fuerza de sus concepciones religiosas. El Estado era teocrático, el Rey era hijo del dios "sol" y por lo tanto también divino[41]. La ley no era sino su voluntad, la cual por ser emitida por un dios era, absolutamente sagrada. Si alguien la transgredía no cometía solamente un delito tipificado en un supuesto código, sino que se oponía a la voluntad del Emperador, es decir, perpetraba un sacrilegio que la autoridad competente se encargaría de reprimir sin contemplaciones[42].

Tales circunstancias socio-políticas que, desde la perspectiva de la libertad eran claramente deficitarias, se mostraban altamente prácticas bajo el punto de vista de la participación social. Cualquier disposición dada por el legislador supremo era obedecida, no sólo sin encontrar oposición sino incluso mostrando satisfacción. Apoyado en una sumisión de carácter religioso, los dominadores llevaban a cabo obras de mejora que facilitaban a los habitantes de las poblaciones conquistadas tener lo necesario para vivir, según el número de los miembros de cada familia, aunque los excedentes pasaban a engrosar los almacenes del Estado.

Se procedía en primer lugar a un reparto de tierras, cuya propiedad era nominalmente del Rey, pasando los súbditos a tenerlas en usufructo. De los terrenos a disposición se hacían tres porciones, que no tenían porque ser del mismo tamaño sino que, dependiendo del lugar y de las capacidades productivas del lugar, se agrandaban o empequeñecían. La distribución, como nos dice Baudin, que no era exclusiva de los pueblos de los Andes, era la siguiente:

> "En principio, *el territorio de cada comunidad estaba dividido en tres partes: la primera era atribuida al sol, la segunda al inca, la tercera a la comunidad misma*. Semejante división se encuentra igualmente en otros pueblos"[43].

---

41 Algo parecido existía ya entre los pueblos costeros de algunas regiones de Suramérica: "El jefe supremo, el inca, toma un título divino que acrecienta su prestigio y facilita sus conquistas... Es *el hijo del sol*. En la costa misma del Perú, antes de los incas, había reyes que se hacían adorar por sus súbditos" (L. Baudin, o.c., 143).

42 Dice Baudin: "Siendo la ley divina, debía ser obedecida... toda violación de la ley se convertía en sacrilegio, y el Código Penal, basado sobre esta idea, era de un implacable rigor" (L. Baudin, o.c., 143).

43 L. Baudin, o.c., 185. La cursiva es del autor.

La organización establecida, para obtener una producción que cubriera la demanda, estaba perfectamente diseñada, a nuestro modo de ver. Puesto que, a los indios comunes (denominados en quechua con la voz "hatunruna"), no se les permitía tener más que lo justo para vivir, dándosele una porción de tierra al padre de familia que se iba aumentando según los miembros de la misma, no tenían posibilidad de pagar tributos (se entiende, en especie). Su obligación era pues de servicios. Los ciudadanos del Imperio tenían que trabajar para el Rey y el Estado; ellos eran los encargados de cultivar las propiedades asignadas al sol y al Inca, si bien, el orden de trabajo comenzaba por sus propias posesiones[44].

Por lo tanto, en un sistema político rigurosamente jerarquizado, bajo un mando militar fuerte, a veces cruel, reforzado por una teocracia con ramificaciones religiosas, que alcanzaban a todas las dimensiones del ser humano, y una economía perfectamente regulada por el Estado, la participación voluntariosa del individuo estaba garantizada. Éste, en situaciones normales de producción solía recoger lo que él y su familia necesitaban para sobrevivir. Las autoridades, sin necesidad de cobrar tributo, recibían los frutos de sus propias tierras, que habían sido labradas y cuidadas por sus súbditos, hombres, mujeres y niños del reino.

Pero, ¿qué sucedía en los años en los que los productos no alcanzaban a cubrir la demanda de la población o había carestía de bienes primarios (maíz, batata, yuca, etc.)? Todo estaba pensado al detalle en este magnífico sistema. Hemos aludido a las construcciones, llamadas tambos que, esparcidas por las cuatro áreas geográficas que formaban el Tahuantinsuyo, habían sido erigidas por los Incas. En ellas se guardaba el excedente, sobre todo del maíz, producto fácilmente almacenable y conservable (base de la alimentación y de la fabricación de la chicha). Si la población sentía hambre, los funcionarios del Rey se encargaban de donar a los ciudadanos las cantidades necesarias para superar esa situación de

---

44 Esta organización era esencial para el buen funcionamiento del Estado, ya que de ella dependían los abastecimientos necesarios para la manutención de funcionarios, ejércitos y autoridades. Aunque no intervenían en la distribución, que hacían las autoridades locales, no obstante, "los Incas velaban por la equidad en el reparto de «chacras» familiares, ajustándose a la medida agraria tradicional: «el tupu». Pero, sin embargo, el Estado sí intervenía, en principio, de forma decisiva, en un aspecto de esta distribución de las tierras, al imponer al «hatunruna» la obligación de contraer matrimonio al llegar a la edad de veinticinco años. El paso de un varón a la condición de «purej» representaba su acceso directo a un derecho a la tierra, pero también su obligación a responder a las demandas de prestaciones personales que el Estado exigía no en cuotas individuales, sino por familias, sin tener en cuenta el número de los componentes de éstas" (C. Bravo Guerreira, El tiempo, o.c., 122).

emergencia. Todo lo cual, suponía un refuerzo más del mismo funcionamiento del sistema, pues el Rey aparecía, en última instancia, como el más generoso benefactor del pueblo.

Dejemos, por un momento, el sistema incaico y volvamos a la configuración de la sociedad de la Lima del último cuarto del siglo XVI. Con la inauguración de la nueva etapa iniciada con Pizarro y los conquistadores castellanos, permanecen algunos elementos y desaparecen otros, de trascendental relevancia, existentes en la época anterior. Entre los que se pierden, a nuestro modo de entender, los más importantes son: la coacción religiosa totalizadora y el control económico exhaustivo del Estado. Con ello, se desvanecen las bases que sustentaban un sistema tan perfecto de cooperación social, en el que, sin embargo, no tenían cabida las llamadas libertades básicas. En cambio, permanecería en la nueva situación, una sociedad fuertemente estratificada y una cierta fuerza militar, aunque no podemos compararla, en ningún modo, con la manejada por Huayna Cápac o Atahualpa[45].

Así pues, es posible reconocer en el Virreinato una estratificación en la que cada grupo social ocupa una posición distinta. En lo más alto se asientan los blancos (aunque ni todos eran cultos ni mucho menos ricos), tras ellos tenían cierta preferencia los mestizos, por ser hijos de blanco e india; a continuación los naturales como tal, con sus clases internas propias, y los esclavos, normalmente procedentes de África o sus descendientes nacidos en las Indias Occidentales. Debemos añadir, que no sólo a causa de la dinámica social, sino también impulsado por las leyes, esa diferenciación con el paso de los años se va difuminando en un buen número de lugares[46].

Entre los indígenas, a efectos de nuestro trabajo, la clase que nos interesa es la gran masa que componían los trabajadores por cuenta ajena, que se asentaban en el penúltimo puesto de la escala social, parte esencial de los "hatunruna". No obstante, no todos los indios formaban parte de este grupo. Existían aquellos que detentaban alguna autoridad, como eran los caciques, curacas o indios principales. Entre los demás, encontramos los tributarios, los yanaconas y forasteros.

---

45 Como nos dice Stingl, "Desde la tercera década del siglo XV, los incas no perdieron nunca una guerra, hasta la histórica invasión de los españoles. Durante los últimos tiempos del imperio, los hijos del Sol dispusieron de la fuerza de combate más grande que hubiera logrado reunir jamás un país de la América precolombina. Los éxitos militares de ese enorme ejército no deben atribuirse sólo al número; fueron, ante todo, el resultado del preciso funcionamiento de su organización" (M. Stingl, El Imperio de los Incas, Buenos Aires: Losada, 2007, 251).

46 Cfr., M. Valiente Ots, o.c., 212.

Los primeros, residían en un ayllo bajo la autoridad de un curaca, al que tenían obligación de pagar tributo y rendir un trabajo obligatorio. Los yanaconas, se diferenciaban de los anteriores por su deber de realizar un servicio al amo al que eran asignados, con un estatuto no muy lejano a la servidumbre, aunque en la mayoría de los lugares a partir del mandato del virrey Toledo fueron asimilados a los tributarios. Los últimos, eran indios que salían de sus lugares de origen para ir a realizar un trabajo en otra hacienda, en un obraje o ingenio, con la obligación de remitir su tributo al cacique de su ayllo o a un comisionado de éste[47]. Finalmente, tendríamos el grupo de los indios exentos de pagar tributo, los cuales por no ser hábiles para el trabajo y no tener un medio para la adquisición de dinero o especies, no tenían tal obligación.

Como podemos comprobar, la situación para ellos había cambiado. El Estado ya no era una teocracia, y la ley no se identificaba con la voluntad del Rey; el delito, no era un sacrilegio que había que pagar, la mayor parte de las veces, con la vida; la religión, de la que luego trataremos en el apartado de las idolatrías, aún siendo exclusivista dejaba un margen de libertad al individuo y al grupo, previamente desconocido; la economía, si bien estaba bajo el control de las autoridades no se sometía rígidamente a su dirección; la sociedad, sin el miedo a la fuerza militar y a la religión, había entrado en un proceso de desintegración que no era sencillo de evitar. Ello, indudablemente, contribuyó a que las estructuras cooperativas que tan bien funcionaron bajo el mando absolutista de los Incas, se transformen ahora en elementos inservibles que hay que sustituir por otros.

A esta realidad diferente, se trata de responder con nuevas soluciones. Una de ellas serán las reducciones de indios a pueblos y la instauración del sistema de encomienda[48]. No nos parece forzado concebir ésta como un típico ejemplo

---

47 Cfr., IBID., 213–214.

48 El virrey Toledo, fue uno de los grandes impulsores de las mismas. Entre sus ordenanzas, publicó varias para que se erigiesen en diversas regiones. De entre ellas, hemos escogido la siguiente, como ejemplo: "Ordenanza para la reducción de los indios de Huamanga", emitida el 11 de diciembre de 1570, algunos de cuyos párrafos, que nos explican las razones y el modo de establecer una reducción, transcribimos a continuación: "Don Francisco de Toledo, mayordomo de Su Majestad y su Visorrey,… Por cuanto por ser una de las cosas más importantes para el buen gobierno de estos reinos, bien y conservación de los naturales de ellos y que con más comodidad puedan ser doctrinados y enseñados en las cosas de nuestra santa fe católica, ley natural y buena policía, Su Majestad por muchas cédulas y provisiones reales tiene proveído y mandado que se haga la reducción de ellos a pueblos donde vivan juntos y congregados, para conseguir los dichos efectos,… luego como llegué a esta ciudad de Huamanga mandé juntar los caciques e principales e indios del distrito de ella que se hallaron en ella e asimismo al

de cooperación social. En teoría, el patrón que habría recibido los indios en razón de méritos de conquista y en un segundo momento, por ser hijo de uno de los anteriores, colaboraba con la sociedad manteniendo los asentamientos de indígenas y estabilizándolos, haciéndolos rendir de manera que estuviesen en disposición de entregar el tributo prescrito, protegiendo a sus trabajadores, al tiempo que les instruía humana y religiosamente. El indio aportaba estabilidad al sistema ya que no habría sociedad sin los poblados y sus moradores, además de su trabajo y las tasas que pagaba.

Así lo entendió el legislador eclesiástico, cuando en el Concilio Limense II, decide recomendar a los gobernadores que lleven a cabo las reducciones de indios, repartidos en rancherías u otros pequeños núcleos habitacionales, a pueblos de mayor envergadura, para facilitar su instrucción y su catequización[49]. Recordemos que eran reducidos aquellos indios que no tenían medios para vivir autónomamente y que el tributo lo pagaban por ser ciudadanos libres, ya que el esclavo no pagaba tributo. El resto de disposiciones, en las que se manda descansar los domingos y fiestas, prohibiendo a los caciques que den indios de sus pueblos a los españoles, en esos días, parten del hecho consumado de su existencia. A su manera, estos artículos sinodales aportaban su granito de arena a la participación de los ciudadanos en el sistema de producción e intercambio. Al establecer cada semana, como mínimo, un día de asueto, y reforzar tales disposiciones con penas proporcionales, el obrero no se sentía totalmente desamparado en este derecho básico, que le permitía reponerse tras las duras horas de trabajo (amén de

---

provisor y visitador de este obispado e a los clérigos y religiosos que estaban en su doctrina e a los corregidores de los dichos naturales y a sus encomenderos y propuéstoles... y mandándoles que como personas que habían visto la tierra y eran naturales de ella tratasen y platicasen en qué partes y lugares se podrían reducir los dichos indios donde no estuviesen tan divididos e apartados y tuviesen tierras e aguas, pastos y las demás cosas necesarias para su conservación y sustentación, tratos y granjerías que no fuesen de diferente temple que el suyo..." (F. de Toledo, Disposiciones gubernativas para el virreinato del Perú (1569–1574), Sevilla: Escuela de Estudios Hispano-Americanos de Sevilla, 1986, 65–66).

49 Se trata del c. 80, de los indios, cuyo título reza así: Quod Synodus hortatur gobernatores et praesides, ut indi reducantur ad populos. El resumen del artículo es el siguiente: "que la muchedumbre de los indios que está esparcida por diversos ranchos se reduzcan a pueblos copiosos e concentrados como lo tiene mandado la magestad católica" (R. Vargas Ugarte, Concilios Limenses (1551–1772), vol. 1, o.c., 250). No queremos pasar por alto las deficiencias que la encomienda llevaba consigo y que fueron denunciadas por Las Casas. Un estudio sobre sus argumentaciones se puede encontrar en: S. Zavala, Por la senda hispana de la libertad, o.c., 101–104.

las reiteradas llamadas a los encomenderos para que hiciesen buen trato a los naturales, repitiendo lo que ordenaban múltiples cédulas reales y virreinales).

Debemos, no obstante, reconocer que la nueva situación, desde el punto de vista de la cooperación social, se había deteriorado enormemente, con todos los perjuicios que para la sociedad en su conjunto esto acarreaba, en beneficio de una serie de libertades que, a continuación, intentaremos exponer.

- *Principio de las libertades*

De lo expresado en el apartado anterior, deducimos con facilidad que la posición del indio común en la sociedad, durante largo tiempo, había ido cambiado poco. Bajo el dominio de los conquistadores incas, la estratificación social, de carácter rígido, no estaba totalmente cerrada a ciertos movimientos, que por razones como el matrimonio podía elevar a ciertos individuos a una categoría superior (aunque era bastante infrecuente), excluyendo radicalmente de tales ascensos a los "hatunruna"[50]. No obstante, las posiciones se mostraban bastante fijas, comenzando por la más alta ocupada por el Inca y los de su etnia, incluyendo a sus mujeres[51], cuyo poder y buen funcionamiento de su reino se asentaba, en gran medida, en el mantenimiento de tales diferencias sociales. De hecho, la

50 Su situación no era diferente de la que disfrutaban bajo los regímenes previos, bien de sus ancestrales curacas, bien de los señores incas. Como dice Bravo Guerreira, "La gran masa de la población campesina,... fue el verdadero soporte económico del Tahuantinsuyu. Sus componentes, los «hatunruna», siguieron conservando la estructura tradicional del «ayllu» andino, dividido en mitades y, dentro de ellas, en grupos de edad y sexo que permitían un reparto compensado de responsabilidades y de trabajo en el desarrollo de la vida de la comunidad" (C. Bravo Guerreira, El tiempo..., o.c., 98).

51 Las mujeres, lastimosamente, no alcanzaron nunca el estatus de los varones y, aunque existían ciertas diferencias entre ellas, por lo general, se asemejaban más a una mercancía de intercambio en manos de sus padres, hermanos o maridos, que a un ser humano con plenos derechos. Puede verse una descripción de su situación en, M. Stingl, o.c., 283–286; también en, L. Baudin, o.c., 154–155. Bravo Guerreira nos ofrece una descripción de las clases superiores: "La población femenina de las élites, en consonancia basada en el parentesco, se ordenaba en un plano paralelo al de los varones, constituyendo un grupo de especial importancia, si tenemos en cuenta que era a través de ella como se plasmaban los niveles de relación entre conquistadores y conquistados. La «coya», esposa-hermana del soberano, ocupaba el nivel superior, seguida de las «ñustas», hijas de los «auquicuna» y las «palla», hijas asimismo de los «incacuna». Las «cápac apomama» eran hijas, hermanas y esposas de los demás señores del reino" (C. Bravo Guerreira, El tiempo, o.c., 98).

insistencia en la distinción entre ellos, "conquistadores" y los otros pueblos, "conquistados", fue un elemento clave de su eficaz forma de gobierno[52].

Con el cambio de régimen jurídico, la situación, para bien y para mal, había dado un giro copernicano. Aún manteniéndose una sociedad fuertemente estructurada, la situación jurídica de los habitantes del reino había cambiado radicalmente. Desaparecía, *de iure*, la diferencia entre conquistadores y conquistados, pasando todos a ser considerados como "súbditos libres" de la Católica Majestad. Ello no eliminaba, *de facto*, todas las diferencias existentes entre los diversos estamentos, ni dentro de cada uno de éstos entre sus miembros, pero posibilitaba que la distancia que los separaba, al menos en teoría, no fuese insalvable y que, la puerta entre unos y otros, permaneciera abierta (de hecho fue cruzada, progresivamente, por un buen número de naturales)[53].

John Rawls, como hemos visto en el capítulo anterior, elenca un conjunto de libertades fundamentales a las cuales, bajo ningún concepto los ciudadanos libres e iguales, pueden renunciar. Estas son: la libertad política, la libertad de expresión y de reunión, la de conciencia y pensamiento, la libertad personal (integridad física y moral) y la libertad de poseer privadamente bienes. Además, concibe como contexto más adecuado para poder obtener y ejercer las tales, una sociedad basada en la economía de libre mercado. No podemos entrar a analizar cada una de ellas en detalle. De la libertad de conciencia, pensamiento y expresión hablaremos en la sección última, al tratar de las manifestaciones idolátricas. Concentrémonos ahora en las dos últimas, que constituyen, en gran medida, los

---

52 Tal estratificación, de carácter estable, sostenía el buen funcionamiento del reino, cuya riqueza principal eran los trabajadores: "los Incas consideraron como sus bienes más preciosos «los brazos y la energía de sus gentes». Todos ellos tuvieron a los ojos de los conquistadores una misma consideración: la de conquistados o sometidos. Ésta fue la primera y fundamental diferencia que marcaron entre los componentes de su propio grupo étnico y los de todos los demás que configuraron el Tahuantinsuyu. Y a partir de la afirmación de su calidad de élite establecieron todo el sistema de organización de la sociedad e impusieron las normas que debían regir sus mutuas relaciones… establecieron una sociedad estrictamente jerarquizada, en niveles, y aun en segmentos dentro de esos niveles, cuyas barreras muy difícilmente permitieron que un individuo se integrara fuera del que le correspondía por su nacimiento" (C. Bravo Guerreira, El tiempo, o.c., 93).

53 No podemos afirmar que la igualdad fuera un concepto ajeno a los Incas. Entre ellos existía tal fenómeno, pero se reducía a los miembros de una misma clase. Como afirma Baudin, "La sociedad incaica fue sorprendentemente jerarquizada… La igualdad no existe en el Perú sino entre individuos del mismo rango social; es el sistema militar en el cual todos los soldados son iguales entre sí" (L. Baudin, o.c., 140).

requisitos básicos, que crean las condiciones para que se den las demás: la inviolabilidad de la persona y el derecho a la propiedad privada. Ambas son, en nuestra opinión, las que más estrechamente se relacionan con el mundo del trabajo.

En lo tocante a la primera, el respeto a la integridad física y moral del individuo, se encuentra uno de los pilares sobre los que debe apoyarse el sistema de justicia y su buen funcionamiento, pues, no sólo los delitos deben ser perseguidos, sino también los abusos, del tipo que sean, en el ámbito laboral. La segunda, tiene mucho que ver con la concepción de la economía que rija en un país y sus concreciones. Retornemos, por un instante, a la época precolombina. El Estado teocrático incaico, como ya hemos indicado, estaba asentado sobre la voluntad del Rey, la cual era ley del reino[54]. Ahora bien, ello no tiene por qué hacernos pensar que regía una especie de capricho monárquico como forma común de legislar e impartir justicia (aunque el peligro podía ser éste). El problema residía, más bien, en la falta de un código escrito, que permitiese al "hatunruna" tener un instrumento legal al que recurrir en caso de abuso de la autoridad. El mero derecho consuetudinario, de tradición oral, sería insuficiente al respecto.

Recordemos, una vez más, que todas las dimensiones, también la de la justicia, estaban atravesadas de sacralidad, de modo que, la transgresión era algo más que un simple incumplimiento de una norma[55]. A los ojos del ciudadano normal, la autoridad se presentaba como un "ser" al que había que temer, la ley como su instrumento de opresión y las penas como el refuerzo de todo el conjunto[56]. Además, dado lo primitivo del sistema legal, los tribunales, concebidos

---

54 Como dice Baudin: "La ley era la voluntad del inca, no tenía, por consiguiente, ningún elemento de estabilidad en sí misma" (L. Baudin, o.c., 142). Ello no significa que no existiese un derecho consuetudinario que daba cierta seguridad al ciudadano. La deficiencia del mismo reside en su limitación, al no estar fijado por escrito, y en su interpretación, que siempre dependería de la opinión de la autoridad, al no haber ningún tipo de doctrina jurídica al estilo del existente en otras civilizaciones.

55 De ello nos habla también Stingl, cuando afirma: "A los ojos de la sociedad incaica, la violación de las leyes vigentes era algo más que un simple delito; era, en realidad, una demostración de desobediencia al Inca, cuya sagrada persona era fuente de toda ley del Estado" (M. Stingl, o.c., 243).

56 En conexión con la nota anterior, el mismo autor nos describe las principales formas de aplicación de la pena de muerte en el Tahuantinsuyo: "La pena más corriente era la máxima: la pena de muerte. La ejecución se cumplía de diversas maneras: el reo era apedreado a muerte, era ahorcado, era despeñado por una roca o arrojado a una especie de "celda de la muerte", habitada por serpientes venenosas y animales de presa" (M. Stingl, o.c., 244). Completa este cuadro con otros castigos frecuentes por entonces: "Cuando el hecho delictivo era cometido por un menor de edad, se castigaba a su padre.

como instancias a las cuales recurrir para demandar o reclamar los derechos de individuos o grupos, eran desconocidos en aquel tipo de organización[57]. Ello no tiene que llevarnos a pensar que todo eran injusticias en aquel mundo primitivo. Más bien, todo lo contrario, la rígida estructuración unida a la coacción religiosa y al profundo miedo que la autoridad despertaba, mantenía un estado de cosas, digamos, razonablemente bien organizado (sin duda, a costa de la libertad).

Los cánones de los Sínodos que hemos mencionado, si bien, no nos hablan directamente de este tema, son en sí mismos, el resultado de un sistema que responde a otra concepción jurídica diversa. A nivel civil, los "hatunruna" tenían los mismos derechos que los "extremeños", "gallegos" o "canarios" llegados al Nuevo Mundo. Para impartir justicia, además del Virrey, estaba constituida la Real Audiencia con su presidente y oidores. Existían además, los corregidores, tanto para españoles como para indios, instancia a la que acudir en caso de ser perjudicado. Ulteriormente, podemos hablar que los mismos encomenderos y los curacas indígenas eran también administradores de justicia, al menos en asuntos menores (no obstante, unos y otros, haberse erigido tantas veces en perpetradores de flagrantes abusos). A las instancias civiles, había que sumar las eclesiásticas. Arzobispo, vicarios, jueces apostólicos, párrocos, doctrineros y religiosos tenían como principal tarea defender los derechos del natural. Funcionaban como instrumentos, además de los tribunales (también el de la Inquisición), las visitas (civiles y pastorales) y los juicios de residencia, por los que pasaban todo tipo de autoridades, perteneciesen al rango que fuese[58]. En ellos, los naturales podían expresar sus quejas, demandar a la autoridad, o levantar sus protestas, como de hecho y abundantemente hicieron[59]. Baste como muestra el testimonio del jesuita Acosta, que tan bien conoció la situación de los naturales:

Si un individuo del pueblo cometía un acto considerado particularmente peligroso para el Estado, se castigaba también a todos los demás habitantes de su comunidad. De tanto en tanto, se devastaba una aldea en la cual había vivido un traidor (o varios) y todos sus habitantes eran ejecutados junto con el culpable" (IBID., 245).

57 "Había "jueces" encargados de decidir sobre la culpabilidad o la inocencia de un acusado; pero, entre los incas, no había tribunales en el sentido de los nuestros" (M. STINGL, o.c., 243).

58 Citemos, a modo de ejemplo, una ordenanza del virrey Toledo para los visitadores: "Instrucción General para los visitadores. Los Reyes 1569-1570" (cfr., F. DE TOLEDO, o.c., 1-39).

59 Ejemplos de cánones de Concilios y Sínodos en los que se hace mención de los procesos que los indios entablaban, con el privilegio de no tener que pagar abogado ni costas, ni podérseles imponer penas pecuniarias, tenemos: Conc. Lim. II, de los españoles, c. 120: "Processus contra indos quibus de causis a iudicibus ecclesiasticis fulminandi";

"¿No vemos que también ellos [los indios] saben entablar pleitos y defenderse con astucia pleiteando con frecuencia con sus amos hasta ganarlos a veces?"[60].

Las mismas penas impuestas en el nuevo orden jurídico distaban enormemente de las del anterior. Por poner tan sólo un ejemplo comparativo: el adulterio entre los nobles incas era castigado con la muerte de ambos implicados; si tenía lugar entre los indios del pueblo, se aplicaban penas a base de torturas[61]. En el c. 80, del Sín. dioc. de 1585: "Cómo se han de castigar a los indios amancebados", podemos leer lo siguiente:

"por la primera vez se les amoneste que se aparten del dicho pecado y dejen la manceba amonestándoles así lo cumplan, so pena si fuere cacique o indio principal, de que sirva en la Iglesia más cercana del pueblo donde acaeciere diez días; por la segunda, veinte; y por la tercera, amonestándoles, según dicho es, la pena tres doblada; y si con todo esto reiteraren en el tal pecado, el cura del indio o dicho pueblo haga información en la cual haga mención de todas las amonestaciones que les ha hecho, y la remita al Vicario de la Provincia, para que los castigue ejemplarmente. Y si fuere mujer, se le hagan las dichas amonestaciones por el orden mismo: por la primera vez, vaya a la doctrina diez días, a tarde y mañana, con los muchachos; por la segunda, doblado; y por la tercera, tres doblado; y si perseverare en estar públicamente amancebada, sea desterrada del dicho pueblo donde acaeciere, pareciendo convenir así. Y si fuere indio común, que se le hagan las tres amonestaciones por el orden dicho: y por la primera vez, se le den veinte azotes amonestándole se aparte de tal pecado; se le dé la pena doblada, si no cumplen; reiterando en el dicho pecado, se le dé la pena doblada tres; y si todavía perseverare se haga información y se remita al Vicario; y si la mujer amancebada fuere casada, los dichos curas y jueces tengan cuidado, habiéndose de proceder, se haga con mucho recato de manera que no se le siga riesgo en su persona por razón de su marido y parientes".

Aún no estando libres de ser castigados físicamente y de que la ley atentase contra su integridad física, no obstante, la diferencia en cuanto a las sanciones, creemos

---

Sín. dioc. de Lima de 1586, c. 20: "Que los jueces y notarios no lleven derechos a los indios"; Sín. dioc. de Lima de 1592, c. 19: "Que los visitadores ni sus oficiales no lleven derechos a los indios, ni les condenen en penas pecuniarias".

60 J. de Acosta, De procuranda Indorum salute, vol. 2, Madrid: CSIC, 1987, 21.

61 Como dice Stingl: "Entre estos principios figuraba, por ejemplo, el de que un acto punible cometido por un miembro de la élite era una ofensa mucho más grave que si la misma contravención o delito fueran cometidos por un miembro del pueblo. Si uno de los señores seducía a la esposa de otro de su misma condición, tanto el seductor como la adúltera eran condenados a muerte. El adulterio entre la gente del *hatun runa*, en cambio, sólo era castigado con torturas" (M. Stingl, o.c., 243).

que no necesita comentario alguno[62]. Pasemos al segundo de los derechos fundamentales: la propiedad privada en un sistema de libre mercado.

En los tiempos de la sujeción al Cuzco, no cabían las relaciones de intercambio comercial libre. Las mismas, estaban férreamente subordinadas al control del Estado, de modo que nadie, a no ser que la autoridad se lo concediese[63], podía poseer más de lo estipulado por su condición o rango, ni existía el derecho a la detención de la propiedad privada y mucho menos a su acrecentamiento[64] (exceptuando algunas posesiones básicas como la primitiva vivienda, algunos animales domésticos y los utensilios de la casa[65]). Si había excedente de la producción agrícola o de los rebaños, que en algunos pueblos de pastores los Incas

---

62 Acosta se muestra de acuerdo en aplicar castigos corporales a los naturales, porque en su opinión, sin ellos el indio no cambia su voluntad. Lo que no acepta es el exceso en los mismos, ni que sean aplicados por los clérigos: "porque son de condición servil [los indígenas] y de costumbres las más de las veces pueriles. De tal menara se comportan, que si no tienen el estímulo del temor, fácilmente se desvían o se hacen el remolón" (J. de Acosta, De procuranda, vol. 2, o.c., 145). Un poco más adelante, sostiene: "La consecuencia es que hay que mantener a los bárbaros en su deber con castigos corporales. Pero por lo dicho queda descartado que sea el sacerdote quien los imponga" (ibid., 151). Finalmente, menciona el jesuita la más cruel de todas las penas: "el más cruel de todos, un corte de pelo, que los indios consideran la máxima ignominia" (ibid., 157).

63 Las concesiones provenían del Inca, pero estaban sujetas a rígidas cláusulas, que no transgreden la norma general en cuanto a la ausencia del derecho de propiedad privada, tal y como hoy lo entendemos, entre los antiguos habitantes del Tahuantinsuyo: "La principal fuente de propiedad individual consiste en las donaciones del inca... consisten en mujeres, tierras, llamas, vestidos, objetos preciosos... Las tierras recibidas en donación son inalienables; son transmisibles por herencia, pero no pueden ser divididas entre los herederos" (L. Baudin, o.c., 198).

64 La distribución de las tierras que los Incas hacían entre la población sometida, no suponían para ellos recibir un título de propiedad con todos los derechos adheridos al mismo. Como sostiene Baudin: "*El reparto que se hace entre los miembros de la comunidad es un reparto de usufructo solamente*" (L. Baudin, o.c., 189; la cursiva es del autor). Podríamos decir que la finalidad no era el progreso, sino la subsistencia, por lo que era facilitado a cada padre de familia lo necesario para sobrevivir, según los miembros de la misma, atribuyéndole los lotes o "tupus" que, teóricamente labrados, debían producir los frutos que cubriesen esas necesidades (cfr., ibid., 187–188).

65 Todo ello no era sino una miseria, como lo califica Baudin: "Los otros bienes que eran objeto de propiedad privada son la casa, el cercado, los árboles frutales, algunos animales domésticos y los muebles, que consisten sobre todo en utensilios domésticos... Todos estos bienes no forman sin duda sino un miserable peculio" (L. Baudin, o.c., 197).

autorizaron[66], debían enviarse a los almacenes y hatos del Estado, de modo que, aunque surgiese el espíritu emprendedor mercantilista entre los habitantes, la gama de productos con los que comerciar sería exigua. Por lo tanto, no se daba en el Tahuantinsuyo, a pesar de ser un sistema con un grado de perfección considerable si se lo compara con el de otros pueblos vecinos (y vencidos), una economía de libre mercado (estaba ausente el principal requisito: la libertad).

La primera consecuencia de la ausencia de tal sistema se produce en el ámbito de la apreciación de los metales preciosos, tan codiciados por los europeos por su valor monetario, el cual era desconocido por los naturales. El Inca había creado y desarrollado una extensa red de comunicaciones por la que circulaban enormes cantidades de productos, los cuales, dado el férreo control funcionarial, nunca llegaron a convertirse en moneda de cambio (hablamos a nivel nacional), ni en sí mismos ni transformados en el valor virtual del dinero. Como, acertadamente narra, Bravo Guerreira:

> "no se puede afirmar que en 1532 existiera una verdadera economía de mercado. Funcionó, eso sí, un activo y complejo régimen de transporte y movilización de bienes, siempre dirigido por el Estado mediante la gestión de sus funcionarios y a través de una completa red de centros administrativos... Pero el valor monetario era desconocido; los metales preciosos no pasaron de tener un carácter meramente suntuario que los hacía muy apreciados y que constituían con la ropa, maíz, las llamas o las mujeres y "yanas" uno de los principales bienes de redistribución"[67].

---

66 Con el ganado sucedía lo mismo que con las tierras: una parte al sol, otra al Inca y la tercera a la comunidad. Sólo que aquí el reparto, como nos relata Baudin, era asimétrico: el mayor número de cabezas pertenecía a los dos primeros: "Las reglas que se aplican al ganado son análogas a las que acabamos de indicar, pero el número de cabezas dejado al indio es mínima, mientras que el número de que disponen el soberano y el clero es considerable" (L. Baudin, o.c., 191). Bravo Guerreira nos señala, alguna excepción a esta regla de reparto en los lugares cuya subsistencia dependía de la cría de animales, que sin embargo, no ofrecía demasiadas ventajas para el indio común: "Cuando el Estado se apropió de las tierras de pasto, lo hizo también de los rebaños de llamas, pero en aquellos lugares en que la ganadería había sido el soporte principal de su economía permitió la continuidad de un cierto grado de su control por parte de las autoridades locales, que siguieron disponiendo de pequeños rebaños, a título personal, o como bienes propios de las comunidades, a los que se accedía, como a las tierras, en virtud de las relaciones de parentesco. No obstante, parece que los Incas limitaron su utilización como bienes de producción, y no de simple consumo, y no permitieron un incremento reproductivo de los pequeños hatos, cuyos excedentes pasaban a engrosar los grandes rebaños estatales" (C. Bravo Guerreira, El tiempo, o.c., 131).

67 C. Bravo Guerreira, El tiempo, o.c., 136.

La libertad, como la justicia, a la hora de ser valoradas debe tenerse en cuenta no sólo el momento presente en el que se ejecutan, sino y sobre todo, la situación anterior de la que procede la sociedad, para no caer en falsas apreciaciones. No existe una libertad perfecta, como no existe una sociedad regida totalmente por la virtud de la justicia. Ahora bien, podemos decir que una sociedad es más o menos justa, si la comparamos con otras próximas a ella, que se han desarrollado en circunstancias similares.

Los millones de "hatunruna" que formaban parte del Virreinato del Perú, en los años de celebración de los Sínodos toribienses (1582, 1584 y 1585), posiblemente ya no hubieran conocido, en su inmensa mayoría el sistema incaico. Tan sólo los más ancianos podrían hablar con propiedad y con experiencia directa de tal historia, todavía cincuenta años después de muertos Huáscar y Atahualpa. No obstante, aquel mundo seguía siendo, de algún modo, el suyo, por lo que con él confrontarían las nuevas instituciones y leyes, también las sinodales. ¿Qué había cambiado? Veámoslo detenidamente.

En la práctica, para muchos, la situación seguía siendo muy similar a la anterior: tenían que trabajar para otro señor, debían pagar impuestos, bien en servicios bien en especie o moneda, había trabajos en donde se les explotaba y otros en los que se les engañaba, etc. Ahora bien, en cuanto al derecho, la transformación era más que relativa. No nos referiremos ahora a la legislación civil[68], sino sólo a los artículos de los Sínodos que analizamos, que de alguna manera completaban a la anterior o la concretaban.

En primer lugar, constatamos que el indio, como ciudadano individual, aparece mencionado en el *ius scriptum*, lo cual era una primicia histórica y jurídica: ya no era una simple pieza en el engranaje (casi perfecto) ensamblado (y manejado) por los Incas, sino que tenía una categoría personal, social y legal, con sus

68 Múltiples cédulas reales y ordenanzas se podrían citar que hacen relación a los más variados aspectos de la vida de los indígenas y a sus derechos y obligaciones frente a la sociedad y al nuevo Estado. Citemos tan sólo algunos ejemplos de provisiones, hechas por el virrey Toledo, que hacen referencia al tema laboral y judicial: 1.- "Ordenanzas para los jueces de naturales", dada en Checacupe, a 25 de octubre de 1572; 2.- "Provisión con las normas para los reducidores de los indios", dada en Potosí, a 6 de marzo de 1573; 3.- "Instrucción de los jueces naturales", dada en La Plata, a 20 de diciembre de 1574; 4.- "Tasa de los jornales y salarios de los indígenas en la ciudad de La Plata", dada en La Plata, a 20 de diciembre de 1574; 5.- Ordenanzas sobre pleitos de indios e Instrucción para sus defensores", dada en la La Plata, a 22 de diciembre de 1574 (cfr., F. de Toledo, o.c., 223–230; 245–249; 461–486; 487–489; 491–500).

derechos y obligaciones, en principio, iguales a todos los demás[69]. En segundo lugar, no tenía por qué temer al arbitrio de una ley que otros dictaban, ya que las normas y las penas por los delitos estaban fijadas y podían ser conocidas por todos. En los mismos Sínodos, se concretan las sanciones, llegando incluso a distinguir diversas categorías en el estamento indio: cacique o principal, indio común o indio de sexo femenino[70]. Tal distinción no es puramente burocrática, sino que da al ciudadano una entidad jurídica como tal, de la que hasta el momento carecía.

Aunque los indios no eran condenados a penas pecuniarias (por lo general), sí estaban obligados a pagar tributos, de los cuales se sacaban los dineros para realizar las infraestructuras públicas, iglesias, escuelas y hospitales (de las que hablaremos en un apartado posterior), lo cual supone un primer indicador de que habían obtenido el derecho a la propiedad privada[71]. En los cánones de los Sínodos y Concilios se prohíbe expresa (y reiteradamente) a los sacerdotes de doctrinas o parroquias el trato y negocio con los naturales: prueba más que suficiente para comprobar que el indígena había entrado de lleno en una economía de libre mercado, en la que detiene sus propias posesiones, de las que puede disponer: comprar, vender, enajenar, donar, intercambiar (con todos los problemas a ello adjuntos, en los que en este momento no nos toca entrar)[72]. Como asalariados tenían derecho a descansar los días domingo y las festividades; debía pagárseles un sueldo que había sido estipulado; y existían ciertas instancias a las que podían recurrir en caso de que sus patronos no cumpliesen con ellos.

---

69 Recordemos que en el Sínodo de 1585, de las noventa y tres constituciones, setenta van dirigidas directamente a los naturales.

70 Para el tema del descanso festivo y el cumplimiento del precepto religioso, véase el c. 82, del Sínodo de 1585: "De la pena de los que no guardaren las fiestas y no vinieren a misa".

71 Cánones que hacen expresa mención al cobro de los diezmos a los indios o del cobro de los tres novenos, son los cc. 30 y 31, de 1585, que dicen, respectivamente: "Que al cobrar los diezmos se hallen presentes los curas de los pueblos de indios"; "Que los curas tengan particular cuidado en cobrar los tres novenos".

72 Dan testimonio indirecto de lo mismo los siguientes cánones de 1585: el 19, "Que los curas de indios no tengan grangerías ni tratos; el 35, "Que los vicarios y jueces eclesiásticos no consientan que los clérigos ni otros jueces seglares hagan informaciones ni averiguaciones de las deudas y ausencias de los curas de indios"; el 65, "Que ninguna justicia ni otras personas impidan el comprar o vender el sustento a las personas eclesiásticas, y moliendas"; y el 71, "Que los indios ganaderos y de otras estancias sean compelidos a venir a misa".

Así pues, sin abundar más en el asunto, podemos afirmar que las constituciones sinodales, bien como complemento bien como concreción, posibilitaron el desarrollo de leyes e instituciones que, al menos, con respecto a la etapa precedente, ofrecían a los ciudadanos la posibilidad de disfrutar de un esquema de libertades, previamente desconocido. Las tales, en opinión de Rawls, no podrían ser reducidas, ni mucho menos anuladas, en aras de una sociedad, como la precedente, por estupendo que fuese su sistema productivo.

- *Principio de la diferencia*

Como nos ha explicado Rawls, las desigualdades sociales y económicas tienen que ser organizadas de modo que ambas:

- estén puestas al servicio del mayor beneficio posible de los más desafortunados, respetando ciertas reglas, y
- vayan ligadas a empleos y cargos públicos abiertos a todos, manteniendo una justa igualdad de oportunidades.

¿En qué medida los cánones que abordan la cuestión de las fiestas de guardar y el descanso laboral contribuyeron a potenciar este principio? Sin duda alguna, la clase menos favorecida en la sociedad virreinal de la segunda mitad del XVI, era la gran masa de los "hatunruna" (no entraban aquí los caciques, curacas o indios principales) que por causa del nacimiento, partían con desventaja. Creemos que las disposiciones sinodales se ajustan con bastante precisión a este presupuesto rawlsiano. Nos basamos para afirmar lo anterior, en las siguientes observaciones.

En primer lugar, los artículos que definen los días de "fiestas de guardar" que se suman a los domingos, hacen una directa mención a la situación de los indígenas. A ellos, dado que la norma conllevaba unas obligaciones concretas, no se les constriñe a observar todos los festivos que afectan a los españoles. Ahora bien, puesto que de ella dependen los días de descanso, entonces se diferencia: si el indio, por ser pobre y necesitar el dinero o el producto, quiere trabajar ese día festivo que no es para él de precepto, la ley se lo permite; si, por el contrario, sometido a muchas horas de faena, por cuenta propia o ajena, desea guardarlo y tomarse la jornada libre, nada se lo impide[73]. Más aún, se autoriza a los naturales

73 Así lo expresa el c. 52, de 1585: "Que nadie compela a los indios a que trabajen las fiestas que no quisieren". Si acudimos a los Provinciales, podemos mencionar el c. 21, de los naturales, en el Limense I: "Qué fiestas son los indios obligados a guardar"; el c. 55, de los españoles, del mismo Concilio: "Que todos los cristianos guarden las fiestas, y cuáles son las que se han de guardar y la pena de los quebrantadores"; el c. 90, de los indios, del Limense II: "Quae festa sunt ab indis intra annun ex praecepto observanda"; o el

que no habitan en ninguna población, sino dispersos en estancias por el campo, que puedan descansar en las mismas fechas que lo hacen en los pueblos, villas y ciudades, con el doble beneficio antes aludido[74].

El legislador, temiendo que el cumplimiento de estas constituciones, no resulte tan sencillo, pues, no sólo está en juego el interés de la clase más desfavorecida, sino también el de otras, las cuales pondrán todos los obstáculos al disfrute de los derechos que al natural le eran concedidos, en lo tocante a no tener que trabajar, emite un refuerzo de las mismas: prohíbe al español, normalmente dueño o administrador de los "obrajes, granjerías, ingenios, telares, minas y otros" donde se ocupaban los indios, que ejecute actividad alguna los tales días. Esta prohibición viene reforzada por penas pecuniarias y con la mención expresa de no constreñir al que no quiera acudir a su trabajo[75].

---

c. 9, de la Ac. 4, del Limense III: "De los días de guardar". El canónigo Bermúdez, que nos ha dejado una copia manuscrita de casi todos los Sínodos diocesanos convocados por Mogrovejo (hecha a principios del XIX) y que ha manejado la versión en latín que de los mismos había realizado en siglo XVII Haroldo, quien había introducido ciertos comentarios a los cánones, nos deja una reflexión muy ilustrativa, en lo tocante a c. 52, del Diocesano de 1585: "El Señor Benedicto XIV en su breve Venerabilis expedido en 15 de diciembre de 1750, ordena a los Arzobispos y obispos de indios occidentales y de las Américas septentrional y meridional sujetas al Rey Católico que exceptuando los días de domingo, de la [lista de festividades]... así mismo los del patrón y tutelar de cualquier lugar para solos los que en él habitan, en los cuales queda íntegra la obligación de precepto pero los demás días festivos, hora sean mandados por la Santa Silla o por las constituciones sinodales o por cualquier otro título, se pueda trabajar sin escrúpulo alguno, después de haber oído Misa. Supuesta esta disposición, no hay duda como aparece del capítulo 9 de la Acción cuarta del Concilio Limense del año de 1582 [1582–1583] y del presente capítulo que nadie puede obligar a los indios a trabajar en tales días dispensados con solo el cargo de oír Misa. Se duda si esto mismo deberá practicarse con los negros esclavos" (J. Torres (ed.), o.c., 55).

74 La permisión viene expresada en el c. 58, del Sínodo de 1585: "Que las fiestas de guardar en los pueblos y ciudades, villas y lugares se guarden así mismo en el campo".

75 Véase el c. 18, del Diocesano de 1585: "Que ningún español camine en día de domingo y fiestas de guardar"; el c. 52, del mismo Sínodo: "Que nadie compela a los indios a que trabajen las fiestas que no quisieren"; el c. 61, también en éste: "Que los curas de indios compelan a los españoles que residen entre los indios a oír misa y guardar las fiestas". De los Provinciales, podemos citar: el c. 132, de los españoles, del Limense I: "Ne dominicis et festivis diebus nundinae et mercatus fiant"; el c. 97, de los indios, del mismo: "Quod hispani diebus festivis et dominicis non iter agant neque a populo indorum eggrediantur ante missam"; o el c. 40, de la Ac. 3, del Limense III: "Los días festivos deben observarse".

Así pues, los naturales menos afortunados disponían de un instrumento jurídico al que, en caso de necesidad, podían acudir para reclamar sus derechos. No obstante, ellos también tenían que cumplir con la obligación de guardar las fiestas y los domingos, descansando en tales jornadas. Caso contrario, la norma disponía una serie de penas (nunca pecuniarias, lo cual suponía también una concreción del principio de la diferencia a favor de los peor situados en la escala social), que variaban según el estado del indio: había una para el cacique o indio principal; otra distinta a la anterior para el indio común; y una tercera para la india (lo cual, a su modo plasma, de nuevo, el presupuesto del que hablamos)[76].

Si el principio de la diferencia, permitía desigualdades siempre que estuviesen al servicio de los más desfavorecidos, permaneciendo los puestos y las oportunidades accesibles a todos, hemos podido comprobar en este apartado que las constituciones sinodales contribuyeron, en la medida de sus posibilidades, a que la primera parte del presupuesto rawlsiano se hiciese realidad. Para verificar su aportación a la segunda, remitimos a la sección siguiente de este capítulo, que trata de las "instituciones de enseñanza y las lenguas indígenas", en el apartado que toca el mismo principio aquí tratado.

– *Principio de la eficiencia*

Buena parte del razonamiento, que debíamos introducir bajo este epígrafe, ha sido ya desarrollado en el primero, cuando hablamos de la cooperación. En consecuencia, aquí, tan sólo tocaremos algunos aspectos que completen lo allí expuesto.

---

76 Ofrecemos el c. 82, del Sínodo diocesano de 1585, que fija tales sanciones: "Item, el indio que en día de domingo y fiesta de guardar de ellos no viniere a misa, no teniendo justo impedimento que de derecho lo excuse, o trabajare en el dicho día de fiesta, si fuere *cacique o indio principal* sea penado en que sirva a la iglesia de un pueblo cuatro días, y en ella asista, la tarde y mañana con los muchachos, por la primera vez; por la segunda, doblada la pena; y si continuare, se haga información, según dicho es, y se remita al vicario de la provincia. Y si fuere otro *cualquier indio*, se le den veinte azotes por la primera vez; y por la segunda, doblada la pena; y si continuare, se haga información y se remita, según dicho es. Y si fuere *mujer*, la que faltare de misa o trabajare en los dichos días, sea penada en que acuda a la doctrina cuatro días continuos con los muchachos, a tarde y mañana, por la primera vez; y por la segunda, doblada la pena; y si continuare se haga información y se remita al dicho vicario, según dicho es" (la cursiva es nuestra).

Podemos iniciar este punto, con una cuestión: ¿Contribuyeron las normas de las que hablamos a crear instituciones fomentadoras de una sociedad más productiva y eficiente o, por el contario, supusieron un impedimento para el nacimiento y desarrollo de las mismas? Para responderla, volvamos por unos instantes a la época anterior.

Por lo dicho más arriba, la organización incaica no sólo fomentaba la cooperación social, haciendo que el individuo no dejase de aportar su contribución a los oficios comunitarios, fuesen éstos agrícolas, ganaderos, de logística o militares, sino que su grado de eficiencia, en su conjunto, era destacable. Podríamos decir que el engranaje incaico, aún con sus lógicas imperfecciones por ser obras de humanos, podía llegar a funcionar con la precisión y eficacia de una máquina, en la que lo importante era el beneficio del conjunto, pudiendo en cualquier momento prescindirse de una o de varias de las piezas, a excepción de la cabeza (que en el caso de Huáscar, también rodó). Es decir, no podemos hablar de la primacía de las libertades, ni de la inviolabilidad de la persona, pero sí de una maximización de los recursos, especialmente personales, a favor del mantenimiento de un Estado, identificado con su élite, a cuyas expectativas servía[77].

Como ya hemos señalado, todo este organismo altamente ordenado, se apoyaba ideológicamente en dos pilares: la idea religiosa de la teocracia y la fuerza militar. Ambas, prácticamente desaparecen en la época siguiente, lo que conducirá al desvanecimiento de la eficiencia de todo el cuerpo social. Con la introducción de una religión no centrada en el miedo, que contribuía a la aparición de libertades personales y colectivas, basadas en la dignidad y el respeto a la persona; la presencia de un ejército, sin duda temido, pero exiguo, no imponía el temor necesario como para sujetar el edificio estatal construido por los Incas. En consecuencia, las estructuras nuevas, si bien preñadas jurídicamente de libertades, no poseían la virtud de construir un sistema tan complejo y eficiente como el anterior. Los cánones de los Sínodos que participaron y contribuyeron a la nueva situación, son también responsables de esos resultados que, por lo menos a corto plazo, no podían competir con los precedentes.

77 Pensemos que persona y familia, en prácticamente todo lo que les concernía, estaban bajo la voluntad del Estado y a él quedaban supeditadas en su totalidad. Incluso, grupos enteros o ayllos podían ser forzados a desplazarse en aras de intereses políticos o económicos colectivos: "El desplazamiento de familias, de «ayllus» completos, o de grupos étnicos en masa, fue práctica común entre los Incas, y se sirvieron de los «mitimaes» para controlar el desarrollo económico o la seguridad política de su imperio" (C. Bravo Guerreira, El tiempo, o.c., 100).

Ahora bien, a medio y largo plazo, el rígido régimen incaico llevaba en sí su propia semilla de destrucción. Bastaba debilitar o eliminar a la pieza fundamental del mismo para que toda la edificación se viniese abajo; como hemos visto en el primer capítulo, así aconteció con la detención y muerte de Atahualpa. Las instituciones castellanas no presentaban, pues, esa capacidad de funcionamiento ni su eficacia, pero a largo plazo eran las únicas que podían sobrevivir, con las debidas modificaciones, en un mundo de seres libres e iguales, que pretenden construir una sociedad cada día más justa. A ello, sí que contribuyeron las disposiciones de los Sínodos diocesanos.

Por lo tanto, creemos que, independientemente de los resultados de productividad, un sistema basado en la ausencia de libertades, en la que el individuo debe servir al Estado (y no al revés), y en la que éste decide sobre prácticamente todas las áreas de la persona y su familia, no es sostenible en el tiempo, llevando en sí, el germen de su desaparición, por más eficiente que a corto plazo se manifieste. Por el contrario, por contradictorios que puedan ser (o parecer, no entramos en ello) los datos económicos dentro de una organización estatal, cuyas instituciones y leyes se apoyan en los pilares de las libertades (inviolabilidad de la persona, propiedad privada, etc.) y del *ius scriptum*, ésta se mantendrá en pie con mucho más fundamento, si bien, pueda y deba ser modificada. Creemos que a esta última responden y, a su manera, han contribuido, los cánones de los Sínodos diocesanos limenses de 1582, 1584 y 1585.

– *Principio de publicidad*

Se nos habla en los artículos sinodales de la obligación de los párrocos y doctrineros de tener las tablas en las que aparecían las fiestas que eran de precepto, además de dar a conocer a los indios cuáles eran esos días e insistir en su cumplimiento. Citemos, por ejemplo, los cc. 5 y 8, del Diocesano de 1584; o los cc. 18, 50, 52, 58, 61 y 82 del de 1585. Todo Sínodo, en el que aparecían tales cánones, debía ser publicado solemnemente y los sacerdotes debían darlo a conocer a sus feligreses.

Transcribimos, a continuación, algunos párrafos que son testimonio fehaciente de la voluntad del legislador, de hacer que las normas promulgadas se convirtieran en patrimonio común de todos los ciudadanos, fuesen éstos blancos, mestizos, indios o negros. En el Diocesano de 1582, tenemos:

> “E yo Juan Rodriguez de victoria, clerigo presbytero, secretario del dicho concilio doy fe que me halle presente a todo el dicho synodo y constituciones en el contenidas y a su publicaçion, como dicho es y por verdad lo firme de mi nombre, testigos que fueron presentes a la susodicha publicaçion, el doctor Muñiz arçediano del Cuzco, y el canonigo

Alonso Martin y el doctor Juan de la Roca, cura desta sancta yglessia. Publicolo el bachiller Christobal Sanchez de Renedo, cura de la dicha yglessia. Juan Rodríguez de Victoria. Secretario"[78].

La parte conclusiva, del corto Sínodo de 1584, tampoco deja lugar a dudas:

"En la iglesia mayor desta ciudad de los Reyes al tienpo del ofertorio en la misa mayor, domingo nuebe dias del mes de febrero de mill y quinientos y ochenta y quatro años, en el pulpito lei y publique las constituçiones arriba contenidas del sacro conçilio synodal al pueblo, por mandado del Ilustrisimo señor don Toribio Alfonso Mogrovejo, arçobispo desta santa yglesia; y tambien lei luego las dos constituçiones del sacro Conçilio Tridentino, la una que trata de residençia episcoporum y la otra de residençia de curatorum en presençia de su señoria Ilustrisima y testigos presentes el licenciado don Bartolome Martinez arçediano, y don Pedro Villarverche, maestre escuela desta santa yglesia; y el licenciado Ramirez de Cargagena oydor de la real audiençia y otra mucha gente. En fee de lo qual lo firme para que conste dello, que es fecha en esta dicha ciudad de los Reyes, a diez y ocho de março de myll y quinientos y ochenta y cuatro años. El Bachiller Gonçalo de Trejo de la Çerda, Secretario"[79].

Finalmente, ofrecemos unas líneas de la larga conclusión del de 1585, que por lo demás, deja bien patente, la intención de la autoridad: todos los ciudadanos deben tener conocimiento de las leyes:

"Dada en el pueblo de Santo Domingo de Yungai, a diez y siete dias del mes de Jullio de mil e quinientos e ochenta y çinco años. Por tanto, exortamos y requerimos y mandamos, a todas e qualesquier personas eclesiasticas y seglares, estantes y avitantes en este nuestro arçobispado, que, desde el dia de la publicaçion deste conçilio signodal en adelante, las ayan e tengan, guarden y executen por tales constituçiones signodales deste nuestro arçobispado, en todo y por todo, segun y en la forma que en ellas y en cada una dellas se contiene… y mandamos que las dichas constituçiones sean leidas e publicadas en la yglesia deste pueblo de Santo Domingo de Yungay y en nuestra santa yglesia catedral de los Reyes, y tengan fuerça y vigor de constituçiones signodales, que nos se le damos quanto para su validaçion se requieran. Acabaronse estas constituçiones signodales, a gloria y honrra de Dios nuestro Señor, en el pueblo de Santo Domingo de Yungai de la provinçia de Guaylas, a diez y siete del mes de Julio de mill e quinientos e ochenta y çinco anos. Toribio archiepiscopus de los Reyes. Por mandado de su Señoria Illustrisima. Joan Rodriguez, secretario arhiepiscopus de los Reyes. Por mandado de su Senoria Illustrisima. Antonio Rodriguez, secretario. T. Archiepiscopus de los Reyes Por mandado de su Señoria Illustrisima. Bernardino de Almanza, notario publico, secretario"[80].

---

78 J. L. Fernández Cadavid, "La Justicia Social en los Sínodos…, 484 (con alguna pequeña adaptación).

79 Ibid., 496 (con alguna pequeña adaptación).

80 Ibid., 586–587 (con alguna pequeña adaptación).

Por lo que aparece en los artículos de estos Sínodos, y en sus partes introductorias y conclusivas, el principio de publicidad es ampliamente cumplido por la legislación que estamos estudiando. Por lo que nos ha llegado, podemos intuir que la voluntad del legislador buscaba que cada ciudadano conociese las leyes que le obligaban y las guardase, presuponiendo que todos los demás harían lo mismo.

d. Conclusión

Primera. Podemos decir que el marco social y laboral en el que se emiten los cánones de los Sínodos está caracterizado por las reducciones y la encomienda, en las que participaban un buen número de indios. Una vez que se vino abajo el férreo sistema incaico, se produce una desintegración social progresiva y las fuerzas que lo mantenían unido, y que aseguraban la participación del individuo, desaparecen. En el nuevo, no está asegurada la cooperación social de los ciudadanos. Ésta tiene que ser favorecida por la legislación. Las constituciones sinodales, con los artículos que obligaban a descansar domingos y fiestas, tanto a españoles como a indios contribuyeron a su manera, aún no siendo decisivos, a hacer posible la misma.

Segunda. Partamos, de nuevo, de la situación anterior, en la que prácticamente todas las dimensiones del indígena venían determinadas por la autoridad incaica, que puso un énfasis especial en regular las actividades económicas, de corte básicamente agrícola y ganadero. El individuo no tenía sentido, sino en función del Estado, al cual debía pagar en servicios los tributos correspondientes, siendo éste lo absoluto y no la persona. Los cánones de los Sínodos y Concilios, por el contrario, reflejan una situación nueva, en donde la libertad hace su aparición. Ello es fruto y, al mismo tiempo, conlleva una inversión de perspectivas: el indio tiene valor por sí mismo, no sólo en función del Estado. Y aunque de hecho se cometieron abusos, al menos de derecho, la legislación sinodal era fruto de un esquema de libertades previamente desconocidas en aquellas tierras, a las cuales pretendía contribuir. A ello responden los artículos que regulan diferentes áreas como la justicia, los intercambios comerciales o las sanciones, de carácter mucho más humano, así como las recomendaciones que insisten en el buen trato al natural y recuerdan el estatus jurídico del indio trabajador.

Tercera. Creemos que si por algo se caracteriza la legislación sinodal es por mantener un manifiesto trato diferencial, siempre beneficioso para el indígena. Así lo muestran, por ejemplo, las disposiciones que amplían el número de días no laborables a los cuales pueden acogerse los que así lo decidan; o aquéllas, que permiten trabajar en otros muchos, que son de precepto para los españoles, de modo que, quien se encuentra urgido por su pobreza, disponga de la salvaguarda jurídica necesaria para ganarse el sustento laborando dichas jornadas. A lo mismo contribuyen los artículos que obligan a los patronos a descansar esos días, prohibiéndoles incitar o forzar a los indios a trabajar. Si observamos las normas que fijan las sanciones, nos encontramos ante la misma voluntad legislativa: se establecen diferencias, siempre favorables a los menos afortunados.

Cuarta. Si hablamos en términos de eficacia económica, las leyes de los Sínodos, como las demás, estaban edificando instituciones las cuales, al menos a corto plazo, se manifestaron altamente ineficientes, en especial, si las comparamos con las de la etapa pre-colombina. Ahora bien, las bases sobre las que las mismas se levantaban permitieron que tal sistema perdurara en el tiempo, haciendo que enormes grupos de personas acabaran por integrarse en una organización social, con posibilidad de participar de todos sus beneficios, lo que previamente estaba férreamente reservado a la élite.

III. Instituciones de enseñanza y lenguas indígenas

1. Introducción

Es un lugar común para muchos autores, tanto de la época que estamos estudiando como de siglos posteriores, el insistir en la poca capacidad que el indígena medio tenía para aprender, sobre todo, nociones abstractas. Incluso se hace alusión a ella en los artículos de los Concilios y Sínodos, de manera más o menos directa, cuando se indican ciertas obligaciones que tiene el doctrinero por la "poca capacidad de los naturales"[81]. También hay otros autores que, situándose en el extremo contrario a los primeros, alaban en gran manera las disposiciones intelectuales de los indígenas, poniendo en ellos o, al menos, en la gran mayoría todo tipo de dones y capacidades mentales.

No sólo en nuestra opinión, sino también en la de muchos estudiosos, la cuestión hay que enfocarla sin pasiones de color alguno, no dejándose arrastrar por valoraciones radicales de ningún tipo, sean éstas positivas o negativas. Lo mejor para no caer en ellas es abordar cada caso concreto por separado, de modo que evitemos las generalizaciones indebidas[82]. Además, para no falsificar

---

81 En el Sínodo de 1585, leemos en el c. 17: "especialmente entre los indios que, como gente nueva y de poca razón"; en el c. 28: "por ser gente los indios de poca capacidad"; y, finalmente, en el c. 30: "por ser gente miserable y de poco entendimiento".

82 No queremos decir con ello que haya que discernir las facultades intelectuales de cada indio individualmente considerado, sino más bien, de determinados grupos que entre ellos se pueden establecer atendiendo a factores diversos: clase social, ayllo, dones naturales, sexo, edad, etc.

o tergiversar los datos históricos, creemos necesario acudir a las narraciones de aquellos testigos directos, las cuales, si bien habrá que leer críticamente, no cabe duda que son las más autorizadas para darnos una imagen creíble de los acontecimientos. Uno de estos escritores fue José de Acosta, a quien hemos ya mencionado en varias ocasiones, quien visitó personalmente, observó y reflexionó sobre lo que pudo contemplar. Como él mismo afirma,

> "los que viven de cerca las Indias y ven con sus propios ojos y palpan con sus manos los propios asuntos de la fe y de la Iglesia, aunque ellos sean teólogos menos famosos, razonan, sin embargo, con más lógica y más acertadamente"[83].

Este jesuita, perspicaz observador y atrevido pensador, recoge la opinión, no poco común entonces, incluso entre los mismos misioneros y otras autoridades, acerca de las pocas luces que supuestamente los indios poseerían para aprender, dejándonos sobre lo mismo la siguiente reflexión:

> "¿Acaso no oímos a los indios tocar a cada paso muy artísticamente mucha y muy buena música tanto de voces como de flautas y atabales?... ¿No acostumbran a practicar correctamente los oficios de la Iglesia? ¿Quién ignora que cada cual a su manera son maestros en el arte de escribir, de pintar y de modelar? ¿No vemos que también ellos saben entablar pleitos y defenderse con astucia pleiteando con frecuencia con sus amos hasta ganarlos a veces?"[84].

Este teólogo, jurista y experto en las Indias, intenta situar el problema del aparente fracaso de la evangelización en sus justos elementos. Quizá no esté el fallo en la capacidad del indígena, sino más bien en los instrumentos y métodos empleados para enseñarles el Evangelio. Si hay indios, los cuales no sólo aprenden otros conocimientos y oficios sino que llegan a ser peritos en esos dominios, ello significa que con respecto a las verdades de la fe el planteamiento ha de ser otro. De hecho, este autor coloca la causa de los escasos frutos en cuanto a la instrucción cristiana, no en los naturales, sino en los transmisores del mensaje y en el método utilizado:

> "¿O no es, por el contrario, que si los nuestros como pusieron tanto cuidado y diligencia en esas cosas humanas que son tan necesarias, hubieran puesto igual en instruirlos en la fe, no habrían encontrado discípulos tan indolentes, ni los hubieran dejado tan ignorantes?"[85].

---

83 L. Pereña, Carta Magna de los indios, Madrid: UPSA, 1987, 76.

84 J. de Acosta, De procuranda Indorum salute, vol. 2, Madrid: CSIC, 1987, 21.

85 Ibid., 23.

No nos interesa aquí la cuestión de la eficacia evangelizadora, sino constatar si los naturales de aquellas tierras disponían de las facultades necesarias para aprender. Según Acosta, no cabe dudar de ello. Al menos, si somos capaces de reconocer que no todos poseen los mismos dones naturales y sabemos distinguir, entre los indios, diversas categorías. Él ha recorrido durante varios años los múltiples lugares que conformaban la geografía del obispado de Lima en el siglo XVI, concretamente desde su llegada en 1572 hasta 1576 (año en que escribe el *De procuranda Indorum salute*) y con posterioridad. De sus observaciones empíricas saca las siguientes conclusiones en lo que respecta a la diferencia que podía ser establecida entre los naturales. Tres categorías básicas podrían ser fijadas, a partir de sus descripciones: en la primera,

> "entran los hombres salvajes, semejantes a las bestias, que apenas tienen sentimientos humanos. Sin ley, sin rey, sin pactos, sin magistrados ni régimen de gobierno fijos, cambiando de domicilio de tiempo en tiempo y aun cuando lo tienen fijo, más se parece a una cueva de fieras o a establos de animales... no ejercen otra profesión que la de derramar sangre, son crueles con todos los huéspedes, se alimentan de carne humana, andan desnudos cubriendo apenas sus vergüenzas... De ellos hay en el Nuevo Mundo innumerables manadas. Tales son los chunchos, chiriguanás, moxos, iscaicingas, vecinos nuestros que conocemos; tales dicen ser buena parte de los pueblos brasileños"[86].

Si los autores, cuya opinión acerca de la capacidad del nativo es negativa, piensan en este grupo de indígenas es normal que al generalizar cometan el error de decir que los mismos no tienen capacidad suficiente (por naturaleza) para entender verdades como las de la fe u otras del mismo tipo, ya que así sucedía con los individuos que arriba el jesuita nos describe. No obstante esto, la injusticia queda ya cometida, ya que no todos los naturales pertenecían a este nivel, no queriendo ahora polemizar acerca de los porcentajes que englobaba el mismo con respecto a la totalidad. Pasemos a la siguiente clase, siguiendo de nuevo a Acosta. La segunda categoría engloba a aquellos pueblos:

> "bárbaros que, aun sin ser tan fieros como tigres o panteras, poco se diferencian, sin embargo, de los animales, también ellos desnudos, asustadizos y entregados a los más degradantes vicios de Venus o incluso de Adonis. Tales dicen ser los que los nuestros llaman moscas en el Nuevo Reino [de Granada], tal la gente que habita promiscuamente

---

86 J. de Acosta, De procuranda Indorum salute, vol. 1, Madrid: CSIC, 1984, 67. Además de los datos de Acosta, seguimos el criterio de Pereña, quien comenta este párrafo del jesuita, añadiendo que a la "primera categoría de indios peruanos, la mas baja e inferior en la escala de «hominidad»,... José de Acosta les acusa de criminales de lesa humanidad, de agresores contra la solidaridad humana y de violadores de los derechos fundamentales del hombre" (L. Pereña, Carta Magna, o.c., 64–65).

en Cartagena y a lo largo de todas sus costas y los que pueblan las grandes campiñas del inmenso río Paraguay, así como la mayor parte de los pueblos que ocupan el espacio infinito que media entre los dos océanos, aún no bien explorados pero de cuya existencia consta con certeza"[87].

De la descripción dejada por el jesuita, se nos antoja que las capacidades intelectuales de estos últimos, si bien podían existir honrosas excepciones, no diferían grandemente con respecto a los primeros. No cabe duda, que son un grupo que dispone posiblemente de un grado mayor de la misma, ya que no se caracterizan por la bestialidad o ferocidad del anterior, pero todavía podrían ser incluidos bajo la denominación, aplicada por muchos autores a la mayoría de los indígenas, en lo que a su carencia de apropiadas facultades intelectuales se refiere. Veamos, a continuación, la última de las clases, que comprendería:

"aquellos bárbaros que, aunque no han conocido el uso de la escritura ni las leyes escritas ni la ciencia filosófica o civil, tienen, sin embargo, sus magistrados bien determinados, tienen su régimen de gobierno, tienen asentamientos frecuentes y fijos en los que mantienen su administración política, tienen sus jefes militares organizados y un cierto esplendor de culto religioso; tienen, finalmente, su determinada norma de comportamiento humano... Y suplieron (parece casi increíble) la falta de escritura con tal derroche de ingenio que guardan memoria de sus historias, ritos y leyes y, lo que es más, de la trayectoria de los tiempos y del recuento de los números con unos signos y memoriales por ellos inventados, que llaman *quipos*, de suerte que a menudo los nuestros, con todas sus escrituras, se rinden a su pericia"[88].

Llegamos, pues, a una categoría de indios, los cuales no podrían ser incluidos dentro de esa generalización de los que carecen de capacidad. Los Incas, pueblo originario, probablemente, de los altiplanos bolivianos, se habían ido extendiendo a

---

87 J. de Acosta, De procuranda, vol. 1, o.c., 67.69. Pereña, parafrasea este texto, añadiendo algunos datos que el jesuita da en otra parte de su obra: "parecían medio hombres. Eran tímidos y pacíficos, débiles y asustadizos, ignorantes y rudos, más nacidos para ser esclavos que para mandar, no tenían ninguna forma propia de comunidad política, ni gobernantes ni leyes y andaban errantes, a modo de bestias, sin asiento fijo ni seguridad jurídica; vivían entregados a los más degradantes vicios de la lujuria e incluso sodomía" (L. Pereña, Carta Maga, o.c., 67).

88 J. de Acosta, De procuranda, vol. 1, o.c., 63.65. Pereña, comenta, al respecto: "La tercera categoría de indios peruanos comprendía a los incas cuyo imperio, sistema de gobierno, leyes e instituciones todo el mundo puede justamente admirar... Sorprende su admiración por la cultura incaica, por su régimen monárquico, por sus leyes y técnica avanzada, por su organización tributaria y también militar... Acosta alaba y admira las condiciones de su identidad cultural, su modelo de organización social y política, y su amor a la independencia nacional..." (L. Pereña, Carta Magna, o.c., 68).

base de conquistas por el Norte y Sur del continente[89], en una franja enorme que abarcaba buena parte de la costa Oeste suramericana. Posiblemente, no fueron un pueblo muy numeroso, pero su mayor desarrollo organizativo y militar hizo que dominasen al resto de tribus que iban encontrando en su camino, creando un imperio a lo largo de la costa, desde el norteño Quito hasta la parte más meridional del continente[90].

Recordemos una vez más que no hacemos aquí valoración moral de sus costumbres[91], sino una apreciación o constatación de datos que nos demuestren que, al menos, para esta comunidad indígena, la afirmación de la carencia de capacidad para aprender, y de alcanzar ciertos niveles de abstracción, no puede ser aplicada a todos por igual, convirtiéndose en categoría equivocada al usarla para este último grupo descrito. De hecho Acosta va a decir de los indios de la Nueva Castilla:

---

89 Como nos dice Baudin, recogiendo diversos estudios sobre los pueblos que habitaban el antiguo territorio de lo que fue el Virreinato de la Nueva Castilla: "Después de la civilización de Chavin y mientras se desarrollaban sucesivamente en la costa las civilizaciones de Chimú y de Paracas, de Recuay y de Nazca-Ica, en la planicie se había instalado un imperio. Sus fundadores, avanzando desde el Sur hacia el Norte, invadían todo el corredor interandino. La capital, Tiahuanaco, está situada sobre los bordes del lago Titicaca, y es extraño cómo una gran ciudad ha podido existir en semejante desierto" (L. Baudin, El Imperio socialista de los Incas [trad. de J. A. Arze], Madrid: Rodas, 1972, 97).

90 Lograron conquistar un enorme espacio geográfico que, en la época que llegaron los españoles, abarcaría unos cuatro mil kilómetros de longitud, de Norte a Sur. Ello no fue tarea sencilla, ya que los pueblos que fueron sometiendo, asentados desde remotas épocas en el territorio, presentaban dura resistencia. Un ejemplo de ello, fue el pueblo Chimú: "En el Norte, el Estado chimú parece haber tenido larga vida, porque existía aún en tiempo de los incas, quienes lo conquistaron a mediados del siglo XV, después de una guerra encarnizada" (L. Baudin, o.c., 95).

91 Como Pereña recuerda, el mismo Acosta describe sus costumbres de manera crítica: "Denuncia su poder despótico y el absolutismo monárquico, su fanatismo religioso y sus ritos sanguinarios, su política discriminatoria y su represión sobre las minorías étnicas, conquistadas y sometidas por la fuerza. Su unidad de lengua, de poder y de obediencia era mantenida por la represión y tiranía de sus reyes, por un sistema jerárquico durísimo, centralizador, administrativo, legal y económico… denuncia también los crueles tormentos a los que sometían los incas a sus vasallos… Acosta remite a los primeros cronistas" (L. Pereña, Carta Magna, o.c., 69).

"jamás he visto yo que estén privados de ingenio, antes en gran parte son agudos, ingeniosos y con no pequeña habilidad para fingir y disimular"[92].

Así pues, numerosos o no, el pueblo inca tenía las capacidades mentales necesarias para recibir y comprender, no sólo oficios y artes, sino también verdades abstractas y generales, como eran las de la fe y otras. Ello constituye el presupuesto básico, que justificaría la emisión, en los Concilios y Sínodos de Lima, de constituciones referentes a la formación de los naturales, así como las disposiciones que creaban para ellos escuelas, instituciones de enseñanza práctica y colegios mayores orientados a los estudios universitarios. La promulgación de tales artículos parte de la constatación de tal realidad en cuanto a los dones naturales de los indios, si bien, no se olvida que existen diversas categorías como las arriba establecidas. A continuación veamos los cánones de los tres primeros Sínodos diocesanos convocados por Mogrovejo que hacen referencia al respecto.

2. Cánones[93]

Sínodo de 1582:

Capítulo 9. Que los curas digan la doctrina y los que están en doctrina la enseñen personalmente.

Otrosí, mandamos que todos los curas enseñen la doctrina cristiana los domingos y fiestas de guardar, y en la Cuaresma dos días en la semana, conforme a la constitución diez y siete del Concilio provincial primero, so la pena de la dicha constitución; so la cual pena mandamos a los clérigos que están en doctrinas de indios digan personalmente la doctrina... los días que están obligados a decirla. A los cuales mandamos tengan particular cuidado en decirles la doctrina cristiana de mañana en los días de trabajo para que puedan ir a sus labores, so pena de cuatro reales por cada una vez que lo contrario hicieren aplicados para su iglesia.

---

92 J. de Acosta, De procuranda, vol. 2, o.c., 23.

93 Están tomados de, J. L. Fernández Cadavid, "La Justicia Social en los Sínodos diocesanos de Toribio de Mogrovejo de 1582, 1584 y 1585, de acuerdo al pensamiento de John Rawls" [Tesis doctoral] Director: M. A. Pena González, Universidad Pontificia de Salamanca, 2014, 459–587 (y han sido parcialmente actualizados).

Capítulo 16. Que los sacristanes enseñen a los mozos de coro a cantar, leer y escribir.

Ytem, mandamos a los dichos sacristanes enseñen a los mozos de coro a cantar cada día una vez y asimismo a leer y escribir, so pena de un real por cada vez que no lo hicieren, aplicado para la dicha iglesia.

Sínodo de 1584: no aparece ningún artículo dedicado a ello.

Sínodo de 1585:

Capítulo 4. Que los curas de españoles digan la doctrina cristiana.

Ytem, todos los curas de españoles digan personalmente la doctrina cristiana a sus feligreses por lo menos todos los domingos y fiestas de guardar del año, y enseñen la doctrina y rudimentos de la fe por su propia persona conforme al catecismo hecho por el Concilio provincial de ochenta y tres y les enseñen la obediencia que han de tener a Dios y sus padres, la cual así hagan y cumplan, so pena de tres pesos por cada vez que la dejaren de decir, y para esto tengan cuenta de tocar la campana en acabando de comer, y lo mismo hagan los curas de indios en los miércoles y viernes de entre semana, como es costumbre, so pena de un peso por cada vez que lo dejaren de hacer y la dicha doctrina la enseñarán en su lengua y en la lengua española a los dichos indios.

Capítulo 24. Que los curas de indios enseñen el catecismo hecho por el Concilio provincial.

Ytem, exhortamos y mandamos y en virtud de santa obediencia a los nuestros curas de indios de todo nuestro arzobispado enseñen con mucho cuidado y diligencia el catecismo y doctrina hecho por el Concilio provincial del año de ochenta y tres a los indios sus feligreses según y como por el dicho Concilio les está ordenado, acudiendo a esto con muchas veras como cosa que tanto importa al servicio de Dios nuestro Señor, y bien de las doctrinas ocupándose en ello, y dejando todas las negociaciones seculares y juegos, como siervos de Dios nuestro Señor y predicadores de su santa ley y evangelio.

Capítulo 25. Que los curas de indios hagan leer a los muchachos de las escuelas por los catecismos.

Los dichos nuestros curas de indios tengan de aquí adelante muy particular cuidado de dar orden en cómo los muchachos de las escuelas de sus curatos y doctrinas lean y aprendan por los catecismos y cartillas que el dicho santo Concilio ordenó, y que cada uno de los muchachos siendo posible tenga el suyo, y haya maestro que los enseñe; y los dichos curas asimismo se ocupen todo lo posible en los enseñar, haciendo en esto servicio a nuestro Señor y traten con los corregidores que de los bienes de comunidad den orden en cómo se paguen los maestros que enseñaren, pues esto es bien común y asimismo para los pobres que no alcanzaren ni pueden comprar los dichos catecismos y cartillas se los den los dichos corregidores de los bienes de comunidad.

Capítulo 26. Que los curas de indios señalen persona que tenga cuenta de los que fueren a misa y a la doctrina.

Ytem, para que de aquí adelante no falten a misa y doctrina los indios y se sepa mejor quién falta, conviene que los curas de indios señalen algunos indios diligentes, que tengan cuenta en ello; exhortamos y mandamos a los dichos curas de indios que señalen según dicho es, indios que tengan cuenta, cada uno con cierta cantidad, la que pareciere conveniente señalársele, y estos tales den razón a los dichos curas de la cantidad que se les encargare, para que en todo se sirva a nuestro Señor, y en las cosas de su servicio no haya defecto.

Capítulo 44. Que los curas de españoles e indios prediquen los domingos y fiestas solemnes.

Ytem, ordenamos y mandamos que de aquí adelante todos los curas, así de españoles como de indios prediquen a sus feligreses por lo menos todos los domingos y fiestas solemnes del año, y en la Cuaresma y Adviento por lo menos tres días en la semana y los demás que a ellos pareciere convenir, so pena de seis pesos por cada vez que en los dichos domingos y fiestas solemnes y tres días de las semanas dichas lo dejaren de hacer y otras penas a nuestro albedrío, demás de que se procederá contra ellos siendo negligentes, por censuras y otras penas. Y si los dichos curas estuvieren justamente impedidos, hagan el dicho oficio de predicar por otras personas hábiles so las dichas penas. La cual dicha predicación sea conforme a la capacidad del que predicare y de los oyentes, enseñándoles las cosas que sean necesarias para su salvación, declarándoles con brevedad y facilidad los vicios de que se han de apartar y virtudes que han de seguir, para librarse de la pena eterna y poder conseguir la gloria. Y adviertan los curas a sus parroquianos estar obligados a oír sermón en sus parroquias y asimismo les amonesten que amen a sus parroquias y acudan a oír misa a ellas.

Capítulo 47. Que nadie perturbe a los indios estando en la doctrina.

Ytem, porque los fieles cristianos indios se animen más a asistir en la doctrina los días de obligación, que son miércoles y viernes, ordenamos y mandamos que de aquí adelante ninguna persona español, indios, ni negros, ni otra persona so color de llevar los dichos indios a sus granjerías les ponga impedimento estando en la dicha doctrina, ni los saque de ellas ni perturbe en ninguna manera.

Capítulo 54. Que los indios de los obrajes vengan a la doctrina a las iglesias los días de obligación entre semana.

Ytem, por cuanto somos informados que los indios de algunos obrajes no acuden a la doctrina los días de entresemana que hay costumbre acudir a ella, y por esto puede deservirse nuestro Señor y no saben la doctrina cristiana los dichos indios, ni el catecismo ordenado por el santo Concilio, ordenamos y mandamos que de aquí adelante los indios que estuvieren en los dichos obrajes sean obligados a venir a la doctrina a la iglesia del pueblo donde estuviere el dicho obraje los días de entresemana a que tuvieren obligación, salvo si el señor del obraje tuviere sacerdote que les diga la doctrina los dichos días en el mismo obraje; y no lo teniendo los compela el cura del pueblo a venir según dicho es. Y donde los dichos obrajes estuvieren distantes en manera que no puedan acudir a la doctrina los dichos días de obligación se les provea de sacerdote con salario competente conforme a lo proveído por el Concilio provincial de ochenta y tres, y para que los indios de los dichos obrajes puedan ir a trabajar a ellos, mandamos a los curas de indios digan la doctrina muy de mañana para que los dichos indios puedan ir a sus labores, como les está ordenado a los dichos curas por constituciones de este arzobispado con apercibimiento que no levantándose muy de mañana a decir la dicha doctrina serán castigados con todo rigor. Y adonde hubiere dos sacerdotes en la doctrina acuda el un sacerdote al obraje a decírsela para que con más comodidad puedan trabajar.

Capítulo 62. Que los curas den los santísimos sacramentos de la Eucaristía y Extremaunción a los indios y los instruyan en ello.

Ytem, en el santo Concilio provincial que últimamente se celebró en la ciudad de los Reyes y por derecho se manda a los curas tengan mucho cuidado en instruir y enseñar a sus feligreses el alto misterio del santísimo Sacramento de la Eucaristía y Viático y de la Extremaunción, declarándoles los misterios y efectos que tienen, y administrándoles los dichos sacramentos conforme a la capacidad de sus entendimientos y no obstante el estar tan santamente proveído, habemos hallado no cumplirse siendo como es cosa de tanto momento y tan importante a la salvación de las almas, queriendo pues poner remedio estrecho en cosas tan necesarias, ordenamos y mandamos que de aquí adelante los curas de indios hagan y cumplan lo estatuido y ordenado por el santo Concilio en las constituciones diez y nueve, y veinte, y veinte y ocho de la Acción segunda, según y como en ellas se contiene con apercibimiento, que no lo haciendo así, se procederá contra ellos con todo rigor, hasta privarlos de las doctrinas, y otras penas a nuestro albedrío.

Capítulo 67. Que las muchachas de la doctrina no sirvan a los sacerdotes.

Ytem, por cuanto es cosa indecente, que las muchachas de la doctrina vayan a barrer y regar las casas de los sacerdotes de la doctrina y hacer mita en sus casas y otras cosas, ordenamos y mandamos que de aquí adelante los dichos curas de doctrinas no consientan ni den lugar que las dichas muchachas de doctrina entren en sus casas a ninguno de los dichos efectos, con apercibimiento que haciendo lo contrario se procederá contra ellos con todo rigor.

Capítulo 68. Que las muchachas de doce años para arriba sabiendo la doctrina no se compelan a venir a ella.

Ytem, por cuanto suele haber en las doctrinas indias solteras de más de doce años de edad, ordenamos y mandamos que las indias de los dichos doce años de edad para arriba que supieren bien la doctrina cristiana no sean compelidas a venir a la doctrina más días de los de costumbre, que son miércoles y viernes entre semana y domingos y fiestas, para que lo demás del tiempo puedan ir a ayudar a sus padres en sus labores y en otras cosas, pues con esto se quitan otros inconvenientes, que de asistir y de tenerlas en la doctrina cada día pueden resultar. Y en las partes donde hubiere costumbre de acudir los muchachos a la doctrina, la mañana y tarde, los curas tengan mucho cuidado de que cuando se ponga el sol, se hayan ido a sus casas y no los detengan más.

Capítulo 83. De la pena del que no viniere a la doctrina.

Ytem, el cacique o indio principal que no acudiere a la doctrina los días que hay costumbre para ello, que son domingos y fiestas y miércoles y viernes, sea penado en dos días que sirva en la iglesia y esté en la doctrina, mañana y tarde, con los muchachos por cada vez; y si frecuentare hacerlo muchas veces, se remita al vicario con la información. Y si fuere otro indio común, se le den, por cada vez, una docena de azotes; y si frecuentare asimismo muchas veces, se remita, según dicho es. Y si fuere india, acuda a la doctrina dos días, a tarde y mañana, por cada vez.

3. Fuentes

Concilios provinciales

Limense I[94]

De los naturales, c. 1. De la orden que se ha de tener en doctrinar los indios.

"[...] Por tanto, queriendo proveer en esto, Sancta Synodo approbante, mandamos, so pena de excomunión mayor e de cincuenta pesos, a todos los que entienden y entendieren en la doctrina de los indios, en todo nuestro arzobispado e obispados a él sufragáneos, que les enseñen una misma doctrina, y las pláticas que se les hicieren, unas y conformes a una Instrucción que está al cabo destas nuestras constituciones. Y las oraciones comunes de Pater noster, Ave María, Credo, mandamientos e obras de misericordia, artículos de la fée, etc., sean en nuestra lengua castellana, conforme a la Cartilla que esta Santa Sínodo tiene ordenada. Y porque en estos reinos del Perú hay una lengua más general y de que más continuamente usan los naturales della, en la cual está compuesta una Cartilla y ciertos Coloquios en declaración della; permitimos que desta se pueda usar, y no de otra ninguna, so la dicha pena".

De los naturales, c. 12. Que en las doctrinas haya alguaciles.

"Otrosí, por cuanto mudándose el clérigo de algún pueblo que dotrina, aunque, como dicho es, estuviese asentado en el libro el nombre del baptizado, el sacerdote que viniese de nuevo no los conociendo bien y no teniendo personas que los conociesen, no podría tener con ellos la cuenta que es razón: S. S. ap. mandamos a todos los sacerdotes que

94 Extraemos los cánones del Concilio Limense I tal y como nos los da Vargas Ugarte en, R. Vargas Ugarte, Concilios Limenses (1551–1772), vol. 1, Lima: s.n., 1954, 3–93.

dotrinan en pueblos de indios y a todos los caciques cristianos que están en sus distritos, so pena a los sacerdotes de veinte y cinco pesos, y a los caciques de doce que tengan en cada pueblo dos indios como alguaciles, de los que parecieren de más confianza y razón, los cuales tengan cuenta de todos los indios e indias cristianos, grandes y pequeños, e de los nombres dellos, e de los casados, e de ver los que vuelven a sus ritos e costumbres, y dar razón dello al sacerdote. El cual sea obligado a tomar cuenta, a lo menos dos veces en cada un año, a las tales personas, de todos los baptizados y casados para que se sepa los que son muertos, y con los que fueren vivos tengan cuenta cómo viven".

De los naturales, c. 40. Que los sacerdotes hagan sus asientos en los pueblos de más gente, y las cosas que han de enseñar a los más hábiles.

"Item, porque comúnmente en esta tierra los indios están divididos en muchos poblezuelos y sería gran perjuicio y pesadumbre si se obieren de juntar todos a oír estas cosas; tendrán cuidado los sacerdotes de hacer sus asientos en los pueblos de más gente, donde, como dicho es, han de estar las iglesias principales y allí junten todos los hijos de los caciques e principales, y de cada uno de los demás pueblos que tuviere a cargo tres o cuatro mochachos de los más hábiles, a los cuales, con gran cuidado y diligencia particularmente, dotrine en las cosas de nuestra santa fée católica y les enseñe cómo han de rezar cuando se levantan y acuestan, y bendecir lo que comieren y bebieren, y otras buenas costumbres y policía, y leer y escribir y contar, y los libros en que leyeren sean de buena doctrina; procurará aprendan nuestra lengua española, y tendrá cuidado, a lo menos dos días en la semana, juntar en la iglesia o patio della todas las personas del pueblo, varones y mujeres, y platicarles y enseñarles las cosas dichas, lo cual hará cada vez un poco, de arte que no reciban fastidio y entiendan lo que se les dice [...]".

De los españoles, c. 17. Que los domingos y fiestas en las dichas Iglesias Catedrales se diga la doctrina y la Cuaresma dos días en la semana para los indios y los negros.

"Y porque el mayor cargo del oficio pastoral es el pasto de la doctrina de que se debe tener siempre gran cuidado como de cosa de donde procede todo el bien y provecho de las ovejas si es verdadera y pura, y por el contrario el mayor daño y perdición si es falsa y mezclada con algún error, en especial en este nuestro Arzobispado y Provincia donde la mayor parte de nuestras ovejas son indios y nuevos en la fe, con los cuales es menester tener siempre gran cuidado así en instruirlos como en procurar que sea con sana y limpia doctrina, y porque lo uno y lo otro mejor se haga y asimismo los niños hijos de los cristianos y mestizos y negros y otros adultos sean juntamente con los dichos indios enseñados y para que mejor se junten y lo que deseamos haya efecto, S. C. A. estatuimos y mandamos que todos los Domingos en esta nuestra Iglesia Catedral y en todas las demás Catedrales y parroquiales de todo nuestro Arzobispado e Provincia los curas requieran y amonesten a sus parroquianos que envíen sus hijos, indios e indias y negros de servicio a la Iglesia a ser informados en las cosas de nuestra santa fe, y para que mejor se junten en todos los dichos días de fiesta y en la Cuaresma dos días en cada semana a la una después de comer se taña la campana por espacio competente para que todos tengan lugar para poderse juntar y después de juntos la persona que por Nos está señalada y en las demás Parroquiales de toda nuestra Provincia el Cura con toda honestidad instruya y muestre a todos señaladamente a santiguarse y les enseñe Pater Noster, Ave María y el Credo y los Diez Mandamientos y los siete pecados mortales, las Obras de misericordia y todo lo demás que está en la Cartilla de la Iglesia, y lo que le pareciere que conviene y se les diga en nuestra lengua castellana y guardando la instrucción que en esto por nuestras constituciones de los naturales que están por sí tenemos proveido y mandado que se guarde, so pena que la persona que en esta Iglesia estuviere para ello señalada, y los curas de las parroquias que lo dejaren de hacer, por cada vez cada uno de ellos caiga en pena de tres pesos, la mitad para la fábrica de la Iglesia donde se dejare de hacer y la otra mitad para quien lo apuntare y diere por memoria al Visitador para que lo mande ejecutar, y a los Prelados de los monasterios rogamos y afectuosamente encargamos que en sus Casas e Iglesia hagan en los dichos días enseñar la dicha doctina conforme a la dicha Instrucción".

De los españoles, c. 18. Que se haga matrícula de los indios y mestizos y negros, para saber los que faltan a la doctrina y los amos paguen la pena si faltaren.

"Y porque los dichos indios e indias y negros no falten a la dicha Doctrina y muchas veces la falta y culpa de no venir es de sus amos y no suya, porque olvidados de mirar el cargo y obligación que tienen a sus domésticos y de enseñarles los dichos días, los días de fiestas los ocupan en obras serviles, no dándoles lugar para ir a la dicha doctrina o no teniendo cuidado de hacerlos ir a ella [...]".

De los españoles, c. 74. Que los curas encarguen a los maestros de las escuelas que digan la doctrina cristiana.

"Porque comúnmente los maestros de las escuelas suelen tener cuidado de enseñar a los mochachos de sus escuelas la Doctrina Christiana e porque algunas veces la enseñan en latín mal pronunciado e no lo entienden ni saben decir e porque todos entiendan lo que se les enseña, mandamos a los dichos Curas de nuestro Arzobispado e Provincia que amonesten a los dichos maestros que enseñen la doctrina en romance castellano, lo qual asimismo mandamos a los dichos maestros que ansi hagan y cumplan, so pena de excomunión y nuestros Visitadores les visiten e inquiran si ansi se haze y cumple y lo hagan cumplir y procedan contra quien no lo cumpliere".

Limense II[95]

De los españoles, c. 78. *Dominicis diebus in Adventu et Quadragesima et aliquibus festivitatibus, religiosi in cathedralibus et parochialibus ecclesiis praedicent.*

"que la palabra de Dios se predique a menudo al pueblo, y en las catedrales se señalen por orden a las órdenes mendicantes y al canónigo de la magistral los domingos de adviento y desde la septuagésima hasta resurretion, ecepto el domingo de ramos [...]"[96].

De los indios, c. 2. *Ut omnes sacerdotes eodem modo doceant indos doctrinam quae eis a suo proprio episcopo tradetur.*

"que se guarde por todos uniformidad en la dotrina y en el modo de enseñar a los indios y para esto se procure que aya un catecismo hecho e aprovado con autoridad del obispo por el qual dotrinen todos e el que no lo hiciere sea penado"[97].

De los indios, c. 32. *Ut sacedos doceat indos orationes Ecclesiae et doctrinam christianam.*

"con precepto, que todos los curas enseñen a los indios varones y mugeres e mochachos no sólo en romanze sino también en su lengua el padre nuestro y el ave maría y el credo y los mandamientos de Dios y de la yglesia de modo que lo tengan de memoria; y los adultos antes de ser baptizados, si es posible y también que entiendan lo dicho conforme a su capacidad, y recen a menudo las oraciones, especialmente el credo y pater noster, en los tiempos que se juntan en la iglesia y cuando se acuestan y levantan de dormir"[98].

De los indios, c. 89. *Quod quarta et sexta feria qualibet septimana omnes indi conveniant ad ecclesiam ut ibi doceantur.*

"que enseñe a los yndios que cada día luego de mañana bayan a la yglesia y hagan allí oración devotamente, y todos los viernes y miércoles, sino oviere fiesta de guardar en la semana,

95 A la hora de tomar los artículos de este Concilio Limense de 1567–1568, nos hemos basado en la obra de Vargas Ugarte, R. Vargas Ugarte, Concilios Limenses (1551–1772), vol. 1, o.c., 95–223. Los cánones de este Concilio han sido publicados en latín, con sus respectivos títulos, también en esta lengua. Puesto que al final aparece un resumen de cada constitución, tanto de la sección dedicada a los españoles como a los indios, los transcribiremos tal cual allí aparecen, dando la página en la que se encuentran. Éste inicia del siguiente modo: "Sumario del concilio provincial que se celebró en la ciudad los reyes el año de mill y 567 fecho y sacado por orden y con autoridad del último concilio provincial que se zelebró en la dicha ciudad este año de 1583" (ibid., 225). Ocupa el dicho sumario las páginas 225 a 257.

96 R. Vargas Ugarte, Concilios Limenses (1551–1772), vol. 1, o.c., 234.

97 Ibid., 240.

98 Ibid., 244.

se les diga y enseñe la doctina christiana por su cura, en su ausencia por algún mancevo bien instruído, y esto sea por la mañana antes que bayan a sus lavores y ocupaciones"[99].

De los indios, c. 92. *Quod in diebus festivis indi doceantur articulos fidei.*

"que en los días de fiesta se enseñen a los indios los misterios de nuestra fee, mayormente los que se celebran en tal día, y esto se guarde especialmente en las fiestas del nacimiento y de la resurrección y corpus christi y de tal modo se les declare el artículo de fee que puedan todos percevir bien lo que se les dice, y después de la plática y sermón pregúntese a los curacas y a los demás lo que se ha tratado; mas para esta plática y sermón no obliguen a los indios a juntarse de más lejos de una legua"[100].

De los indios, c. 111. *Quod parochi et subernatores et judices procurent curachas honorare, et ea quae sunt fidei edocere.*

"que a los curacas de cuya boluntad y gusto dependen los demás sin resistencia ninguna, procuren los sacerdotes ganarles, con tratarles con amor y onrrosamente y instruirlos en la fee con afición y a los governadores y justicias tanbién se encargue de mirar por ellos y atraerlos por buen modo,... siendo cosa cierta del todo que la fe y la salvación de los indios pende de la voluntad y autoridad de sus caciques"[101].

De los indios, c. 118. *Quod parochi signent indos in suis parochiis sibi adiutores in convocandis indis ad doctrinam.*

"con precepto, que los curas cada uno en su parroquia señale dos o más indios de confianza, los cuales tengan por oficio avissarle de todo lo necesario que ocurriere, principalmente si está aussente, exempli gracia de los niños que de nuevo an nacido para que se bapticen, de los que enferman para que reciban los sacramentos e los que andan en vorracheras o comunican con los hechiceros o van a mochar guacas o hacer otra cosa contra la rreligión xpiana, para que sean corregidos y también de los que faltan a la misa o doctrina"[102].

Limense III[103]

Acción 2, c. 3. De la redacción y edición de un catecismo.

"Para que la población indígena que aún ignora la religión cristiana se compenetre más propia y seguramente de la doctrina salvadora y descubra en todas partes la misma forma de una única doctrina, se convino, en la línea del Concilio general de Trento,

---

99 Ibid., 250.

100 Ibid., 252.

101 Ibid., 255.

102 Ibid., 256.

103 Los cánones del Concilio Limense de 1582–1583, se tomarán de la edición siguiente: F. L. Lisi, El Tercer Concilio Limense y la aculturación de los indígenas sudamericanos, Salamanca: Ediciones Universidad de Salamanca, 1990, 107–227.

editar un catecismo especial para toda esta provincia. Todos los indios deberán aprenderlo según su capacidad y, por lo menos, los niños saberlo de memoria y repetirlo los domingos y los días festivos en las reuniones públicas de la Iglesia o recitarlo en parte, según parezca oportuno para el provecho de otros. Por tanto, en virtud de la santa obediencia y so pena de excomunión, el santo sínodo ordena a todos los párrocos de indios que de aquí en más usen el catecismo autorizado con exclusión de cualquier otro y procuren instruir con él a la feligresía que le ha sido encomendada. Como para la salvación de los indios es muy importante no sólo la concordancia de los hechos con las palabras, sino también la forma misma del discurso, prohíbe además que se haga otra traducción en lengua cuzquense o aymará de las oraciones y rudimentos de doctrina cristiana así como del catecismo aparte de la versión hecha y editada con su autorización o que alguien use otra diferente. Para obtener un resultado similar entre los que hablan una lengua diversa de las arriba mencionadas, manda a todos los obispos que provean que este catecismo sea vertido en las restantes lenguas de sus diócesis por traductores idóneos y piadosos y que la traducción aprobada por el obispo sea adoptada sin discusión por todos, no obstante cualquier costumbre contraria".

Acción 2, c. 4. Lo que cada uno debe aprender.

"Dado que por precepto divino todos los cristianos han de conocer según su capacidad la esencia de la religión cristiana que profesan, como son los misterios de la fe, especialmente los que contiene el credo, los mandamientos del decálogo que todos deben observar, los sacramentos que cada uno está obligado a recibir, como, por último, lo que podemos solicitar y esperar de Dios según la institución del padrenuestro, los pastores y todos los ministros tienen que instruir diligentemente al pueblo, especialmente a los más ignorantes – indios, negros y niños – según el ingenio y oportunidad de cada uno para que no sucumban a la gravísima enfermedad de la ignorancia, como a menudo sucede. En general, hay que procurar que los que no están impedidos por la edad o por el estado de salud aprendan de memoria los rudimentos cristianos, especialmente el credo, el padrenuestro, los preceptos del decálogo y los sacramentos de la Iglesia [...]".

Acción 2, c. 5. Los párrocos deben educar a los de condición más baja.

"Al menos los días domingo y festivos, los curas de las iglesias parroquiales transmitan en persona a los parroquianos los rudimentos de la doctrina cristiana y concurran los niños y los esclavos. Sepan también los padres de familia que han de dar razón a Dios de sus hijos, esclavos y del resto de la familia [...]".

Acción 2, c. 6. Que los indios sean adoctrinados en su lengua.

"La finalidad fundamental de la instrucción cristiana y de la catequesis es la percepción de la fe, pues creemos con el corazón para obtener justicia lo que confesamos con la boca para alcanzar la salvación. Por ello, cada uno ha de ser instruido de manera que entienda; el español, en español, el indio, en su lengua. De lo contrario, por más que se bendiga, su espíritu no obtendrá ningún provecho, como afirma la sentencia del apóstol. Por tanto, no se obligue a ningún indio a aprender las oraciones o el catecismo en latín, porque basta y es mucho mejor que los diga en su idioma y, si alguno quisiere, podrá agregar también el español que ya dominan muchos de ellos. Exigir de los indios alguna otra lengua que no sea ésta es superfluo".

Acción 2, c. 43. De las escuelas de niños indios.

"Comprendan los párrocos que las escuelas de niños indios, en las que se enseñe a leer, escribir y otras cosas, especialmente a comprender y hablar nuestro idioma español, les han sido muy encomendadas. Pero cuídense de no abusar de su servicio y su trabajo con ocasión de la escuela ni de mandarlos a hacer de pastores o a cortar leña. Sepan que con ello cargan sus conciencias y que han de tener que restituir. Impartan también la doctrina cristiana a los muchachos y las niñas y no los empleen en sus asuntos particulares, sino envíenlos inmediatamente a sus padres y enséñenles a prestarles obediencia y fuerza para hacer menos pesadas sus labores".

Acción 2, c. 44. De la fundación de un colegio seminario.

"Puesto que en el sacro concilio de Trento se agregó, por una especial razón, ente otros asuntos que han de considerar los concilios provinciales la fundación de seminarios dispuestos por tan gran autoridad de los padres o mejor dicho del espíritu santo. Es de absoluta evidencia que ninguna Iglesia está tan necesitada de este salvífico decreto como nuestra Iglesia indiana, en la que hay que nutrir con sumo cuidado las nuevas plantas evangélicas y educarlas para propagar la fe de Cristo. Este santo sínodo, reconociendo su deber, ruega de parte de Dios omnipotente a todos los obispos y pastores y cuanto puede carga sus conciencias para que se ocupen ante todo de la creación de los mencionados seminarios de niños y dejen de lado cualquier tipo de obstáculo que se pueda oponer. Además, para la conveniente erección y fundación de los predichos seminarios, estatuimos y ordenamos por unanimidad, en base a la autoridad que en esto nos ha sido especialmente concedida por el concilio general, que se haga una contribución de todas las rentas y bienes eclesiásticos del modo siguiente: que de los diezmos, beneficios, capellanías, hospitales, según el decreto de este mismo concilio – ya sean rentas episcopales, capitulares o beneficiales – y también de las doctrinas de indios, aunque estén a cargo de los religiosos, se aplique a perpetuidad el 3% y considérese como aplicado desde ahora...".

Acción 4, c. 17. De los examinadores que ha de comisionar el obispo.

"Designe cada obispo en su diócesis examinadores que examinen a los futuros párrocos de indios en sus conocimientos y en su pericia de la lenga indígena, primero en la matriz y luego en otras ciudades según el número y lugar que le parezca oportuno. Para probar tanto el conocimiento de la doctrina sagrada como el dominio de la lengua indígena, los examinadores utilizarán principalmente el catecismo editado y aprobado por este sínodo para que los futuros párrocos lo sepan, lo entiendan y lo digan correctamente...".

Acción 5, c. 3. Acerca del confesionario.

"Del mismo modo, apruebe el mismo reverendísimo metropolitano el confesionario que debe ser redactado para utilidad de los indios que alcanzan el sacramento de la penitencia y que hay que verter en lengua cuzquense y aymará según la comisión de este sínodo y, así aprobado por la autoridad de este sínodo, entréguese a todos los párrocos de indios con el catecismo para que lo usen, según se creyere necesario, los ministros del sacramento de la penitencia.

4. Análisis de instituciones y cánones

a. Introducción

Bajo la denominación de instituciones de enseñanza y lenguas indígenas hemos querido englobar toda una serie de cánones que, en sentido lato, hacen referencia a este campo. Haremos, a continuación, una relación de las mismas con una breve descripción:

a. Primeramente, la predicación, de la cual nos habla el capítulo 44 del Sínodo de 1585, con sus respectivas fuentes arriba señaladas.
b. En segundo lugar, la instrucción concreta para cada sacramento, de la cual no hemos dado más que el canon 62, del mismo Sínodo, por no abundar en algo que aparece de continuo; puesto que todo lo referente a los sacramentos como lo que afecta directamente a la vida clerical no lo tenemos en cuenta en esta investigación, no entramos, más profundamente, en estos cánones.
c. En tercer lugar, la doctrina regular que se impartía los domingos, días festivos y además dos días de entre semana, que solían ser miércoles y viernes; de ello nos hablan los artículos siguientes: Sínodo de 1582, c. 9; Sínodo de 1585: cc. 4, 24 y 54 (con sus respectivas fuentes).
d. En cuarto lugar, en íntima unión con la doctrina, estaría la enseñanza mixta, secular y religiosa, impartida por curas y sacristanes; tenemos constancia de lo afirmado por los artículos siguientes: Sínodo de 1582, c.16; Sínodo de 1585, c. 24.
e. En quinto lugar, la escuela tal cual, que podía estar atendida por un sacerdote o por un maestro seglar; de ella nos habla el canon 25 del Sínodo de 1585.
f. En sexto lugar, observamos una serie de leyes que indican aspectos interesantes que giran alrededor de este rudimentario sistema educativo. Destacamos tres normas:
   - Enseñanza femenina: cc. 67 y 68 del Sínodo de 1585 (si bien con salvedades).

- Catecismo trilingüe, castellano, quechua y aymará, como libro básico de texto: Sínodo de 1585, cc. 24 y 25 (al que debemos unir el Confesionario, en las tres lenguas mencionadas).
- Normas que refuerzan el sistema, bien afectando directamente a los asistentes, bien evitando a terceros interferir de manera negativa en el mismo: Sínodo de 1585, cc. 26, 47, 54 y 83.

g. Finalmente, una cuestión de máximo interés para todo lo concerniente al ámbito de la educación: la lengua vehicular. Las principales, eran tres: castellano, quechua y aymará; pero se permite que otras de los indios puedan servir para la enseñanza. Queda descartada la lengua latina[104]. Para obtener prueba de lo dicho, debemos acudir no sólo a los artículos citados, sino también a las fuentes en las que se inspiran los mismos. En el Sínodo de 1585: c. 4. Fuentes: Limense I, de los naturales, c. 1; de los españoles, c. 17 y 74; Limense II, de los indios, c. 32; Limense III, Ac. 2, c. 3, 6 y 43; Ac. 4, c. 17; Ac. 5, c. 3.

b. Comentario

Una vez hecha la descripción material de los cánones con los elementos esenciales que los componen, pasamos al análisis de los mismos utilizando la perspectiva que nos hemos propuesto desde un inicio: los criterios de justicia según Rawls. El de cooperación social, más que un principio fue formulado como una meta; como todo objetivo, viene a ser, en el fondo, un presupuesto que hay que ir alcanzando progresivamente. Por esta razón, será ésta la primera óptica desde la que observaremos la posición de los elementos arriba mencionados en la escala de la justicia social. A continuación, nos serviremos de los dos grandes principios rawlsianos: el de las libertades y el de la diferencia. Para concluir, aplicaremos los otros dos que representan un complemento inseparable de los anteriores: el de publicidad y el de eficiencia.

- *La cooperación social*

Todavía existen pueblos indígenas en pleno siglo XXI que, orgullosos de sus costumbres ancestrales, prefieren mantenerse aislados de todo contacto con la civilización para no contaminarse o perder su identidad. La verdad es que, para bien o para mal, representan una ínfima minoría si los comparamos con la voluntad que la inmensa mayoría de los miembros de cualquier grupo tribal ha

---

104 Conociendo este dato resulta cuando menos paradójico que este continente se denomine latinoamericano.

manifestado durante siglos de salir de su estado de primitividad, aún conservando cierta identidad y amor a sus tradiciones, pero aceptando una civilización, cuyo primer elemento de transformación y progreso es la educación, la cual da inicio con el aprendizaje de la escritura. Saber leer y escribir supone para el ser humano la fuerza de subversión más potente que existe, no obstante obligue a todo aquél que ha sido alfabetizado a abandonar una buena parte de sus formas de pensar y actuar, pues muchas de ellas no serán compatibles con la posesión de las "letras", y ello aunque algunas de esas costumbres tribales puedan remontarse a la Antigüedad.

El establecimiento de un sistema educativo es un círculo que beneficia a todos los componentes de una sociedad. En primer lugar, a los destinatarios directos de la enseñanza, que suelen ser niños y jóvenes; no obstante, en muchas partes funciona la alfabetización de adultos, con unos resultados más que aceptables. En segundo lugar, beneficia a quienes imparten dicha educación, pues ello les posibilita realizarse como enseñantes, al tiempo que obtienen una fuente de ingresos que les permite vivir[105]. En tercer lugar, extrae ventaja todo el conjunto de la sociedad, algo a todas luces evidente, que no necesita ser justificado.

---

105 Aunque debemos confesar que en esta época, como en otras (no así en la nuestra), los maestros de escuela no recibían un salario en consonancia con el servicio social que prestaban. Las razones podrían ser varias; de entre todas, intuimos que la primera resultaría de no ser un oficio muy valorado, ni por las autoridades ni por el pueblo. Extractamos un párrafo sobre esta profesión, de un texto reivindicativo, escrito en Lima en el siglo XVI: "En el nombre de Dios amen. Sepan cuantos esta carta vieren como nos Juan Delgado y Pedro Enriquez y Amaro de Bardecí y Francisco Muñoz maestros de enseñar a leer escribir y contar de esta ciudad de los reyes decimos que por cuanto siendo como este es un arte el mas excelente que hay en todos y que a ninguno de cuantos artes y ciencias hay, se puede entrar y llegar sino por este y debiendo ser en mas tenido y mejor pagado, vemos que es al contrario, de cuya causa les parece en muchas personas o casi todas que no tienen obligaciones de pagar al maestro lo que ha trabajado con sus hijos antes entienden que hacen cortesía en darlos para que se los enseñen, y demás de estas hay otras personas que traen un muchacho en una escuela un pedazo de tiempo y sin pagar su salario lo mudan a otra y después a otra y así queda enseñado el tal discípulo sin pagársele a ningún maestro su trabajo...". Esta información, con la que se introduce una carta de cuatro páginas, lleva por título, "Escritura sobre formación de Compañía de maestros de enseñar a leer, escribir y contar de la Ciudad de los Reyes. 29 de mayo de 1570" (N. Pizarro Juárez, Colonialismo y Educación en Perú. Escuela y Evangelización en la sociedad virreinal (s. XVI) [Tesis doctoral] Director: L. Vega Gil, Universidad de Salamanca, Facultad de Educación, Departamento de Teoría e Historia de la Educación, 2011, 471).

A la finalidad directamente instructiva, habría que sumar otra, cuyos efectos beneficiosos han sido puestos de relieve en el último siglo de la historia, primero de Occidente y, con su modelo exportado a amplias zonas del globo terráqueo, en la de los cuatro puntos cardinales: el ocio programado. No sólo los niños y los jóvenes están necesitados de un espacio y un tiempo para disfrutar de actividades no lucrativas, también los adultos, cargados de tareas que les consumen y estresan, apelan cada vez más a ello. Las sociedades que se tienen por más modernas resultan ser aquellas que mejor organizan el goce de este tipo de momentos de expansión.

Por otra parte, no existe un patrón común, según el cual todos actúen a la hora de aprovechar sus horas de descanso. Para aquellos ocupados en trabajos de carga física intensa, resulta imprescindible el hallar momentos de relajamiento de sus cuerpos, acompañados de actividades que faciliten el desarrollo de su dimensión interior: escuchar música, la lectura, la televisión… Al contrario, aquellos ocupados continuamente en obligaciones intelectuales, requerirán un tiempo para el movimiento físico y la potenciación de sus habilidades más externas: deporte, jardinería, paseos, etc.

La realidad diaria en el Perú del siglo XVI, para la inmensa mayoría de los indios se asemejaba a la situación de los primeros apenas mencionados. Si exceptuamos a los indios principales, caciques o curacas, a los viejos y enfermos, y a los niños de menos de doce años, los demás estaban dedicados a un tipo de trabajo que exigía un fuerte desgaste físico: en el campo con las tareas agrarias, en las granjas con el ganado, en los telares con los materiales textiles, en las minas con la extracción de minerales, etc. Dado que todos tenían obligación de asistir a la doctrina semanal, domingos y fiestas, así como dos días entre semana, esto suponía para ellos un tiempo no sólo de instrucción sino incluso de ocio[106]. El esfuerzo mental que tenían que realizar, pues se les pedía que aprendiesen de memoria las verdades de la fe cristiana y los principios morales de la misma, vendría a aliviarles (en mayor o menor medida según las circunstancias de cada cual) la dificultad de sus horas laborales[107].

---

106 Unido a la doctrina iba la celebración de los distintos sacramentos que tenían una dimensión claramente social, que suponían tiempos en los cuales todos participaban, destacando cada uno de los actos de administración y recepción, no sólo por su carácter sacro sino también por sus aspectos lúdico-festivos. No entramos en ello, por no ocuparnos en este trabajo del tema sacramental.

107 Para evitar los desplazamientos físicos a los que vivían en los obrajes distantes (o más lejos de una legua con respecto a la doctrina o parroquia), el canon 54, del Sínodo de 1585, siguiendo el respectivo artículo del Concilio provincial de 1583, Acción 3, c. 12,

Por lo tanto, los cánones, arriba señalados, que regulan las instituciones de enseñanza, la forma y los tiempos de impartirla, en principio, suponen un elemento que contribuye de manera directa al establecimiento y sostén de la cooperación entre los miembros de un grupo social.

- *Principio de las libertades*

Hemos formulado esta premisa del modo siguiente: cada persona debe gozar del mismo derecho que otros al conjunto más extenso posible de libertades básicas, que sea compatible con uno semejante para los demás. De inicio, si prescindimos del contenido o programa de lo enseñado, no parece que un sistema que obliga a sus ciudadanos a acudir obligatoriamente a recibir un servicio, pueda decirse que respeta o fomenta las libertades de los mismos. Visto esto con mayor detenimiento, se comprueba que se produce una confrontación entre dos libertades: por un lado, la libertad para asistir o no a la enseñanza; por otro, la que los educandos pueden adquirir, precisamente, por haber renunciado previamente a ella. Tal renuncia, en opinión de Rawls, sólo estaría justificada, si en el balance final, el individuo adquiere un esquema de libertades mayor del que poseía, cuando decide someterse a la norma establecida[108].

Para contextualizar de modo adecuado este tema, es oportuno hacer mención de los posibles beneficios que el ciudadano recibe en la medida en la que es educado, es decir, en cuanto aprende a leer, escribir, contar y vivir en "policía"[109]. Ello le facilita reconocer sus derechos y deberes y le capacita para defenderlos (en una

---

afirma: "Y donde los dichos obrajes estuvieren distantes en manera que no puedan acudir a la doctrina los dichos días de obligación se les provea de sacerdote con salario competente conforme a lo proveído por el Concilio provincial de ochenta y tres, y para que los indios de los dichos obrajes puedan ir a trabajar a ellos, mandamos a los curas de indios digan la doctrina muy de mañana para que los dichos indios puedan ir a sus labores, como les está ordenado a los dichos curas por constituciones de este arzobispado con apercibimiento que no levantándose muy de mañana a decir la dicha doctrina serán castigados con todo rigor. Y adonde hubiere dos sacerdotes en la doctrina acuda el un sacerdote al obraje a decírsela para que con más comodidad puedan trabajar".

108 Insistamos, no obstante, que el indio era celoso de su libertad y que al no descubrir, de entrada, el valor de la formación, tal obligación podría representar para él una carga pesada.

109 Para valorar adecuadamente estos datos, debemos ser conscientes de que quien, en el Perú del XVI, adquiere el arte de saber leer, escribir y contar, no sólo recibe una formación básica imprescindible que le facilitará el acceso a ulteriores conocimientos y le abrirá la puerta a mayores oportunidades, sino que además, lo hará en una

sociedad en la que ya existe el *ius scriptum*); son adquiridos los conocimientos de un oficio o profesión, que permitirán al ciudadano medio ganarse la vida sin tener que servir a otro o vivir de la mendicidad[110]; cuando el individuo entiende las formas sociales y sabe comportarse conforme a ellas, su autoestima aumenta y su seguridad y confianza en sí mismo y en las condiciones externas de progreso crecen[111]. Todo ello, puede decirse que ofrece un margen de libertad mayor a cualquier persona de la que tendría renunciando a la obligación de acudir a una institución educativa con regularidad.

La opresión a que estarían sometidos los naturales podía proceder de estamentos diversos. Bajo el sistema rígidamente jerárquico de los Incas, los indios no eran forzados a acudir a tales instituciones de instrucción[112], por lo cual, gozaban de una libertad que el deber de acudir a la doctrina cristiana o a una

---

sociedad, cuya inmensa mayoría de sus miembros son analfabetos (y no sólo los naturales de las Indias).

110 Ya hemos hablado en el apartado anterior de la concepción que Acosta y la Escuela de Salamanca defienden acerca de la esclavitud de los naturales. Ésta, no siendo jurídicamente reconocida por las leyes, podría, sin embargo, darse fácticamente por la ignorancia de los mismos, llegando éstos a vivir como si no tuviesen libertad. El remedio a esta situación pasaba, para los pensadores apenas citados, por la imposición del un sistema educativo. Para el jesuita: "la reducción de los indios a determinados pueblos, que durante tanto tiempo se ha venido deseando y que no hace mucho tiempo ha quedado establecida, con el fin de que no anden dispersos como las fieras, sino que vivan comunitariamente en pueblos, no se puede decir de cuánta utilidad va a resultar para ir modelando la vida de los bárbaros en todos sus aspectos" (J. de Acosta, De procuranda, vol. 1, o.c., 167). Para los pensadores salmantinos: "Los pueblos indios no eran esclavos por naturaleza sino que estaban en estado de servidumbre por educación y costumbres. Por medio de la educación podían ser reducidos y liberados de su estado de barbarie y de incultura" (L. Pereña, Carta Magna, o.c., 103).

111 Recordemos que uno de los bienes primarios fijados por Rawls consiste en la recuperación y desarrollo del respeto a uno mismo.

112 Entre los Incas, aunque no existía un sistema de enseñanza como tal, sí había maestros que facilitaban la adquisición de conocimientos. Ahora bien, a ellos sólo tenía acceso una élite, que estaba destinada a mandar sobre el resto de la población. Ésta era la concepción incaica de la educación, como nos relata Baudin: "En el Perú, *la instrucción estaba reservada solamente a la élite*: «No hay que enseñar a las gentes humildes –decía el Inca Roca– lo que no debe ser sabido más que por los grandes personajes»... Esta medida nos da el sentido de la política incaica. Nadie puede mandar si no es instruido. Pero, ¿para qué instruir a aquellos que deben solamente obedecer? (L. Baudin, o.c., 150). A causa de esta concepción exclusivista, consecuencia lógica de su política social, tan sólo había escuelas en la capital, donde habitaban los destinados a los puestos de autoridad en el Imperio: "Las escuelas se hallaban en el Cuzco en la

escuela o universidad podría retirarles. Ahora bien, su capacidad de ascenso en la sociedad, de crítica al sistema, de protesta ante la injusticia o de oposición a la opresión o brutalidad del mismo[113], quedaban reducidas a la mínima expresión, siendo su esquema de libertades realmente raquítico si se compara con el anteriormente propuesto.

En lo que respecta a las normas sinodales analizadas, no sólo obligan a ser educados, sino que fijan ciertos mecanismos de control, como por ejemplo el registro en matrícula de los que no asisten, y la institución de la figura del alguacil, entre cuyas funciones está el llamar al cumplimiento de la ley y el señalar a quien la transgrede[114]. Todo ello, privaría al ciudadano de la libertad para elegir si desea ser adoctrinado o no.

En cuanto a la educación infantil, representa a todas luces una privación de libertad temporal, con el fin de conceder a los indios e indias los instrumentos imprescindibles para gozar de otras libertades superiores en el sistema cuando se produzca su plena incorporación como adultos. Aquéllos que prefieran gozar

---

plaza principal, en la proximidad de los palacios reales de Roca y de Pachacutec. Los profesores eran esos famosos amautas, guardianes celosos de la ciencia" (IBID., 150).

113 Sin quitar méritos a la buena organización y desarrollo en muchos aspectos del sistema incaico, no podemos olvidar que estaba basado sobre la reverencia y temor que inspiraba el Rey y sus capitanes. Para mantener tal sujeción era necesario hacer demostración de fiereza, hasta de brutalidad, sin la cual la estructura del reino podría venirse abajo. No habiendo un derecho escrito, ni un funcionariado para ejecutarlo, sólo la fuerza que se impone a través de sus demostraciones más radicales podía sujetar el edificio social indígena. De ahí que las manifestaciones de poder con uso de la violencia tenían que ser frecuentes, pues sin ellas el orden sería destruido. Algunas de éstas fueron descritas por soldados castellanos, presentes en los acontecimiento o narradas de boca de testigos: "Pues era costumbre de los incas – dice el soldado testigo Alonso de Mesa – que a los enemigos que se les resistían y vencían «los mataban y dejaban la cabeza y los brazos enteros, sacándoles los huesos de dentro y hinchándolos de ceniza; y de la barriga hacían atambores; y las manos y la cabeza las hacían poner sobre el propio atambor, porque en dando el viento en ellos se tañían ellos propios» [Según informaciones hechas tomar por el virrey Francisco de Toledo en el Cuzco en 1572 (R. PORRAS BARRENECHEA, Las relaciones primitivas de la conquista del Perú, París, 1937, p. 90)]" (tomado de, L. PEREÑA, Carta Magna, o.c., 69–70; y 70, nota 5).

114 Véanse el c. 26, del Sínodo de 1585: "Que los curas de indios señalen persona que tenga cuenta de los que fueren a misa y a la doctrina"; el c. 12, de los naturales, del Limense I: "Que en las doctrinas haya alguaciles"; el c. 118, de los indios, del Limense II: "Quod parochi signent indos in suis parochiis sibi adiutores in convocandis indis ad doctrinam".

de su libertad selvática se encontrarán un día con que estarán en clara desventaja frente a los que sometiéndose a la coacción de la norma, se redujeron a pueblos de indios y recibieron la instrucción, fuese ésta más o menos rudimentaria[115].

Los adultos debían, igualmente, prescindir de su libertad en los montes, para tener que vivir en las reducciones, en las que se les sometía a horarios de doctrina, de celebraciones litúrgicas, de trabajo individual y comunitario, etc. Supongamos que la evolución de aquellas sociedades no avanzase en la línea de implantarse un modelo a la europea, sino uno parecido al que tenían algunos de estos pueblos dispersos por las selvas en el período prehispánico. Sin duda, habrían sido forzados a renunciar a parte de sus libertades de manera superflua e injusta. Ahora bien, el patrón social en el que a estos indios reducidos a pueblos (y, de manera singular, a sus hijos) iba a tocar vivir, llevaba consigo toda una serie

---

115 Partimos en toda esta reflexión de la concepción de la Escuela de Salamanca (expuesta ya en el apartado anterior), cuyos pensadores concebían a los indios como súbditos libres de la Majestad Católica, aunque reconociendo que su falta de preparación para desenvolverse en medio de las vicisitudes de una sociedad ajena a ellos les podría hacer vivir en estado de servidumbre. La posibilidad de acceder a la instrucción apropiada para adaptarse a tal modo de vivir sería el instrumento más valioso a la hora de huir de esa "semi-esclavitud" y gozar de la libertad a la que tenían derecho por ley. Los autores salmantinos reconocen que el disfrute de la misma y los derechos a que da lugar, no serán fáciles de alcanzar para muchos naturales, cuyas disposiciones no serían, de inicio, buenas sino para ser mandados. Se asemejan en tal opinión a la sostenida por los Incas, pero difieren en la solución. Si éstos fomentaban tal sumisión privando a los ciudadanos de la correspondiente educación, los europeos son defensores decididos de la expansión de la instrucción, como instrumento que facilite la salida de la "servidumbre" y la vida en libertad. En Salamanca, la libertad del indio no es asunto negociable y la autoridad, aún siendo consciente de las carencias de los naturales, debe volcarse en hacerla realidad: "La Escuela de Salamanca ha vaciado de verdadero sentido el concepto aristotélico de esclavitud natural... Viene a significar el sometimiento jerárquico exigido por la naturaleza para su ordenado funcionamiento... Todos los hombres nacen libres, pero no todos nacen con igual capacidad para mandar. Muchos no podrán hacer otra cosa que servir, porque la naturaleza no les ha capacitado para tareas más altas... Se trata más propiamente [en los autores salmantinos] de una servidumbre del hombre que es posible superar por la educación, con el fin de reducir a los indios «a civilidad y buenas costumbres»... (CHP 20, 128). Porque más que de esclavitud natural se trata de una limitación o deficiencia natural que impide en mayor o menor grado el ejercicio de la responsabilidad o de la libertad. No se opone, por tanto, esta esclavitud o servidumbre del hombre a su libertad fundamental... El propio interés del sometido es el que cuenta primordialmente, no el interés del señor o del que manda" (L. Pereña, Carta Magna, o.c., 102–103).

de reglas que no podrían ser aprendidas de otra forma. Formarían parte de una sociedad cristiana regida por normas, cuyo fundamento eran los principios de dicha fe y no otros. El mayor esquema de libertades sólo podía ser disfrutado, si uno recibía la instrucción necesaria, no sólo en las leyes de esa sociedad, sino también en los principios fundantes de la misma. Llegase un indio a convertirse o no, lo cual en teoría era una decisión libre[116], la cuestión es que los que le rodearían serían cristianos y las instituciones que regirían sus relaciones estarían fundamentadas en dicha religión. La ignorancia de todo ello sería una enorme desventaja con respecto a todos los demás ciudadanos, pudiendo suceder que, en la práctica, seres libres fuesen tratados como auténticos esclavos[117].

La negación de una libertad para el indio, como era la de elegir su propia formación o incluso si quería o no recibir alguna, se convertiría con el paso del tiempo en la plataforma necesaria para poder gozar de otras mayores, tanto él mismo como sus propios descendientes. Esto será el fin buscado por los cánones de los Sínodos, al imponer la enseñanza de las primeras letras y números, el aprendizaje de artes y oficios, la adquisición de normas sociales, además de posibilitar el acceso a estudios superiores. Con ello la distancia que les separaba de los europeos (incluso de aquellos mejor instruidos, pues no olvidemos que por entonces en Europa la inmensa mayoría de la población era analfabeta, si bien tenía una formación que era recibida por ósmosis y de forma oral) podía ser recorrida con mayor facilidad, elevando su nivel al plano de los castellanos y superando las diferencias que, por nacimiento y condición social, les habían tocado en suerte[118]. Podemos decir que, al menos, los artículos sinodales citados, vistos desde el principio de las libertades de Rawls, fomentaban la aparición y sostenimiento de una sociedad estructurada de acuerdo a la virtud de la justicia[119].

---

116 En el apartado sobre las "manifestaciones idolátricas y las conductas sociales", al tratar de la libertad de conciencia, ampliaremos más esta cuestión.

117 "Los pueblos indios no eran esclavos por naturaleza sino que estaban en estado de servidumbre por educación y costumbre. Por medio de la educación podían ser redimidos y liberados de su estado de barbarie y de incultura" (L. Pereña, Carta Magna, o.c., 103).

118 Acosta, muy crítico con otros aspectos del sistema impuesto en Indias, manifiesta su acuerdo con el pensamiento de los autores salmantinos, en lo que concierne a este tema: "la reducción de los indios a determinados pueblos,... con el fin de que no anden dispersos como las fieras sino que vivan comunitariamente en pueblos, no se puede decir de cuánta utilidad va a resultar para ir moldeando la vida de los bárbaros en todos sus aspectos" (J. de Acosta, De procuranda, vol. 1, o.c., 167).

119 Como afirma Pereña: "La ética de la liberación... La educación de la juventud y de los niños indios abrió el primer cauce razonable para superar la terrible situación

- *Principio de la diferencia*

Dos dimensiones podemos destacar en los cánones analizados en relación a este presupuesto rawlsiano. En primer lugar, fueron emitidos una serie de artículos que obligaban a dedicar una mayor atención, tiempo y recursos comunitarios a aquellos que pertenecían a familias de clase social más desfavorecidas. Basta con recordar los que señalan el deber de predicar y enseñar en la lengua del indígena[120]. En pleno siglo XVI, el hecho de optar por una enseñanza bilingüe, que no sólo valoraba una de las lenguas indígenas, sino varias de ellas (quechua, aymará y otras minoritarias), suponía, cuando menos, un no cerrar las puertas (y los puestos) a los menos afortunados, categoría a la que se adscribían la mayoría de sus hablantes[121].

En segundo lugar, se fomenta la educación de los hijos de los indios principales y caciques, así como la de aquellos muchachos más válidos. Por ejemplo, el canon 40, de los dedicados a los naturales, en el Limense I[122]. Podríamos pensar

---

de ignorancia de unos indios que se resistían a cambios necesarios y se aferraban drásticamente a sus formas de vida... En la medida en que se ayudara a los indios a liberarse de la ignorancia y del subdesarrollo, de su indolencia y ociosidad, se colaboraría en la promoción y recuperación de su libertad fundamental" (L. Pereña, Carta Magna, o.c., 120–121).

120 Pueden verse: el c. 4, del Diocesano de 1585, que dispone el uso del castellano y el quecha; los cc. 24 y 25, del mismo Sínodo, que ordena que se enseñe el catecismo trilingüe: castellano, quechua y aymará; el c. 1, de los naturales, del Limense I; el 32, de los indios, del Limense II; el c. 3, de la Ac. 2, del Limense III; el c. 6, de esa misma Ac. 2; el c. 17, de la Ac. 4, de este último Concilio; y el c. 3, de la Ac. 5, también del Provincial de 1583.

121 En muchos países en vías de desarrollo, en donde existen multitud de lenguas tribales y una más general, llegada del exterior pero que tiene una relevancia internacional, el sistema educativo se ha llevado hasta no hace mucho tan sólo en esta lengua. Lo cual, aún no siendo lo mejor, era lo más práctico por razones conocidas.

122 "Item, porque comúnmente en esta tierra los indios están divididos en muchos poblezuelos y sería gran perjuicio y pesadumbre si se obieren de juntar todos a oír estas cosas; tendrán cuidado los sacerdotes de hacer sus asientos en los pueblos de más gente, donde, como dicho es, han de estar las iglesias principales y allí *junten todos los hijos de los caciques e principales, y de cada uno de los demás pueblos que tuviere a cargo tres o cuatro mochachos de los más hábiles, a los cuales*, con gran cuidado y diligencia particularmente, dotrine en las cosas de nuestra santa fée católica y *les enseñe* cómo han de rezar cuando se levantan y acuestan, y bendecir lo que comieren y bebieren, y otras *buenas costumbres y policía, y leer y escribir y contar, y los libros en que leyeren sean de buena doctrina; procurará aprendan nuestra lengua española, y tendrá cuidado*, a lo menos dos días en la semana, juntar en la iglesia o patio della

que con este artículo contradecimos el punto comentado inmediatamente antes, pues supondría favorecer a quienes ya ocupan un puesto de relevancia. Veámoslo más detenidamente.

Los caciques eran una institución en el mundo indígena[123]. Su ascendencia sobre el resto de los naturales ha quedado patentizada, como ya hemos visto al hablar del corregidor de indios, por el hecho de poder decidir, incluso, sobre la vida y muerte de ellos. Esta ancestral autoridad siguió vigente en el período virreinal[124]. Si ahora se promueve la educación de sus hijos, ¿no se está perpetuando la pervivencia de una casta y, posiblemente, de su forma tiránica de gobernar a sabiendas de todo su poder? La respuesta a esta pregunta podemos enfocarla desde dos puntos de vista: de un lado, ese riesgo existe, pues el poder heredado por ser hijo del jefe del clan unido al poder obtenido de la formación, crearía una aristocracia india difícil de desbancar de sus posiciones. Por otro lado, si la educación ha conseguido suavizar la forma de mando y ha introducido en la mente y el corazón de los hijos de indios principales otra ley distinta y superior a la que habían experimentado con sus progenitores, muchos podrán hacer uso de ese poder para hacer progresar el conjunto, al tiempo que harán de puente entre el mundo de los nativos y el de los castellanos, lo cual favorece a todos.

---

todas las personas del pueblo, varones y mujeres, y platicarles y enseñarles las cosas dichas, lo cual hará cada vez un poco, de arte que no reciban fastidio y *entiendan lo que se les dice* [...]" (R. Vargas Ugarte, Concilios Limenses (1551–1772), vol. 1, o.c., 33–35). La cursiva es nuestra.

123 Lo reflejan cánones como el 111, de los indios, en el Limense II, cuyo título latino es el siguiente: *Quod parochi et subernatores et judices procurent curachas honorare, et ea quae sunt fidei edocere*. Damos un resumen de su contenido: "que a los curacas de cuya boluntad y gusto dependen los demás sin resistencia ninguna, procuren los sacerdotes ganarles, con tratarles con amor y onrrosamente y instruirlos en la fee con afición y a los governadores y justicias tanbién se encargue de mirar por ellos y atraerlos por buen modo,... siendo cosa cierta del todo que la fe y la salvación de los indios pende de la voluntad y autoridad de sus caciques" (R. Vargas Ugarte, Concilios Limenses (1551–1772), vol. 1, Lima: s.n., 1954, 255).

124 Así se desprende de los informes y crónicas de la época, en especial, de las audiencias que se hacían para tomar control de la administración a los funcionarios, conocidas como "visitas". Entre las muchas llevadas a cabo, podemos citar las realizadas en León de Huánuc, en el siglo XVI (1549, 1557, 1562), cuya información nos transmite, como narra Sternfeld, la "visión local y puntual en el tiempo de los testimonios de decenas de jefes y mandones (*kurakakuna* y *kamachikuqkuna*) que todavía conservaban mayoritariamente el manejo tradicional sobre sus súbditos y territorios" (G. Sternfeld, La organización laboral del Imperio Inca, Frankfurt am Main: Iberoamericana-Verwuert, 2007, 206).

Así pues, si la educación de los hijos de los curacas, que les va a permitir tener ventajas sobre el resto de los individuos de su propia raza, fomenta la ampliación de las expectativas de los demás indios, la institución de la que hablamos cumpliría a la perfección el principio de la diferencia propuesto por Rawls. El legislador, educando al hijo del cacique, pretendía hacer más popular la enseñanza, para que los demás indios siguiesen su ejemplo, al tiempo que daba preparación a quien tenía ciertas cualidades que, con posterioridad, debían beneficiar al resto.

Unido a ello, están los demás artículos que fijan, de manera expresa, la educación de los más desfavorecidos[125], lo cual no sólo dona ganancias a los mismos, sino también indica a los anteriores, los que ejercen sobre ellos autoridad, cuál es la dirección y cuáles los fines de la autoridad suprema o gobierno general. La unión de ambos ingredientes podrá favorecer un modo de ejercitar el poder en el que los mejor situados tengan en cuenta las necesidades de los que se sitúan bajo su jurisdicción y éstos entiendan que su cooperación les beneficia en cuanto contribuyen al buen funcionamiento del sistema.

De todo lo hasta aquí dicho, podemos concluir que las constituciones sinodales arriba mencionadas cumplen, a su manera, con el principio de la diferencia en lo que a las instituciones educativas se refiere. Las oportunidades y el acceso a cada uno de los niveles de instrucción permanecen abiertos a todas las clases sociales. Se fomenta la preparación de los más favorecidos en la medida que la

125 Podemos citar entre ellos, el c. 9 de 1582, que prescribe la predicación y la doctrina regulares para todos los indios, hecha personalmente por la mayor autoridad religiosa de la doctrina o parroquia, cuando ello era posible. El c. 16 del mismo Sínodo, que manda a los sacristanes poner escuela en donde los niños y "mozos" aprendan a leer, escribir, contar y cantar (debían hacerlo cada día). El c. 24 y el 25 de 1585, que ordena enseñar el catecismo, documento escrito, primer impreso del continente sudamericano, con el cual no sólo se infundían las verdades sobrenaturales sino también las primeras letras. Además, en el segundo de estos artículos se habla directamente de las obligaciones del maestro, laico u ordenado, para que al tiempo que imparten las lecciones, cuiden que a ningún niño falte el libro por donde leer, teniendo el deber de regalarlo incluso a aquellos más pobres que no pueden por sí mismos adquirirlo (recordemos que en aquel entonces, como todavía hoy en muchas sociedades, un libro es un artículo de lujo). El c. 44 de 1585, indica la forma de enseñar: "conforme a la capacidad del oyente"; insistiendo que con los conocimientos hay que infundir en el alumno las buenas costumbres sociales: vicios a dejar y virtudes a seguir. En el Concilio III, Ac. 2, c. 5, se pide a los sacerdotes que enseñen "a los de condición más baja" y en el c. 43 de esta misma acción, que se fomenten las escuelas de indios, vigilando que sean provechosas y que los mismos vayan a ellas a aprender y no a otros asuntos.

misma debe llevar el aumento de las expectativas de los menos afortunados, en un doble sentido: con el buen gobierno de los que han sido erigidos en autoridad (para ello es su formación) y con el ejemplo que se da al resto, pues había que vencer la resistencia a participar del sistema de enseñanza, dificultad no pequeña en una sociedad que nunca había tomado contacto con tales realidades. Finalmente, se emiten toda una serie de disposiciones que establecen una diferencia compensatoria para beneficiar a los que por nacimiento y dotes naturales han sido perjudicados, bien regalándole los instrumentos de estudio, bien obligando a los agentes encargados de la educación a ocuparse primordialmente de ellos.

- *Principio de la publicidad*

Sería ridículo pretender afirmar que estas medidas se encaminaban a crear un sistema educativo universal y público. Ello representaría un burdo anacronismo, más si tenemos en cuenta que lo que conocemos por tal no surge en la mayoría de las naciones más desarrolladas hasta bien entrado el siglo XX. Pero no cabe duda, que de manera incipiente, la mentalidad que subyace a las constituciones de los Sínodos parece apuntar en esa dirección[126].

La formación en letras no era un objetivo de los prioritarios, ni tan siquiera entre las familias más pudientes, en esta época de transición entre la Edad Media y la Edad Moderna. Normalmente, se encaminaba al estudio de las letras a los

126 Por otra parte, esa era la intención que se desprende de las leyes civiles. Citemos como ejemplo un par de extractos de las disposiciones del gran organizador que fue el virrey Toledo, máxima autoridad de la Nueva Castilla en la década inmediatamente previa a la celebración de los Sínodos toribianos, cuyas ordenanzas crearon estructuras que perduraron por largo tiempo. Tomamos dicha información de la tesis doctoral, N. Pizarro Juárez, o.c., 2011: "... Iten os informareis de la orden que al presente ay en el doctrinar de los Indios del dicho repartimiento y si se les dizen la doctrina cristiana en nuestra lengua o en la suya de manera que la entiendan. Iten os informareis si en los repartimientos que vissitaredes ay escuelas para enseñar a leer y escrivir los indios y la orden que se podra tener y dar para que esto se cumpla conforme a la orden que en esto su Majestad manda que aya..." (ibid., 492). Y, un segundo texto: "Iten por quanto... se os manda que os infformeis si ay escuelas en los repartimientos que vissitaredes y que deis la mejor orden que os pareciere para que las aya parece que la mejor que se podría dar seria que de los cantores abiles que hallaredes en los repartimientos y otros indios ladinos que supieren leer y escrivir y cantar y tañer señalasedes para maestros de escuela los que fuesen necessarios y aceptos les dieredes salarios de las comunidades con que pudiesen pagar su tributo y sustentar sus personas y cassas pues su servicio a de ser en provecho de toda la comunidad" (ibid., 495).

hijos que deseaban obtener un puesto en la administración regia o a aquellos destinados a las órdenes sacras. A los demás les bastaba con saber leer, escribir y contar, con unas pocas reglas más. El hecho de pretender instaurar tal tipo de educación en todas las parroquias y doctrinas, como se impartía desde la Edad Media en las escuelas catedralicias para el personal elegido, representa un primer intento de universalizar la educación. Los niños y niñas indios que acudían a las primitivas escuelas no debían abonar ningún tipo de matrícula por ello, teniendo el corregidor la obligación de pagar de las cajas de comunidad a los maestros, así como ya pagaba al párroco o doctrinero que ejercía también una función docente. Además, aquellos alumnos que por su nivel de renta familiar no podían acceder a los útiles escolares, debían recibir al menos el libro utilizado para aprender que era el catecismo, pagado con dinero de las arcas comunitarias como ya se ha apuntado[127].

El principio rawlsiano de la publicidad apunta a la universalidad. Al tratar de los artículos que se refieren a la enseñanza, este tema tiene una trascendencia suma, visto desde el punto de vista de la justicia social. ¿Qué elementos podemos encontrar en las disposiciones sinodales que contribuyan a hacerlo realidad? Creemos que el más decidido es el que toca (viniendo de nuevo a colación) la cuestión de la lengua[128]. Repasemos, primeramente, los artículos que a ello se

127 Así lo afirma el c. 25, del Sínodo de 1585: "... los corregidores que de los bienes de comunidad den orden en cómo se paguen los maestros que enseñaren, pues esto es bien común y asimismo para los pobres que no alcanzaren ni pueden comprar los dichos catecismos y cartillas se los den los dichos corregidores de los bienes de comunidad".

128 Hablando de lengua y universalidad, aún no apareciendo directamente en los Sínodos diocesanos, no podemos olvidarnos de la Universidad de San Marcos (véase el apartado, "Instituciones civiles y eclesiales fundadas en Lima en el siglo XVI" de este trabajo). A ella tenían acceso todas las categorías sociales, y en ella, una de las cátedras que existían, fue la de lengua indígena. Dos datos que hablan por sí solos, sobre la intención del legislador en lo que toca a su concepción educativa. El virrey Toledo, como él mismo relata en carta al Rey, hace su aportación al tema: "Además de los medios que yo he procurado para que los sacerdotes y ministros sepan la lengua... hize dotar la cátedra de la lengua que V. M. manda agora en esta Universidad como V. M. habrá entendido por la dotación y constituciones que se han fecho y embiado a vuestro Real Consejo, y para esta cátedra de la lengua se hicieron ordenanzas de que no se pudiese dar grado de bachiller e licenciado a quien no hubiese cursado cierto tiempo en la dicha cátedra y exhorté a los perlados que no ordenasen al que no la supiese" ("Carta del virrey D. Francisco de Toledo a Su Majestad. 1579, 27 de noviembre", tomada de, E. Lissón Chavez, La Iglesia de España en el Perú. Colección

refieren. Ya el c. 4 de 1585, manda que la doctrina y el catecismo se impartan en quechua y en castellano. El c. 24, del mismo Sínodo, obliga a enseñar el catecismo, que como sabemos fue compuesto en tres lenguas (e incluso podía traducirse a otras de indios, con la prescrita licencia): castellano, quecha y aymará. Según el siguiente a éste, el 25, los maestros deben hacer lo propio en las escuelas, utilizando las cartillas y el catecismo impreso.

Demos un vistazo a las fuentes, para ver si lo prescrito en los anteriores preceptos, fue un tema surgido en un momento tardío o, más bien, refleja una mentalidad presente desde los mismos albores de la fundación del sistema. El Concilio Limense de 1552 (más de treinta años antes que el Sínodo aludido) prescribe en el primero de sus artículos, dedicado a los naturales, el uso de la lengua castellana y de la de los indios[129]. El c. 17, de este mismo Concilio, en la parte dedicada a los españoles, manda enseñar en lengua de éstos[130]. Y el c. 74, de esta

---

de documentos para la historia de la Iglesia en el Perú que se encuentran en varios archivos, vol. 4, Sevilla: s.n., 1943–1947, 370).

129 "Por tanto, queriendo proveer en esto, Sancta Synodo approbante, mandamos, so pena de excomunión mayor e de cincuenta pesos, a todos los que entienden y entendieren en la doctrina de los indios, en todo nuestro arzobispado e obispados a él sufragáneos, que les enseñen una misma doctrina, y las pláticas que se les hicieren, unas y conformes a una Instucción que está al cabo destas nuestras constituciones. Y las oraciones comunes de Pater noster, Ave María, Credo, mandamientos e obras de misericordia, artículos de la fée, etc., *sean en nuestra lengua castellana, conforme a la Cartilla que esta Santa Sínodo tiene ordenada. Y porque en estos reinos del Perú hay una lengua más general y de que más continuamente usan los naturales della, en la cual está compuesta una Cartilla y ciertos Coloquios en declaración della; permitimos que desta se pueda usar*, y no de otra ninguna, so la dicha pena" (R. Vargas Ugarte, Concilios Limenses (1551–1772), vol. 1, o.c., 7). La cursiva es nuestra.

130 "Y porque el mayor cargo del oficio pastoral es el pasto de la doctrina de que se debe tener siempre gran cuidado…, en especial en este nuestro Arzobispado y Provincia donde la mayor parte de nuestras ovejas son indios y nuevos en la fe, con los cuales es menester tener siempre gran cuidado así en instruirlos como en procurar que sea con sana y limpia doctrina, y porque lo uno y lo otro mejor se haga y asimismo los niños hijos de los cristianos y mestizos y negros y otros adultos sean juntamente con los dichos indios enseñados y para que mejor se junten y lo que deseamos haya efecto,… los curas requieran y amonesten a sus parroquianos que envíen sus hijos, indios e indias y negros de servicio a la Iglesia a ser informados en las cosas de nuestra santa fe, y para que mejor se junten en todos los dichos días de fiesta y en la Cuaresma dos días en cada semana a la una después de comer se taña la campana por espacio competente para que todos tengan lugar para poderse juntar y después de juntos la persona… instruya y muestre a todos señaladamente… y *se les diga en nuestra lengua*

misma sección, pide que no se enseñe la doctrina en latín, sino en castellano[131]. En el Provincial de 1567 (casi veinte años antes que el Diocesano de 1585), en el c. 32 de los dedicados a los indios, de nuevo, se repite la obligación ya dada en el anterior de enseñar en español y en la lengua de los naturales[132]. Finalmente, en el Limense de 1583, en el c. 3 de su acción segunda, se manda la publicación de un Catecismo en castellano, quechua y aymará (así como se autoriza para hacerlo en otras lenguas indígenas)[133]. En esa misma acción, el c. 6, al tiempo que proscribe la enseñanza en lengua latina, señala el método pedagógico a seguir, en lo que

---

castellana y guardando la instrucción que en esto por nuestras constituciones de los naturales que están por sí tenemos proveido y mandado que se guarde" (R. Vargas Ugarte, Concilios Limenses (1551–1772), vol. 1, o.c., 44–45). La cursiva es nuestra.

131 "*Porque comúnmente los maestros* de las escuelas suelen tener cuidado de enseñar a los mochachos de sus escuelas la Doctrina Christiana e *porque algunas veces la enseñan en latín mal pronunciado e no lo entienden ni saben decir e porque todos entiendan lo que se les enseña, mandamos* a los dichos Curas de nuestro Arzobispado e Provincia que amonesten a los dichos maestros *que enseñen la doctrina en romance castellano*, lo qual asimismo mandamos a los dichos maestros que ansi hagan y cumplan, so pena de excomunión…" (R. Vargas Ugarte, Concilios Limenses (1551–1772), vol. 1, o.c., 83–84). La cursiva es nuestra.

132 Resumen: "con precepto, *que todos los curas enseñen a los indios varones y mugeres e mochachos no sólo en romanze sino también en su lengua* el padre nuestro y el ave maría y el credo y los mandamientos de Dios y de la yglesia de modo que lo tengan de memoria…" (R. Vargas Ugarte, Concilios Limenses (1551–1772), vol. 1, o.c., 244).

133 "Para que la población indígena que aún ignora la religión cristiana se compenetre más propia y seguramente de la doctrina salvadora y descubra en todas partes la misma forma de una única doctrina, se convino, en la línea del Concilio general de Trento, editar un catecismo especial para toda esta provincia. Todos los indios deberán aprenderlo según su capacidad y, por lo menos, los niños saberlo de memoria y repetirlo los domingos y los días festivos en las reuniones públicas de la Iglesia o recitarlo en parte, según parezca oportuno para el provecho de otros… *Como para la salvación de los indios es muy importante no sólo la concordancia de los hechos con las palabras, sino también la forma misma del discurso, prohíbe además que se haga otra traducción en lengua cuzquense o aymará de las oraciones y rudimentos de doctrina cristiana así como del catecismo aparte de la versión hecha y editada* con su autorización o que alguien use otra diferente. *Para obtener un resultado similar entre los que hablan una lengua diversa de las arriba mencionadas, manda a todos los obispos que provean que este catecismo sea vertido en las restantes lenguas de sus diócesis* por traductores idóneos y piadosos *y que la traducción aprobada por el obispo sea adoptada sin discusión por todos, no obstante cualquier costumbre contraria*" (F. L. Lisi, o.c., 125). La cursiva es nuestra.

a los idiomas se refiere: al español, hay que instruirlo en español; al indio en su propia lengua[134]. No obstante esto, el c. 43, del mismo apartado, establece como parte del currículum académico, entre las disciplinas para todos, especialmente para los naturales, el español[135]; en la acción cuarta, el c. 17 obliga a los obispos a nombrar examinadores que comprueben, entre otras cosas, la pericia en lenguas indígenas de los candidatos a párrocos o doctrineros; y en la acción quinta, el c. 3, se habla del Confesionario que ha de redactarse en las tres lenguas ya indicadas: castellano, "lengua cuzquense" y aymará.

La legislación no puede ser más clara al respecto: si hubo una lengua que fue postergada, ésa fue el latín[136]; las lenguas indígenas, sobre todo quechua y aymará (y otras), y el castellano tenían prácticamente el mismo estatus. La publicidad y la universalidad a ella adjunta, vendrían por dos canales: el hecho de enseñar a cada uno en la lengua que utilizaba permitía evitar la exclusión, sobre todo, de los más desfavorecidos. La prescripción de aprender el romance castellano, permitía que todos estuviesen dotados del instrumento necesario para adaptarse con mayor facilidad y rapidez a una sociedad, cuya lengua vehicular en Europa, en el Virreinato de la Nueva España y en el de la Nueva Castilla (posteriormente en el de la Nueva Granada y en el de La Plata, así como en otras partes del Globo

134 "La finalidad fundamental de la instrucción cristiana y de la catequesis es la percepción de la fe, pues creemos con el corazón para obtener justicia lo que confesamos con la boca para alcanzar la salvación. *Por ello, cada uno ha de ser instruido de manera que entienda; el español, en español, el indio, en su lengua*. De lo contrario, por más que se bendiga, su espíritu no obtendrá ningún provecho, como afirma la sentencia del apóstol. *Por tanto, no se obligue a ningún indio a aprender las oraciones o el catecismo en latín, porque basta y es mucho mejor que los diga en su idioma y, si alguno quisiere, podrá agregar también el español que ya dominan muchos de ellos. Exigir de los indios alguna otra lengua que no sea ésta es superfluo*" (F. L. Lisi, o.c., 129). La cursiva es nuestra.

135 "*Comprendan los párrocos que las escuelas de niños indios, en las que se enseñe a leer, escribir y otras cosas, especialmente a comprender y hablar nuestro idioma español, les han sido muy encomendadas*. Pero cuídense de no abusar de su servicio y su trabajo con ocasión de la escuela ni de mandarlos a hacer de pastores o a cortar leña. Sepan que con ello cargan sus conciencias y que han de tener que restituir. Impartan también la doctrina cristiana a los muchachos y las niñas y no los empleen en sus asuntos particulares, sino envíenlos inmediatamente a sus padres y enséñenles a prestarles obediencia y fuerza para hacer menos pesadas sus labores" (F. L. Lisi, o.c., 157).

136 Tal desplazamiento fue, según nuestro modo de ver, un tanto injusto, aunque entendemos que había razones para ello.

Terráqueo) era el idioma utilizado, además de ser la lengua en la que se publicaban las disposiciones legislativas, ejecutivas y judiciales que les afectaban.

Si las constituciones sinodales hubiesen prescrito la enseñanza sólo en español, se habría perjudicado al noventa por ciento de la población, especialmente de las clases más desafortunadas, pues no era la suya materna. Si se hubiera obligado a una instrucción sólo en las lenguas de las tribus indianas, se habría perjudicado igualmente a los mismos, pues nunca tendrían acceso a informaciones fundamentales para su existencia y progreso social. Así pues, tales instituciones educativas, estructuradas desde las normas arriba mencionadas posibilitaban la ejecución del principio de publicidad y universalidad en orden a la construcción y mantenimiento de una sociedad de acuerdo a la virtud de la justicia.

Añadamos un pequeño elemento más al tema de la publicidad. Los centros de enseñanza básica y la pedagogía lingüística, apenas indicada, serían prácticamente inútiles sino fueran establecidos los instrumentos jurídicos necesarios para vencer la resistencia, natural y comprensible, de los indios a insertarse en un sistema de formación, para ellos totalmente desconocido y, posiblemente, no apreciado (tan sólo los más aventajados entenderían los beneficios del mismo). ¿Qué medidas fueron tomadas para corregir tal estado de cosas? Creemos que los cánones que crean la figura de los alguaciles en cada doctrina o parroquia de indios, así como los que establecen penas pecuniarias aplicables a las mismas autoridades que no velen por el funcionamiento del sistema, van en esta dirección.

Podríamos citar aquí diversos artículos que contribuyen a un refuerzo del proceso de enseñanza, no obstante, mencionaremos solamente los que hacen una referencia directa al tema de los fiscales y otros responsables, y a las penas, que serían los siguientes: el c. 16 de 1582, obligación de los sacristanes de enseñar; el c. 25 de 1585, deber de los maestros; el c. 26 del mismo Sínodo, que habla de la función de los alguaciles como autoridades que deben procurar que nadie falte a la doctrina; el c. 47, también de 1585, que fija el derecho a no ser molestados cuando están recibiendo instrucción; y el c. 83, del mismo Diocesano, que establece las penas a aplicar a los que no acuden, sean éstos indios principales, comunes o mujeres.

En lo que respecta a las fuentes de estos artículos, tenemos: en el Limense I, en la parte dedicada a los naturales, el c. 12, que ordena el nombramiento de alguaciles[137]. En el mismo Concilio, en la sección de los españoles, el c. 18 pide que se

137 "... mandamos a todos los sacerdotes que dotrinan en pueblos de indios y a todos los caciques cristianos que están en sus distritos, so pena a los sacerdotes de veinte y cinco pesos, y a los caciques de doce *que tengan en cada pueblo dos indios como alguaciles, de los que parecieren de más confianza y razón*, los cuales tengan cuenta

lleve control escrito de los que cometen faltas[138]. En el Limense II, en el apartado de los indios, el c. 118 vuelve de nuevo sobre el tema del nombramiento de alguaciles[139]. Del Limense III, se podrían citar artículos ya mencionados, como los incluidos en la acción segunda, así el c. 3, que manda la publicación del Catecismo trilingüe; el c. 4, que pide que se aprenda de memoria; el c. 5, que insiste a los sacerdotes para que los de condición más baja no se queden sin educación; o el c. 43, que advierte a los curas para que las escuelas sirvan a la finalidad para la que han sido creadas y no a otras; o en la acción cuarta, el c. 17, acerca de los que han de examinar del conocimiento de las lenguas indígenas a los agentes de doctrina.

La intención del legislador y de la ley no puede ser malentendida ni tergiversada. Su objetivo final es que la instrucción llegue a todos, especialmente a los menos afortunados en la escala social y que, sobre todo, éstos tengan conocimiento de que ello es un derecho que les pertenece. Autoridades, civiles y eclesiásticas, párrocos, doctrineros, maestros y alguaciles (así como caciques, curacas y otros indios principales más aventajados que el resto) son los custodios, bajo amenaza de ser castigados en caso de negligencia o corrupción, de que tal sistema funcione correctamente[140]. Una vez más, podemos afirmar, que tales instituciones y leyes, se

---

de todos los indios e indias cristianos, grandes y pequeños, e de los nombres dellos, e de los casados, e de ver los que vuelven a sus ritos e costumbres, y dar razón dello al sacerdote. El cual sea obligado a tomar cuenta, a lo menos dos veces en cada un año, a las tales personas, de todos los baptizados y casados para que se sepa los que son muertos, y con los que fueren vivos tengan cuenta cómo viven" (R. Vargas Ugarte, Concilios Limenses (1551–1772), vol. 1, o.c., 13–14). La cursiva es nuestra.

138 "Y porque los dichos indios e indias y negros no falten a la dicha Doctrina y muchas veces la falta y culpa de no venir es de sus amos y no suya, porque olvidados de mirar el cargo y obligación que tienen a sus domésticos y de enseñarles los dichos días, los días de fiestas los ocupan en obras serviles, no dándoles lugar para ir a la dicha doctrina o no teniendo cuidado de hacerlos ir a ella" (R. Vargas Ugarte, Concilios Limenses (1551–1772), vol. 1, o.c., 45).

139 Resumen: "con precepto, que *los curas cada uno en su parroquia señale dos o más indios de confianza*, los cuales tengan por oficio avissarle de todo lo necesario que ocurriere, principalmente si está aussente, exempli gracia de los niños que de nuevo an nacido para que se bapticen, de los que enferman para que reciban los sacramentos e los que andan en vorracheras o comunican con los hechiceros o van a mochar guacas o hacer otra cosa contra la rreligión xpiana, para que sean corregidos y *también de los que faltan a la misa o doctrina*" (R. Vargas Ugarte, Concilios Limenses (1551–1772), vol. 1, o.c., 256). La cursiva es nuestra.

140 En total consonancia con los cánones mencionados, podríamos acudir a otros Concilios y Sínodos celebrados en este periodo de tiempo, finales del XVI y comienzos del XVII, en los Virreinatos del Nuevo Mundo. El Sínodo diocesano de Lima de 1586, en

adaptan sin forzarlas, a la aplicación de los principios de publicidad y universalidad de Rawls.

Finalmente, señalar una cuestión común a todos los aspectos estudiados: el hecho de que los Sínodos obligaban a los moradores de la diócesis (personas "estantes y habitantes") y que, en sus disposiciones finales, mandaban la promulgación y publicación de sus constituciones para que fuesen conocidas por todos, al menos, los que por ellas eran afectados, representaba una realización directa e inmediata del principio de publicidad, que contribuía, a su modo, a hacer de estas leyes, una legislación ubicada en un puesto elevado en la escala de la justicia social[141].

– *Principio de la eficiencia*

Del mismo modo que el Concilio provincial de 1583 y los documentos que de él surgieron deben mucho al pensamiento de los juristas y teólogos que en dicha Asamblea intervinieron, destacando entre todos ellos las opiniones de José de Acosta, así también, podemos decir que en el trasfondo ideológico de las constituciones sinodales diocesanas, se puede rastrear las ideas del jesuita, dato que nos viene confirmado por la afinidad que se había establecido entre el Arzobispo y él. Por ello, no podemos menos de acudir a sus obras (una vez más), para realizar el comentario más pertinente a las instituciones y leyes arriba mencionadas desde la óptica del principio que ahora nos ocupa.

Como buen conocedor de la realidad indiana, preocupado por formular sus propuestas desde la observación empírica y la recogida directa de datos verificables (con un método inductivo), Acosta constata muchas de las deficiencias que mermaban la eficacia del sistema de instrucción. En la introducción a este tema, hemos dejado plasmado su opinión acerca del aparente fracaso de los métodos de evangelización, que no habían permitido incrustar en el corazón de los naturales las verdades de la fe. A más de cuarenta años de distancia de la primera predicación, el cristianismo era conocido por la inmensa mayoría de los indígenas de manera puramente superficial, sin profundidad ni interioridad. Ya hemos apuntado que la culpa de estos mediocres resultados no es, principalmente, de la

---

su c. 4 que hace referencia a los padrones para la doctrina y a los fiscales que deben cuidar de que se asista; de los alguaciles y sus obligaciones hablan: el Concilio Mexicano I, en su c. 66; el Mexicano III, en el Lib. 1, c. 6; el Sínodo de Quito de 1570, en su nº 4, c. 4; el Sínodo de Santa Fe de 1576, en su nº 4, c. 23; o el Sínodo de Asunción de 1603, en su nº 1, cc. 4 y 8.

141 Véanse tales decretos de publicación en el "Principio de la publicidad", en el apartado "Fiestas de guardar y descanso laboral", de este libro.

incapacidad indiana, sino de la falta de diligencia de los enseñantes así como de la inadecuación de los métodos empleados.

Para Acosta hay un dato innegable: el indio había dado pasos de gigante en lo referente a su formación humana, en letras y oficios, no así en su formación religiosa. Dos conclusiones se desprenden de esta observación: la primera es que los naturales poseen una inteligencia a la altura de cualquier europeo, la cual se desarrollará adecuadamente si se le proporciona los medios para ello; la segunda es que no habían sido en vano los esfuerzos llevados a cabo en las escuelas y en las encomiendas en el aspecto educativo, ya que los resultados, según el jesuita, estaban a la vista y no pueden ser minimizados frívolamente: muchos han aprendido a leer, escribir y a contar; otros, además, a pintar, esculpir o cantar; los hay que ya saben diseñar y construir e incluso pleitear.

¿Por qué, entonces, la desilusión de Acosta y de otros misioneros serios? No podemos olvidar la finalidad primera de la presencia de los castellanos en las Indias, al menos oficialmente: la salvación de las almas de aquellos seres humanos. El fin civilizador venía en segundo lugar y supeditado al primero (como por lo demás sucedía en todos los reinos cristianos). Los buenos resultados en lo segundo, sin aquellos en lo primero, no podían ser valorados como un éxito de conjunto, sino muy parcialmente.

Dejando de lado, de nuevo, el contenido de las verdades teológicas y volviendo a la regulación de las estructuras que configuraban la sociedad, este problema detectado por los agentes de la educación, fue el impulso que vino a perfeccionar el sistema general de la misma. Acosta indicará un camino a seguir, el cual contribuirá no sólo a la mejora en la penetración, en el interior del indígena, de las cuestiones sobrenaturales sino también de las puramente terrenas. Sus indicaciones nos ayudan, además, a entender algunas de las disposiciones de los Sínodos aquí estudiados.

Para logar un sistema de instrucción eficiente, en todos los sentidos, es necesario dar la enseñanza en la lengua del aprendiz y no sólo en la del enseñante:

> "no hay duda de que es conveniente que domine el idioma el que se encarga de enseñar... Porque aunque es un trabajo duro y muy pesado aprender una lengua extranjera, sobre todo si es bárbara, la victoria, sin embargo, es gloriosa"[142].

Así pues, la legislación debe promover que los maestros aprendan, al menos, la lengua general de los indios, dedicando a tal fin los mejores de entre sus hombres, para que puedan tener éxito en sus esfuerzos, ya que el adquirir un nuevo idioma

142 J. de Acosta, De procuranda, vol. 2, o.c., 47.

no está al alcance de todos y menos cuando debe hacerse en una etapa vital ajena a la infancia o juventud. Insiste el jesuita:

> "que hombres experimentados e integros asumiesen la tarea de aprender la lengua de los indios, llegaran a dominarla y hasta se preparasen para hablarla con el estudio de la gramática y el ejercicio diario"[143].

Él mismo nos aporta un dato al respecto que resulta incontestable: los mayores avances se han producido en aquellas doctrinas-reducciones en donde el sacerdote era buen conocedor de la lengua hablada por los feligreses. Mientras que cuando el párroco o doctrinero no sabía bien la misma o no conocía nada de ella, los resultados fueron míseros[144]. Juntamente con este dato empírico, aporta Acosta una razón llena de sensatez: resulta más lógico que unos pocos recién llegados aprendan la lengua de los muchos que ya habitaban en estas tierras, que implantar el proceso a la inversa[145].

El sistema será, pues, realmente eficiente cuando, en medio de una selva de lenguas diferentes se potencie un medio lingüístico común en el que vehicular la instrucción de los naturales, sin olvidar el beneficio que les va aportar (por lo ya dicho al comentar el principio de la publicidad) el conocimiento de la lengua castellana. Así lo expresa el jesuita:

> "por existir tan espesa selva de idiomas, que en esos lugares, que yo mismo he recorrido, creo que pueden contarse más de treinta lenguas muy diferentes entre sí y difíciles de aprender... después de aprendido el idioma de los indios, no dejemos también nosotros de enseñarles el nuestro"[146].

---

143 Ibid., 49.

144 "Y si algunos pueblos o vecindades se distinguen en comprensión y bondad, se encuentra que son sin excepción los que sobre todo han tenido o tienen sacerdotes veteranos conocedores de su idioma. Al contrario, los más infortunados de todos son aquellos a quienes les han tocado ministros recién venidos de España, nuevos e ignorantes, cuya dificultad y desconocimiento de la lengua bien que lo ríen y desprecian" (J. de Acosta, De procuranda, vol. 2, o.c., 51).

145 No obstante, matiza el jesuita esta afirmación, observando que no por llamarse la lengua "general de los indios" significa ello que todos la entienden y dominan. Más bien, hay que decir que existían sectores de población que o bien no la manejaban o bien no la conocían, ya que sus idiomas maternos eran muy diferentes del quechua. Dice Acosta: "Porque aunque los principales entre los indios comúnmente la entienden, mas el común de las mujeres y niños y de los que ellos llaman atunlunas, raza de hombres sin cultura, apenas saben algunas palabras" (J. de Acosta, De procuranda, vol. 2, o.c., 65).

146 J. de Acosta, De procuranda, vol. 2, o.c., 65.

Aunque ya los hemos mencionado más arriba, repasemos una vez más los artículos de los Sínodos diocesanos en los que se plasma tal concepción del sistema educativo, para constatar si los mismos fomentaban instituciones y leyes eficientes o no. Del de 1585, destacamos: el c. 4: utilizar en la doctrina castellano y quechua; el c. 5, enseñar el Catecismo, impreso en castellano, quechua y aymará (y traducido a otras lenguas); el c. 25, para que los maestros enseñen a leer y escribir por ese Catecismo trilingüe; y el c. 41, que prescribe la instrucción conforme a la capacidad del oyente. De los Provinciales: el Limense I, de los naturales, c. 1: uso del castellano y del quechua y prescribe la enseñanza del español; de los españoles, el c. 17, de nuevo manda que aprendan el español; y el c. 74, para sustituir el latín por la lengua romance; el Limense II, de los indios, el c. 32, uso del español y del quechua en la enseñanza; el c. 92, que sugiere al que enseña preguntar al enseñado si ha entendido; el Limense III, en la acción segunda, el c. 3, que ordena la redacción del Catecismo trilingüe (y versiones en otras lenguas); el c. 6, que manda la instrucción en castellano para el español y en lengua quechua para el indio; y el c. 43, que indica el español como disciplina en las escuelas de niños indios; en la acción cuarta, el c. 17, con el deber de examinar de lengua indígena a los párrocos y doctrineros; y en la acción quinta, el c. 3, que pide se redacte un Confesionario en castellano, "lengua cuzquense" y aymará[147].

---

147 No podemos comprobar con certeza el total cumplimiento de todas estas disposiciones (tampoco es ése nuestro objetivo); sin embargo, nos han llegado datos que confirman el buen resultado que de las mismas se obtuvo en varias de las dimensiones arriba señaladas. Demos algunos ejemplos: el Catecismo y el Confesionario trilingües (y en otras lenguas) fueron redactados e impresos en Lima, ya entre 1584 y 1585; no tenemos noticia contraria de que no hayan sido utilizados por los párrocos y doctrineros en la enseñanza de la doctrina (tampoco sabemos en qué proporción, pero una vez puesto en letra de molde, tampoco sería difícil cumplir esta prescripción); si en la década de 1580 a 1590, eran pocos los curas que sabían y dominaban las lenguas indígenas, el panorama se invierte en la siguiente, apareciendo en el *Libro de visitas* los nombres de muchos de ellos y su conocimiento de las mismas. Por dar solamente unas muestras de lo afirmado: Pueblo de Carabayllo: Diego de Haro, buen lenguaraz; pueblo de Aucayama: Jerónimo de Valenzuela, sabe bien la lengua; Palpa: Diego de la Serna, buen lengua; pueblo de Guaral: Hernando Juárez, sabe la lengua; pueblo de Guacha: Diego Hernández, sabe la lengua; pueblo de Barranca: Diego Caro, buen lengua; ingenio de doña Bernalda Niño: Bachiller Cristóbal Álvarez Coronel, tiene principios de la lengua; pueblo de Totopón: Gabriel de Valladolid, sabe poco la lengua; pueblo de Chaucayán: Gregorio de Villamor, sabe bien la lengua; doctrina de San Juan de Pararín: Pedro López, sabe muy poco la lengua; pueblo de Guarmey: Bartolomé Alonso de Reinoso, sabe la lengua general y los indios hablan la yunga y entienden muy poco de la general; pueblo de Cochapetín: Alonso de Merlo, sabe

Según Rawls, una teoría de la justicia, cuanto más justa más eficiente llega a ser. Ahora bien, no es fácil comprobar en la práctica tales resultados, ya que la eficiencia es un concepto equívoco que puede englobar indicadores muy diversos. En nuestra opinión, la legislación emanada en los Sínodos diocesanos de Mogrovejo puede ser considerada, bajo ciertos puntos de vista, como relativamente ineficiente. Podemos intentar, en el caso que nos ocupa, una comparación con otros modelos parecidos llevados a cabo por otras legislaciones.

Tomemos los casos de los gobiernos de Canadá y de Australia. Nos situamos en los siglos XIX e inicios del XX. La legislación de la época obligó a que los hijos de los nativos de aquellas tierras fueran retirados a sus padres y entregados a familias de origen anglosajón con las que pudieran ser educados más fácil y rápidamente, no pudiendo los infantes tener contacto con sus verdaderos progenitores ni retornar a los ambientes que les vieron nacer[148]. Si medimos la eficiencia desde el punto de vista del progreso puramente económico, no cabe duda que tal

---

razonablemente la lengua; pueblo de San Ildefonso de Recuay: Licenciado Alonso Sánchez Alderete, sabe razonablemente la lengua; Sucha: Benito de Villafañe, sabe bien la lengua de los naturales; etc. (cfr., Libro de visitas de Santo Toribio Mogrovejo (1593–1605) [ed. de J. A. Benito], Lima: Fondo Editorial. Pontificia Universidad Católica del Perú, 2006, 6–15 y ss.). En cuanto a la fundación de colegios, mencionemos tan sólo los de los jesuitas, que al poco de llegar (1568) fundaron en Lima, en Cuzco, Potosí, Arequipa, Quito, La Paz, Chuquisaca, Santiago de Chile (por citar sólo los más importantes, alguno de los cuales acabaría convirtiéndose en Universidad, muestra de su nivel académico) y una larga lista de pequeñas instituciones educativas por toda la geografía del Virreinato (cfr., F. Mateos (ed.), Historia general de la Compañía de Jesús en la provincia del Perú. Crónica anónima de 1600, vols. 1 y 2, Madrid: CSIC, 1944; el volumen segundo está prácticamente dedicado en su integridad a los colegios).

148 "Desde el siglo XIX los niños indígenas tanto de los Estados Unidos como de Canadá, fueron objeto de una de las políticas educativas más crueles en la historia de la humanidad. Los niños indígenas eran separados de sus padres y obligados a asistir a internados escolares para «integrarse a la sociedad oficial». En esas escuelas se les prohibía hablar sus lenguas ancestrales, se les separaba de sus padres, de sus abuelos, de sus culturas... se implementa y afirma [en esos internados] la eliminación de las lenguas nativas del Norte de América... Había que civilizarlos y humanizarlos, y para eso... eran arrancados de los brazos de sus padres vía legislación obligatoria... En Canadá, el último internado cerró sus puertas en 1969. El 11 de junio del 2008, el primer ministro de Canadá, Stephen Harper, y el gobierno canadiense pidió disculpas a los indígenas canadienses por los maltratos. El 13 de febrero de este año, el gobierno de Australia también pidió perdón a los aborígenes por «la generación robada»" (Servicios en Comunicación Intercultural Servindi, La verdadera

medida fue la correcta, pues hizo que aquellos pequeños que en sus propios pueblos nunca recibirían más que una formación elemental, alcanzasen, en el tiempo debido, la preparación de cualquier otro estudiante de una sociedad desarrollada.

Ahora bien, ¿era justa tal legislación? Si aplicamos a ella el resto de principios rawlsianos, aparece de modo más que evidente, que su puesto en la escala correspondiente estaría bien en el fondo: incumpliría el objetivo de la cooperación social, el principio de las libertades, el de la diferencia y por supuesto el de publicidad, ya que tales actos se mantuvieron durante más de un siglo ocultos al gran público. Además, tales leyes atentaron contra el presupuesto básico de la inviolavilidad de la dignidad humana, el cual incluye el respeto por cada persona y por la unidad de su familia.

c. *Conclusión*

La reflexión que, desde la óptica de los principios de justicia de Rawls, hemos llevado a cabo, sobre "las instituciones de enseñanza y las lenguas indígenas", fomentadas y sostenidas por las disposiciones de los tres primeros Sínodos diocesanos de Toribio de Mogrovejo, en nuestra opinión, arroja las siguientes conclusiones:

Primera. En materia de política educativa se produce una práctica total armonía entre la legislación civil y la eclesiástica, esforzándose ambas por insertar en el recién creado sistema a los naturales.

Segunda. De acuerdo al abanico de individuos que son afectados por las normas dadas en las Asambleas diocesanas no se excluye a ningún sector social ni a ninguna franja de edad. Se emiten cánones para adultos, jóvenes y niños; para varones y mujeres; para hijos de caciques y para los hijos de los "hatunruna"; para blancos, mestizos, indios y negros.

Tercera. La preocupación por la instrucción de los indígenas aparece ya desde muy temprano en las leyes, tanto del Virreinato como de la Provincia Eclesiástica, insistiéndose constantemente en ellas, con una finalidad de formación religiosa y de formación humana (intelectual, práctica, cívica). Se buscaba potenciar la predicación, la doctrina catequística, las enseñanzas escolares, las técnicas y las universitarias.

Cuarta. Se puede percibir en las disposiciones sinodales el ansia de sistematizar el proceso formativo, de manera que los días de doctrina y escuela sean

---

historia de la Educación Indígena en Canadá y en los EEUU [en línea] [ref. de 8 de octubre de 2014] Disponible en web: <http://servindi.org/actualidad/7446>.

adaptados a los estados de los educandos: para los niños y niñas, diariamente; para los adultos, de dos a cuatro días semanales, más otros tiempos extra.

Quinta. No se excluye de la enseñanza a las mujeres, cuya educación, a pesar de resultar un tanto diferente por ser así también en el Viejo Continente, participaba en su mayoría de la de los varones.

Sexta. Manifiestamente se apuesta por la enseñanza en lenguas indígenas, a la par que en castellano. Mientras que se pospone o se deja caer en el olvido la lengua latina.

Séptima. Se busca una pedagogía adaptada a los receptores, de modo que tanto en la lengua vehicular, como en las formas de enseñar e, incluso, en cuestiones más externas como el recurso a la autoridad (bien de los "curacas", o de los "curas") la instrucción alcance a todos, por encima de la resistencia comprensible del natural (niño o adulto).

Octava. Encontramos en los tres primeros Sínodos diocesanos de Lima abundantes muestras de normas que fomentan instituciones de enseñanza promotoras de la cooperación social, del principio de las libertades y de la diferencia, así como del de publicidad y eficiencia.

Novena. Por todo ello, creemos no confundirnos si afirmamos que, en lo tocante a este tema, los Sínodos diocesanos de Lima promulgaron una legislación orientada a la construcción de una sociedad, sino totalmente, sí al menos, más justa que la anterior.

IV. Infraestructuras básicas y seguridad social: hospitales, iglesias, enfermos y pobres

1. Introducción

Comencemos la sección introductoria de este apartado rindiendo tributo al esplendor de los edificios e infraestructuras viales y agrícolas que los Incas levantaron, las cuales son fruto de la aplicación de técnicas muy avanzadas para la época. Hagámoslo con palabras de José de Acosta, que todavía alcanzó a conocer los últimos destellos de aquellas construcciones:

> "Los edificios y fábricas que los ingas hicieron en fortalezas, en templos, en caminos, en casas de campo y otras, fueron muchos y de excesivo trabajo, como lo manifiestan el día de hoy las ruinas y pedazos que han quedado"[149].

149 J. de Acosta, Historia natural y moral de las Indias [ed. de J. Alcina Franch], Madrid: Historia 16, 1987, 409. Todo resulta todavía más impresionante cuando se

Acudamos ahora a la obra de un autor moderno para ponderar correctamente lo que significaron las rutas que este pueblo abrió. Miroslav Stingl no oculta su admiración por tales vías de comunicación, de las más largas que hayan existido jamás:

> "La red vial de los incas estaba integrada por dos verdaderas carreteras, autopistas, y decenas, centenares de caminos que complementaban a estas dos arterias principales del imperio. La más antigua de estas dos arterias principales era la llamada "Camino Real". Hasta comienzos de nuestro siglo [se refiere al XX] era la carretera más larga del mundo"[150].

En muchos tramos de este impresionante camino, los Incas edificaron unas construcciones denominadas "tambos", que servían para el descanso y reabastecimiento. En ellos pernoctaban, entre otros, los mensajeros reales que suponían el "correo" de entonces, servicio sumamente eficaz para el Estado. Parte de estas casas estaban dedicadas a almacenes de reservas, listas para ser consumidas por los ejércitos en sus marchas o para ser repartidas por los funcionarios reales al pueblo en tiempos de carestía[151]. La estructura estatal incaica supo aprovechar muy bien sus recursos, uniendo a la destreza y conocimiento de sus técnicos, la

---

descubre que no habían conocido ni el cemento ni el arco, tan importante a la hora de hacer puentes o de crear espacios interiores (cfr., IBID., 410).

150 M. STINGL, El Imperio de los Incas, Buenos Aires: Losada, 2007, 261. Como el mismo autor nos describe, "El Camino Real comenzaba en el norte -en Colombia-, en la ciudad de Ancasmayo…, cruzaba las montañas ecuatorianas, atravesaba toda la zona andina del Perú, pasando por la capital del imperio, Cuzco, bordeaba el lago Titicaca y se internaba en la Argentina. Al llegar a la actual ciudad de Tucumán, doblaba hacia el suroeste, cruzaba nuevamente los Andes, llegaba a Chile y allí se internaba en el corazón de ese país, para terminar a orillas del río Maule. Allí levantaron los incas la última "estación" junto al camino: la estación de Purumauca" (IBID., 261–262).

151 Cfr., M. STINGL, o.c., 265, 266. Como este autor nos explica, estas vías de comunicación suponían el mejor medio para dar unidad y cohesión al reino: "Una de las condiciones de los éxitos militares de los incas era la red de carreteras realmente perfectas para su época, auténticas rutas de los ejércitos indígenas. Estos caminos facilitaban, además, el tránsito y permitían el buen funcionamiento del servicio de correos del Inca, con lo cual contribuían a la permanente expansión del imperio. Al mismo tiempo, establecían una comunicación entre las diferentes regiones del Estado y afirmaban la integración del extenso territorio en un único y monolítico todo administrativo y económico" (IBID., 260).

poderosa fuerza bruta de sus miles de súbditos, que pagaban impuestos a base de trabajo para el Estado[152].

Como ya se ha dicho en el primer apartado sobre "las fiestas de guardar y el descanso laboral", el soberano inca podía ser muy generoso con aquellos miembros de los pueblos sometidos que se destacaban en los servicios al Imperio, donándoles ropas, metales preciosos, tierras, llamas o mujeres. También hemos mencionado la magnanimidad que manifestaba hacia el pueblo en los tiempos de carestía, abriendo los depósitos reales y distribuyendo entre los hambrientos las reservas que en ellos había[153]. Todo respondía a una inteligencia de gobierno, digamos que superior. Incluso los matrimonios que realizaba (no olvidemos que eran polígamos), estaban al servicio del mantenimiento de la estructura estatal[154].

---

152 Hablando de los tributos bajo el dominio inca, nos dice Sternfeld, "El recurso más preciado en los Andes del siglo XVI fue la mano de obra de los campesinos. Al no existir mercados ni monedas, la riqueza se generaba exclusivamente por los intercambios de la energía humana de las familias, comunidades o grupos étnicos, que producían bienes y servicios diversos... El Imperio Inca requería de las comunidades bajo su dominio un tributo en trabajo, esto es,... un tributo en prestaciones, que era el trabajo entregado por la población en forma de bienes y servicios realizada para el Imperio" (G. Sternfeld, La organización laboral del Imperio Inca, Frankfurt am Main: Iberoamericana-Verwuert, 2007, 17). Si bien es cierto que el tributo que exigían los soberanos de sus ciudadanos era realmente pesado, procuraban –como dice Baudin–, con sus infraestructuras y organización, ponerlos en condición de soportarlos (cfr., L. Baudin, El Imperio socialista de los Incas [trad. de J. A. Arze], Madrid: Rodas, 1972, 182).

153 Claro que la intención no era por caridad, sino como exigencia del mantenimiento del sistema. Su inteligencia gubernativa le hacía tener claro que lo menos conveniente para la estabilidad de un reino es un pueblo con hambre, por lo que aprovechaba todos los medios que tenía a su alcance para evitar un levantamiento. En verdad, la estructura no podía estar mejor pensada. Los "tambos" se llenaban gracias al trabajo que realizaban los súbditos, que cultivaban las tierras del Estado o que guardaban rebaños, cuyos excedentes iban a parar a los silos incaicos. Con ellos, el rey podía mantener a los funcionarios, correos y, especialmente, a sus soldados, instrumento de unificación y "pacificación" de primer orden. Pero, acaecida una hambruna, el Monarca no dudaba en dar orden para que fuese repartido el grano almacenado, evitando así una posible sublevación, al tiempo que reforzaba su autoridad, apareciendo como el benefactor de la nación. El sistema era casi perfecto, sólo tenía una deficiencia: todo estaba al servicio del Estado y de su o sus "representantes" y no del ciudadano. Quizá, por ello, fue lógico que muchos pueblos sometidos apoyasen a los extranjeros europeos en claro enfrentamiento con el Inca.

154 También la poligamia se manifestaba en sí misma como un magnífico medio para mantener el control en las manos de la etnia inca. Como afirma Baudin, "los incas

No cabe, por ello, hablar de servicios sociales o de planes de caridad dentro del Tahuantinsuyo, a no ser como "efectos colaterales" que, de mediar algún factor contraproducente, podían ser suprimidos al instante.

Dejemos a los Incas y, sin salir de ese mismo siglo XVI, hagamos mención de uno de los cánones del Concilio de Trento que nos habla de los hospitales y lo que éstos debían suponer en la cultura cristiana. Se trata del capítulo octavo, de la sesión veinticuatro:

> "El Santo Concilio recuerda a todos los titulares de beneficios eclesiásticos, bien seculares o regulares, que deben habituarse a ejercer con celo y dulzura la hospitalidad, que ha sido recomendada tantas veces por los Santos Padres, lógicamente dentro de los límites de sus posibilidades... A aquellos que tienen en encomienda (*in commendam*), a modo de administradores o por cualquier otro título, o también por el hecho, de que estén unidas a su iglesia, las casas comúnmente llamadas "hospitales" u otros lugares píos, instituidos principalmente para los peregrinos, los enfermos, los viejos o los pobres... el Santo Concilio ordena rigurosamente a todos de cumplir el encargo y el deber que les fue impuesto, y de ejercer realmente la debida hospitalidad con las rentas destinadas a ello..."[155].

La perspectiva desde la que el Derecho canónico contempla la hospitalidad, confrontada con la de los soberanos incas, varía ciertamente, aunque por el momento no entraremos en el fondo del asunto. Demos un paso más. En los territorios bajo su dominio, con las debidas salvedades, Felipe II había hecho de los cánones del Tridentino "Leyes del Reino", por lo que regían en todas sus posesiones. En lo tocante a las Indias y a los hospitales, el Monarca emite la legislación

propiamente dichos: eran los descendientes de los primeros conquistadores y eran muy numerosos, ya que, gracias a la poligamia, los soberanos tenían a veces varias centenas de mujeres" (L. Baudin, o.c., 152). Para ellos el matrimonio suponía un arma muy eficaz a la hora de tener contentos y apaciguados a los jefes de las tribus que iban conquistando. Sternfeld nos relata, como "el Inca y la nobleza incaica tomaban como esposas secundarias para sí a las mujeres parientes de estos mismos jefes étnicos locales de provincias,... Creándose así una intrincada y extensa red de parentesco" (G. Sternfeld, o.c., 18). Y Stingl añade, que los Incas, que habían prohibido el incesto a sus súbditos, no sólo lo practicaban sino que eran celosos en la guarda del mismo: "El Inca Pachacuti dio forma de ley a ese incesto hasta entonces practicado por derecho natural. El Inca Pachacuti concedió enorme importancia a la pureza del ayllu real... Los soberanos del imperio respetaban fielmente el mandamiento del incesto real. Si no podían contraer matrimonio con sus hermanas, lo hacían con sus hermanastras, siempre por vía paterna" (M. Stingl, o.c., 80).

155 G. Alberigo et alt. (eds.), Conciliorum Oecumenicorum Decreta, Bolonia: EDB, 2002, 788–789. La traducción desde el italiano es nuestra.

correspondiente; veamos cuál es el enfoque y la intención de la autoridad en este asunto. Para ello, damos un par de ejemplos, extraídos de entre las cédulas reales, emitidas en la misma década en la que finaliza el Concilio Universal de Trento. En 1563, se promulga una ley titulada, "de la provisión que se despachó para nuevos descubrimientos y poblaciones, en trece de julio de sesenta y tres, en que se manda se funden y hagan hospitales en que se curen los enfermos pobres así indios, como españoles", y dice así:

> "Señalese luego sitio y lugar para la casa Real de concejo, y cabildo, y aduana, y ataraçana junto al mismo templo, y puerto, de manera que en tiempo de necessidad se puedan favorecer las unas a las otras. El hospital para pobres y enfermos de enfermedades que no sean contagiosas, se ponga junto al templo, y por claustro del para los enfermos de enfermedades contagiosas se ponga el hospital en parte que ningun viento dañoso passando por el vaya a herir en la demas poblacion, y si se edificare en lugar levantado, sera mejor"[156].

Y otra, un poco posterior, titulada, "Cédula que manda a don Francisco de Toledo provea lo que convenga para que se dé lo necesario a los hospitales de la ciudad de Los Reyes", que reza del siguiente modo:

> "El Rey. Don Francisco de Toledo nuestro mayordomo, visorrey y Capitan general de las provincias del Peru, y Presidente de la Audiencia Real que reside en la ciudad de los Reyes de las dichas provincias, nos tenemos mandado por nuestra Real cedula al Licenciado Castro nuestro Presidente que ha sido en la ciudad de los Reyes, que a los hospitales de la dicha ciudad ansi los de los Españoles, como los de los Indios, los provea hasta en tanto que nos otra cosa mandemos, y el dicho Licenciado nos ha escrito que el no puede darles cosa alguna, y que esta corto en ello por no se atrever a proveer lo que es menester, y que covernia que se sustentassen los dichos hospitales, mayormente en tierra tan nueva, donde tanta necessidad avia..."[157].

Podríamos aducir muchos ejemplos, tanto de cédulas reales como de ordenanzas de los Virreyes, pero basten los citados para hacernos una idea de qué vientos seguían las velas legislativas de las autoridades, en lo tocante a infraestructuras y servicios sociales[158], en el territorio en el que se convocaron y celebraron los Sínodos diocesanos de 1582, 1584 y 1585. Expondremos, en lo que sigue, la relación de los artículos, de los mismos, que tratan de este asunto.

---

156 D. de Encinas (rec.), Cedulario Indiano, vol. 1, Madrid: Ediciones Cultura Hispánica, 1946, 219.

157 Ibid., 221.

158 Hemos citado ejemplos referidos solamente a los hospitales, no obstante, del mismo tenor son las cédulas que se refieren a la construcción de catedrales, iglesias o monasterios, así como las que hablan de otras infraestructuras.

2. Cánones[159]

Sínodo de 1582:

Capítulo 11. Que los curas visiten los enfermos de su parroquia.

Ytem, ordenamos y mandamos que los curas de este arzobispado y los que estuvieren en doctrinas visiten los enfermos de su parroquia y siendo llamados y estando en el artículo de la muerte procuren de se hallar presentes, para los animar, ayudar a bien morir, sobre lo cual les encargamos la conciencia.

Capítulo 13. Que los curas pidan para los pobres vergonzantes.

Constituimos y mandamos que los curas pidan en sus parroquias los sábados y vísperas de pascuas para los pobres envergonzantes, y en los lugares en donde hubiere vicario pidan el vicario y cura juntamente y en los demás se acompañen con la persona que les pareciere, y tengan cuenta y libro de la limosna que llegan y cómo la distribuyen para que haya cuenta y razón de ello, so pena que lo contrario haciendo serán castigados a nuestro albedrío.

Sínodo de 1584: No aparece artículo alguno dedicado a ello.

Sínodo de 1585:

Capítulo 2. Que los curas de indios pidan limosna los domingos para los pobres.

Los curas de indios de nuestro arzobispado de aquí adelante pidan limosna todos los domingos para los indios pobres de sus parroquias y la limosna que se recogiere se reparta entre los indios pobres; y tengan libros en que se asiente la dicha limosna y distribución de ella con día, mes y año, y la dicha distribución se haga ante los dichos nuestros curas, ante los caciques e indios principales; y asimismo mandamos que los curas de españoles pidan en sus parroquias todos los sábados del año, en vísperas de pascuas para los pobres envergonzantes; y en los lugares donde hubiere vicarios, pida el dicho vicario y cura juntamente y en los demás donde no hubiere, se acompañen los curas con una persona teniendo en todo cuenta y razón y libro de las limosnas que allegaren y cómo las reparten, so pena que se procederá contra ellos.

Capítulo 21. Que a los curas de indios no les den cosa alguna por la administración de los sacramentos.

Por cuanto a los curas de indios les está señalado estipendio bastante para su sustento y no conviene que los indios den cosa alguna por la administración de ningún sacramento, ordenamos y mandamos que, de aquí adelante, los dichos curas de indios no puedan

---

159 Están tomados de, J. L. Fernández Cadavid, "La Justicia Social en los Sínodos diocesanos de Toribio de Mogrovejo de 1582, 1584 y 1585, de acuerdo al pensamiento de John Rawls" [Tesis doctoral] Director: M. A. Pena González, Universidad Pontificia de Salamanca, 2014, 459–587 (y han sido parcialmente actualizados).

llevar ni lleven ningunos derechos por administrar los sacramentos a los dichos indios, ni por les dar cualesquier sepulturas, aunque los dichos indios lo den de gracia y aunque haya costumbre en contrario, y cerca de esto se guarde lo proveído por el Concilio provincial próximo pasado de ochenta y tres, en el capítulo treinta y ocho, de la acción segunda; pero con los que tienen sus moradas y habitaciones en pueblos de españoles, los cuales están más instruidos en la fe y comúnmente gustan de seguir el uso de los españoles, se guarde en la sepultura y otras cosas la loable costumbre que hubiere; lo cual los dichos curas de indios guarden y cumplan, so pena de perder lo que así hubieren llevado a los dichos indios, pedido o dado de gracia, según dicho es, con el cuatro tanto además de que serán castigados a nuestro albedrío.

Capítulo 22. Que los curas de indios tengan cuidado en el hacer los hospitales.

Ytem, por ser cosa tan necesaria en los pueblos de indios los hospitales para el abrigo y amparo de los enfermos y haber tan poco cuidado en cosa de tanto momento, ordenamos y mandamos que, de aquí adelante, los curas de los pueblos de indios tengan especial cuidado en que se hagan algunos hospitales en las partes donde no los hubiere, de manera que siendo posible los haya en todos los pueblos y habiéndolos estén proveídos de medicinas y ropa conveniente y aderezados y limpios para que se puedan administrar en ellos los santos sacramentos a las personas que tuvieren necesidad; y los corregidores de los partidos acudan con el dinero perteneciente a los dichos hospitales.

Capítulo 27. Que los curas de indios den aviso de las necesidades de las iglesias y hospitales.

Ytem, ordenamos y mandamos que, de aquí adelante, los curas de los indios tengan particular cuidado de nos dar aviso de las necesidades de las iglesias y hospitales, para que Nos proveamos lo que más convenga.

Capítulo 30. Que al cobrar de los diezmos se hallen presentes los curas de los pueblos de indios.

Por cuanto somos informados que en los pueblos de indios, los que cobran los diezmos hacen muchos agravios y extorsiones a los indios, maltratándolos y llevándoles más de lo que tienen obligación por ser gente miserable y de poco entendimiento, queriendo poner en esto el remedio conveniente, como cosa que tanto importa, ordenamos y mandamos que, de aquí adelante, cuando se cobraren los diezmos en los pueblos de indios asistan y estén presentes a la cobranza de ellos los curas de los pueblos donde se cobraren, a los cuales encargamos tengan mucho cuidado de que a los indios no se les haga agravio ni molestia.

Capítulo 31. Que los curas tengan particular cuidado en cobrar los tres novenos.

Todos los curas de indios tengan particular cuidado en cobrar los tres novenos que, por la erección y Concilio provincial de ochenta y tres, están aplicados a las iglesias y hospitales haciendo sobre la dicha cobranza todas las diligencias que convengan en el caso.

Capítulo 48. Que los vicarios de las provincias den orden para que en los pueblos donde no hubiere iglesias se hagan y reparen.

Los vicarios de los pueblos y provincias den orden de aquí adelante que, en las partes y lugares donde hubiere iglesias que tengan necesidad de reparo, se reparen con mucho cuidado y, si fuere necesario hacer algunas de nuevo, se nos dé aviso con brevedad a Nos o a nuestro provisor para que se provea de remedio y se dé orden en hacerlas.

Capítulo 66. Que en lo tocante a los derechos funerales se guarden las costumbres loables.

Ytem, en lo que toca a los derechos funerales, se guarden las loables costumbres que cerca de ello hubiere conforme a derecho; y, en cuanto a los indios, se guarde lo proveído por el Concilio provincial de ochenta y tres, en la acción segunda, en el capítulo treinta y ocho, y constitución nuestra de nuestro Sínodo.

3. Fuentes

Concilios provinciales

Limense I[160]

De los naturales, c. 2. Que se hagan iglesias en los pueblos de indios y el modo que se ha de tener en las hacer.

"Item, por cuanto, por la bondad y misericordia de Dios nuestro Señor, en los más pueblos y provincias de indios hay ya muchos de ellos cristianos, y cada día serán más; y es razón que haya templos e iglesias donde Dios nuestro Señor sea honrado, y se celebren los oficios divinos e administren los sacramentos, e los indios concurran a oír la predicación y doctrina: S. S. ap., mandamos que los sacerdotes que estuvieren en la doctrina de los naturales en los pueblos de indios den orden y procuren con diligencia cómo en cada repartimiento, en el pueblo principal donde está el principal cacique que comúnmente es el mayor concurso del pueblo, se haga una iglesia, conforme a la cantidad de la gente de él, en la cual se administren todos los sacramentos, si no fuere en caso de necesidad. Y procurará el tal sacerdote de adornarla de arte que entiendan la dignidad del lugar y para lo que se hace, dándoles a entender que es aquel lugar dedicado para Dios y para el culto y oficios divinos, y para que concurramos a pedir a Dios perdón de nuestros pecados, y que en él no se han de hacer otras cosas ilícitas, ni den lugar a ello. Y en los demás pueblos pequeños que no hobiere posibilidad para hacer iglesia, hagan una casa pequeña, a manera de hermita, para este efecto, donde pongan un altar adornado con una imagen o imágenes, en la mejor manera que pudieren y, donde fuere tan pequeño que para esto no

160 Extraemos los cánones del Concilio Limense I tal y como nos los da Vargas Ugarte en, R. Vargas Ugarte, Concilios Limenses (1551–1772), vol. I, Lima: s.n., 1954, 3–93.

haya posibilidad, a lo menos señalen un lugar decente con una cruz, donde se les diga la doctrina y platique las cosas de la fe".

De los naturales, c. 35. Que por la administración de los sacramentos no se lleve cosa alguna *directe* ni *indirecte*.

"Otrosí, porque allende de ser contra ley divina, los sagrados cánones muy estrechamente lo prohiben, sería muy gran escándalo a los que nuevamente vienen a la fée, si por la administración de los sacramentos llevase o pidiese cosa alguna: S. S. ap. mandamos so pena de excomunión y de veinte pesos por cada vez al que lo contrario hiciere: que ningún sacerdote lleve por la administración de los sacramentos cosa alguna *directe ni indirecte*, y porque hay entre los indios muchas personas pobres, que no tienen para comprar candela ni capillo para baptizarse, ni velo ni arras para casarse, mandamos debajo de la misma pena a todos los curas de indios, que tengan capillo y candelas, y las monedas para las arras, y anillos y velo para la administración del matrimonio, y por nada de todo ello les pidan ni lleven cosa alguna, sino que conforme a la sentencia de Cristo nuestro redemptor, se les administre gratis lo que reciben de gracia".

De los españoles, c. 29. Que las iglesias estén siempre limpias y en ellas no se haga obra ninguna sin mandamiento del prelado.

"E porque de la limpieza de las iglesias se sirve Dios nuestro Señor y el pueblo cristiano se edifica y los indios por las muestras exteriores comúnmente son atraídos a lo principal, por tanto S. C. A. mandamos y encargamos a los sacristanes tengan mucho cuidado de su limpieza y si se descuidaren y fueren negligentes, los curas se lo hagan hacer, y no enmendándose los despida y reciba otros o den aviso a los superiores para que lo hagan. Y porque en los edificios que en las iglesias se han hecho suelen haber algunos fraudes en daño o detrimento de sus fábricas, por tanto, S. C. A. estatuimos que de aquí adelante ninguna obra se haga de nuevo en ninguna de las iglesias de esta diócesis y provincia sin nuestra especial licencia o del prelado diocesano o de nuestros provisores o de aquella persona que para ello especialmente diputaremos y que los visitadores no puedan mandar gastar en obra alguna de las dichas iglesias más de hasta en cuantía de cincuenta pesos e que si de otra manera el mayordomo de la iglesia algo gastare en más de esta cuantía no le sea recibido en cuenta y allende esto pierda cualquier salario que por razón del oficio de mayordomía se le había de dar pero si acaeciese caerse algo de la iglesia o otra necesidad que conviniese remediarse con presteza, podrán gastar lo que para remediarlo sea menester con parecer del mayordomo, o vicario o cura".

De los españoles, c. 38. Que todas las iglesias de los pueblos de los indios tengan puertas y cerraduras y no duerman en ellas españoles, y en los despoblados lo que se ha de hacer.

"Por cuanto somos informados que en las iglesias de los pueblos de indios y en otros puntos los caminantes con poco acatamiento y reverencia se suelen entrar a dormir en ellas hacen sus camas y comen y beben y hacen otras cosas indebidas. S. S. A. estatuimos y mandamos que en todas las dichas iglesias haya puertas con sus cerraduras y llaves y los clérigos a quienes tenemos dado cargo de la doctrina las tengan y no dejen entrar a dormir en ellas a ninguna persona, so pena que el sacerdote que lo consintiere pague 6 pesos y el lego que entrare incurra en pena de 4 pesos y so la dicha pena mandamos a los dichos clérigos que desde 3 meses de la publicación de estas constituciones tengan echadas las dichas puertas, cerraduras y llaves [...]".

De los españoles, c. 39. Que ninguno edifique iglesia, ni monasterio, ni ermita sin licencia.

"Aunque por la disposición del derecho esté prohibido que ninguno haga ni edifique iglesia, monasterio ni ermita sin licencia ni autoridad del prelado ordinario, algunos se atreven a las hacer sin la dicha licencia y autoridad y porque no conviene al pueblo de Dios y al bien de la república cristiana, S. C. A. prohibimos y defendemos, so pena de excomunión y de 100 pesos, las dos partes para la iglesia parroquial y la otra para el denunciador y juez, que ninguno en nuestra diócesis y provincia de nuevo edifique iglesia, monasterio ni ermita sin la dicha nuestra licencia y autoridad y en la misma pena incurran los oficiales y peones que entendieren en edificalla".

Limense II[161]

De los españoles, c. 34. *Quod ecclesiae basilicae, aut sacelli de novo non erigantur, absque expressa episcopi licentia.*

"que nadie erija nuevas yglesias o capillas o hermitas o altares sin licencia expresa del obispo so pena que todos los gastos hechos en tal edificio los torne a pagar de nuevo a la yglesia, y que juntamente con esto sea privado por el mismo caso de qualquier artículo o atión [sic] a la iglesia o capilla así herigida e de la mesma manera ninguno pueda engenar alguna iglesia de poder del obispo so las penas estatuidas por derecho e otras más graves a voluntad del ordinario"[162].

161 A la hora de tomar los artículos de este Concilio Limense de 1567–1568, nos hemos basado en la obra de Vargas Ugarte, R. Vargas Ugarte, Concilios Limenses (1551–1772), vol. I, Lima: s.n., 1954, 95–223. Los cánones de este Concilio han sido publicados en latín, con sus respectivos títulos también en esta lengua. Puesto que al final aparece un resumen de cada constitución, tanto de la sección dedicada a los españoles como a los indios, los transcribiremos tal cual, dando la página en la que se encuentran. Éste inicia del siguiente modo: "Sumario del concilio provincial que se celebró en la ciudad los reyes el año de mill y 567 fecho y sacado por orden y con autoridad del último concilio provincial que se zelebró en la dicha ciudad este año de 1583" (ibid., 225). Ocupa el dicho sumario las páginas 225 a 257.

162 R. Vargas Ugarte, Concilios Limenses (1551–1772), vol. I, Lima: s.n., 1954, 228–229.

De los españoles, c. 120. *Processus contra indos quibus de causis a iudicibus ecclesiasticis fulminandi.*

"que las causas o pleitos de indios, especialmente pobres, se concluyan sumariamente y con amor paternal y no se admita contestación de pleito en forma contra indios sino fuere en crimen de heregías o apostasía o en caussa de matrimonio, y los tales pleitos se fenescan sin gastos ni costa sino de gracia"[163].

De los indios, c. 11. *Ut sacerdotes non dimittant parochias etiam ad breve tempus.*

"que los curas no dexen sus ovejas aunque sea por breve tiempo y si hicieren aussencia sin licencia del prelado, por cada día de ausencia paguen quatro pesos y el que con licencia por alguna causa hiciere ausencia no cobre el estipendio de aquel tiempo, mas sea de la iglesia y pobres, en lo qual también se advierte y encarga la conciencia a los superiores de los religiosos"[164].

De los indios, c. 26. *Quod sacerdotes nihil pro administratione sacramentorum recipiant.*

"con precepto, que los sacerdotes no puedan rrecevir cossa alguna de los indios para administrar qualquier sacramento ni por darles sepultura ni por otra cosa sagrada, y si lo rrecivieren lo buelvan al doble"[165].

De los indios, c. 47. *In qua monentur praelati ut sacramentum confirmationis conferant indis, et propter eorum paupertatem faciant deferre necessaria.*

"que pongan diligencia los obispos en dar el sacramento de la confirmación a todos los indios baptizados y provean de candelas y de vendas a su costa por la pobreza de los indios"[166].

De los indios, c. 82. *Quod pars decimarum obveniens parochiae et parochi, eis in divisione decimarum applicetur.*

"que las partes de diezmos de indios que están señalados para la fábrica e ospitales en las erecciones de las iglesias catredales se den a quien están aplicadas y se quite otro tanto de lo que se debe al cura para su comida, y donde no ay ospital sea de pobres lo que le cave"[167].

---

163 Ibid., 239.
164 Ibid., 242.
165 Ibid., 244.
166 Ibid., 246.
167 Ibid., 250.

De los indios, c. 84. *Quis modus servandus sit in aedificatione ecclesiae parochialis.*

"que se edifiquen templos en lugar conveniente y capaces, según el número de los parroquianos, para lo cual se tome el parecer del perlado y del encomendero y del cacique, y la costa sea por partes iguales de la caja real y de los mismos yndios y de su encomendero, como lo tiene el rey proveído y en los lugares pequeñuelos también se hagan sus yglesias pequeñas, donde se baptizen y se junten a la dotrina"[168].

De los indios, c. 87. *A quibus debeant ornari ecclesiae indorum.*

"que las yglesias se aderecen y provean de los ornamentos y alhajas necesarias a costa del encomendero y de los indios y a cada parroquia se den por lo menos dos ornamentos para celebrar por quenta de las personas que les pertenecen, para lo qual sean compelidos de los obispos con censura si fuere menester"[169].

De los indios, c. 88. *Quis ordo servandus sit in doctrina senum et infirmorum, ut vita non decedant absque baptismo.*

"que los mui viejos y los demás ynútiles sean en la visita preguntados y enseñados en la doctrina xpiana, y se sepa dellos si quisieren ser baptizados; los que dixeren que sí, póngase por memoria y después, si acaeciere por enfermedad súbita o por otro caso perder el juicio o la habla, sean baptizados, sino constare aver mudado la boluntad de baptizarse, y todos los tales se junten cada día con los muchachos para oyr e aprender la dotrina xpiana"[170].

Limense III[171]

Acción 2, c. 13. Que los indios no den nada al confirmarse

"No hay ninguna razón para exigir de los indios dinero o plata cuando reciben el sacramento de la confirmación; más bien al contrario, los obispos han de proveer, benévolamente, los cirios y las vendas a los que a causa de su pobreza no puedan llevar las velas. Lo mismo obsérvese en el bautismo con el cirio y el capillo bautismal".

Acción 2, c. 38. No hay que recibir nada de los indios por los servicios religiosos

"Los sacros cánones rechazan cualquier arreglo tácito o expreso para administrar sacramentos o dar sepultura en tanto reprobable comercio de mal simoníaco. Contrariamente, adoptan y aprueban las loables costumbres admitidas en el pueblo cristiano. El concilio limeño pasado decidió y declaró ya anteriormente acerca de los indios que no

---

168 Ibid., 251.

169 Ibid., 251.

170 Ibid., 251.

171 Los cánones del Concilio Limense de 1582–1583, se tomarán de la edición siguiente: F. L. Lisi, El Tercer Concilio Limense y la aculturación de los indígenas sudamericanos, Salamanca: Ediciones Universidad de Salamanca, 1990, 107–227.

se puede exigir o recibir nada ni por los sacramentos o su administración ni por dar sepultura, multándose con una pena cuatro veces mayor al sacerdote que reciba algo de los indios. Este santo sínodo renueva este saludable decreto, muy necesario para la edificación y fe de los neófitos y despreciado por muchos con no poco escándalo de aquellos, y en cuanto puede lo recomienda enfáticamente, declarando nulas en esta región las costumbres que son abusivas, aunque se pretenda que son loables. No se obligue a los indios a hacer ofrendas en la misa o de alguna otra manera. Pero si alguno quisiese ofrendar, sepa que si bien esto es algo meritorio y pío, no está en absoluto obligado a ello, que es libre de hacerlo o no. No obstante, con los indios que tienen el domicilio en las ciudades españolas, como están más instruidos en la fe e imitan los usos de nuestros hombres, las costumbres correspondientes en las sepulturas y otros asuntos podrán ser observadas, si son loables".

Acción 3, c. 13. De la cuota que corresponde a las parroquias de indios

"A las iglesias o parroquias de indios les corresponde por erección y fundación un noveno y medio. Otro tanto se asignó en general a los hospitales y asilos, como se aclaró en el concilio provincial Limense hace dieciséis años. Por ello vuélvanse a dar en el futuro sin excusa las cuotas predichas a las erecciones y hospicios de indios y vean los cabildos de las catedrales cómo descargan sus conciencias por lo que retuvieron hasta ahora".

Acción 3, c. 14. Que se deben ceder a las iglesias de indios las faltas de doctrinas

"Lo que se sustrae a los párrocos de indios de sus legítimos salarios por sus ausencias, denominado vulgarmente 'falta de doctrina' deben convertirse, por lo general, en utilidad de la iglesia de indios. Asígnense, entonces, a la erección de iglesias o a los pobres de la población correspondiente a criterio del obispo y de ninguna manera se asigne a otros usos, según la voluntad de nuestro rey católico. Si en alguna ocasión el párroco se ausentare de su iglesia por orden de su obispo para hacer gestiones eclesiásticas, no se le disminuya nada del salario que le corresponde por tales ausencias aprobadas por su superior, puesto que es injusto despojar de la merced de la Iglesia a quien la sirve. Por otra parte, a las parroquias de indios que anteriormente estaban a cargo de regulares con un salario menor porque se contentan con menos y han sido traspasadas a párrocos seglares asígneseles un sueldo igual al que se suele pagar a las otras parroquias de la zona, para que no tenga igual labor un pago desigual".

4. Análisis de instituciones y cánones

a. Introducción

Entre los juristas de un buen número de países es famoso el adagio latino que dice *ubi societas ibi ius*; si esto es evidente por la necesidad de que los hombres que viven en grupo tienen de unas normas, por primitivas que sean, no lo es menos la afirmación siguiente, que podemos formular parafraseando la máxima anterior: *ubi societas ibi pauperes*. A pesar de que el ideal del igualitarismo perfecto ha tenido en todas las épocas fervientes defensores, no se ha hallado, hasta ahora, un "ejemplar" concreto en el que se hiciese realidad. En el seno de todo conjunto humano, las diferencias que se producen pueden afectar a dimensiones muy diferentes, bienes inmuebles, salario, educación, cultura, clase, influencia, dotes intelectuales o físicas, etc., llegando a constituir entre unos individuos y otros distancias abismales.

Según autores, como Baudin, bajo el dominio de los Incas, con la organización colectivista monolítica y de carácter teocrático, pudo darse una sociedad en la que las mínimas necesidades de la mayoría de la población, a causa del sistema ya descrito en el apartado "fiestas de guardar y descanso laboral", de reparto de "lotes" de tierras para la agricultura cuya producción se calculaba de antemano, estarían cubiertas. Además, si el año era de escasez se redistribuían los excedentes estatales, guardados en los tambos del Inca[172]. En teoría, el sistema era perfecto si bien, en nuestra opinión, adolecía de dos importantes carencias: una, ya apuntada, como era la falta de libertad individual o colectiva, necesaria para el progreso y la misma subsistencia de un grupo humano; la otra, representada por los cálculos de alimentación, realizados "a la baja", es decir, se orientaban a la supervivencia, con el consiguiente riesgo, aún en períodos de bonanza, que no llegase para todos (o para el conjunto de necesidades a cubrir)[173].

A pesar de las limitaciones descritas (que a nuestro modo de entender hacían del conjunto un sistema, manifiesta y oficialmente, injusto), tal estricta disposición política, social y económica del Tahuantinsuyo se manifestaba altamente eficiente a la hora de cubrir, en tiempos normales, la demanda de la sociedad:

---

172 Baudin comenta así el sistema político-económico colectivista y centralizador de los Incas: "reposa sobre una "acción reguladora de un poder central en las relaciones sociales". Nunca esta acción se dejó sentir con más fuerza que en el Perú, donde la demanda es estrictamente calculada gracias a una implacable fijación de las necesidades, la oferta determinada por una reglamentación minuciosa de la producción, y la adaptación de la oferta a la demanda asegurada por un sistema de estadísticas y de reservas" (L. Baudin, o.c., 236).

173 A ello, habría que sumar, como en todo sistema en el que el Estado es el protagonista, que no existían garantías jurídicas de inviolabilidad bien de la persona, bien de la comunidad, lo que podía conducir, que por razones del interés común o del de la clase dirigente, se pudiese llegar a conculcar derechos como la propiedad (por pequeña que fuese) o la propia vida de los ciudadanos. El mismo Baudin reconoce tal circunstancia cuando, hablando del "socialismo" incaico, afirma: "ese plan tiende a realizar una verdadera absorción del individuo por el Estado, hallándose el bienestar del primero asegurado en forma tal que no sirva sino para contribuir a la grandeza del segundo" (L. Baudin, o.c., 235).

vivienda, vestidos y alimentación parecían ser satisfechos. Nos atrevemos a decir, que este estado de cosas cambió radicalmente con la llegada del nuevo poder. Caído el jefe inca en 1532, quien suponía la pieza clave de toda la estructura, en cuya persona se concentraban todos los poderes, identificándose con el mismo Estado, la edificación social ya no se sujeta. Desde ese momento, la desintegración de la rigurosa ordenación antigua se produce a ritmo constante y, aunque aparecen libertades y se abren posibilidades nunca antes conocidas, se acrecienta al mismo ritmo el número de pobres, cuyas vidas pendían, precisamente, del hilo tan bien tejido por el sistema incaico.

Por lo tanto, podemos afirmar que la nueva libertad instaurada creó pobreza y desigualdades, también dentro del propio rango, lo cual, probablemente, en el antiguo régimen no existía[174]. La sociedad que había que construir y para la que había que legislar, estaba marcada por estas características. Más aún, ahora más que antes, con toda probabilidad, los factores del nacimiento y, sobre todo, las dotes naturales iban a tener una influencia decisiva en el éxito o el fracaso de la propia existencia. En consecuencia, una legislación con deseos de ser justa, no podía dejar de lado a quienes, la lotería natural o la arbitrariedad social, había perjudicado. Precisamente esto, es lo que intentaremos comprobar, al analizar los cánones de los Sínodos diocesanos de 1582, 1584 y 1585.

En la primera de estas Asambleas, los artículos 11 y 13, se refieren a enfermos, que deben ser visitados por la autoridad eclesiástica y a los pobres, a quien se debe atender, respectivamente. La de 1584, por ser inmediatamente posterior al gran Concilio Limense III (1583), en donde se legisló con tanta abundancia, resultó ser una reunión tan breve que no presenta ninguna constitución directamente relacionada con nuestro tema. Sí, y con profusión, la de 1585, que legislará ampliamente sobre ello y se remitirá a las leyes previamente publicadas. El c. 2

174 Las diferencias resultaban marcadas entre la clase dirigente y la masa social. Sin embargo, entre los miembros de cada uno de los grupos no existían desniveles demasiado agudos. Dentro de la misma clase superior podemos reconocer algunas categorías: en la cúspide se encontraban los Incas, detrás de ellos venían los llamados "orejones", de quien Baudin, siguiendo la *Primera y segunda parte de la Historia del Perú*, de Fernández de Palencia, nos dice "[los orejones] vienen después de los incas por privilegio…, «en gran número, a quienes se tenía por incas y que llevaban las orejas perforadas,… Eran servidores, obligados y amigos de los señores, capitanes y servidores del inca…»… Entre ellos se reclutaban los principales funcionarios civiles y militares" (L. Baudin, 152–153); no tenían la misma consideración que los primeros. Y, finalmente, habría que situar a los curacas, muchos de los cuales conservaban su estatus de autoridad, previo a la conquista incaica. En el último puesto, y bastante nivelados, los "hatunruna".

insiste en la atención y asistencia a los indigentes y en el rigor en ejecutarla; el c. 22 manda a los curas que se preocupen en levantar edificio para hospital y dotarlo convenientemente de ropa, aderezos, medicinas y otros medios necesarios. El c. 27 recuerda a los responsables de doctrina o parroquia su obligación de que los templos y los hospitales estén cuidados y bien dotados. El c. 31 ordena que se atienda al cobro de los dineros previstos (los tres novenos) para aplicarlos a lo anterior. El c. 48 se dirige a los vicarios, que debían visitar las poblaciones, para que informasen de las reparaciones a realizar en las iglesias y de las necesidades de construir algunas nuevas.

A estas disposiciones hay que sumar las de los tres Concilios provinciales, fuente principal de los anteriores, que aluden a muchos más aspectos y que veremos en la reflexión que, a continuación, iniciamos.

b. Comentario

– *La cooperación social*

Comencemos este apartado haciendo una doble constatación. Primero: el hecho de que algunos individuos tengan una cierta inclinación a vivir alejados de los demás no niega la tendencia de la mayoría, de los que conformamos la especie humana, a la convivencia en sociedad. De ahí que, en todo tiempo y lugar, las personas busquen establecer asentamientos regulados por unas mínimas reglas que les permitan llevar adelante sus proyectos de vida, sean estos simples o muy elaborados. Segundo: a pesar de la movilidad humana constante propia de los tiempos modernos, el lugar en el que nacemos y vivimos la mayor parte de nuestra existencia es uno de los factores que marcan de manera considerable nuestra forma de ser y actuar.

Establecido lo anterior, demos un paso más. El desarrollo de un ser humano depende de muchos condicionamientos: familia, personalidad, estudios, capacidades… Entre ellos, podemos situar el entorno físico que le rodea, puesto que, según éste esté configurado, se desarrollarán, sobre todo en niños y jóvenes, unas sensibilidades u otras y lo mismo unas fobias y filias diversas, llegando incluso a influir sobre la autoestima personal. No descubrimos nada nuevo si decimos que personas con recursos y educación limitados que habitan zonas rurales depauperadas sienten un cierto complejo de inferioridad cuando se encuentran con otras que moran en villas o ciudades. Mientras que, la conciencia de ser vecino de un lugar en el que existen ciertos servicios, ciertas instituciones o ciertos monumentos agranda la valoración de uno mismo o la misma impresión de dignidad de los ciudadanos.

¿A dónde vamos con todo ello? A lo siguiente: la fundación de una catedral o iglesia[175], unida a la creación de un cabildo secular o la institución de un párroco (o doctrinero) y, tantas veces, una escuela, iban provocando que el estatus de un asentamiento se fuese elevando desde la categoría de parroquia o doctrina, a la de villa y, finalmente, a la de ciudad. Los habitantes de tal emplazamiento sentían cómo sus expectativas vitales mejoraban y de manera bien experimentable.

Con sus características peculiares, algo así fue sucediendo en las localidades fundadas en el Nuevo Mundo. En el apartado sobre las instituciones, hemos visto las razones y el modo de configurar las reducciones de indios. La mayoría de las mismas debía funcionar dentro del sistema de encomienda, que regulaba el trabajo, los tributos y los descansos de los operarios, como ya hemos visto en capítulos anteriores.

No olvidemos que no es nuestro objetivo juzgar el funcionamiento de ninguna realización concreta, sino sólo la teoría jurídica y las determinaciones canónicas que las hicieron aparecer y mantenerse. Tenemos, pues, un grupo de indios, por lo general entre trescientos y cuatrocientos[176], casados o tributarios que aportan el trabajo, normalmente físico, bajo la tutela de un encomendero que debe velar por la formación, humana y espiritual, de los anteriores, por su buena organización y su productividad. Desde la década de 1560–70, aparece la figura del Corregidor de indios, que tiene por misión corregir los abusos del sistema. Funcionario con salario fijo, que no puede dedicarse a comercializar con los naturales ni entrar en el funcionamiento de la reducción, se encarga de recoger los tributos y de pagar los servicios y obras públicas correspondientes. Dos de ellas, serán la iglesia y el hospital para pobres.

---

175 Citemos el c. 2, de los naturales, del Limense I: "Que se hagan iglesias en los pueblos de indios y el modo que se ha de tener en las hacer"; y el c. 3, de la misma sección: "Que las huacas sean derribadas y en el mismo lugar, si fuere decente, se hagan iglesias".

176 Normalmente, se establecía un número de indios tributarios suficiente para que, sin cargarles demasiado en sus tasas, con las mismas se pudiesen pagar todos los servicios que necesitaban. Se calculó que debía haber en cada doctrina-reducción unos cuatrocientos (como máximo). Así aparece legislado en cánones como los siguientes: Limense II, de los indios, c. 76: "Quod indi dividendi sunt per parochias", cuyo resumen dice así: "que se dividan las parroquias de indios y se den a cada cura sus parroquianos distintos, conforme a los cánones y a los decretos del concilio tridentino"; y, en el siguiente, c. 77: "Quod cuilibet parochiae quatuor centum parochiani applicentur", que se concentra en: "que a cada parroquia no se le den ni señalen más de quatro cientos indios casados con los quales entran los demás que les pertenecen como muchachos, viejos, huérfanos, forasteros…" (cfr., R. Vargas Ugarte, Concilios Limenses (1551–1772), vol. 1, o.c., 249).

En consecuencia, lo que comenzó siendo una simple aglomeración de personas para realizar un trabajo y recibir una educación, se puebla de varios edificios representativos: las casas del corregidor (recordemos que el encomendero vivía, normalmente, en la ciudad) o de la autoridad real, el templo o casa de Dios, (a la que iba unida la institución educativa con edificio propio y sin él) y el hospicio dedicado a acoger y curar enfermos. Los vecinos de cada pueblo en los que se erigían, aún siendo individualmente pobres, recibían indudablemente la impresión de progreso colectivo, pues podían entrar y recibir los servicios ofrecidos en esas dependencias descritas (normalmente, sin coste alguno).

Tales obras eran financiadas con los impuestos que estos naturales pagaban. Ahora bien, cuando a pesar de pagar el debido tributo, las obras no se levantaban, la sensación de desamparo y desmotivación era, por necesidad, profunda. En cambio, el sentirse copartícipes de la creación y mantenimiento de empresas comunes, favorecía la contribución voluntaria a la cooperación social, no obstante, las circunstancias concretas de cada familia pudiesen ser poco florecientes y esperanzadoras[177].

Rawls afirma que, los ciudadanos podrán contribuir más fácilmente al buen funcionamiento de las instituciones que regulan sus relaciones, independientemente de cuál sea su suerte, si perciben que éstas están configuradas conforme a unos principios de justicia social como los que él propone; creemos que éste es uno de los objetivos de los cánones de los Sínodos toribienses. Si la aplicación de los mismos, contribuye a la visualización de un progreso común material, llevará a acrecentar la dignidad personal de cada ciudadano, al ver que la categoría de su asentamiento asciende en la escala nacional, fomentando una actitud de colaboración con todo el sistema en general.

---

177 Aunque hemos afirmado que no nos toca en este trabajo juzgar realizaciones concretas, no se nos escapa que una legislación, por muy justa que pueda salir de la mano de la autoridad, si se queda en el papel, no será sino una tapadera o excusa para las mayores injusticias. Por ello, remitimos a los múltiples ejemplos históricos, que concretan estas leyes, los cuales ofreceremos un poco más adelante, cuando hablemos del principio de la eficiencia. Si en la década de 1580–90, recién llegado Mogrovejo a Lima, aparecen cartas, memoriales, registros en los cuales se constata cómo todavía existían muchos pueblos en los que no habían sido construidos hospitales y otros en los que la iglesia estaba prácticamente en ruinas, a partir de la década de 1590 la situación va cambiando drásticamente. Sabemos por el *Libro de Visitas* que, en un número más que apreciable de doctrinas y parroquias, existe ya un hospital con su propia renta para su sostenimiento y los templos no sólo están bien cuidados por fuera sino que además, poseen todo lo necesario para su finalidad litúrgica y evangelizadora.

En resumidas cuentas es, precisamente, este sentimiento uno de los factores principales que contribuyen, según nuestra opinión, al desarrollo del principio de cooperación social. Unido al afán de progresar uno mismo está el de mejorar el entorno que nos rodea. Cuando este último ofrece estímulos para ello, el individuo se sentirá mucho más motivado para toda obra que haga progresar el bien común. Las razones que podríamos aludir para justificar tal postura podrían ser variadas, pero hay una que se nos antoja trascendental: cuando uno cree que el lugar en el que vive tiene posibilidades de salir adelante, se queda y trabaja en él. En caso contrario, permanece abierta una única puerta, la emigración, una de las peores lacras, causa de destrucción de multitud de localidades.

Cuando las constituciones de los Sínodos de Mogrovejo mandan levantar una iglesia o una simple ermita en medio de lo que hasta hacía poco era un espacio baldío, o cuando ordenan que se construya un hospital, no sólo crean un par de instituciones consagradas a aliviar las necesidades, bien espirituales bien materiales, de los menos aventajados, sino que al mismo tiempo están fijando dos baluartes o símbolos del progreso: primero, porque aumentan la sensación del vecino de subir de categoría; segundo, porque estimulan la cooperación entre los moradores, para seguir avanzando en el bien colectivo.

– *Principio de las libertades*

No es sencillo comprobar empíricamente si en una sociedad se da, en la práctica, una vivencia de las libertades básicas, como las propuestas por John Rawls, ya que el concepto, aunque bien definido en la teoría, a la hora de ser encarnado en un tiempo y en un lugar, puede demostrar una enorme volubilidad o maleabilidad. No es éste, por otra parte, nuestro objetivo. Lo que sí queremos descubrir, son los indicios necesarios en la legislación sinodal que nos permitan hablar de una base jurídica suficiente, fundamento o posibilidad de esas libertades. Para ello, debemos ir a los cánones y tratar de hallar alguno o algunos que caminen en esa dirección.

Antes de hacerlo, una simple indicación de procedimiento. No vamos a entrar en una reflexión, interesante pero para este trabajo creemos que no esencial, sobre la importancia que tiene para la liberación de las limitaciones, tanto del cuerpo como del alma, la instauración de instituciones como las iglesias y hospitales, para cuya finalidad son, por definición, erigidos. Ni tan siquiera, en el aspecto, digamos de "libertad interior" que supone el fomento y la práctica de la caridad o ayuda mutua, entre los miembros de cualquier comunidad[178]. Nos centraremos en algunos artículos jurídicos de las Asambleas sinodales y conciliares, que suponen el objeto de nuestro análisis, prescindiendo de lo anterior.

Recordemos el c. 84, de los indios, en el Limense II, cuyo título reza: "*Quis modus servandus sit in aedificatione ecclesiae parochialis*", y que dice:

> "que se edifiquen templos en lugar conveniente y capaces, según el número de los parroquianos, para lo cual se tome el parecer del perlado y del encomendero y del cacique, y la costa sea por partes iguales de la caja real y de los mismos yndios y de su encomendero, como lo tiene el rey proveído y en los lugares pequeñuelos también se hagan sus yglesias pequeñas, donde se baptizen y se junten a la dotrina"[179].

De este sencillo artículo, podemos extraer un par de datos muy interesantes para nuestro tema. En primer lugar, para edificar una iglesia debía consultarse, no sólo a la autoridad local civil y eclesiástica, sino también, a la autoridad natural de los indígenas: el curaca o cacique. En segundo lugar, la carga de la construcción de la misma no recaía totalmente sobre los hombros de los indios, sino que a ello debían contribuir la caja real y el mismo encomendero[180].

La primera de las informaciones apenas mencionadas, denota una voluntad de consenso, orientada a localizar el espacio más propicio para la edificación, de modo que no se gaste el dinero en balde, sino que una vez levantada cumpla con su función. El hecho de ordenar el canon que se consulte a la autoridad indígena es altamente sugestivo del papel e importancia que ésta tenía en la nueva sociedad. Además, es indicador de que una cierta libertad de expresión estaba permitida,

---

178 Sin profundizar en esta idea, citemos la experiencia social de las hermandades, una de cuyas finalidades era, precisamente, el dar la oportunidad de practicar la caridad a quien a ellas se incorporaba. Como nos dice Josefina Muriel: "Es muy importante mencionar la existencia de hermandades en casi todos los hospitales sudamericanos, organizaciones de laicos que, deseando practicar la caridad, lo hacen a través de las instituciones hospitalarias. Ellos recogían limosnas, vigilaban la buena atención a los enfermos, peregrinos y huérfanos, a lo cual algunos añadieron su servicio personal" (J. Muriel, La Iglesia y la beneficencia, in: P. Borges, Historia de la Iglesia en Hispanoamérica y Filipinas, vol. 1, Madrid: BAC, 1992, 773).

179 R. Vargas Ugarte, Concilios Limenses (1551–1772), vol. 1, o.c., 251.

180 Por supuesto que no se nos escapa, que buena parte de esa "caja real" y de la del encomendero se llenaba con los impuestos que pagaban los indios, aunque no sólo, pues había otras actividades que reportaban al Rey su riqueza (tributos de los españoles, tasas sobre actividades comerciales, o sobre materias primas, etc.) y también a los dirigentes de las encomiendas. Ahora bien, resulta sumamente interesante que las tres partes sean mencionadas y deban contribuir a esta infraestructura por igual, cuando los beneficiarios directos serán, ciertamente, los indígenas.

de forma que no venía todo impuesto desde la cabeza, sino que se atendía a la opinión de los miembros, buscando su beneficio. De lo segundo, podemos inferir lo siguiente: si un artículo conciliar (ya de 1567) podía obligar al rey a gastar sus caudales en beneficio de sus súbditos, indica que éste lo había, cuando menos permitido, cuando más, incluso fomentado. Si el monarca se implica hasta tal punto en la construcción de las iglesias, que como veremos en el apartado sobre las "manifestaciones idolátricas", son los lugares que sustituyen a las "huacas" y otros adoratorios, es decir, el síntoma de que una antigua religión del miedo, es reemplazada por una de la libertad, supone un empuje no pequeño a esa liberación de los indios, de todo lo que desde tiempos remotos, les esclavizaba[181].

Ya hemos hablado en el apartado de las "fiestas de guardar y el descanso laboral" (entre otros) sobre la cuestión de la obligatoriedad para el indio de ser reducido a poblaciones y de algunos de los temas que a ello van adjuntos. Veámoslo ahora en lo que concierne al campo que nos ocupa: iglesias, hospitales, pobres, ancianos y enfermos.

Para Rawls, el principio de las libertades constituye el primero de los presupuestos que tienen que estructurar las instituciones sociales, de modo que un esquema de las mismas, a gozar por los ciudadanos no puede ser reducido más que cuando se produce una confrontación entre ellas[182]. Estrechamente unido a ello estaba la equitativa distribución de oportunidades, que con lo anterior representan algo absoluto.

Podemos preguntarnos, ¿en qué medida la construcción de un templo parroquial, una ermita o un hospital contribuía al ensanchamiento o reducción de las libertades o de las oportunidades de los vecinos de un pueblo indígena? De hecho, en caso de no tener que construir los anteriores edificios, el indio tendría, sin duda, que pagar muchos menos impuestos, ya que buena parte de ellos iban para financiar las obras descritas y el mantenimiento, tanto de la parte material correspondiente como de los servicios prestados en ellas (mencionemos, por

181 Para entrar más de lleno en esta idea de la religión del miedo, con todo lo que de parálisis y bloqueo social llevaba consigo, y su sustitución por una fe portadora de la libertad de la persona y de la comunidad, véase el siguiente apartado sobre las idolatrías.

182 Recordemos la primera de las reglas de prioridad: los principios de justicia deben ordenarse según un orden "léxico", por lo cual, las libertades básicas sólo pueden ser restringidas por causa de sí mismas. Dos casos podemos tener: a) una libertad recortada tiene que fortalecer el sistema total de libertades compartidas por todos; b) una libertad más pequeña que la equitativa tiene que ser aceptable para aquellos, poseedores de la menor libertad.

ejemplo, el c. 31, del Sínodo de 1585, que trata de la cobranza de los tres novenos que deben ser dedicados a iglesias y hospitales; o el c. 82, de los indios, del Limense II, que manda se apliquen a las mismas instituciones y a los pobres, caso que no haya hospicio, los diezmos que les tocan). La edificación de nueva planta era sufragada en un tercio por los naturales (los otros dos correspondían al encomendero y al Rey), como se ha señalado más arriba; para el sostenimiento posterior, que incluía los gastos de funcionamiento, compra del material necesario y reparaciones se detraía de los impuestos un noveno y medio, tanto para las casas destinadas a la religión como para las de asistencia[183].

¿Podríamos, pues, asegurar que si el obrero pagase menos tributo y, en consecuencia, tuviese que trabajar menos horas, gozaría de más libertad y de mayor margen de oportunidades para hacer avanzar su plan vital? Veámoslo detenidamente.

De nuevo, partimos del hecho consumado que la dirección en la que camina la sociedad en su conjunto no es la de retornar a un estado selvático prehispánico ni a una organización de tipo colectivista inca, sino a un modelo tal y como era desarrollado, con sus peculiaridades regionales, en Europa. ¿Qué aportaba a la libertad del indio y a su futuro, la presencia de una iglesia y de un hospital, con todos los servicios y complementos a ellos adjuntos? Para intentar dar una respuesta a los interrogantes anteriores, permítansenos, todavía, dos ulteriores preguntas: ¿podrían los indios vivir sin religión, culto o alguna especie de liturgia? ¿Bastaban los curanderos tradicionales indígenas para subsanar todo tipo de enfermedades contemporáneas?

La primera de las cuestiones aquí planteadas, tiene fácil respuesta: la religión era parte integrante de su ser, personal y colectivo. El cristianismo, que pone su centro en la persona humana, les aportaba una forma nueva de concebirse a sí mismos y de entender las relaciones con los demás. Desde el momento del nacimiento, que quedaba sellado por la ceremonia del bautismo, con todas las connotaciones sociales (dignificadoras) que ella conllevaba, pasando por el matrimonio que instauraba otra manera de concebir la vinculación del varón y la mujer (libertad de elección, monogamia, fidelidad, prohibición en ciertos grados,

183 Indiquemos el c. 13, de la acción tercera, del Provincial de 1583, cuyo título reza, "De la cuota que corresponde a las parroquias de indios", y que dice: "A las iglesias o parroquias de indios les corresponde por erección y fundación un noveno y medio. Otro tanto se asignó en general a los hospitales y asilos, como se aclaró en el concilio provincial limense hace dieciséis años. Por ello vuélvanse a dar en el futuro sin excusa las cuotas predichas a las erecciones y hospicios de indios y vean los cabildos de las catedrales cómo descargan sus conciencias por lo que retuvieron hasta ahora".

no endogamia, etc.), hasta el mismo momento de la muerte eran interpretados de otra manera, mucho más dignificante y liberadora[184]. Algunos de estos aspectos serán analizados en el próximo apartado, por lo que no nos detenemos más en ellos.

La iglesia y las obligaciones religiosas que ella arrastraba, podían suponer una pérdida de libertad en términos absolutos para algunos individuos: limitación de la autoridad de los curacas o caciques, fin de la obediencia ciega, prohibición de tener más de una mujer o de emborracharse, de vivir aislados o de trabajar sólo cuando uno tiene necesidad, pero observada la realidad concreta, a la postre los que se sometían a esas cargas, al menos teóricamente, ampliaban, en una medida no pequeña, el esquema de sus libertades.

Pasemos a la segunda cuestión, arriba indicada. En el Limense II, en la sección de los indios (c. 110) se permite a los médicos de los naturales utilizar las hierbas tradicionales para curar a los enfermos (si bien, bajo supervisión previa para evitar que se utilizasen supersticiones)[185]. La medicina en la Europa del siglo XVI no tenía, sin duda, el nivel de desarrollo que alcanzará en el XIX y XX. No obstante, el hecho de contar con unas instituciones de asistencia atendidas por cierto personal, en parte fijo y en parte móvil, no parece ser, en principio, un obstáculo o limitación a la libertad o a la equitativa distribución de las oportunidades. Pensados para los menos favorecidos de la sociedad, los hospitales representaban, al menos teóricamente, la posibilidad de amparo y curación (para muchos la única

184 Pensemos en el protocolo que se manda guardar en el hacer los entierros (e, incluso, en la situación inmediatamente anterior, de enfermo terminal), en los que no se hace distinción de pobres o ricos, sino que para todos se establece un rito solemne. Indicamos, como ejemplos, el c. 11, del Diocesano de 1582, del que damos el título: "Que los curas visiten los enfermos de su parroquia"; el c. 88, de los indios, del Provincial de 1567, cuyo epígrafe es el siguiente: "Quis ordo servandus sit in doctrina senum et infirmorum, ut vita non decedant absque batismo"; el c. 70, del Sínodo de 1585: "Que los curas de indios hagan los entierros con devoción, sobrepelliz, cruz y estola"; o el c. 25, de los naturales, del Provincial I: "De la manera que han de ser enterrados los indios".

185 El epígrafe del mismo canon reza: "Quod permittendum est indis medicis mederi, reiectis prius supertitionibus"; el resumen es el siguiente: "que los médicos, enpíricos y desperiencia que suelen curar entre los indios, no se les impida ussar, pero de suerte que sean primero examinados por el diocesano si curan con palabras i cerimonias supersticiosas y, quitado esto, podrán curar con las medicinas de yervas y raíces, y lo demás de que tienen esperiencia, dándoseles, facultad por escrito" (R. Vargas Ugarte, Concilios Limenses (1551–1772), vol. 1, o.c., 255).

que tenían de conservar su vida), en el caso que fuese necesario[186]. Ello aumentaba las expectativas de los miembros del entramado social y, al ser lugares abiertos a todos, especialmente a los más pobres, cumplían con el dicho primer principio rawlsiano.

- *Principio de la diferencia*

Si leemos con detenimiento la legislación sinodal toribiense, sin necesidad de forzarla en lo más mínimo, podemos concluir que favorece de manera directa y desproporcionada a los menos afortunados. Si nos limitamos a la citada en este apartado, esta afirmación se hace doblemente verdad: por una parte, participa en su sentido general de lo anterior; por otra, está directamente dirigida a obtener beneficios para los indios, esclavos, pobres, enfermos y ancianos[187].

Acudamos a un par de ejemplos muy nítidos para presentar justificación de lo dicho: los gastos, tanto en los procesos judiciales como administrativos, que concernían a los indios, la prestación de cualquier servicio religioso y las penas pecuniarias. En dos indicaciones fundamentales podemos resumir el c. 120, de la sección de los españoles del Limense II: primera, en las causas de los indios los jueces han de hacer una justicia rápida; y segunda, no se cargarán costas a los

186 De estas instituciones de sanidad, nos habla Josefina Muriel, quien citando al cronista Vetancourt, nos confirma la importancia que tuvieron en la supervivencia, no sólo de los naturales sino también de los españoles pobres: "Entre los establecimientos benéficos de Hispanoamérica ocupan el primer lugar, tanto por el momento de aparición como por su número y la acción realizada en ellos, los hospitales que, abiertos a toda necesidad, defendieron la vida humana de todas las razas, dieron techo al desvalido, comida al hambriento y amparo al huérfano. Su obra tuvo tanta trascendencia que el cronista franciscano Agustín de Vetancourt dice que a ellos debía el rey tener vasallos" (J. Muriel, La Iglesia y la beneficencia, in: P. Borges (dir.), Historia de la Iglesia en Hispanoamérica y Filipinas, vol. 1, o.c., 761).

187 La legislación precedente se muestra en esta misma línea. Baste como ejemplo el c. 122, que cierra la sección dedicada a los indios del Concilio Provincial de 1567–68 y que dice así: Quod parochi indorum moneant episcopos faciantque certirores de necessitatibus indorum. Resumen: "que los sacerdotes de indios lean con cuidado y guarden todo lo que en el sacro Concilio tridentino tan santamente está ordenado para hacer bien su oficio, y todo lo que advirtiere en sus súbditos digno de corretion lo apunten y hagan memoria dello y lo adviertan al obispo o a su visitador de palabra o por escrito, y no dexen también de significar a las personas y justicias, cuyo es el govierno temporal lo que vieren que puede ser en bien de los indios, conforme al oficio y autoridad de los tales ministros del Rey: finalmente, procuren guardar todo lo que en este sígnodo provincial se a proveído y ordenado" (R. Vargas Ugarte, Concilios Limenses (1551–1772), vol. 1, o.c., 257).

mismos (*gratisque expediant*). En ambos supuestos se especifica, "especialmente pobres" (*maxime pauperum et miserabilium personarum*), lo cual no deja de ser sumamente significativo[188].

Con respecto a los sacramentos y otros servicios, entre los que destaca el tema de los entierros, por los cuales los ciudadanos, diríamos en plenitud de derechos y obligaciones, pagaban las cuotas correspondientes, los cc. 21 y 66 del Sínodo de 1585 prohíben que el cura reciba nada por su administración o por la sepultura de los naturales; lo mismo el c. 26, de la sección de indios del Limense II y el c. 31, de la acción 2, del Limense III; los cc. 47, de la parte dedicada a los indios en el Provincial II y el c. 13 de la acción 2, del III, van más allá y refiriéndose al sacramento de la Confirmación, obligan al prelado a renunciar al derecho que le correspondía y, además, a desprenderse de lo suyo para dar los instrumentos necesarios a los más pobres[189].

Finalmente, demos un vistazo a las constituciones que fijan las penas por los delitos. Éstas podían ser muy variadas, extendiéndose el abanico desde el azote

---

188 El Concilio Mexicano III, celebrado en 1585, trata esta misma cuestión en su lib. 2, I y III, añadiendo a la exigencia de una justicia rápida, la de que a los indios y pobres se les ponga abogado gratis. Aunque no cae dentro del objeto de nuestro presente estudio y esperamos poder analizarlos en otra investigación, traemos a colación dos de los Sínodos diocesanos celebrados, en los años siguientes, por Toribio. Se trata del de 1586, en cuyo c. 20 podemos leer: "Los jueces y notarios no llevarán a los indios ningunos derechos por ninguna cosa que se les despache así de provisiones como de títulos de fiscales y otras cualesquiera cosas que fueren, so pena del doble aplicado a los dichos indios, a quienes se les hubiere llevado los dichos derechos, y otras a nuestro albedrío" (J. Torres (ed.), Sínodos Diocesanos de Santo Toribio 1582–1604, Cuernavaca (México): CIDOC, 1970, 95); y el de 1592, cuyo c. 19, da inicio del siguiente modo: "Por cuanto por constituciones de este Arzobispado Provinciales y Sinodales está ordenado que los jueces ni notarios no lleven ningunos derechos a los indios así de títulos, provisiones, procesos ni otras cosas" (ibid., 153).

189 En el apenas mencionado Sínodo de 1592, el arzobispo va a emitir una prohibición semejante. En el c. 8, de dicha Asamblea, se manda: Que los curas de indios no lleven derechos a los indios de los bautismos, ni casamientos, ni de otras cosas tocantes a ellos, ni les hagan fuerza en las ofrendas, ni sobre otros derechos (J. Torres (ed.), Sínodos Diocesanos de Santo Toribio 1582–1604, o.c., 144–145). Además del de la diferencia, muchos de estos cánones ejecutarían el principio de compensación (complemento del anterior, en el sistema rawlsiano), ya que llevan a cabo una redistribución directa de la riqueza, al obligar a la autoridad a dar de lo suyo para beneficio de los pobres, o al aplicar los montantes de las sanciones pecuniarias impuestas a eclesiásticos (por ejemplo, las faltas de doctrina) para sufragar los gastos de los servicios de los naturales.

corporal hasta la excomunión *latae sententiae*, como la más grave entre las de la Iglesia. Por entre medio, había obligación de servicios comunitarios, penas en especie o en moneda y otras de tipo espiritual (como el entredicho), más las que el "albedrío" del prelado pudiese imponer. Los destinatarios eran todos los ciudadanos, desde el Virrey, pasando por los oidores de la Audiencia, Corregidores de españoles y de indios y otras autoridades civiles, obispos, dignidades eclesiásticas, sacerdotes y otros clérigos, además del resto de la población. Llama la atención, y aquí está el *quid* de la cuestión, que a todos los anteriormente señalados podían afectar las pecuniarias, a excepción de los indios, incluso si no eran pobres (como los caciques, curacas o principales). Por poner un ejemplo clarificador: de los muchos cánones que indican las penas en el Sínodo de 1585, unos 18, no hay tan siquiera uno en el que se fije una pena pecuniaria ni en especie para los naturales[190]. Éstas, las sanciones, pueden ir desde la prisión preventiva, mientras se realiza la investigación requerida, tras comprobar la existencia de indicios, a los azotes, pasando por tener que servir durante varios días en una doctrina[191].

Ahora bien, introduzcamos un elemento nuevo, que es una constante en toda sociedad: la corrupción. Para hacer la explicación más pedagógica, dejemos que

190 El Concilio Mexicano III, celebrado en 1585, en su lib. 5, IX, 1, manda que los indios no paguen penas pecuniarias. Unos años más tarde, en el Sínodo diocesano de 1592, Mogrovejo emitirá una prohibición directa para sus subalternos. Se trata del c. 19 de esta Asamblea, cuyo título reza del siguiente modo: Que los visitadores ni sus oficiales no lleven derechos a los indios, ni les condenen en penas pecuniarias.

191 Citemos un artículo en el que aparecen, prácticamente, todas las posibilidades: el c. 77, del Diocesano de 1585. La pena de los que se emborracharen: "Ytem, por oviar los yncovinientes muchos y grandes que suçeden del emborracharse los yndios publicamente en las plaças o otras partes; ordenamos quel caçique o yndio prençipal que se emborrachare de la dicha manera, o fuere ynstrumento o causa de que otros se emborrachen sea penado, por la primera vez, en que sirva a la yglesia del pueblo mas çercano diez dias; y por la segunda, veinte dias; y a la terçera, los curas hagan ymformaçion y la remitan al vicario de la provinçia donde acaeçiere, para que haga castigo exemplar. Y siendo yndia, vaya a la doctrina diez dias arreo, a mañana y tarde, por la primera vez; y por la segunda, veinte dias; y a la terçera, se remita segun dicho es. Y si fuere otro qualquier yndio, se le den veinte açotes por la primera vez; y por la segunda, quarenta; y a la otra, se haga ymformaçion y se remita, segun dicho es, al vicario. Y en casso que las dichas borracheras se hagan de noche se les de a todos la pena doblada por el orden susodicho. E si las dichas borracheras se hizieren con taquies o çerimonias porque son yndiçios de ynfidelidad, los curas hagan las ymformaçiones y las embien ante nos, o ante nuestro provisor y siendo bastantes se guarde el orden ya dicho de que, en el ynterin, esten los delinquentes presos".

la imaginación nos ayude. Las poblaciones indianas[192], al tiempo de la celebración de los Sínodos, hacía unas seis décadas que habían iniciado su periplo en una cosmovisión nueva, unida a la cual iba un sistema jurídico diferente. En la década de 1580 existía ya una sociedad con características propias, en la que permaneciendo la separación entre españoles e indios, los puntos de contacto iban progresivamente en aumento. Se había creado un entramado comercial que pretendía desarrollar la agricultura, la ganadería, las explotaciones mineras y los intercambios comerciales; al tiempo que estas actividades se expandían, se iban emitiendo normas para su regulación. Habían sido establecidas las estructuras civiles y religiosas esenciales, con las personas representativas, constituidas en autoridad: Virreinato, Real Audiencia, Tribunales, Cabildo de la ciudad, Corregidores, por el lado secular; Archidiócesis, Inquisición, Cabildo capitular, parroquia, doctrina, por el eclesiástico. El Consejo de Indias emitía constantemente leyes para las mismas, y el Virrey de turno hacía lo propio. Por parte religiosa, se habían celebrado los Concilios provinciales y se convocaba para los Sínodos diocesanos.

Nos preguntamos, ¿no era un sistema que debía funcionar como en las sociedades más avanzadas del momento? La respuesta es afirmativa, si tenemos en cuenta que en esas mismas, el funcionamiento estaba siempre amenazado por una actitud humana universal: la tendencia a corromper la ley, interpretándola en beneficio propio o infringiéndola sin más. La sociedad indiana no iba a carecer de esta deficiencia de la que normalmente sacaba ventaja el mejor situado. En consecuencia, las instituciones no serían justas si no estableciesen algún mecanismo que corrigiese el sistema. ¿Promulgaron los Sínodos tal normativa? Veámoslo acudiendo a casos concretos.

En una época, en la cual no existían aseguradoras, ni sistemas gratuitos de salud, la tentación de acumular bienes que pudiesen servir de garantía ante las incidencias físicas o los problemas que acarrea la ancianidad no era algo fuera

192 Éstas tenían como antecedentes históricos lo que hemos descrito en el capítulo primero de este trabajo: hasta aproximadamente 1534 regidas por Huayna Cápac; entre 1534 y 1535 habían sufrido la guerra civil entre el legítimo heredero Huáscar y Atahualpa, llegando a imponerse éste último en lo que hoy llamaríamos un golpe de Estado; esta guerra había beneficiado a muchas localidades, sobre todo las del Reino de Quito, de donde era natural el vencedor y había perjudicado a otras más afectas al perdedor; en 1535, el nuevo orden constituido y la nueva ley reciben un golpe mortal, pues Atahualpa y sus huestes son derrotadas sin capacidad de recomposición, en unas pocas jornadas, lo cual conlleva la instauración de una nueva autoridad, una nueva cultura y una nueva legislación.

de lo comprensible. La cuestión era el modo de hacerlo. Cuando el c. 13 del Sínodo de 1582 manda pedir para los pobres, tiene en cuenta estas circunstancias. Muchos de los que pedían, aún no siendo considerados "pobres", no tendrían sin duda grandes fortunas ni propiedades. Ello invitaba a quedarse con la limosna o parte de ella, no llegando ésta a sus legítimos destinatarios. Para salir al paso de tales limitaciones, el artículo citado obliga a que cuando haya dos sacerdotes en la doctrina o parroquia, pidan ambos conjuntamente; en caso que sólo hubiese uno, éste debe buscar a un laico que salga con él a pedir. Por si ello no bastase, se obliga a llevar un escrupuloso registro de las donaciones, que deberá ser mostrado al visitador correspondiente cuando haga la inspección. En el Sínodo de 1585, tras repetir esas mismas disposiciones se exige, a mayores, que la distribución de lo recaudado tenga lugar ante testigos, que deben ser curas y caciques, al tiempo que ésta queda también registrada en el correspondiente libro.

¿Cabría todavía la posibilidad de fraude? Sin duda alguna, pero lo cierto es que las leyes que estructuran esta institución de la caridad, no podrían ser calificadas de injustas, sino todo lo contrario, ajustándose tanto al principio de la diferencia como a las normas correctivas compensatorias del mismo.

Pasemos a analizar otro ejemplo, que nos confirme lo dicho. El c. 22 de 1585, manda construir hospitales para abrigo de pobres y enfermos, en los cuales haya ropa, aderezos y medicinas, haciendo la indicación final de mantenerlos limpios[193]. Hemos visto en el apartado de las Instituciones, en el capítulo primero de este estudio, que los encargados de recaudar impuestos eran los corregidores de indios[194]. A ellos tocaba también el destinar la parte correspondiente para pagar

---

193 El objetivo de este canon, y de aquellos semejantes a él, era potenciar la construcción de hospicios en lugares pequeños y remotos, ya que en las ciudades (y villas) ya habían sido fundados. Citemos los erigidos, desde muy temprano, en la capital, Lima: "El 16 de marzo de 1538, Francisco Pizarro, justicia y regidores de la ciudad señalaron los solares para la edificación del hospital de Nuestra Señora de la Concepción. Tanto interés se tuvo en ello, que a finales del mismo mes ya desempeñaba la mayordomía, que tenía a su cargo los trabajos Juan Meco o Mesa; este hospital llegó a tener una capacidad de cuarenta camas… En 1550, el arzobispo Jerónimo de Loaysa, conmovido por la pobreza y enfermedades de los indios que servían en las encomiendas y ranchos de españoles, estableció el hospital de Santa Ana" (J. Muriel, La Iglesia y la beneficencia, in: P. Borges, Historia de la Iglesia en Hispanoamérica y Filipinas, vol. 1, o.c., 773).

194 Recordemos que sustituyen en esta tarea a los encomenderos, a partir de 1565, cuando fueron establecidos por García de Castro. Su creación respondía, precisamente, a un intento por corregir las infracciones a la legislación llevadas a cabo por algunos (o muchos) de los anteriores.

obras y servicios sociales: un tercio de lo que costaran las iglesias y los hospitales eran financiados por la caja real (Limense II, de los indios, c. 84). Posteriormente, para el sostenimiento, funcionamiento y reparación de los mismos debían los curas, como manda el c. 31 del mismo Sínodo, cobrar los tres novenos.

El Corregidor, nacido para evitar los abusos del encomendero, erigido en autoridad regia, con un salario fijo y estable, con posibilidad de promoción en caso de buena actuación, con la prohibición de negociar con los naturales, precisamente para evitar el aprovechamiento indebido de su posición de autoridad, no tendría motivos, a no ser la pura avaricia, para no cumplir con su misión. No obstante, sabemos por los memoriales, cartas y los mismos Sínodos que en torno a 1585, había muchos hospitales e iglesias sin edificar y otros que no recibían la atención debida.

Nos preguntamos, ¿atendía la ley suficientemente, en lo que a este aspecto se refiere, al principio de la diferencia? El c. 22 de la Asamblea citada arriba, manda sin ambages que "los corregidores de los partidos acudan con el dinero perteneciente a los dichos hospitales". Era una ley eclesiástica que venía a actualizar la ley civil. Los cc. 27 y 48, ponen a los sacerdotes como vigilantes de estas obras comunes, obligándoles a informar a la autoridad superior de la necesidad de edificarlas y de las carencias que afecten a las construidas[195].

No parece, pues, que tales constituciones estén lejos de ajustarse a los principios de justicia rawlsianos. A esto habría que añadir las gestiones que el legislador estaba llevando a cabo ante la autoridad superior para obtener la creación de una instancia de control de la actividad de los corregidores, en cuanto al punto de los dineros de iglesias, hospitales y pobres se refiere. Como hemos visto en el capítulo primero de este libro, en la parte en la que describimos las instituciones

195 No debía ser tema baladí, cuando insiste en ello el c. 31 del mismo Sínodo. Si acudimos a las fuentes de estos artículos, que eran derecho vigente en aquellas partes, encontramos lo que sigue: Limense I, de los naturales, c. 2: curas construyan iglesias y ermitas entre los indios y adórnenlas como corresponde; ibid., de los españoles, cc. 2 y 38: mayordomo lleve cuenta precisa de gastos; sacristanes tengan limpieza; que las iglesias tengan puertas y cerraduras; Limense II, de los indios, c. 84: que se edifiquen iglesias y ermitas, atendiendo al parecer del prelado, el encomendero y el cacique; las costas: un tercio la caja real, otro los indios y otro el encomendero; ibid., c. 11: aplíquese el dinero de las penas por faltas de doctrina de los curas a iglesias y a pobres; ibid., 82: aplíquense los diezmos correspondientes a iglesias, a hospitales y a pobres; ibid., 87: que el encomendero y los indios paguen los ornamentos; Limense III, acción tercera, c. 13: dedíquese el noveno y medio a las iglesias y el correspondiente a hospitales y asilos; ibid., c. 14: dinero de faltas de doctrina aplíquense a iglesias y a indios pobres.

fundadas en el Virreinato y en la ciudad de Lima en el siglo XVI, al hablar de los corregidores, el Rey concede al Arzobispo de Los Reyes competencia para fiscalizar todo lo referente a ello[196], y éste encarga a sus inmediatos colaboradores, los párrocos y doctrineros, que tomen cartas en el asunto[197]. Como refuerzo último de todo el sistema de control, habría que añadir los cánones que señalan los "testes sinodales", especie de fiscales, cuya función es velar por el cumplimiento de las constituciones promulgadas en cada Asamblea sinodal o conciliar[198].

Finalmente, tan sólo hacer mención de una ley, que no estando presente en los Sínodos, pues había sido ya establecida reiteradamente en los Concilios provinciales, tenía plena vigencia y constituye otro ejemplo representativo de legislación que se ajusta a la perfección al principio de la diferencia ralwsiano: el c. 35, de la sección de los naturales, del Limense I, que prohíbe cobrar algo a los indios por la administración de los sacramentos, solicitando que incluso se les ayude con los posibles gastos; el c. 47, de la sección de los indios, del Limense II, que reitera lo anterior, insistiendo en que se les regale la candela y la vela, para el

---

196 "Real Cédula disponiendo remedio de las necesidades de las iglesias y hospitales del Perú. 1585, 28 de agosto" (AGI, *A. de Lima* 300; tomado de, E. Lissón Chavez, vol. 4, o.c., 379–380). En ella podemos leer: "… por la cual declaro, quiero y es mi voluntad que vos el dicho Arzobispo y vuestros sucesores en ese Arzobispado por vuestra persona o por vuestros visitadores podais y puedan visitar los bienes pertenecientes a las fábricas de dichas iglesias y hospitales de indios de todo ese Arzobispado y *tomar las cuentas a los mayordomos y administradores de las dichas fábricas de las dichas iglesias y hospitales* y cobrar los alcances que les hicieredes y ponerlos en la caxa de la Comunidad" (E. Lissón Chavez, vol. 4, o.c., 380). La cursiva es nuestra.

197 A pesar de que no es nuestro propósito analizar ejemplos concretos en esta obra, sino la configuración de las normas y las instituciones, no obstante, el aludir eventualmente a alguna realidad histórica, puede aportar elementos significativos a la reflexión. En este tema, nos encontramos con un pleito sonado entre el arzobispo de Lima y el corregidor de Cajatambo. En su visita pastoral el prelado iba conociendo la realidad concreta y el cumplimiento de las leyes. El caso más extremo de incumplimiento es el aludido, aunque, sin duda, se dieron otros menos flagrantes que no nos han llegado. Lo que sí sabemos es que sólo en éste llegó la autoridad eclesiástica a excomulgar al transgresor. También sabemos por el *Libro de visitas*, que la realidad de las poblaciones en lo que a edificios públicos se refiere se había transformado entre los años 1585 y 1599. Si en la primera de las fechas había todavía muchos lugares sin iglesia u hospital, en la segunda son ya un número más que apreciable los que disponen de dichos servicios. Todo ello nos indica que la legislación no sólo era justa, sino que, en una medida generosa en lo tocante a esta cuestión, era también eficaz.

198 Selañamos los cc. correspondientes de los Sínodos diocesanos: c. 27, del de 1582; c. 7, del de 1584; y c. 37, del de 1585.

bautismo y la confirmación; y el c. 13, de la acción tercera, del Limense III, que repite tal prohibición.

- *Principio de la eficiencia*

El razonamiento propio, perteneciente a este apartado, lo hemos ya iniciado con el de la "cooperación social". Allí, hemos aludido a la eficacia organizativa de los Incas quienes, si bien no actuando por razones de servicios sociales sino por intereses de Estado, ponían las reservas o excedentes acumulados en los "tambos" del Monarca a disposición de los súbditos, en años de especial carencia. Se suele afirmar, que en los regímenes autoritarios la población no pasa hambre (podíamos citar algunos ejemplos contemporáneos, pero son de sobra conocidos), al tiempo que es muy complicado escapar a la miseria. Pues bien, a esa eficacia dirigida rígidamente por los funcionarios reales, sucedió la ineficiencia propia de unas instituciones en vías de creación, erigidas al amparo de una concepción antropológica que asume la libertad (siempre limitada) del ser humano como uno de sus presupuestos esenciales.

En nuestra opinión, los cánones que en este momento estamos analizando son los que menos directamente pueden ponerse en relación con el principio de eficiencia; al menos, si pretendemos llevar ello a cabo, aislándolos de los demás, ya tratados. Debemos, pues, establecer un vínculo (que por supuesto ya tienen, dado que forman parte de una misma legislación), entre los artículos que regulan los servicios sociales, con los que tratan de las cuestiones laborales y con los de la enseñanza. Entonces, sí estamos en disposición de verificar si tal presupuesto, que figura en el epígrafe, es facilitado por los mismos o no.

Desde el punto de vista del utilitarismo (podemos hipotetizar), tal utilización de los impuestos podría resultar ciertamente ineficiente, ya que invirtiendo en los obrajes, las minas, las vías de comunicación o en otro tipo de entidades públicas, tales medios económicos producirían para el conjunto de la sociedad unos beneficios brutos mayores, que los que resultan de su dedicación a pobres y enfermos. Por cruel que parezca el razonamiento, no nos olvidemos que el disfrute de un sistema público, universal y de calidad de salud sigue siendo, todavía en pleno siglo XXI, una aspiración irrealizable en algunas sociedades avanzadas.

Para Rawls, estructuras justas son preferibles a organismos eficientes. Más aún, afirma nuestro autor que, las más eficaces son aquellas que resultan justas. Sería difícil entender esto sin tener en cuenta el derecho de la inviolabilidad del que goza toda persona y sobre el que, el filósofo del derecho, asienta su sistema. El mismo espíritu informa la legislación canónica de los Sínodos. Sólo desde la concepción cristiana del valor absoluto de cada ser humano, independiente de su situación concreta: indigente, anciano, pobre o marginado, se puede entender la misma. En términos exclusivamente materiales es más eficaz la concepción utilitarista, si se atiende a los indicadores macroeconómicos. Si se desprecia el factor humano como criterio de gobierno, puede ello conducir a una catástrofe, como la que sucedió bajo el régimen nazi, en donde minusválidos, enfermos terminales e indigentes, fueron sistemáticamente eliminados, alcanzándose niveles de desarrollo más que evidentes (por simple lógica de ley estatal de presupuestos).

No nos parece que sea necesario abundar ni profundizar más en la aclaración de este punto. Lo que sí debemos constatar es que, una sociedad basada en tales premisas jurídicas, empleará indudablemente un tiempo muchísimo mayor en alcanzar ciertos niveles de desarrollo que otra que se atiene al principio pura y exclusivamente utilitarista.

Contemplemos la eficacia desde otra perspectiva: la de su realización práctica. La justicia del sistema emergerá en la medida que son construidas iglesias y hospitales; éstos, son sostenidos a medio y largo plazo con dignidad, y su funcionamiento responde a las necesidades concretas de los afectados. Por lo que leemos en el *Libro de visitas* de Mogrovejo, en el período que discurre entre 1585 y 1606[199], en la mayoría de las poblaciones con capacidad para tales instituciones, éstas fueron levantadas y permanecían en funcionamiento al tiempo del deceso de la autoridad legislativa que les había dado vida. En nuestra opinión, la eficiencia de los artículos canónicos corre pareja a la equidad, en cuanto la norma jurídica dio respuesta a un problema real y concreto de los ciudadanos. De poco nos valdría argumentar, si no dispusiésemos de datos históricos contrastados, que confirmasen lo dicho. Ofrecemos, a continuación, números concretos de las múltiples infraestructuras que fueron poblando la geografía virreinal, que se erigen como pruebas fehacientes de la eficacia legislativa sinodal:

> "pueblo de San Sebastián de Huaraz… Tiene la Iglesia de este pueblo 50 cabezas de ganado ovejuno y más otras 15… Tiene el hospital del dicho pueblo 3317 cabezas de dicho ganado" (18–19); "pueblo de Santo Domingo de Yungay… Tiene el hospital de este pueblo 1333 cabezas de ganado ovejuno" (21–22); "pueblo de Moro… Tiene el hospital de este pueblo 315 cabezas de cabras y 40 carneros" (27); "pueblo de Ferrefañe… Tiene de renta la iglesia… 16 patacones… Tiene el hospital de este pueblo 100 pesos de renta" (40); "Hay en el pueblo de Túcome un hospital que tiene 680 cabezas de ganado e cabras y ovejas" (42); "pueblo de Lambayeque… Tiene el hospital de este pueblo 1008 cabezas de ganado ovejuno y cabruno" (42–43); "pueblo de San Francisco de Chiclayo… Declaró don Juan Bautista, gobernador de este pueblo, que en la ciudad de Trujillo está en poder

199 La primera es la fecha del gran Sínodo de 1585 y la segunda, la de la muerte del prelado.

de Segovia…, 500 pesos corrientes de réditos de censos corridos de 1500 a dos mil pesos de principal que dejó para el hospital de este pueblo Diego de Vega encomendero que fue de este pueblo… Item…, don Pedro de Lazcano, difunto, mandó cierta cantidad que se echase en censo para los indios pobres u hospital de este pueblo" (43–44)[200].

Ya hemos visto, al presentar la teoría de Rawls, cómo para que el presupuesto de la cooperación social sea realizable, se necesita la participación de todos los miembros del entramado social y ésta será constante y duradera si los mismos contribuyen de buena voluntad. Para alcanzar dicho objetivo, las leyes tienen que regular las relaciones entre los ciudadanos, en modo tal que, los menos favorecidos comprendan que no se les deja de lado y que si el conjunto mejora, también su situación mejora. Si todos contribuyen al progreso de las distintas plataformas de producción y comercio existentes, aumentará el volumen de tributos que ingresen en la caja de comunidad, lo que hará que se puedan construir iglesias y hospitales, manteniéndolos suficientemente bien proveídos.

No obstante lo anterior, podría objetarse que de poco servirían esas normas dirigidas a tal finalidad, si los encargados de administrar los dineros comunes no los utilizaran para dicho objetivo: construir y sostener las casas para pobres y los templos. De hecho, podemos aducir más de un ejemplo en el que esta situación se dio[201]. En este caso, se necesitaría crear unos mecanismos de corrección, que supervisasen la acción gestora de los mayordomos, en el caso que nos concierne, los

---

200 Libro de Visitas de santo Toribio de Mogrovejo (1593–1605) [ed. de J. A. Benito], Lima: Fondo Editorial. Pontificia Universidad Católica del Perú, 2006. Los números entre paréntesis corresponden a páginas de esta obra. Los ejemplos ofrecidos, son una pequeña muestra del vasto número de infraestructuras que se acreditan como realizadas en aquel fin de siglo, a favor de los más desfavorecidos. Claro que, desde ciertas posiciones ideológicas, podría interpretarse que todas las decisiones tomadas a favor del indio pobre, que suponía la gran masa de la población del Virreinato, tenía como finalidad hacerle entrar en el sistema de modo que colaborase de buena voluntad con las clases más afortunadas y, sobre todo, no supusiese un peligro o una amenaza a la estabilidad del mismo, algo que, por lo demás, tenía visos de probabilidad. Cabría, incluso, interpretar todas estas medidas como el camino más idóneo para forzar la voluntad del indígena a la hora de convertirse a la fe cristiana y abandonar su paganismo. Ambas posibilidades son plausibles y ambas contribuirían, cada una a su manera, a hacer del sistema un organismo mucho más eficiente. No nos detenemos, ahora, en estas objeciones. Remitimos, para su respuesta, a los siguientes epígrafes: "la cooperación social" del apartado "fiestas de guardar y descanso laboral"; "principio de la diferencia" de "instituciones educativas y lenguas indígenas"; y "principio de las libertades", de "manifestaciones idolátricas y conductas sociales".

201 Pensemos en el corregidor de Cajatambo, al que hemos citado un poco más arriba.

corregidores. En los Sínodos de Toribio, que nos ocupan no aparece tal acción. Tan sólo la recomendación oportuna, sin carácter coercitivo[202], para que hagan bien su tarea y empleen los recursos que están destinados para templos y casas de curación como corresponde. Pero sabemos que el legislador, es decir, Mogrovejo, inició el proceso de reforma necesario para obtener de la autoridad superior, la jurisdicción necesaria para vigilar las actividades de los funcionarios, así como para corregir su mala gestión[203]. Tal poder podía ser ejecutado gracias a la presencia de los doctrineros y párrocos en todos los pueblos de los corregimientos, quienes tenían la obligación de estar atentos a las necesidades de los menos aventajados y de avisar de las mismas al prelado, así como de recoger información precisa sobre el empleo de los tributos que obligadamente se habían de gastar en procurar su bienestar. Por si ello no bastase, se nombran en cada Sínodo los testigos sinodales y, todavía, los jueces apostólicos, que puntualmente debían velar por el cumplimiento de las leyes, como ya hemos señalado más arriba.

Concluyendo, creemos que las constituciones sinodales diocesanas, apoyadas en las fuentes de los artículos conciliares provinciales, buscaban la eficiencia de un sistema en el que las partes más desfavorecidas pudiesen participar

---

202 El c. 22, del Sínodo de 1585, de hecho, manda que "los corregidores de los partidos acudan con el dinero perteneciente a los dichos hospitales". ¿Qué fuerza legal tenía para los funcionarios aludidos esta constitución? Sabemos que Trento y los grandes Concilios provinciales, como el III de México y el III de Lima, por ser sancionados tanto por la autoridad papal como por el Monarca, pasaron a ser leyes del Reino. Los Sínodos diocesanos nunca alcanzaron tal autoridad. No obstante, el obispo, que era también miembro del Consejo de su Majestad Católica, era el legislador nato en la diócesis, por lo que las normas publicadas por él obligaban a todos los cristianos. Ahora bien, ¿tenía jurisdicción sobre los empleados de la Corona, al menos en lo que concierne a ciertas dimensiones? En nuestra opinión, con respecto a la cuestión que nos ocupa, de iglesias y hospitales, creemos que sí y así le fue reconocida posteriormente por el Rey. Sin embargo, las autoridades del Virreinato no lo tenían tan claro y solían pasar por alto las prescripciones del prelado. En este caso, como en la mayoría, las normas de éste coincidían plenamente con las promulgadas en las cédulas reales, con lo cual, a fin de cuentas, no era más que abundar en lo mismo. Estamos, una vez más en el problema de la confusión de fueros que tantos dolores de cabeza acarreará, especialmente, a la parte más débil, en este caso, a la eclesiástica: "La falta de deslinde entre las atribuciones de los poderes eclesiástico y secular contribuye en grado sumo a la confusión. Virreyes, audiencias, el consejo real y el propio rey entienden en pleitos eclesiásticos" (C. Pérez Bustamante, Un graduado compostelano en el siglo XVI, in: Boletín de la Biblioteca Menéndez y Pelayo, abril-junio (1926) 113).

203 Véase en el capítulo primero, la parte sobre las Instituciones: "corregimientos y corregidores".

voluntariosamente del mismo, ya que les era ofrecido aumentar sus propias expectativas vitales, con los servicios prestados en infraestructuras, como los hospitales y los templos, sin tener que renunciar a su libertad o ver pisada su dignidad.

– *Principio de publicidad*

La reflexión a llevar a cabo en este epígrafe es similar a la realizada para los demás apartados de este capítulo. Nos limitaremos a recordar los artículos en los que se ordena la difusión de los mismos, a través de su publicación. A las disposiciones de los Sínodos diocesanos, que ya hemos indicado, añadiremos ahora las de los Concilios provinciales, que todavía no habíamos mencionado.

La disposición final de la sección dedicada a los naturales, del Limense I, dice:

> "Las quales dichas Constituciones fueron leídas y publicadas en la Santa Yglesia desta dicha ciudad de los Reyes, Domingo, 24 días del mes de Henero del dicho año de 1552 años, acabada la misa mayor,... estando mucha gente del pueblo ayuntado en la dicha Iglesia y las leyó y publicó Luis de Olvera, clérigo, Sacristán mayor de la dicha Yglesia, por mandado de su Reverendísima Señoría"[204].

La dedicada a los españoles, del mismo Limense I, reza:

> "Las quales dichas Constituciones fueron leydas e publicadas en la Santa Yglesia desta cibdad de los Reyes, en 22 días del dicho mes de hebrero del dicho año de mill e quinientos cinquenta y dos años, acabada la misa mayor,... estando mucha parte del público ayuntado en la dicha Yglesia y las leyó y publicó Luis de Olvera, clérigo, Sacristán mayor de la dicha Yglesia, por mandado de su Revma. Sría"[205].

La conclusión del Limense II, afirma:

> "*Quae quidem omnia Capitula et Constitutiones, sex aliis interpolatis actionibus, in praefata cathedrali ecclesia, sollemni missa decantata, diebus festivis lectae fuerunt, eodem quo prima die apparatu et ornatu, praesentibus praefatis episcopis, et gubernatore praeside, et regio senatu, eiusdem ecclesiae decano et capitulo, civitatisque clero ac Ordinum provincialibus religiosisque, ac populi magna frequentia...*"[206].

En el c. 24, de la Acción 4, del Limense III, leemos:

> "De la publicación y obediencia debida en todas las diócesis a los decretos de este sínodo. Al consagrar los sacros cánones que cada obispo debe procurar que en su diócesis se haga público y todos tengan noticia de lo decretado en el sínodo provincial,..., este santo sínodo,..., ordena severamente e intima a todos los prelados y sus oficiales, conjurando

204 R. Vargas Ugarte, Concilios Limenses (1551–1772), vol. 1, o.c., 34–35.

205 Ibid., 92.

206 Ibid., 222.

el castigo eterno, a que tanto en la catedral como en las principales iglesias parroquiales de su diócesis hagan leer y conocer pública y solemnemente los decretos del presente sínodo y además los del limense anterior. Para que por negligencia no los hagan caer en el olvido, ordena que por lo menos una vez al año se reciten totalmente en los cabildos de la catedral o en otra reunión concurrida de clero y pueblo, de modo que cada uno pueda comprender fácilmente y recordar lo que le compete"[207].

Citemos, finalmente, el muy apropiado c. 89, del Sínodo de 1585, cuyo título reza, "Que las constituciones antes de ésta las den a entender los curas en tres días de fiesta", y que ordena lo siguiente:

> "Y para que los caciques e indios de todo nuestro distrito no puedan pretender ignorancia cerca de todo lo que dicho es, mandamos a los curas de doctrinas los amonesten y se lo den a entender tres veces en tres días de fiesta ante notario y testigos estando los dichos indios congregados advirtiéndoles de las penas en que incurren no guardando ni cumpliendo todo lo que dicho es"[208].

Las dichas constituciones hablan por sí mismas. Al menos, desde el punto de vista del legislador o legisladores, no se puede hablar de ocultación o nocturnidad en la promulgación de dichas leyes, ni en la estructuración de las instituciones que ellas regulan. Mas bien, aparece clara la intención de lograr que cada ciudadano del Virreinato conociese las leyes que le afectaban y las guardase, en la certeza de que todos los demás harían lo mismo.

c Conclusión

Recapitulemos, ordenada y brevemente, lo expuesto en este apartado. Hemos tomado contacto directo con la letra y el contenido de los cánones de los tres Sínodos diocesanos que tratan del tema de las infraestructuras de carácter religioso, sanitario y de beneficencia. Resumimos, a continuación, las constituciones de los tres Concilios provinciales, las cuales han servido al legislador de fuente inspiradora para emitir los anteriores. Realizamos, luego, un desglose de los datos relevantes que, tanto en los primeros como en las segundas, se contienen. Finalmente, llevamos a cabo el análisis de los mismos, desde la óptica de los principios rawlsianos de la justicia. De todo ello, extraemos las siguientes conclusiones:

Primera. En los artículos de los Sínodos diocesanos limeños y en sus fuentes, hemos discriminado un buen número de puntos que afectan a tres dimensiones sociales de no pequeña relevancia: infraestructuras, salud y beneficencia.

---

207 F. L. Lisi, o.c., 217.

208 J. L. Fernández Cadavid, "La Justicia Social en los Sínodos..., o.c., 583–584 (escritura totalmente actualizada).

Segunda. Aunque los destinatarios de los mismos son el conjunto de la población, se desprende claramente que apuntan de manera peculiar a los individuos representativos de la escala social que ocupan los últimos puestos: indios, pobres, enfermos y ancianos.

Tercera. Tal y como están redactados, podemos afirmar que fomentan la cooperación social de los miembros del grupo humano al que se dirigen. Si, hipotéticamente, volásemos con la imaginación a la posición original propuesta por Rawls, cualquiera de los pactantes podría estar de acuerdo, juntamente con la suscripción de los primeros principios, en cada uno de los artículos señalados, pues desconociendo, incluso cuál iba a ser nuestra religión, nuestra disposición física o el número de años que viviríamos, no nos importaría que se dedicara parte de nuestros impuestos a crear tales infraestructuras para el culto, el cuidado de la salud física y la beneficencia.

Cuarta. No creemos posible hablar de un cumplimiento del principio de las libertades, tal y como lo plantea Rawls. No en vano, su propuesta se podrá ejecutar con toda su fuerza, exclusivamente, en sociedades democráticas. La de finales del siglo XVI, no lo era, ni en las Indias, ni en Europa, ni en ninguna otra parte del Globo Terráqueo. Prescindiendo de las libertades políticas, de las cuales no gozaban ni los menos, ni los más favorecidos, y de una libertad de conciencia plena, podemos reconocer las siguientes: libertad de creencia, de pensamiento, de movimiento, de asociación y para contraer matrimonio.

Quinta. Rotundamente, ni las oportunidades eran las mismas para cada clase social, ni los puestos oficiales estaban abiertos a todos. Reiteramos lo dicho, ello presupondría un contexto propio de una sociedad construida sobre la democracia, que por aquel entonces no existía. Establecido esto y teniendo que juzgar de la mayor o menor justicia de las instituciones o leyes de aquella época, debemos manifestar nuestro convencimiento que las mismas se caracterizaban por su "equidad" o "razonabilidad", primando en ellas el deseo de aumentar las expectativas de la clase asentada en la posición social inferior.

Sexta. De acuerdo a lo expresado por las constituciones sinodales, el sistema resultante alcanzaría un grado elevado de eficiencia, no en términos puramente macroeconómicos o según el principio de utilidad, conforme al que se podría dejar a los enfermos o ancianos sin atención si ello hiciese que la mayoría de la población elevase su bienestar. Más bien, la eficiencia en este caso deriva de su justicia. Si los indios en la encomienda aprenden a trabajar, individual y colectivamente, con ello obtienen capacidad adquisitiva, con la que están en disposición de mejorar sus viviendas, vestido y comidas, al tiempo que pagan tributo; si los corregidores liberan el dinero necesario para las infraestructuras y los curas cuidan que las mismas se ejecuten, entonces existirán los espacios sociales necesarios para la curación del alma y del cuerpo, lo que hará que el organismo colectivo funcione como conviene.

Séptima. De los artículos de los Sínodos, así como de las constituciones de los Concilios, no cabe dudar que se orientaban a dar a conocer su contenido, de modo, que nadie pudiese "pretender ignorancia": ni las autoridades del Virreinato, ni las dignidades eclesiásticas, ni el resto de la clerecía, ni los ciudadanos fuesen éstos blancos, criollos, mestizos, indios, negros o mulatos. La misma proliferación de Asambleas (recordemos que Mogrovejo convoca en total en su pontificado 13 Sínodos diocesanos y 3 Concilios provinciales) es un síntoma de la voluntad de publicidad y de actualización de la legislación.

V. Manifestaciones idolátricas y conductas sociales

1. Introducción

De entre todos los datos que nos han llegado a través de los cronistas de la época, uno es ciertamente verídico: la mayoría de los pueblos indígenas tenían religión y culto. Para los ministros de la nueva fe que llegaba de la Península Ibérica, esos ritos no podían sino ser considerados como idolátricos. Un observador meticuloso, como fue José de Acosta, dejaba constancia de su sorpresa, al constatar que tales ceremonias impregnaban hasta los más pequeños detalles de la vida de aquellos habitantes del Virreinato peruano[209]. Este jesuita nos ha dejado una descripción de los cultos más importantes de los pueblos incas:

---

209 Acosta nos cuenta: "Más que imbuidos, están trastornados totalmente por sentimientos idolátricos. Ni en paz ni en guerra, ni en el descanso ni en el trabajo, ni en la vida pública ni en la privada, nada son capaces de hacer sin que vaya por delante el culto supersticioso a sus ídolos: No se regocijan en sus bodas ni lloran en sus entierros, no dan o reciben banquetes, no salen siquiera de casa ni comienzan el trabajo sin celebrar algún sacrilegio pagano… ¡Con cuánta artimaña ocultan sus idolatrías y las disimulan, cuando ven que no se las dejan hacer en público! ¡Con cuánta desvergüenza pierden el seso en ellas, cuando creen que no se lo impedirán! Es cosa que me asombra, pero que apenas puedo explicar de palabra" (J. de Acosta, De procuranda Indorum salute, vol. 2, Madrid: CSIC, 1987, 249). El *Confesionario*, publicado por el Limense III, insiste en lo mismo: "En estas provincias del Perú es cosa de admiración ver la muchedumbre y variedad de supersticiones y ceremonias y ritos y agüeros y sacrificios y fiestas que tenían todos estos indios, y cuán persuadidos y asentados les tenía el Demonio en sus disparates y errores. Y mientras no les desengañaren de sus errores los que doctrinan, por demás es pensar que hayan de recibir la fe estos indios, aunque más les repitan y hagan repetir la doctrina cristiana, como sería de

"Nuestros peruanos tributan la mayor veneración al sol y, después de él, al trueno: al sol lo llaman Punchao, y al trueno, Illapa. También adoran,..., a Quilla, es decir, a la luna; a Cuillor, o sea, a los astros y a la tierra Pachamana y al mar Mamacocha"[210].

Si éstos eran los dioses principales del panteón incaico, no se cerraba ahí la lista de divinidades, sino que a ellas se iban uniendo los reyes incas que una vez muertos, eran embalsamados y a los cuales se les daba el correspondiente culto[211]. Los pueblos andinos eran realmente religiosos; no había dimensión de sus vidas que no pusiesen, por lo mismo, en relación con lo sobrenatural. Además, como sucedía con otras muchas civilizaciones primitivas, cualquier elemento de la naturaleza que les llamase la atención o que no fuesen capaces de explicar, era de algún modo sacralizado. De ahí que, no sólo sus acciones estuviesen penetradas de religiosidad, sino también los lugares, habitables o no, tenían para ellos un sentido sacro de primer orden. Como nos manifiesta Acosta:

"en cuanto los bárbaros descubren que algo sobresale y resalta entre los demás seres de su especie, instantáneamente reconocen allí una divinidad y la adoran sin dudar un momento. De esta peste odiosísima de la idolatría están llenos los montes, llenos los valles, los pueblos, las casas, los caminos, y no hay ningún trozo de tierra peruana que esté libre de este sacrificio"[212].

---

balde y sin fruto sembrar en un matorral espeso sin desmontarle primero y romperle muy bien" (Confesionario para los Curas de Indios. Con la Instrucción contra sus ritos. Y Exhortación para ayudar a bien morir. Y Suma de sus Privilegios. Y forma de Impedimentos del Matrimonio. Compuesto y traducido en las Lenguas Quichua y Aymara. Por autoridad del Concilio Provincial de Lima, del año de 1583. Impreso... Año de MDLXXXV. Proemio, fol. 2r-v; tomado de, J. Guillermo Durán, El «Tercero Catecismo» como medio de transmisión de la fe, in: L. Pereña et alt., Inculturación del Indio, Salamanca: UPSA, 1988, 88; y 88, nota 5).

210 J. de Acosta, De procuranda, vol. 2, o.c., 255.

211 "Además convierten en dioses a sus reyes, hombres de primera categoría, y los adoran; y sus cuerpos los conservan intactos y como vivos hasta hoy mismo con un arte que asombra. Así, al primero de ellos, Mango Capac, y a Viracocha, a Inga Yupanqui y a Guaina Capac y a sus demás progenitores... y les ofrecían sacrificios" (J. de Acosta, De procuranda, vol. 2, o.c, 257).

212 J. de Acosta, De procuranda, vol. 2, o.c., 257. Y continúa el jesuita: "El que esté interesado, que lea la puntillosa narración que sobre este tema escribió Polo de Ondegardo, hombre de gran prudencia y autoridad. Descubrirá que sólo dentro de los términos de la ciudad del Cuzco había más de trescientas sesenta guacas contadas. A todas ellas se daban honores divinos: a unas ofrecían frutos de la tierra; a otras, vellones preciosos y oro y plata; en honor de algunas se derramaba en sacrificio mucha sangre de niños inocentes" (ibid., 258–259).

Si alguien quiere entender las disposiciones jurídicas, que fueron emitidas en los Concilios provinciales y en los Sínodos diocesanos, concernientes a la idolatría, debe hacerlo desde una doble perspectiva: por una parte, teniendo en cuenta el panorama socio-religioso apenas aludido; por otra, la exigencia de absoluto o exclusividad que arrastra el monoteísmo cristiano, que no admite a su lado otros cultos o divinidades (se entiende, una vez aceptada la fe)[213].

La finalidad última de la evangelización pasaba, pues, por la eliminación de las divinidades paganas y sus ceremonias, y la implantación del Dios cristiano y su culto. Ahora bien, había opiniones diversas acerca del modo cómo ejecutar tal programa y de los tiempos del mismo. Para unos, debía llevarse a cabo una supresión inmediata de todo lo que oliese a idolatría, tanto a nivel espiritual como material; para otros, como Acosta, el proceso tenía que ser progresivo, arrancando primero los ídolos de los corazones para que, con posterioridad, fuesen retirados de los lugares físicos (con la salvedad de los que, habiéndose bautizado, habrían vuelto a los cultos paganos)[214].

Claro que la cuestión no era tan simple. En el antiguo Tahuantinsuyo (como por lo demás en todo lugar donde haya un fiel religioso) al tema de la idolatría iban unidas otras dimensiones de la existencia, individual y colectiva, que no pueden ser olvidadas. El trasfondo de todo culto es una fe religiosa, la cual refleja la manera que un pueblo tiene de entender a Dios, al mundo y a sí mismo, incluyendo la comprensión de las relaciones mutuas y cómo éstas se regulan; esto

---

213 Como nos dice Guillermo Durán: "No podía ponerse en duda que la introducción sólida de la fe exigía la desaparición total del hecho idolátrico indiano, mayor factor negativo con que tropezaba a diario el esfuerzo evangelizador por tierras del Incario. Con él, por otro lado, de acuerdo con las enseñanzas del Apóstol Pablo no cabían compromisos ni adaptaciones (Rom, 1, 18–32)" (J. Guillermo Durán, El «Tercero Catecismo» como medio de transmisión de la fe, in: L. Pereña et alt., Inculturación, o.c., 87).

214 Acerca de los que quieren ir de manera directa destruyendo guacas e imágenes, afirma el jesuita: "los que quieren recomendar y fortalecer así la religión cristiana no logran en definitiva, más que hacerla odiosa. Arrancando los ídolos de manos de los indios contra su voluntad, se los clavan aún más en el alma. Pero, repito, respecto a los indios cristianos, no está fuera de razón proceder así" (J. de Acosta, De procuranda, vol. 2, o.c., 261). El jesuita opina que, en lo tocante a los naturales que abrazaron la fe, para evitar que vuelvan a las supersticiones, lo mejor es que ni tan siquiera tengan contacto visual con sus antiguos ídolos y ritos, "hay que procurar por todos los medios quitar los ídolos de sus ojos y formas de vivir" (ibid., 271); y, no duda, siendo de utilidad, en recurrir a la fuerza pública, "para lograrlo hay que recurrir, si es necesario, al poder político y la autoridad" (ibid., 273).

último se adentra ya en el ámbito del derecho o la ley que estructura tales vínculos e, inseparablemente con ello, corren paralelo las costumbres y comportamientos sociales, surgidos al amparo de esas normas, que escritas o no, permiten unas conductas y proscriben otras.

En definitiva, no habría un solo aspecto de la vida incaica que pudiéramos dejar de lado, si nos decidiéramos a analizar en su globalidad el ámbito de las idolatrías. No es éste, sin embargo, nuestro objetivo y, por ello, debemos precisar en sus justos términos el núcleo de nuestra investigación. En realidad, pretendemos concentrar nuestra atención sobre los cánones de los Sínodos diocesanos Limenses (y de sus fuentes inmediatas, los Concilios provinciales) que se han ocupado de legislar sobre las manifestaciones idolátricas; y ello, desde la perspectiva, ya reiteradamente indicada, de los principios rawlsianos de justicia social. En consecuencia, habrá dimensiones que les afectan, en las que nosotros no estamos obligados a entrar; mientras que otras, no las podremos dejar de tratar.

Aunque un rito, en el fondo, no es más que la plasmación externa de una creencia o la celebración litúrgica de una idea religiosa, dejaremos de lado, con frecuencia, esa fuente de donde el culto cobra su sentido, para concentrarnos en la forma material cómo éste se ejecuta (su "performance") y en las consecuencias que pueda tener para la ordenación social[215]. Ejemplos de lo apenas mencionado ofreceremos en su momento[216]. Por ahora, baste esta sencilla, pero nítida, declaración de intenciones para situarnos ante el tema que nos ocupa.

Como en los apartados precedentes, nuestra forma de proceder será la siguiente: en primer lugar, ofrecemos el texto completo de los cánones de los Sínodos que estamos estudiando, que hacen referencia a las idolatrías o a otras manifestaciones de culto (añadiendo alguna de tipo profano); en segundo lugar, presentaremos las disposiciones publicadas en los Concilios provinciales, que han servido de fuentes para las anteriores diocesanas; en tercer lugar, llevaremos

215 Toda regla tiene su excepción; por ello, en algún momento, obligados por el tema tratado (nacimiento, muerte, etc.), tendremos que adentrarnos en las cuestiones más teóricas o ideológicas, pues sin ellas no entenderíamos los comportamientos sociales, que las manifiestan ni los valoraríamos adecuadamente.

216 Como dice Guillermo Durán: "Tampoco eran admisibles los «ritos, abusiones y agüeros» con que se honraban a las divinidades y se pretendía atraer sus beneficios; o que se practicaban para conjurar las fuerzas y espíritus malignos. Asimismo, debían ser extirpados una serie de pecados y costumbres (secuelas directas de la idolatría) particularmente graves e incompatibles con la fe, como la sodomía, la poligamia y las borracheras" (J. Guillermo Durán, El «Tercero Catecismo» como medio de transmisión de la fe, in: L. Pereña et alt., Inculturación, o.c., 87).

a cabo el análisis y comentario, desde la perspectiva de la justicia social, siguiendo a J. Rawls; finalmente, extraeremos las conclusiones que al hilo de la reflexión han ido brotando y consideramos más destacables.

2. Cánones[217]

Sínodo de 1582:

Capítulo 12. Que no se haga representación sin ser primero examinada.

> Establecemos y mandamos a nuestros vicarios, beneficiados, curas, clérigos, sacristanes, no consientan en las iglesias ni ermitas, ni hospitales hacer representaciones algunas, juegos, ni danzas de ninguna cualidad que sean, ni fuera de ellas no consientan hacer las dichas comedias ni farsas sin que primero sean examinadas por Nos o por nuestro provisor, y prohíban y manden a los tales representantes, so las penas que les pareciere, que no hagan las tales comedias sin ser examinadas como dicho es y procedan con ellos como se hallare por derecho que para ello les damos poder cumplido.

Sínodo de 1584:

Capítulo 4. Que toquen la campana al mediodía.

> Ytem, mandamos a todos los sacristanes, así de la santa iglesia catedral de esta ciudad como de los demás pueblos de este arzobispado, que toquen la campana a las doce horas de medio día para que todos puedan hacer oración.

Sínodo de 1585:

Capítulo 3. Que los curas de españoles e indios digan la Salve todos los sábados en la tarde.

> Por cuanto es cosa de mucha devoción para todos los fieles cristianos, así españoles como indios el decirse la salve todos los sábados del año, ordenamos y mandamos que de aquí adelante todos los curas así de españoles como de indios de nuestro arzobispado digan la salve cantada según dicho es, todos los sábados exhortando a sus feligreses se hallen presentes a ella.

Capítulo 7. Que los curas de indios hagan procesiones de las letanías en los tiempos de ellas.

> Ytem, todos los curas de indios de aquí adelante en los tiempos de las letanías mayores y menores hagan procesiones según y cómo se suele hacer en los lugares de españoles,

---

217 Están tomados de, J. L. Fernández Cadavid, "La Justicia Social en los Sínodos diocesanos de Toribio de Mogrovejo de 1582, 1584 y 1585, de acuerdo al pensamiento de John Rawls" [Tesis doctoral] Director: M. A. Pena González, Universidad Pontificia de Salamanca, 2014, 459–587 (y han sido parcialmente actualizados).

so pena que no lo haciendo incurran en pena de cincuenta pesos, aplicados a nuestra disposición y otras penas a nuestro albedrío.

Capítulo 40. Que los corregidores no conozcan de idolatrías.

Por cuanto es prohibido a los jueces seculares el conocimiento de idolatrías, ceremonias y supersticiones, ordenamos y mandamos que de aquí adelante los nuestros vicarios y jueces eclesiásticos no consientan que los tales jueces seculares conozcan de las dichas causas ni de otras *mere* eclesiásticas, pues está con tantas censuras prohibido, so pena de que siendo negligentes se procederá contra ellos por todo rigor.

Capítulo 45. Que los indios no críen cuyes.

Ytem, por cuanto somos informados que de criar los indios cuyes vienen a hacer ritos y ceremonias con ellos y para totalmente obviar los inconvenientes que de ellos pueden suceder, ordenamos y mandamos que de aquí adelante los curas de indios procuren y den orden por todos los modos posibles que los dichos indios no críen cuyes en sus casas, ni fuera de ellas; y en esto haya mucho cuidado y diligencia exhortándoles y amonestándoles con amor lo hagan y cumplan así.

Capítulo 46. Que no se haga azúa con jora y yuca.

Ytem, otrosí ordenamos y mandamos que de aquí adelante ninguna persona así de españoles como indios o de cualquier cualidad que sean hagan "azúa" con jora o mezclada con yuca, por cuanto no solamente es dañosa para la salud, pero se nos ha informado ser perniciosa y que causa muertes y embriagueces a los indios y grandes ofensas a nuestro Señor, so pena que el que hiciere la dicha azúa la tenga perdida y los cántaros, demás aderezos con que se hiciere con apercibimiento que se procederá contra ellos con mucho rigor. Y exhortamos a nuestro provisor y a todos los demás jueces eclesiásticos procedan contra los transgresores imponiéndoles las penas que convengan y a los ministros seglares asimismo pedimos encarecidamente sean observantes cerca de los susodicho.

Capítulo 51. Que los curas de indios no consientan hacer taquíes ni ceremonias.

Ytem, los curas de indios tengan particular cuenta que en la fiesta del Corpus Cristi, ni en su octavario, ni en otro tiempo alguno no hagan ceremonias, ni cantares, ni taquíes los indios tocantes a ritos y a sus gentilidades. Y si los dichos indios quisieren hacer algunas danzas o cantares, lo examinen primero los dichos curas. Y si consta haber hecho algún indio alguna cosa de lo sobredicho, se haga información sobre ello, y se remita a Nos, o a nuestro provisor según dicho es.

Capítulo 57. Que no se corran toros en días de fiesta ni se hallen los clérigos a verlos correr en ningún tiempo.

Por cuanto por Bula y motu proprio de nuestro muy santo padre Gregorio XIII su data en Roma, a veinte y cinco de Agosto de mil quinientos y setenta y cinco, está prohibido el correrse toros en días de fiesta y tenemos relación que no se guarda enteramente en todas las partes de este nuestro arzobispado, habiendo tanta obligación a ello en especial teniéndose tanta observancia en la ciudad de los Reyes cabeza de todas las demás partes cerca del dicho motu proprio, queriendo acudir y poner remedio y hacer lo que su santidad nos manda en conformidad del dicho motu proprio, y del motu proprio asimismo de Pío V y porque es justo que los días de fiesta se guarden como conviene ocupándose los fieles cristianos en alabanza y honra de Dios nuestro Señor y en obras pías y de misericordia y en continuas oraciones, mandamos que de aquí adelante no se corran toros en ningún día de fiesta; lo cual así se cumpla y guarde y ejecute en virtud de santa obediencia y con apercibimiento que se procederá contra los transgresores y contra los que les dieren favor y ayuda o interpusieren su autoridad para ello con todo rigor y hasta declarar por excomulgados y haber incurrido en las censuras impuestas por los dichos motus proprios; y pedimos y exhortamos en el Señor por honra y reverencia de su santísimo Nombre que esperando abundantísimo premio y merced suya por tan buena obra a todas las justicias y ministros seglares, cabildos y regimientos y a todas las demás personas a quien toca poner remedio en ello y prohibir el correrse los dichos toros que cerca de lo susodicho como observantes a los mandatos apostólicos tengan particular cuidado en no dar lugar ni consentir se corran los dichos toros en los días de fiesta, según dicho es; y a nuestro provisor, vicarios y jueces eclesiásticos mandamos prohíban lo susodicho con las penas y censuras que les pareciere convenir de manera que tenga efecto y se guarde y cumpla lo que su santidad manda, y tiene proveído. Ytem, prohibimos y mandamos, que ningún clérigo de orden sacro de ninguna cualidad, dignidad y condición que sea, se halle presente a ver correr los dichos toros, por ser negocio indecoroso e indecente al estado eclesiástico asistir a semejantes espectáculos. Lo cual así hagan y cumplan en virtud de santa obediencia y so pena de cincuenta pesos por cada vez que se hallaren presentes a ver correr los dichos toros y otras penas a nuestro albedrío, exhortándoles asimismo adviertan estar prohibido por su santidad, so pena de excomunión el asistir los clérigos a los dichos toros; y exhortamos con todas veras y con el encarecimiento que el negocio lo requiere y pedimos en el Señor con mucha instancia a las personas a quien toca poner remedio cerca de lo que de yuso irá declarado den orden y provean de que en los tiempos en que se corrieren los toros no se siga muerte ni daño a ninguna persona, mirando muy en particular por los indios que tienen más riesgo que otros, aserrando los cuernos a los toros, o poniéndoles bolas haciendo todas las demás diligencias que convengan, para que cesen los dichos daños y nuestro Señor en todo se sirva.

Capítulo 69. Que no haya disciplina ni procesión entre los indios fuera del tiempo que la hay entre los españoles.

Ytem, por cuanto tenemos relación que en algunos pueblos de indios hay disciplina de indios en forma de cofradía extraordinaria y fuera de los tiempos que usan los españoles y de la costumbre común, ordenamos y mandamos que los dichos curas de indios no den lugar haya las dichas cofradías y disciplinas en los dichos tiempos sino que en todo se conformen con la costumbre y uso de la Iglesia, como lo hacen los españoles y en los tiempos que acostumbran, con apercibimiento que se procederá contra los curas con todo rigor.

Capítulo 70. Que los curas de indios hagan los entierros con devoción, sobrepelliz, cruz y estola.

Ytem, que los dichos curas de indios cuando llevaren a enterrar a alguno, vayan en persona con mucha devoción, con su sobrepelliz y estola y se le lleve cruz a la casa del muerto, y le traigan a la iglesia diciendo por el camino la letanía y llevando consigo los muchachos de la doctrina que vayan diciendo la doctrina; lo cual así hagan y cumplan so pena de que serán castigados con mucho rigor.

Capítulo 74. Que los indios no amolden las cabezas de sus hijos.

Ytem, queriendo quitar totalmente el abuso y superstición de que generalmente usan los indios e indias de amoldar las cabezas de los niños de ciertas formas que ellos llaman caito, oma o paltaoma y ciertas maneras de hacer trenzas de los cabellos y trasquilarlos en ciertas partes con otras diferencias como de crisnejas que todas son supersticiones dignas de remedio, ordenamos y mandamos, que el indio que lo tal hiciere, por la primera vez, sea penado en que sirva a la iglesia del clérigo más cercano a su pueblo diez días; y por la segunda, veinte, esto se entiende siendo cacique o indio principal; y por la tercera, se haga información y se remita al vicario de la Provincia. Y si fuere indio común, se le den veinte azotes, por la primera vez; y por la segunda, doblados; y por la tercera, se haga información y se remita, según dicho es. Y si fuere mujer, por la primera vez, vaya a la doctrina diez días arreo, a tarde y mañana; y por la segunda, veinte días; y por la tercera, se haga información y se remita, según dicho es.

Capítulo 75. Que los indios no horaden las orejas.

Ytem, por quitar la superstición del horadarse las orejas los indios pues se entiende que nunca se hace sin que precedan ceremonias y adoraciones gentílicas, ordenamos que cuando lo susodicho acaeciere los curas de indios hagan información y la remitan a Nos o a nuestro provisor y siendo bastante estén presos los delincuentes en el ínterin.

Capítulo 76. Que no hagan taquíes ni borracheras en el tiempo de sembrar y otros.

Ytem, hay entre los indios un abuso común y de gran superstición de sus antepasados en hacer borracheras y taquíes y ofrecer sacrificios en honra del demonio en los tiempos de sembrar y coger y en otros tiempos cuando por ellos se comienza algún negocio que les parece importante, queriendo pues poner remedio en esto y en las demás supersticiones y ceremonias y ritos diabólicos que tienen innumerables, mayormente para agüero de negocios que comienzan, ordenamos y mandamos que cuando lo tal acaeciere los dichos curas de indios hagan las informaciones y hechas las remitan ante Nos o ante nuestro provisor contra cualesquier persona o personas que hicieren alguna cosa o parte de lo susodicho. Y siendo bastantes las dichas informaciones, estén los delincuentes presos y a buen recaudo en el ínterin que se provee en el caso.

3. Fuentes

Limense I[218]

De los naturales, c. 25. De la manera que han de ser enterrados los indios.

"Item, porque entre otros ritos y abusos antiguos que en algunas provincias los indios tienen contra ley natural y en gran perjuicio suyo, uno es que cuando algún cacique muere matan para enterrar con él las mujeres e criados e más queridos, y aun algunos de su voluntad van a la muerte diciendo que les van a servir allá, y entierran cantidad de ropa con ellos, para vestirse y allí les llevan comidas, y otros sacrificios que les hacen; de lo cual, allende de los daños dichos, los que son ya cristianos van allí a hacer estos sacrificios a sus difuntos: Por tanto, S. S. ap. mandamos que de aquí adelante todos los que fueren cristianos sean traídos a enterrar a la iglesia y cementerio, y se lleven con cruz y agua bendita, y con los oficios que a los demás cristianos les suelen hacer. Por lo cual, ni por la sepoltura, no se les lleve limosna alguna, por quitar todo escándalo, lo cual se entiende en los pueblos de indios. Y para los que no son cristianos, tenga a vista del pueblo o tambo un lugar público donde todos los cuerpos de los difuntos sean enterrados y hagan a todos los indios cristianos que traigan los cuerpos de sus difuntos, que tienen en sus casas y en otros sepulcros grandes, a enterrar en el dicho lugar, por quitar los inconvenientes que de tenellos en sus casas se siguen. Y el sacerdote o español que allí estuviere no permita que lloren al difunto antes que lo entierren, a lo más, más de un día. Y al tiempo que lo enterraren descubran el rostro del difunto para ver si es él u otro en su lugar. Y no permitan que le echen más ropa de la necesaria para envolver el cuerpo; ni después de enterrado permita echar sobre el cuerpo comida ni bebida ni otra cosa alguna. Y tenga gran aviso, que en acabando de morir el tal cacique o principal, de hacer traer ante sí sus criados y mujeres, y asentar los nombres dellos, y entregarlos al que subcediere en el señorío, amenazándole que le ha de dar cuenta de todos ellos, porque no maten algunos. Y si algún indio cristiano enterrare o hiciere enterrar algún cuerpo fuera de los dichos lugares, por la primera vez esté tres días en la cárcel y le sean dados cincuenta azotes públicamente, y por la segunda vez le agraven la pena. Y si algún cristiano se mandare enterrar fuera de la iglesia o cementerio, al que lo enterrare se le dé la dicha pena, y el cuerpo del dicho sea sacado y quemado públicamente. Y si alguno matare algún indio para enterrar con algún difunto, con la información sea remitido al perlado, o a sus jueces en su ausencia".

De los naturales, c. 26. En la cual declara la pena de los que quebrantaren lo ordenado en la constitución antes desta y de los que sacrificaren o idolatraren.

"Asimismo se tiene experiencia que los que más daño hacen en los indios ya cristianos y los que más estorbo ponen a los infieles que no se conviertan es los sacerdotes y hechiceros que ellos llaman homos; y muchos indios cristianos, incitados destos y de su

218 Nos hemos servido para este Concilio de la edición de, R. Vargas Ugarte, Concilios Limenses (1551–1772), vol. 1, Lima: s.n., 1954, 3–93.

antigua costumbre, acontece volver a sus sacrificios y ritos pasados. Queriendo poner remedio en esto: S. S. ap. mandamos que cualquier indio cristiano que fuere hallado usar este oficio, demás de darle a entender su error y torpeza, por la primera vez le sea dado cincuenta azotes públicamente y tresquilado, y por la segunda le tengan diez días en la cárcel y dado cient azotes públicamente; y si tuvieren bienes le tomen la tercia parte para la iglesia del tal pueblo; y por la tercera, como a incorregible, lo remitan al perlado del obispado donde acaeciere, o a sus jueces, con la información. Y la misma pena se dé a los indios cristianos que fueren a ellos a pedirles consejo o socorro. Y a los que fueren hallados haber adorado, o hecho sacrificio, o haber ofrecido al sol, o a la tierra, o a la mar, o a sus difuntos, o a otra cualquier criatura, coca o agua, o cuyes, o mollo, o sebo, o sangre, o otra cualquier cosa; y los hechiceros que no fueren cristianos y se hallaren usar este oficio, sea hecha información y con ella sean remitidos a do están sus jueces".

De los españoles, c. 20. Que en las Iglesias Catedrales todos los sábados se diga la Salve y los Días de Cuaresma cada día.

"Y porque el día sabado es apropiado al servicio de nuestra Señora la Virgen María, y el pueblo tiene devoción al oír la Salve los dichos días. S. C. A. estatuimos y mandamos que ansí en las Catedrales como en las demás, todos los sábados se diga la Salve con la mayor solemnidad que ser pudiere y en la Cuaresma cada día so pena que el que no viniere a ella pierda medio peso".

De los españoles, c. 26. Que no se hagan en las Iglesias representaciones ni velas de noche y de los que tienen hechos los votos los confesores los pueden conmutar, ni sermones de noche.

"Y porque somos informados que de las representaciones que se suelen hacer y hacen en las Iglesias como son las de la Pasión y otros autos y remembranzas de la Resurrección o de la Natividad de Nuestro Señor u otras se han seguido y siguen muchos inconvenientes y muchas veces son causa de engendrar escándalo en los que poco entienden e son nuevos en nuestra santa fé catholica por excusar que estos indios como tiernos en la fé no caigan en semejantes inconvenientes y en las dichas Iglesias no aya bullicio ni desasosiego, S. C. A. estatuimos y mandamos que el Deán y Cabildo de esta nuestra Iglesia y a todos los demás de todo nuestro Arzobispado y Provincia y a todos los Curas y personas religiosas de las Iglesias Parroquiales que no hagan ni den lugar que en sus Iglesias se hagan las dichas representaciones sin nuestra especial licencia so pena de veinte pesos para la fábrica de la tal Iglesia en la cual pena incurran los clérigos que lo consintieran y los legos que lo representaren y demás de esto sean excomulgados [...]."

De los españoles, c. 41. Que las procesiones que se hicieren vayan todas por orden y con devoción, y ninguno vaya cabalgando, y a qué procesiones son obligados a ir los religiosos y la orden que han de llevar.

"Las procesiones fueron ordenadas para provocar en los cristianos la debocíón y porque Nuestro Señor mejor oye las oraciones y plegarias del pueblo que en ellas se ayuntan S. C. A. estatuimos y mandamos que las procesiones que de aquí adelante se hizieren, todos los clérigos bayan con mucha devoción, cantando por su orden y antigüedad, con sus sobrepellices y a las que binieren los Religiosos, así a las generales que son de derecho obligados como a otras, si binieren, encargamos al Dean y Cabildo y demás clérigos sean por ellos muy comedidamente tratados y recibidos puniéndolos en lugares honrados, por su horden y antigüedad, combiene a saber: a la mano derecha de los de Santo Domingo, los primeros y a la izquierda los de San Francisco y luego los de la Merced y, tras los Dominicos, los Agustinos y la mesma orden se tenga en el coro en sus asientos y la demás gente que en las dichas procesiones fuere baya ordenada, de manera que aya silencio y deboción, los legos bayan apartados de los clérigos y de las mujeres y ellas de ellos, diziendo todos sus oraciones y suplicando a Nuestro Señor con toda atención y deboción oiga a su pueblo y ansi mandamos que lo ordenen y probean los clérigos que allí se hallaren y de ello cargo tubieren y, a su rrequisición, los ministros de las justicias seglares, especialmente en las procesiones que se hazen fuera de las Iglesias del lugar ninguno vaya cabalgando en ellas, so pena de 10 pesos, la mitad para la fábrica de la Yglesia y la otra mitad para el juez y denunciador".

Limense II[219]

De los españoles, c. 42. *Ne intra ecclesiam fiant ludi theatrales.*

"que no se hagan ffuerzas ni juegos proffanos en la iglesia ni en el cimenterio, ni en la semana santa no se hagan representaciones de la passión ni los sacerdotes o clérigos en qualquier comedia rrepresenten ni en la fiesta del corpus xpi se canten letras ni hagan rrepresentaciones sin ser primero aprovadas por el ordinario, ni en el día de los

219 A la hora de tomar los artículos de este Concilio Limense de 1567-1568, nos hemos servido de la obra de Vargas Ugarte, R. Vargas Ugarte, Concilios Limenses (1551-1772), vol. 1, o.c., 95-223. Los cánones de este Concilio han sido publicados en latín, con sus respectivos títulos, también en esta lengua. Puesto que al final aparece un resumen de cada constitución, tanto de la sección dedicada a los españoles como a los indios, los transcribiremos tal cual allí aparecen, dando la página en la que se encuentran. Éste inicia del siguiente modo: "Sumario del concilio provincial que se celebró en la ciudad los reyes el año de mill y 567 fecho y sacado por orden y con autoridad del último concilio provincial que se zelebró en la dicha ciudad este año de 1583" (ibid., 225). Ocupa el dicho sumario las páginas 225 a 257.

inocentes se consientan hacer las fiestas acostumbradas de tontos y finalmente en la yglesia no se permita tañer ynstrumentos profanos"[220].

De los españoles, c. 105. *Processiones quando et qualiter faciendae.*

"que en las iglesias catredales y parroquiales se hagan las procesiones dentro del servicio de la iglesia todos los domingos y días solemnes, y en las letanías y rrogationes no baya la procesión por los campos y heredades sino dentro de la ciudad a algún templo, y en la noche del jueves santo en ninguna manera se consienta que mugeres se bayan diciplinando en las procesiones de los días diciplinantes, mas si algunas tovieren devoción de hacer diciplina a solas y en secreto lo hagan en sus cassas"[221].

De los españoles, c. 128. *De agitatione taurorum.*

"que no se corran toros entre yndios ni por semejante ocasión les hagan poner las talanqueras, sin pagarles y haciéndoles perder la missa en día de fiesta, cerca de lo qual se encargan las conciencias de los governantes y justicias"[222].

De los indios, c. 40. *Quod in die quando indi baptizantur non fiant compotationes neque excessu epularum.*

"que cuando se baptizan los indios no se les permita hacer borracheras"[223].

De los indios, c. 80. *Quod Synodus hortatur gobernatores et praesides, ut indi reducantur ad populos.*

"que la muchedumbre de los indios que está esparcida por diversos ranchos se reduzcan a pueblos copiosos e concentrados como lo tiene mandado la magestad católica"[224].

De los indios, c. 95. *In qua monentur sacerdotes ut in festo Corporis Christi et aliis festis videant ne indi faciant ritus suos.*

"que en las fiestas del corpus xpi y en otras, se recaten mucho los curas y miren que los indios, fingiendo hacer fiestas de xpianos, no adoren ocultamente sus ídolos y hagan otros ritos, como acaece, si en alguno se descubriere semejante maldad, hecha la información necesaria, se imbio [sic] preso al obispo o a su vicario general para que le castiguen con todo rrigor"[225].

---

220 R. Vargas Ugarte, Concilios Limenses (1551–1772), vol. 1, o.c., 230.
221 Ibid., 236.
222 Ibid., 240.
223 Ibid., 246.
224 Ibid., 250.
225 Ibid., 252.

De los indios, c. 100. *In qua tollitur superstitiosus ritus qui in capitibus formandis hactenus observatus est.*

"que la superstición de amoldar las cabezas a los muchachos de ciertas formas que los indios llaman saitaomas o paltaomas del todo se quite, y a los sacerdotes se manda que trabaxen en corregir semejante abuso tan pernicioso, y a los jueces seglares se encarga y pide que hagan exemplar castigo en los hechiceros que tal hacen"[226].

De los indios, c. 101. *Ne indi capillos torsint aut capillaturam faciant, propter superstitionem quam huiusmodi ritus habet annexam.*

"que ciertas maneras de torcer o hacer trenza de los cavellos y trasquilarlos en otras partes con otras diferencias como de crisnejas que los indios ussan para sus supersticiones y herrores, pongan cuidado y rigor los sacerdotes para que se quite"[227].

De los indios, c. 103. *Moneantur indi orejones vulgo vocati, ne de caetero superstitiones faciant quando aures perforantur.*

"que se quite el abuso supersticioso que tienen los indios orejones de horadarse las orejas y traer en ellas colgadas aquellas rodajuelas, y para esto se le advierta por bien y sino bastare por mal"[228].

De los indios, c. 108. *Quod ebrietates indorum maxima diligentia prohibeantur, propter damna inde provenientia.*

"que el vizio pestilencial de embriaguez, que es raíz de la infidelidad y de inumerables males, se procure por todas las vías posibles desterrar de la nación destos indios: lo primero con el autoridad y cuidado de los governadores y justicias, a los quales protesta este sígnodo que no abrá firmeza en la fee de jesuxpo en esta tierra en tanto que los indios no fueren rrefrenados deste vicio de borracheras; lo segundo con diligencia y buena maña de los sacerdotes, a los quales se encarga que primero se les amoneste tres veces y después con rrigor corrijan a los que vieren emborracharse; y principalmente persiga las borracheras públicas que se hacen con sus taquíes y cerimonias pues son indicios y señales de inphidelidad [sic] y heregía"[229].

De los indios, c. 109. *Quod tollendus sit e medio abusus curacharum per totum diem in plateis existentium et compotantium.*

"que los combites y borracheras que suelen hacer los curacas en la plaza los días de fiesta tengan la moderación que conviene, pero no se les quite ni el rrecrearse con algunos juegos onestos después de medio día y lo que suelen hacer de dar de comer y conbidar a

226 Ibid., 253.
227 Ibid., 253.
228 Ibid., 253.
229 Ibid., 254–255.

los pobres e forasteros lo hagan, pues es obra birtuosa; pero no lleven consigo los curacas las manadas de mugercillas que suelen, desechando su propia muger"[230].

De los indios, c. 111. *Quod parochi et subernatores et judices procurent curachas honorare, et ea quae sunt fidei edocere.*

"que a los curacas de cuya boluntad y gusto dependen los demás sin resistencia ninguna, procuren los sacerdotes ganarles, con tratarles con amor y onrrosamente y instruirlos en la fee con afición y a los governadores y justicias tanbién se encargue de mirar por ellos y atraerlos por buen modo,... siendo cosa cierta del todo que la fe y la salvación de los indios pende de la voluntad y autoridad de sus caciques"[231].

De los indios, c. 112. *Quod parochi curent indos docere politice vivere.*

"que enseñen a los indios a vivir con orden y pulicía y tener limpieza e autoridad e onestidad y buena crianza, y que, como acostumbran los xpianos, digan la bendición de la mesa y den gracias después de comer y quando van a dormir se encomienden a dios y a menudo se persignen y santiguen y digan el pater noster y ave maría, en lo qual todo principalmente sean instruidos los caciques y maiordomos para que los demás tomen exemplo"[232].

Limense III[233]

Acción 2, c. 23. De la forma de hacer las procesiones.

"Cuando en Corpus, Viernes Santo o en cualquier otra ocasión en la que se realicen suplicaciones públicas se lleven a cabo procesiones solemnes desde la iglesia, ninguna mujer se pasee por la calle o se asome a la ventana con el rostro cubierto. Esta prescripción ha de ser acatada por todos so pena de excomunión inmediata, para que con la frivolidad femenina no distraigan al pueblo del culto a Dios, sino que más bien testimonien con vestimenta y gesto religioso y modesto la fe y piedad interior. Advertimos también a los magistrados y servidores públicos y los exhortamos en el señor. Para que estas suplicaciones tengan lugar con profunda unción, téngase especial cuidado de que los hombres y las mujeres no marchen en confusa mezcla, sino que los primeros encabecen la marcha, mientras las mujeres, de acuerdo con la sentencia del profeta, van detrás de los ministros de Dios".

---

230 Ibid., 255.
231 Ibid., 255.
232 Ibid., 255.
233 Los cánones del Concilio Limense de 1582–1583, se tomarán de la edición siguiente: F. L. Lisi, El Tercer Concilio Limense y la aculturación de los indígenas sudamericanos, Salamanca: Ediciones Universidad de Salamanca, 1990, 107–227.

Acción 3, c. 27. De los maitines y el Salve Regina.

"No se comiencen nunca los maitines antes del toque de salutación angélica. Háganse tañer las campanas cada hora de oficio religioso. Cántese todos los sábados el Salve Regina en las catedrales y parroquias y participen todos los prebendados y el resto de los clérigos con sobrepelliz, incluso los de primera tonsura, si no, sean castigados a criterio del ordinario".

Acción 5, c. 4. Que se les enseñe a los indios a vivir políticamente.

"Puesto que la vida cristiana y divina que enseña la fe evangélica exige un hábito de vida no indigno de la razón natural y del hombre y que según el apóstol primero es lo animal y luego lo que es espiritual, recomendamos vehementemente a los párrocos y a todos los que incumbe el cuidado de los indios que se preocupen especialmente de que éstos, dejando las constumbes salvajes e incivilizadas, se acostumbren a las instituciones humanas y políticas, como ser que no vayan al templo sucios y desarreglados, sino lavados, arreglados y limpios, que las mujeres se cubran la cabeza con algún manto según lo dispuesto por el apóstol Pablo, que en las casas usen mesas para comer y lechos para dormir, que las casas mismas no sean corrales de ganado, sino habitación de hombres con orden, limpieza, decoro y si hay otras cosas semejantes que se lleven a cabo sanamente no con modo violento y molesto, sino más bien con cuidado y gravedad paterna".

4. Análisis de instituciones y cánones

a. Introducción

Nos encontramos en el último apartado del capítulo central de este libro que, no sin intención, hemos titulado como "manifestaciones idolátricas y conductas sociales". Acabamos de exponer los cánones, tanto a nivel diocesano como provincial, que se refieren a las denominadas idolatrías y a otras formas de culto, propias de la piedad popular en la religión cristiana (adjuntando algún elemento más de la cultura pagana). Estas ceremonias podrían ser enfocadas desde perspectivas diversas: una, desde la propiamente religiosa; otra, desde la cultural, en cuanto que llevan consigo ritos, ceremonias u otras representaciones; y, finalmente, la social, ya que estimulan o frenan conductas colectivas.

En el estudio que presentamos a continuación vamos a abordar las dos segundas perspectivas directamente. La primera, si bien no nos detendremos en ella, constituye el marco de las otras dos, puesto que es, precisamente, desde el punto de vista teológico en el que uno se sitúe, desde donde se puede definir una manifestación de la cultura de un pueblo como idolátrica o no. No entraremos, pues, en el debate ideológico o religioso. Más bien nos centraremos en el tipo de acciones que eran tenidas como idolatría por los legisladores cristianos y en su influencia sobre la conducta colectiva de los ciudadanos. Además, reduciremos más nuestro objeto de investigación atendiendo solamente a las que aparecen mencionadas en las constituciones sinodales arriba indicadas y no a otras[234].

¿Cuáles son las principales idolatrías señaladas como tales en los artículos de los tres primeros Sínodos diocesanos de Lima? Veámoslo con atención. En primer lugar, se nos habla de un tipo de representaciones, que denominaremos como teatro religioso pagano. Éste puede consistir en cantos, danzas o escenas representadas por los naturales. En segundo lugar, se menciona la cría de "cuyes", animal que tenía una fuerte vinculación a ceremonias o ritos gentílicos, ya que era el que con más frecuencia se utilizaba para los sacrificios[235]. En tercer lugar, se señala la producción de "azúa con jora o sora y yuca", que solía ser utilizada para

---

234 Hemos aludido en la introducción de este apartado a la descripción que José de Acosta nos da de los principales dioses, objetos y lugares sagrados de los antiguos súbditos del Tahuantinsuyo. Guillermo Durán, nos hace un resumen de las formas de culto que éstos tenían, estableciendo cuatro grupos: "De esta suerte, los habitantes del Antiguo Perú y zonas de influencia practicaban básicamente «cuatro maneras de idolatrías», a saber: 1) «De cosas naturales y universales»; 2) «De cosas particulares» (ambas incluidas dentro de la categoría del politeísmo, animismo y totemismo); 3) «De las imágenes y estatuas» (fetichismo, iconolatría); y 4) «De los difuntos» (necrolatría, necromancia)" (J. Guillermo Durán, El «Tercero Catecismo» como medio de transmisión de la fe, in: L. Pereña et alt., Inculturación, o.c., 90). Este autor nos da, además, una detallada descripción de las divinidades peruanas y su papel en la cosmovisión indígena. Para las más importantes véase, ibid., 91–99; para las menores, además de los lugares y objetos sagrados, ibid., 99–107.

235 De tres clases eran las ofrendas que se ofrecían en los sacrificios según el jesuita Acosta: cosas insensibles, animales y hombres. Entre las primeras, destacan la coca, la chicha, el maíz, ciertas hierbas medicinales, plumas, panes, pestañas, cabellos, polvos de colores, comidas, sebo quemado, madera, oro, plata, lana…; dentro del segundo grupo, eran utilizados primordialmente animales domésticos (en muy contadas ocasiones los salvajes), el más frecuente, los cuyes (*cavea porsellus* o conejo de Indias, usado por los agoreros para adivinar el futuro), también carneros y ovejas de la tierra (llamas); en el tercer grupo entraban "adultos, jóvenes y niños, prisioneros de guerra y quienes por parentesco u oficio debían prestarse a la inmolación". El sacrificio de seres humanos no era frecuente entre los Incas, aunque sí quizá entre alguno de los pueblos sometidos a su autoridad, como afirman algunos autores (cfr., J. Guillermo Durán, El «Tercero Catecismo» como medio de transmisión de la fe, in: L. Pereña et alt., Inculturación, o.c., 109–111).

ciertas fiestas litúrgicas, el efecto de cuya ingestión solía ser irremisiblemente un estado de ebriedad[236]. En cuarto lugar, se mencionan directamente los "taquíes" o ceremonias con bailes y música[237]. En quinto lugar, tendríamos un elemento estrechamente unido al culto indígena hasta tal punto, que casi se convierte en

236 Una descripción de esta bebida, de sus usos y efectos, nos la ha dejado en sus comentarios a los artículos de los Sínodos el canónigo limense Bermúdez. Sobre el c. 46 de 1585, afirma "La azua o chicha es la bebida usual de los indios. Una de sus especies es la que llaman jora la que no es otra cosa que el maíz humedecido y dejado hasta que brote molido después cocido en agua y puesto en infusión hasta que fermente haciéndose tan fuerte que embriaga. Este jugo de la jora mezclada con el de otra raíz llamada yuca adquiere tanta fortaleza que expensa a los indios a mil torpezas y desatinos y los destruía la salud, siendo así mismo el que más bebían en sus supersticiones e idolatrías por ser su bebida más regalada" (J. Torres (ed.), Sínodos Diocesanos de Santo Toribio 1582–1604, Cuernavaca (México): CIDOC, 1970, 51).

237 Guillermo Durán nos aclara el significado de este vocablo y lo que llevaba consigo en la sociedad indígena: "Esta voz admite varias significaciones: baile, cántico, música vocal, melodía para cantar, emisión melodiosa de las aves. Las crónicas la emplean para designar los bailes y cánticos que hacían los indios. En los cuales se vio la existencia de un doble peligro para los neófitos: las idolatrías y las borracheras que siempre los acompañaban" (J. Guillermo Durán, El «Tercero Catecismo» como medio de transmisión de la fe, in: L. Pereña et alt., Inculturación, o.c., 114, nota 54). Bermúdez también nos describe el desarrollo de una de estas fiestas y la procedencia del mismo nombre, en su comentario al c. 76 de 1585: "Su modo de bailar es saltos moderados sin las cabriolas de los españoles. Bailan todos cientos en rueda girando unos en pos de otros a compás alrededor de un estandarte que tiene en medio de todos un alférez electo para esto, junto a él se ponen las botijas de chicha de donde van bebiendo mientras bailan, brindándose unos a otros según costumbre, no dejando de beber hasta caer y bailan y cantan con tal tesón que muy de ordinario pasan toda la noche entera fuera de lo que tomaron del día al son de su tambor del mismo género de los nuestros pendiente del sobaco izquierdo del que lo toca con solo un palo con la mano derecha y una flauta que aplica a la boca con la izquierda haciéndola también sonar. Este tambor se llama en lengua índica taqui, como dice Haroldo y de allí se denomina taquíes aquellas diversiones. El modo de cantar prosigue el Padre Ovalle es todos a una levantando la voz a manera de canto llano, sin diferencia de bajo, tiples o contraltos. Acabada la copla tocan las flautas a modo de pasacalles y vuelven a sus coplas" (J. Torres (ed.), Sínodos Diocesanos de Santo Toribio 1582–1604, o.c., 70–71).

sí mismo en una idolatría: las borracheras[238]; en sexto y último lugar, el hecho de amoldar o trasquilar las cabezas de sus hijos, así como de horadar las orejas[239].

Si acudimos a los cánones de las fuentes en los que se inspiran, de capital importancia para entender los puntos sinodales, vemos que algunas de las idolatrías o comportamientos ligados a ellas, señaladas en la primera legislación del Concilio de 1551, ya no se mencionan en las del Provincial de 1583 (ni en los Diocesanos). La razón más evidente y lógica es que, probablemente, ya no se producían en el tiempo de la celebración de las Asambleas toribienses o, si se llevaban todavía a cabo, era de manera muy desvirtuada o minoritaria. A continuación citaremos aquellos que no aparecen entre los ya indicados, o que representan variantes de éstos que pueden aportar algún dato nuevo.

---

238 Normalmente eran producidas por la ingesta de chicha o "vino de la tierra", de cuya producción ya se ha hablado más arriba. Solían prepararla tan fuerte que, incluso tomando pequeños sorbos, podía llegar a embriagar (los cronistas dicen que se consumía en grandes cantidades). Podía acompañar a ritos sacrificiales, a conjuros, a la solicitud de agüeros para conocer el porvenir o a otras ceremonias. Casi siempre se bebía al celebrar los taquíes o fiestas con música y danzas. Bermúdez nos habla de algunos de sus efectos: "Se juntan varios en corrillos y al paso que se van calentando con la chicha van expresando sus enemistades, pasiones e injurias recibidas antiguas y no vengadas que suelen ser causa de pendencias y matarse unos a otros. Tales son las borracheras y taquíes de los indios que además del pecado de embriaguez y otros que ocasionan se mezclaban con grandes supersticiones" (J. Torres (ed.), Sínodos Diocesanos de Santo Toribio 1582–1604, o.c., 71).

239 Al parecer, el problema no era el hecho en sí, sino que estas acciones iban acompañadas o formaban parte de algún tipo de superstición. No olvidemos que los indios eran profundamente religiosos y supersticiosos, de modo que "Todo lo que despertaba su atención y todo lo que pudiera sucederles fuera del curso normal de su diario vivir, los turbaba en grande manera, al punto de provocarles un estado de temor y frenesí que solamente lo superaban después de haber practicado algún conjuro que les garantizara que lo que veían, escuchaban, soñaban o imaginaban, no les provocaría en adelante ni la muerte, ni ningún tipo de daño, contrariedad o desgracias" (J. Guillermo Durán, El «Tercero Catecismo» como medio de transmisión de la fe, in: L. Pereña et alt., Inculturación, o.c., 111). El indio escritor Felipe Guamán Poma de Ayala ha dejado constancia de este dato empírico acerca de la superstición y sus efectos en las costumbres y vida de sus paisanos (cfr., ibid., 111, nota 52). Bermúdez constata también la vinculación de tales acciones descritas en los artículos del Sínodo y las creencias indígenas, en su comentario al c. 75: "El gran Toribio se impuso en que cuando los indios se taladraban las orejas, para ponerse los dichos pendientes practicaban varias ceremonias y supersticiones gentílicas" (J. Torres (ed.), Sínodos Diocesanos de Santo Toribio 1582–1604, o.c., 69).

En el Limense I, en el canon 25, se cita la costumbre de enterrar al personal de servicio y a las propias mujeres con el difunto, cuando se muere un cacique. Unido a ello va el ponerles en la sepultura vestidos y comida. No entramos aquí en la cuestión de si esto lo hacían todos los pueblos indígenas o sólo unos pocos. A lo que parece era un rito reservado a las clases altas de la sociedad incaica, ya que el indio pobre, no podría permitirse tales dispendios, no en la vida menos en la hora de la muerte. Lo que sí resulta evidente es que era una de las costumbres, ancestrales o no, que algunos de los indios principales o caciques pedían, o mandaban se ejecutase, cuando se morían.

Todavía en este Concilio I, en el canon 26, se nos habla de los ritos en los que ofrecían al sol ofrendas como cuyes, sebo u otras. En su honor podían también llevar a cabo determinadas acciones, bien en su persona o en la de alguno de sus familiares, comenzando por sus hijos. De nuevo, no nos interesa constatar el número de seguidores de tales ceremonias; tan sólo dejar la constatación empírica de su existencia.

El resto de las llamadas idolatrías coinciden casi totalmente con las citadas en los cánones de los Sínodos, por lo que prescindimos aquí de su mención. Tan sólo señalamos una costumbre unida a los banquetes acompañados de borrachera que solían celebrarse en la plaza pública. Nos habla de ello el artículo 109, del Limense II, en la sección de los indios. De acuerdo a esta constitución, se permite a los curacas que hagan convites públicos en donde puedan llegar a estar ebrios pero con moderación. Se les invita a recrearse en juegos honestos y a aprovechar tales comidas para compartir sus manjares con los indios pobres. Sin embargo, se les advierte sobre el hábito que tenían de llevar consigo "manadas de mujercillas", dejando en casa a sus esposas legítimas.

Una vez más, reiteramos lo ya afirmado: no nos toca aquí profundizar en los detalles de todas las idolatrías ni en la frecuencia de las mismas. Por los datos de los Concilios provinciales y de los Sínodos diocesanos, tenemos noticia que tales ceremonias eran parte de la religión y de los usos y costumbres de diferentes grupos de indios, los cuales con el paso del tiempo fueron dejándose influir por las normas cristianas, pues en legislaciones posteriores aparece cada vez con menos frecuencia la práctica de tales manifestaciones religioso-culturales (como hemos ya apuntado), aunque no lleguen del todo a desaparecer a lo largo de este siglo XVI (ni de los siguientes).

b. Comentario

– *La cooperación social*

Volvamos de nuevo al fondo del asunto, tal y como está contenido en los artículos de los Sínodos diocesanos y de sus fuentes. Comencemos por las representaciones y los "taquíes". Si bien, no se permitían éstas en las iglesias sin ser antes examinadas por el doctrinero o párroco, sí se permitían cuando éstos daban su licencia para ello (a veces era necesaria la del obispo). Sí estaban autorizadas ciertas danzas y cantos, en algunos tiempos y lugares. Incluso el padre Acosta nos habla de que se había aprovechado ese espíritu festivo de los naturales para introducir el mensaje cristiano en sus cantos y actuaciones, de modo que así les llegase al interior con mayor facilidad[240].

Al mismo tiempo que se emitía la prohibición de ejecutar "taquíes", se promulgaban ciertas disposiciones que establecían otro tipo de ceremonias o ritos de carácter popular, pero con contenido cristiano. Ya desde el canon 4, del Sínodo de 1582, se fija la ordenanza de tocar la campana al mediodía; y en el número 3, del de 1585, se ordena recitar la salve todos los sábados por la tarde (cánones que encuentran su refuerzo en los correspondientes de los Concilios provinciales, como en el Limense I, de los españoles, c. 20; o en el III, acción segunda, c. 27). En el artículo 7 del último Diocesano, se prescribe que los indios hagan procesiones en los tiempos de los españoles, lo cual indica que sí podían hacer las mismas (a ellas se refieren también los siguientes artículos: Limense I, de los españoles, c. 41; Limense II, de los españoles, c. 105; Limense III, acción segunda, c. 23).

El ser miembro de una cofradía con la variedad de actividades que ello llevaba consigo era algo, no sólo prohibido sino recomendado, tanto para indios como para españoles, guardando la debida legislación, como lo prescribe el canon 69, del Sínodo de 1585. En el c. 70 del anterior, se manda que cuando sea llevado alguien a enterrar se haga el rito con solemnidad y dignidad, portando una cruz alzada, e incluso a los muchachos del catecismo cantando las letanías (a la forma de enterrar y a las penas para los que la incumplan se refieren los cc. 25 y 26, del Limense I, en la parte dedicada a los naturales). Hagamos mención, finalmente, de una "ceremonia", no de carácter religioso, sino más bien social, pero que nos parece puede ser traída a colación en este apartado: las corridas. En el 57, del Diocesano de 1585, se prohíbe correr toros en los días de fiesta, lo cual nos confirma que estaba permitido celebrar corridas (a pesar de ser un espectáculo "indecoroso e indecente" para el clérigo) de lunes a sábado, siempre

240 Cfr., J. Guillermo Durán, El «Tercero Catecismo» como medio de transmisión de la fe, in: L. Pereña et alt., Inculturación, o.c., 115, nota 56.

que no coincidiese con fiesta de guardar (de ello se habla también en el Limense II, de los españoles, c. 128).

En los Concilios provinciales se repiten prácticamente las mismas manifestaciones cultural-religiosas, la guarda de las cuales era reforzada por el derecho civil de la época, que las permitía o recomendaba. Ahora bien, ¿por qué prohibir las primeras y, en cambio, estimular las segundas?¿Era cuestión, simplemente, de que unas pertenecían al acervo cultural del pueblo vencido y las otras al del pueblo vencedor? Detengámonos en ello, para ver si desde el punto de vista del presupuesto que aparece iniciando este epígrafe podemos hallar alguna respuesta.

Parece claro, por lo que hemos visto en los apartados previos de este mismo capítulo, que la legislación sinodal no buscaba la destrucción de la cultura india y su total sustitución por la hispana. De ser así, ¿qué sentido tendrían todos los cánones dedicados al uso, cultivo y sostenimiento de la lengua del Inca, e incluso de las demás propias de los naturales? Si hay algún elemento que defina la cultura de una nación, ése es el idioma, que aún no siendo el único, en nuestra opinión, es uno de los que más marcan su idiosincrasia. ¿Cuál sería la finalidad, pues, de su promoción y desarrollo, mientras se prohíben nimiedades como llevar comida al cementerio, trasquilar las cabezas o hacer un agujero en las orejas?[241] Desde luego, la intención de la legislación no era la aniquilación de la cultura previa. Busquemos, entonces, otra explicación.

Sabemos que desde antiguo, cuando un pueblo se convertía al cristianismo, los líderes religiosos de éste, solían aprovechar muchos de los lugares o construcciones sagradas de las religiones paganas para instaurar allí su culto propio. En algunas partes de las Indias, sobre todo, al inicio de la evangelización se llevó a cabo una destrucción de estos espacios sacros, para levantar templos cristianos. No obstante, pasado un tiempo, tal conducta se dejó de observar en la mayor parte del Nuevo Mundo. Nos preguntamos de nuevo, ¿por qué exonerar de la aniquilación a templos, guacas, adoratorios o montes y, por el contrario, condenar a la desaparición la cría de cuyes, la fabricación de azúa y el hacer ceremonias o taquíes?

Dos razones se nos ocurren que explican tales decisiones, desde la propia legislación. La primera, de corte teológico-práctico: los lugares sagrados reconvertidos en espacios cristianos constituían un instrumento útil a la hora de enseñar la doctrina y practicar el culto a Jesucristo; el resto de ceremonias o costumbres,

---

241 Para comprobar la existencia de las numerosas disposiciones sobre las lenguas indígenas y su protección y promoción véase el apartado sobre "las instituciones de enseñanza y las lenguas indígenas".

por nimias que pudiesen resultar, siempre iban orientadas a adorar a otros dioses o a elementos de la naturaleza, lo que contradecía de raíz la fe católica. La segunda razón, la extraemos de la dimensión social: el hacer procesiones, el participar en cofradías, el recitar la Salve los sábados o el tocar la campana a mediodía, invitaban a un ritmo de vida que contribuía al orden y a la cooperación entre los miembros del clan. A ello, habría que sumar que estas manifestaciones no podían llevarse a cabo si había el peligro de caer en algún exceso; el hecho de llevar comida o ropa a las tumbas, era una reminiscencia de la costumbre caciquil de enterrar con el difunto a parte de los de su casa, lo cual ciertamente no contribuía al desarrollo colectivo; la producción de azúa, consumida en variados momentos, tenía su uso más frecuente en ceremonias litúrgicas en las cuales el terminar ebrios formaba parte del ritual[242]; a este estado seguían peleas, lesiones físicas e incluso muertes[243], lo cual tampoco es un factor que impulse en gran medida el avance del grupo; finalmente, las fiestas en las que se llevaban mujeres, excluyendo a las esposas, solían suponer un ultraje contra el sexo femenino,

---

242 Aunque se utilizaba, no es frecuente entre los autores, la mención al uso y a los efectos de la coca. Una referencia, la encontramos en Acosta, que tuvo noticia de su utilización y sus efectos, en algunos esclavos negros: "Otras veces no beben ni una gota, sino que desencadenan la borrachera sorbiendo jugo y polvos por las narices, en lo cual no puede haber sabor placentero. Encontrándome en una isla, en espera de condiciones propicias para navegar, me enteré de que los esclavos de Etiopía pican el tabaco (un género de hierba que es asombrosamente eficaz para excitar el cerebro) y suelen absorber el polvo por las narices. Se provocan así una borrachera completa y duradera que ellos consideran el colmo de la dicha. Es una costumbre de la que apenas se logra apartarlos a fuerza de amenazas y azotes" (J. de Acosta, De procuranda, vol. 1, o.c., 549. 551). Los indios, más que absorber, tenían costumbre de mascar la hoja de coca, lo cual, por otra parte, les estaba restringido en tiempos de los Incas: "La cocaína contenida en las hojas de coca era el estupefaciente predilecto de los incas. En el Tahuantinsuyo sólo masticaban hojas de coca los señores; era su privilegio. Del resto de la población, sólo los chasquis [correos del Rey que recorrían grandes distancias a pie] y la gente de montaña reclutada en virtud de la mita para trabajos pesados en las minas, tenían derecho a una ración de coca. También la recibían los médicos, quienes la empleaban como eficaz anestésico" (M. Stingl, El Imperio de los Incas, Buenos Aires: Losada, 2007, 223).

243 Como nos dice Guillermo Durán, "A los efectos primarios de la embriaguez, como son la perturbación y alteración de la mente y los sentidos, se sucedían, sin que conocieran límite alguno, la exaltación de pasiones e instintos, la perversidad de las costumbres, especialmente en el orden sexual…, los insultos, maldiciones y peleas; y, finalmente, las heridas y muertes" (J. Guillermo Durán, El «Tercero Catecismo» como medio de transmisión de la fe, in: L. Pereña et alt., o.c., 117).

cuyo valor en la sociedad incaica era incluso menor que en la cristiana, en donde, lastimosamente no había alcanzado ni de lejos la plenitud de sus derechos jurídicos[244].

Nos quedaría por ver un par de cuestiones: amoldar las cabezas, trasquilar a los niños y horadar las orejas, ¿iban en contra del principio de la cooperación social? ¿Y las corridas de toros? En nuestra opinión, las primeras aludidas, consideradas en sí mismas, no tenían nada de problemático para el funcionamiento de las instituciones colectivas. Ahora bien, no podemos olvidar el contexto en el que normalmente eran ejecutadas: las abusiones y agüeros. Uno de los factores más negativos que puede afectar a la capacidad de desarrollo individual y colectivo del ser humano es, indudablemente, el miedo. Cuando, esta sensación psicológica, afecta a capas enteras de la sociedad, la misma puede acabar por entrar en un estado de parálisis o de bloqueo, a todos los niveles.

Los cronistas nos recuerdan la enorme cantidad de elementos naturales o sobrenaturales que podían desencadenar en los individuos de la época la turbación y el temor, de modo que no se atrevían a emprender cualquier actividad, si antes no se realizaba algún rito, conducente a darles seguridad y confianza. El problema se agrava cuando los estímulos desencadenantes de tales comportamientos aparecen por doquier. Así, la gama de detonantes iba desde animales (culebras, serpientes, víboras, lagartijas, arañas, pulgas, gusanos grandes, mariposas, zorros; canto de lechuzas, búhos, ruiseñores, jilgueros, mochuelos, buitres; aullido de perros, etc.), fenómenos atmosféricos o telúricos (eclipses, cometas, arco iris,

---

244 Aunque no podemos olvidar que, por primera vez, las mujeres eran educadas de manera sistemática en la doctrina y en las escuelas, de modo que recibían un trato prácticamente igual al de los niños y jóvenes varones (véase el apartado "las instituciones de enseñanza y las lenguas indígenas"). Además, la introducción del matrimonio cristiano, con la prohibición de la poligamia, si tenía algún beneficiario, ése era la mujer (no entramos en el tema del matrimonio por no tratar en este trabajo sobre los sacramentos; un interesante estudio sobre ello puede verse en los siguientes artículos: F. R. Aznar Gil, El impedimento matrimonial del parentesco espiritual en Indias (ss. XVI–XVII), in: REDC, 49/133 (1992) 513–532); idem, El impedimento matrimonial de parentesco por consanguinidad en los Concilios y Sínodos indianos (S. XVI), in: J.-I. Saranyana et alt., Evangelización y teología en América (siglo XVI), X Simposio Internacional de teología de la Universidad de Navarra, vol. 1, Pamplona: Publicaciones Universidad de Navarra, 1990, 451–486; idem, La introducción del matrimonio cristiano en Indias: aportación canónica (S. XVI): lección inaugural del curso académico 1985–1986, Salamanca: Universidad Pontificia de Salamanca, 1985; idem, El matrimonio en Indias: recepción de las decretales X 4.19.7–8, in: Revista de Estudios Histórico-Jurídicos 11 (1986) 13–42.

movimientos de estrellas, nieve, tempestad, terremotos, etc.), movimientos corporales (tremor de párpados, labios u otra parte del cuerpo en su lado izquierdo, zumbido de oídos, escozor de pies, estornudos, bostezos, etc.), hasta sueños, visiones, visitas de familiares o conocidos difuntos, maldiciones, hechizos, amuletos, etc[245].

Para superar la sensación de bloqueo que tales elementos producían en una persona o grupo, había que acudir, por lo general, al ministro correspondiente (los *homos*) y realizar el rito o acción prescrita. Como fácilmente puede deducirse, una comunidad atravesada (y atenazada) hasta la médula de tales conductas, difícilmente alcanzará las condiciones mínimas requeridas para que pueda decirse que la cooperación social es un principio dinámico en su seno. Más bien, todo lo contrario. Pendientes como estaban de vencer las contrariedades arriba descritas, no quedaba mucho margen para la creatividad, la participación y el progreso sociales.

En principio, la fe cristiana y los elementos por ella propuestos, que son los reflejados en los cánones sinodales, pretendía una liberación de todo lo anterior. Ningún objeto o lugar sagrado tienen ahora la categoría de absolutos, y ninguna fuerza sobrenatural puede dañar al hombre, si éste no lo permite. Por lo cual, el desarrollo de las ciencias, el arte, la literatura y todo tipo de conocimiento básico para el avance, en positivo, de la historia podrán darse si el hombre se desata la cadena de la superstición y no cae en otra esclavitud[246].

El amoldar las cabezas, el trasquilarlas en forma de crines o "crisnejas", el horadar las orejas no eran sino los síntomas de que la liberación del ciudadano, antiguo súbdito de los Incas y ahora de la Monarquía Hispana, no había tenido del todo lugar. De ahí que, se prohibiesen tales acciones, en un principio inocuas, pero reflejo o parte de una atmósfera asfixiante de cualquier posibilidad

245 Cfr., J. Guillermo Durán, El «Tercero Catecismo» como medio de transmisión de la fe, in: L. Pereña et alt., Inculturación, o.c., 112–113.

246 Si las llamadas manifestaciones de la religiosidad popular cristiana se convierten, de alguna manera, en sustitutos de las antiguas ceremonias, teniendo un valor semejante al de aquéllas, entonces nada ha cambiado a no ser los nombres, por lo que, la servidumbre del individuo y la esclerosis de la sociedad seguirán siendo tan reales como antaño. Que esto sucedía frecuentemente, puede deducirse de cánones como el 95, del Limense II, en su sección dedicada a los indios. En este artículo se previene a los curas para que velen que los indios no realicen sus ritos paganos durante las procesiones del Corpus, lo cual indica que, a pesar de ser ya cristianos, el corazón no estaba todavía liberado del miedo atenazador gentílico del pasado y no habían entendido, la profundidad y la acción humanizadora de los nuevos ritos.

de desarrollo y, en concreto, de la implantación y ejecución de una cooperación entre los miembros del grupo social.

Uno de los motivos que llevó al legislador a prohibir las borracheras eran las consecuencias nocivas para la integridad física del indio, que podía acabar herido, mutilado o muerto, pues las mismas turbaban su cerebro, haciendo que perdieran el control[247]. Nos preguntamos, ¿por qué, entonces, permitir los toros? La respuesta, en nuestra opinión, es la siguiente. Las autoridades sinodales, en primer lugar, si bien, no tenían una opinión favorable de las corridas ("negocio indecoroso e indecente al estado eclesiástico", cuya asistencia era penada con la excomunión al clérigo), las permiten por no aparecer ligadas a ningún tipo de rito idolátrico y no provocar, por ello, el regreso de los naturales a sus comportamientos asociales. En segundo lugar, no obstante ser un espectáculo sangriento, la única sangre que podía correr era la del animal, nunca la de la persona, con especial mención de la del indio; por ello, exigen que se tomen todas las medidas necesarias, para que el natural no sufra daño alguno en su integridad física:

> "y exhortamos con todas veras y con el encarecimiento que el negocio lo requiere y pedimos en el Señor con mucha instancia a las personas a quien toca poner remedio cerca de lo que de yuso irá declarado den orden y provean de que en los tiempos en que se corrieren los toros no se siga muerte ni daño a ninguna persona, mirando muy en particular por los indios que tienen más riesgo que otros, aserrando los cuernos a los toros, o poniéndoles bolas haciendo todas las demás diligencias que convengan, para que cesen los dichos daños y nuestro Señor en todo se sirva"[248].

Por lo cual, creemos que los artículos de los Sínodos de 1582, 1584 y 1585 que tratan de las leyes orientadas a erradicar las formas de idolatría y superstición y de sustituirlas por otras manifestaciones culturales y religiosas liberadoras de los miedos ancestrales que atan la voluntad del ser humano y, de alguna manera, impiden la construcción de una idea de sociedad, concepto imposible bajo tal mentalidad, son normas promotoras y sustentadoras de la cooperación social.

247 En opinión de Acosta, era esta turbación uno de los fines primeros pretendidos por el indio al beber, más incluso que el placer de ingerir la bebida: "Pero yo creo que los borrachos no buscan sólo el propio placer de beber, sino que lo que les resulta muchísimo más placentero es lo que es su mayor desgracia: los trastornos que afectan a la mente. Los propios bárbaros se jactan entre ellos de que les es realmente dulce esa penumbra que embota los sentidos y esa noche que se esparce por el cerebro" (J. de Acosta, De procuranda, vol. 1, o.c., 549).

248 C. 57, del Sínodo diocesano de 1585.

- *Principio de las libertades*

Entre las libertades básicas señaladas por Rawls figuraba la de conciencia. Es éste un tema de capital importancia en las circunstancias histórico-religiosas de las que tratamos (entre todas las libertades mencionadas por el autor estadounidense, es la que más estrechamente se vincula a una sociedad profundamente religiosa o, más bien, supersticiosa, por lo que a la misma nos ceñiremos en esta sección), que pasamos a analizar desde las disposiciones sinodales correspondientes.

No se puede hablar de su vigencia, tal y como se entiende actualmente, en ninguna sociedad del siglo XVI. Ahora bien, también en ésta existen grados. Las leyes que establecían el cristianismo o, más concretamente, el catolicismo romano, como la religión oficial, prohibían cualquier otro tipo de manifestación religiosa pública. No obstante, ello no era impedimento para que privadamente cada uno pudiese tener su propia fe y practicar su propio culto, sin ser coaccionado a recibir el bautismo[249].

Sabemos por algunos de los artículos de los Concilios y Sínodos, que se prohibían las conversiones forzadas, más aún, que estaba penado bautizar a cualquier persona adulta si previamente no mediaba una petición de propia voluntad. Lo mismo ocurría cuando alguien bautizaba a un infante contra la voluntad de sus padres[250]. Ni tan siquiera cuando un indio casado se convertía, la mujer, siempre

---

249 El jesuita José de Acosta reivindicará constantemente la libertad de conciencia, como libertad para convertirse y bautizarse o seguir practicando su propia religión: "Es preciso conocer bien a fondo la voluntad de quienes aspiran al sacramento de la fe y no se les ha de conceder la profesión de la vida cristiana mientras no la pidan con insistencia. Es práctica mantenida en la Iglesia preguntar tres veces al catecúmeno antes de bautizarse respondiendo él otras tantas que quiere bautizarse" (J. de Acosta, De procuranda, vol. 2, o.c., 363) Y en otro lugar afirma: "Muchas veces se ha dicho, y muchas veces conviene repetirlo, que la fe no es sino de los que quieren, y que nadie debe hacerse cristiano por la fuerza" (ibid., 261).

250 Ya en el Concilio provincial de 1551–52, el c. 7, de los naturales, mandaba: "por cuanto, conforme a la doctrina de nuestro maestro y redemptor Jesucristo, ninguno ha de ser compelido a recibir nuestra santa fée católica, sino persuadido y atraído con la verdad y libertad della... mandamos a todos los clérigos y demás personas que entienden en la doctrina de los naturales que ninguno baptice a indio ocho años arriba, sin que primero entienda dél si viene de su voluntad, y por amor que tenga a lo que pide y recibe... ni baptice ningún niño de infiel antes que llegue a uso de razón, contra la voluntad de sus padres o de las personas que los tienen a cargo" (R. Vargas Ugarte, Concilios Limenses (1551–1772), vol. 1, o.c., 11). Esas mismas condiciones son exigidas en el Provincial de 1567, en la sección de los españoles, c. 3 y en la de

sometida a la voluntad del marido en la casi totalidad de las áreas de la existencia, no tenía obligación de convertirse con él y podía abandonarle[251].

Todas estas disposiciones no eran el resultado de una iluminación espontánea que habían tenido en un momento puntual los legisladores eclesiásticos del Virreinato del Perú, de la segunda mitad del XVI. La Escuela de Salamanca, con Vitoria a la cabeza[252], entendió desde muy temprano (y así lo reivindicó) que la evangelización, es decir, la implantación de la fe cristiana en el Nuevo Mundo, era un problema de humanización del individuo y de la sociedad, que exigía como

---

los indios cc. 27, 29 y 30. En estos dos últimos cánones se prohíbe administrar el bautismo, exceptuado el peligro de muerte, si no se sabe la doctrina y se lo pide con recta intención: "que ninguno se baptize, por más que diga que desea el baptismo, antes de ser bien instruído y examinado especialmente en la intención con que viene si es según derecho, o si viene fingido" [Limense II, de los indios, c. 29] (IBID., 244). El c. 88, de los indios, de este mismo Concilio, incluso establece una salvaguardia: dado el caso de uno que pide bautizarse y luego pierde el juicio o el habla, para poder recibir el sacramento, debe comprobarse que no retiró o cambió de intención.

251 Sobre el matrimonio, véanse los cc. 15 y 17 de los naturales y el c. 62 de los españoles, en el Limense I; además, los cc. 36, 37 y 38, de los indios, en el Limense II. La mujer solía ser moneda de cambio o regalo entre los antiguos jerarcas del Tahuantinsuyo, lo que es indicativo de su estatus social. La poligamia, propia de los Incas de clase superior, estaba prohibida a los indios comunes, que tenían una sola esposa. No obstante, el Monarca podía recompensar alguna hazaña con la donación de mujeres. Éstas no eran elegidas por los agraciados, sino elegidas por el Rey o sus colaboradores (y a veces por el pueblo), con la cláusula obligatoria de que perteneciesen a su ayllo. Nos lo cuenta Acosta, quien colige que de ahí procedía la conducta que narramos a continuación: "De esta vieja costumbre de los infieles se han derivado entre los indios dos absurdos: uno, que los curacas o principales de los indios dan a su arbitrio las esposas a los suyos sin dejarles facultad para elegir libremente; otro, que los indios apenas se atreven a tomar esposas de otra tribu o pueblo y por esta causa aceptan incestuosamente por esposas a consanguíneas o incluso a hermanas y madrastras" (J. DE ACOSTA, De procuranda, vol. 2, o.c., 463). Este relato nos ofrece, claramente, el valor de la mujer en aquella sociedad. Para conocer los privilegios que la Sede Apostólica concedió a los matrimonios de los indios, véase: IBID., 467–481. En las páginas 473–481, aparece la concesión del privilegio de abandonar al marido o esposa recién convertidos, por parte del varón o la mujer que permanecen en el paganismo, bajo ciertas circunstancias (disolución del matrimonio a favor de la fe).

252 "Los infieles – decía Vitoria – que nunca hayan tenido la fe cristiana, de ningún modo pueden ser obligados a aceptarla, pues tal cosa es voluntaria" (F. DE VITORIA, Relectio de Indis [ed. de L. PEREÑA y J. M. PÉREZ PRENDES], Madrid: CSIC, 1967, 118).

presupuesto base la libertad de conciencia[253]. Ésta, según Luciano Pereña, fue la clave en el proceso de cristianización de las Indias, de manera que el derecho a ser hombre se identificaba con el derecho a ser libre[254]. Apoyado en el pensamiento de Acosta, expresa el estudioso salmantino, la vinculación indisoluble que entre la cuestión religiosa, la promoción humana y la liberación social se producía en el Perú:

> "La evangelización de los indios era un problema de promoción humana y de liberación social. Porque su cristianización tenía que ir precedida de un proceso de humanización. Y la humanización debía partir de la promoción de los indios, de su recuperación como hombres y como personas. El respeto de su libertad, la educación de esa libertad y la formación de la fe en la libertad constituían para Acosta los tres requisitos o condiciones de cristianización de los indios"[255].

¿Cómo entender, pues, la tan reivindicada libertad de conciencia con las disposiciones de los Sínodos de Toribio en las que se prohíben las idolatrías o ceremonias paganas, mandando se pongan penas o se prive de libertad a los transgresores? Para hacer claridad en este punto y poder armonizarlo con lo dicho hasta el momento, tenemos que establecer entre los indios una distinción básica. Por una parte, estaban los indios ya cristianos; por otra, los que aún eran infieles, que en la segunda mitad del siglo XVI, todavía existían[256].

---

253 Como constata Pereña, "Este derecho a la libertad de conciencia constituye un principio de identidad de la Escuela de Salamanca. Todos sus maestros aceptaron sin excepción la tesis de Vitoria... Son idénticas las fórmulas de Domingo de Soto, Melchor Cano, Diego de Covarrubias y demás maestros salmantinos de la primera generación de la Escuela sobre la libertad de conciencia" (L. Pereña, Carga Magna, o.c., 87 y 88). A ellos habría que añadir, "Bartolomé de Carranza, Domingo de las Cuevas, Diego de Chaves, Juan de Medina, Miguel de Palacios" (ibid., 88, nota 8).

254 Asevera Pereña: "La libertad de conciencia fue para la Escuela de Salamanca la clave de la evangelización de América... La evangelización de los indios debía pasar por la humanización de la sociedad, y ésta por la reivindicación de la libertad. El derecho a ser hombre, era, ante todo, derecho a ser libre" (L. Pereña, Carta Magna, o.c., 81 y 82). Del mismo modo se expresaba Acosta, cuando escribía: "primero hay que cuidar que los bárbaros aprendan a ser hombres, y después, a ser cristianos" (J. de Acosta, De procuranda, vol. 1, 539).

255 L. Pereña, Carta Magna, o.c., 81.

256 Ello es un dato indicativo de que no se forzaba a la conversión (al tiempo de celebración de los Sínodos diocesanos habían pasado cincuenta años desde el inicio de la evangelización), hecho que se encuentra en consonancia con lo que, *de iure*, mandaban los cánones.

Las constituciones transcritas al inicio de este apartado, que figuran en los Sínodos diocesanos de Lima, se dirigen directamente a los indios ya bautizados, por lo que el enfoque no es ya el de la libertad de conciencia, sino el de la coherencia. Los que permanecían en el paganismo, podían seguir cultivando sus propios ritos siempre y cuando no fueran contrarios a la ley natural, al Evangelio, o a las leyes del Virreinato, por causa bien del daño grave que se podía seguir para el indio, bien de los tumultos sociales[257]. Además, se ponía como condición que esas prácticas no escandalizasen a los nuevos convertidos o no les condujeran a volverse hacia sus antiguas supersticiones, lo cual era motivo para pedir a la autoridad civil, si lo consideraba prudente, su intervención. En palabras de Acosta:

> "[los indios infieles] si observan sus ritos y ceremonias sin escándalo de los fieles, dejando que cada uno viva tranquilamente en su ley, hay que dejarlos en su ceguedad hasta que sean iluminados por el Altísimo... [si] hacen daño a los nuevos fieles... se puede y se debe suprimir tales obstáculos por medio del poder político, a no ser que el prudente gobernante prevea que se han de seguir mayores inconvenientes y tumultos"[258].

Resumiendo lo dicho, podemos afirmar que, los naturales gozaban de libertad de conciencia, e incluso culto, dentro de ciertos límites. Podían decidir hacerse cristianos o permanecer en su religión[259]. Ahora bien, una vez convertidos no había

257 Dice Acosta, "déjeseles vivir (en tanto lo permita la ley cristiana y natural) con sus instituciones y dentro de ellas sean gobernados y se hagan mejores... Ya es bastante sin duda obligarles a suprimir aquellas que son contrarias al Evangelio y a la Iglesia cristiana y que son bien numerosas en medio de costumbres tan depravadas, en medio de tan espesas tinieblas de ignorancia" (J. DE ACOSTA, De procuranda, vol. 2, 487).

258 J. DE ACOSTA, De procuranda, vol. 2, o.c., 275.

259 Bajo los Incas, los pueblos indígenas continuaron con sus ritos y sus dioses (aunque éstos pasaron a ser "prisioneros" de los de sus amos), pero todos tuvieron que convertirse a la adoración del "sol": "Los dioses de los vencedores no reemplazaban a los dioses locales, sino que se superponían a ellos. Los ídolos de las provincias conquistadas eran enviados al Cuzco, al Templo del Sol, especie de "panteon romano", donde al mismo tiempo servían de rehenes, y sus adoradores quedaban en libertad de continuar venerándolos, a condición de venerar también al sol" (L. BAUDIN, El Imperio socialista de los Incas [trad. de J. A. ARZE], Madrid: Rodas, 1972, 143). La supremacía de los conquistadores les daba incluso capacidad de decisión en cuestiones religiosas, imponiendo dioses y cultos a otros pueblos, como nos narra Acosta: "Causa asombro, y con razón, que haya habido tan inmensa autoridad de los reyes entre sus súbditos, que las ciudades y provincias sólo aceptaban como dioses los que decidía el rey inca; y a nadie le estaba permitido adorar otra divinidad que la que él le asignaba. Por eso es por lo que los incas repartieron los dioses y guacas por toda

elección, como para cualquier otro fiel: el exclusivismo de la nueva fe pedía el rechazo total a sus antiguas creencias y ritos, así como a muchas de las conductas a ellos unidas[260].

Dejemos aquí este razonamiento y pasemos a reflexionar sobre otra de las sugerencias ofrecidas por Rawls, estrechamente vinculada al tema de las libertades. En relación con los bienes primarios, este autor nos habla del valor social que encierra el "respeto de uno mismo". Hemos mencionado, como para la Escuela de Salamanca, el proceso de inculturación de la fe cristiana pasaba, primeramente, por la recuperación del hombre. ¿De dónde? Según diferentes autores de la época, desde los más "indio-fobos" hasta los más "indio-filios", como Garcilaso, Guamán Poma o el mismo Acosta, la embriaguez era tan común que se erigía en una costumbre arraigada en todas las capas sociales, que además se repetía con demasía[261]. Para el indio, podemos decir, no sólo no era algo negativo sino que

---

la tierra... y ordenaban las diferentes formas de sacrificios que a cada uno tenían que ofrecer" (J. de Acosta, vol. 2, o.c., 263).

260 Para los pueblos indígenas que habían sido sometidos a los Incas, podemos hablar de un progreso en el ámbito de la libertad religiosa. Si bien es cierto, que bajo los antiguos señores del Tahuantinsuyo, no tenían obligación de dejar sus propias creencias y ceremonias (más bien fueron fomentadas por éstos, como parte de su política de dominio), también lo es que debían aceptar las imposiciones religiosas de sus reyes, debiendo cuando menos rendir culto al dios "Punchao" (sol), como hemos dicho, y cumplir con las obligaciones que tal deber les imponía, incluso en el terreno laboral, para quien tenían que labrar y cultivar sus tierras. Lo cual no fue impedimento para que les prohibiesen ciertos excesos unidos a sus fiestas, como las borracheras. Bermúdez (tomándolo de otros autores), nos deja un comentario al respecto, cuando trata de la bebida hecha de chicha con jora, de la que habla el c. 46 de 1585: "Para la jora mojan el maíz y lo dejan hasta que brote, como la cevada para la cerveza. Brotado, le muelen en ciertas piedras, que son sus molinos y con agua le cuecen y dejan en infusión, y se hace tan fuerte, que poca cantidad embriaga. Por lo cual, por ser bebida dañosa, aunque muy apetecida por los indios, se la prohibieron sus Reyes Incas, como dicen el Padre Acosta, Garcilaso y el doctor Matías de Porras" (J. Torres (ed.), Sínodos Diocesanos de Santo Toribio 1582–1604, o.c., 52).

261 Dice Acosta: "Y son entre los indios estas bacanales... no una vez al año, sino mensuales, o por mejor decir continuas. No hay mes que se pase sin esta fiesta; no se congrega una reunión, no se comienza una feria, no se casa la hija, no pare el ganado, no se cavan los campos; finalmente, no se celebran cultos religiosos sin que acompañe como buena guía la borrachera. Ella da honor a toda fiesta pública o privada, como argumento de magnificencia y religión... concurren sin ninguna diferencia de todas las edades, sexo y parentesco" (tomado de, J. Guillermo Durán, El «Tercero Catecismo» como medio de transmisión de la fe, in: L. Pereña et alt., o.c., 117).

con ello creía dar culto a sus divinidades, ya que buena parte de sus ceremonias acababan en el éxtasis provocado por la chicha o "vino de la tierra", liderados por los mismos ministros de la religión[262].

En el fondo, los cánones que prohibían las supersticiones e idolatrías, apuntaban a erradicar vicios como la embriaguez. Con ello, intentaban crear las condiciones mínimas requeridas para que el indígena reconquistara su propia capacidad de decisión personal, su dignidad como ser humano en pleno uso de sus facultades sin entregarse a evasiones que, por lo demás, podían acabar en grave daño moral o físico de su persona, y a redescubrir su auténtica personalidad[263]. Con lo cual, podemos afirmar que si bien no eran garantizadores de todas las libertades personales y colectivas de una sociedad correctamente ordenada (tampoco era ésta su misión), sí contribuían desde sus posibilidades a crear las

Y Guamán Poma, afirma sobre las fiestas: "Si no hubiese borrachera, [taquíes] sería cosa linda" (tomado de, IBID., 118).

262 Hablando del ídolo "Punchao" (sol), principal dios inca, establecido en el Coricancha, cuyo culto fue extendido a los cuatro puntos cardinales del imperio, nos dice una crónica de 1600: "Era grandíssimo el respeto y acatamiento que todos tenían a este ydolo; hazíanle grandes saraos y danças muy ordinarias fiestas y regozijos, y todo paraba en grandes borracheras y enbriaguezes, sin las quales nunca ha avido ni ay entre estos yndios fiesta solemne" (F. MATEOS (ed.), Historia general de la Compañía de Jesús en la provincial del Perú. Crónica anónima de 1600, vol. 2, Madrid: CSIC, 1944, 9).

263 Siguiendo a Acosta, nos recuerda Pereña que "los misioneros empezaron por liberar al indio de la esclavitud del alcohol y la droga. «Porque el alcohol y la dorga –describía Acosta – era una forma de evasión o enajenación que sumía a los indios en esa felicidad artificial con trastornos de la mente, con alucinaciones y penumbras que embotaban los sentidos y les sumía en una densa noche que se esparce por el cerebro y promueve toda clase de crímenes» (CHP 23, 549–551. 559–563)" (L. PEREÑA, Carta Magna, o.c., 121). Nos parece, por lo mismo, un tanto ingenuo el comentario del autor (o autores, ya que aparecen dos, Vargas Ugarte y J. Torres) que redacta la introducción a la edición simple de los Sínodos de Toribio, aparecida en 1970, cuando considera demasiado rigurosas algunas medidas referentes al consumo de ciertas bebidas: "En el tercero... Algunas medidas nos parecen exageradas, como la relativa al uso de la azúa o chicha, que era la bebida más común entre los indios. En otros sínodos se volvía a insistir en ello, pero sin razón porque lo razonable era que se reprobase el abuso de esta bebida como de cualquier otra, que tomada con exceso llegara a producir la embriaguez, pero no el uso lícito y moderado de la misma. También se prohibía el que los indios criasen cuyes o conejillos de indias, solo porque algunas veces los sacrificaban supersticiosamente o vertían su sangre con fines reprobables" (J. TORRES (ed.), Sínodos Diocesanos de Santo Toribio 1582–1604, o.c., 0/23).

condiciones para que ciertas libertades, empezando por las más fundamentales, pudiesen ser una realidad.

- *Principio de la diferencia*

De acuerdo con este presupuesto, las disposiciones emitidas por la autoridad, deben fomentar y sostener instituciones en las que las desigualdades sociales y económicas tienen que ser organizadas de modo que, ambas:

- estén puestas al servicio del mayor beneficio de los más desafortunados, respetando ciertas reglas, y
- vayan ligadas a empleos y cargos públicos abiertos a todos, manteniendo una justa igualdad de oportunidades.

La autoridad castellana quiso aprovechar la influencia enorme que los caciques tenían sobre sus indios para mantener a las poblaciones dentro de un relativo orden, dado que el antiguo régimen se había desmoronado y muchas de las buenas prácticas, que éste mantenía, estaban en claro proceso de desintegración. Sabemos que en lugares en donde los Incas habían sustituido a los señores naturales por sus propios magistrados o capitanes, la situación no era fácil. En alguna región, como en el valle del Jetepequete, a causa del peligro de sublevación contra el dominio incaico, el rey había ordenado la deportación de masas de indios a otros lugares y la importación de otras poblaciones para que sirviesen de cuña entre los nativos más peligrosos[264]. Ello condujo, como se dijo al hablar de las encomiendas, a la desaparición de la autoridad de los curacas y a la disolución de los ayllos naturales, para ser sustituidos por estas unidades, al frente de las cuales estaba un subordinado del Inca. Cuando este monarca es derrotado, muchos de los antiguos jefes de tribu quisieron, con razón, recuperar su primigenio estatus, lo cual les fue concedido por la nueva autoridad, en reiteradas ocasiones. Sin embargo, en otros muchos casos, eso ya no era posible y los nuevos regidores,

264 Estos movimientos de personas, que eran tantas veces aprovechados para llevar obreros a los lugares donde se necesitaban, a pesar de no ser aceptados con agrado por las poblaciones indígenas, habían sido practicados por los pueblos de las Indias y continuaron siéndolo por los Incas. Como afirma Bravo Guerreira: "La implantación del régimen de traslado masivo de "mitimaes", a pesar del natural rechazo que a éste podían haber presentado unos hombres apegados a su tierra, fue posible no sólo como resultado de la imposición de una autoridad absoluta, sino de la aceptación por parte de esos hombres de unas condiciones a las que ellos se habían habituado mucho antes de estar sujetos al Cuzco" (C. Bravo Guerreira, El tiempo de los Incas, Madrid: Alhambra, 1986, 122).

herederos de las conquistas incaicas, buscaron seguir gobernando con la pretensión de obtener la misma obediencia y veneración debida al cacique natural.

Hemos visto, también, que el sistema anterior se apoyaba en la religión como fuerza de cohesión y coacción eficacísima, que permitía a los dirigentes mantener bajo su dominio, y en relativa calma, a sus subordinados. Por lo tanto, si a alguien perjudicaba la destrucción de la religión (o religiones) existentes durante el Imperio Inca y de sus manifestaciones de culto, fue precisamente a las clases altas de la sociedad, ya que a la inmensa mayoría de la población lo que le sucedió fue un simple cambio de autoridad (o amo). ¿A quién podía, pues, interesar el mantenimiento de los ancestrales ritos, al indio pobre o al indio rico? No cabe duda, a la clase que había ostentado el poder en el régimen anterior y que, en el nuevo, seguía gozando de ciertas prerrogativas, aunque hubiesen perdido parte de su autoridad.

Podíamos mencionar muchos cánones que conducían precisamente a invertir esa situación, disponiendo un cierto beneficio para los subordinados y creando las condiciones para que los puestos de responsabilidad estuviesen, al menos teóricamente, abiertos a todos. Remitimos al apartado segundo de este capítulo, cuando hablamos de las "instituciones de enseñanza y de las lenguas indígenas" para comprobar la intención legislativa de constituir la "educación" como un instrumento eficaz que permitiera liberar al natural de opresiones ancestrales. Incluso, con los cánones que hablan de educar a los hijos de los curacas e indios principales, se aspiraba a cambiar la conducta del indio común, pues libres aquéllos de las cadenas de la superstición, su ejemplo sería seguido por éstos[265]. Y también indicamos en el epígrafe sobre la cooperación social y la libertad, de esta misma sección sobre las idolatrías (en donde esperamos que haya quedado patente), que la refutación de las mismas, a través de los artículos sinodales y conciliares, era una forma de abrir al indio común oportunidades que, de seguir encerrado en ese mundo ancestral, nunca habría podido disfrutar[266].

---

265 La autoridad del curaca, como hemos dicho, seguía siendo amplia entre los "hatunruna", lo que lleva a Acosta a la convicción de que para cambiar a éstos había que comenzar por los primeros. Tratando de la forma de acabar con muchas de las ceremonias paganas, afirma: "Basta con que en ese terreno se reprima la autoridad de sus curacas y dirigentes" (J. de Acosta, De procuranda, vol. 2, o.c., 271).

266 Oportunidades que no podían tan siquiera ocurrírsele, pues la visión sacralizadora totalizante que procedía de las antiguas concepciones religiosas, le impedía abrirse a otra forma de concebirse a sí mismo, a la naturaleza y a las relaciones entre ambos. Un hábitat como el que envuelve al indígena, que le imprime miedo y a cuyos elementos, a cada paso, hay que aplacar; una forma de contemplar cada momento

Los Sínodos, en su conjunto, son un ejemplo de legislación que busca ordenar, de la manera lo más justa posible, el mundo de los indios. Ya hemos indicado en la parte introductoria a este capítulo, cómo entre los noventa y tres cánones del Diocesano de 1585, setenta están dirigidos directamente a cuestiones indígenas, lo que manifiesta la atención prioritaria de la autoridad con respecto a los naturales. Ahora bien, todo lo dicho sobre las disposiciones referentes a la idolatría quedaría incompleto, como leyes que buscan crear instituciones, en las que las diferencias estén al servicio de los menos afortunados y que los puestos y oportunidades sean accesibles a todos, si no se viesen completadas por las que instituyen la instrucción (a todos los niveles) del indio, desde el cacique al común.

Ya hemos ofrecido variados ejemplos en otros lugares. Citemos ahora, para completar las anteriores, cuatro constituciones de los Provinciales Limenses, que tocan el tema de las "reducciones", de la "educación de los curacas", y la necesidad de enseñar a los naturales a vivir "en policía". Ellas muestran, a las claras, la voluntad del legislador de poner las diferencias económicas y sociales al servicio de los menos afortunados y de crear las condiciones adecuadas para que las oportunidades sean accesibles a cualquier ciudadano. Se trata de las siguientes: Limense II, de los indios, el c. 80. *Quod Synodus hortatur gobernatores et praesides, ut indi reducantur ad populos*[267]. En la misma Asamblea y sección, el c. 111. *Quod parochi et subernatores et judices procurent curachas honorare, et ea quae sunt fidei*

---

de la vida, desde el nacimiento, el matrimonio, la enfermedad y la muerte, como resultado de fuerzas extrañas, difícilmente abre el camino del conocimiento y de la ciencia, básicos para acceder a ciertos puestos o responsabilidades. Acosta, en sus indicaciones al catequista que debe rechazar esta vanidad de los ídolos, ayudando al natural a abandonar las supersticiones que le paralizan, le recuerda el gran número de ellas: "Mira el indio al sol naciente y lo saluda y se granjea con palabras rituales la benevolencia del río que va a pasar nadando; observa el graznido o canto de las aves nocturnas y de los demás seres vivos y echa suertes sobre lo que ha de hacer; ofrece a la tierra las primicias de las semillas o frutos; consagra a los astros los hijos que le nacen, y solemniza las bodas con cánticos determinados, y lo mismo pretende cuando canta solemnemente al emborracharse; sepulta a los muertos con recitales lúgubres, y aprovisiona de comida los sepulcros; llama y consulta a sus adivinos cuando enferma y, finalmente, cumple las demás supersticiones viejas, de que toda su vida está tan llena que no hay acción libre de esta peste" (J. de Acosta, De procuranda, vol. 2, o.c., 270–271). Más que peste, nosotros la denominaríamos con la famosa expresión de "opio" adormecedor o esclerotizador.

267 "que la muchedumbre de los indios que está esparcida por diversos ranchos se reduzcan a pueblos copiosos e concentrados como lo tiene mandado la magestad católica" (R. Vargas Ugarte, Concilios Limenses (1551–1772), vol. 1, o.c., 250).

edocere[268]; y allí también, el c. 112. *Quod parochi curent indos docere politice vivere*[269]; finalmente, en el Limense III, en la acción quinta, el c. 4. Que se les enseñe a los indios a vivir políticamente[270]. En la sección siguiente (inmediata a esta) completamos esta reflexión aquí iniciada.

Creemos, en consecuencia, que los cánones de los Sínodos diocesanos de Toribio, apoyados en las constituciones de los Concilios provinciales Limenses, de acuerdo con el principio de la diferencia, fomentaron y sostuvieron, en la medida de sus posibilidades y con las obligadas limitaciones impuestas por el ámbito de su jurisdicción, la creación de instituciones conducentes a una sociedad más justa.

– *Principio de la eficiencia*

En alguna otra parte de este trabajo hemos afirmado que una sociedad, perteneciente a no importa qué época o lugar, no puede ser juzgada dando simplemente por sentado que vivimos en un mundo perfecto o que existe alguna organización

268 "que a los curacas de cuya boluntad y gusto dependen los demás sin resistencia ninguna, procuren los sacerdotes ganarles, con tratarles con amor y onrrosamente y instruirlos en la fee con afición y a los governadores y justicias tanbién se encargue de mirar por ellos y atraerlos por buen modo,... siendo cosa cierta del todo que la fe y la salvación de los indios pende de la voluntad y autoridad de sus caciques" (R. Vargas Ugarte, Concilios Limenses (1551–1772), vol. 1, o.c., 255).

269 "que enseñen a los indios a vivir con orden y pulicía y tener limpieza e autoridad e onestidad y buena crianza, y que, como acostumbran los xpianos, digan la bendición de la mesa y den gracias después de comer y quando van a dormir se encomienden a dios y a menudo se persignen y santiguen y digan el pater noster y ave maría, en lo qual todo principalmente sean instruidos los caciques y maiordomos para que los demás tomen exemplo" (R. Vargas Ugarte, Concilios Limenses (1551–1772), vol. 1, o.c., 255).

270 "Puesto que la vida cristiana y divina que enseña la fe evangélica exige un hábito de vida no indigno de la razón natural y del hombre y que según el apóstol primero es lo animal y luego lo que es espiritual, recomendamos vehementemente a los párrocos y a todos los que incumbe el cuidado de los indios que se preocupen especialmente de que éstos, dejando las costumbres salvajes e incivilizadas, se acostumbren a las instituciones humanas y políticas, como ser que no vayan al templo sucios y desarreglados, sino lavados, arreglados y limpios, que las mujeres se cubran la cabeza con algún manto según lo dispuesto por el apóstol Pablo, que en las casas usen mesas para comer y lechos para dormir, que las casas mismas no sean corrales de ganado, sino habitación de hombres con orden, limpieza, decoro y si hay otras cosas semejantes que se lleven a cabo sanamente no con modo violento y molesto, sino más bien con cuidado y gravedad paterna" (F. L. Lisi, o.c., 225–227).

humana que cumple con todos los requisitos que la virtud de la justicia exige. Más bien, estamos obligados a partir del hecho (evidente), que toda forma de asociación entre personas está sellada con la marca de la imperfección. A este presupuesto, debemos añadir el siguiente: la historia no siempre avanza en línea recta y ascendente, sino que lo hace en zig-zag, es decir, no siempre se produce un progreso general de todas las dimensiones que la conforman. A períodos en los que se da un desarrollo notable, suelen seguir otros de otro menor o incluso de involución, hablemos de economía, derecho, costumbres o moral. Ahora bien, la historia es la que es, la cual aún no siendo cien por cien coincidente con la historiografía, suele al menos aproximarse más a ella que a las ficciones que muchos escritores formulan, cuando van en contra de los documentos escritos que nos han llegado.

Todo lo anterior viene a colación por el hecho siguiente: la llegada de los europeos a tierras del Nuevo Mundo cambió por completo el devenir antiguo de la existencia de los moradores de aquellas regiones (al menos de la mayoría). Ya no se puede pensar en que lo normal sería que los indios continuaran siendo lo que eran en el estadio previo al arribo de los castellanos, ni que éstos una vez desembarcados en las Indias, pudiesen seguir definiéndose por las peculiaridades que los caracterizaban cuando residían en la Península Ibérica. El 12 de octubre de 1492, cuando Colón y su tripulación pusieron los pies en las arenas de una de las playas de la isla de Guanahani, permítasenos el atrevimiento, se instauró una nueva civilización[271].

---

271 Podríamos hablar de raza, si el término no estuviese demasiado gastado (sobre la dificultad de definir lo que es una "raza", véase E. Bernárdez, ¿Qué son las lenguas?, Madrid: Alianza Editorial, 2004, 59-61). No se insistirá lo suficiente en las consecuencias que este hecho ha tenido y sigue teniendo para la historia del Nuevo Mundo y la de Europa. A pesar de que se habla de indios y españoles durante, todavía, un largo período de tiempo, las circunstancias peculiares de las Indias van haciendo que los castellanos se transformen en "naturales" y los indios se "castellanicen". No es tan sólo el fenómeno de los matrimonios entre unos y otros (por lo demás exclusivo en las dimensiones en las que se produce, si exceptuamos lo sucedido en las posesiones portuguesas de Ultramar; y no olvidemos, sin prejuicio de ningún tipo, que Portugal era uno de los cinco reinos hispanos de la Península Ibérica) que dio lugar a un cruce de sangres o de "ADN" como jamás antes se había visto (exceptuando también lo realizado por el Imperio Romano en los pueblos del Sur de Europa), sino que, a partir de entonces, los apellidos, las costumbres, la organización religiosa, el derecho y la misma lengua, serán como un injerto que se desarrollará a partir de un tocón y una rama, recibiendo de cada uno la parte correspondiente. Resumiendo, a pesar de los adjetivos utilizados, lo que existe en el continente más allá del Atlántico, no es ni

Ellos sembraron la semilla que, a partir de entonces, iría creciendo con sus genes propios. Cada grupo habitacional de aquellos ayllos, pueblos, villas y ciudades va a recibir y a aportar al conjunto su propia idiosincrasia, lo que dejará huella en el mismo. No cabe duda, que la marca distintiva, la cual va a afectar a un mayor número de aspectos será la que llega de más lejos, la europea. Pero, aún ésta, se va naturalizando y transformando hasta no poder decirse más de ella que es de Castilla (tan sólo de nombre), ya que tan propia se hará del Perú o de La Plata o Charcas, como lo habían sido en Quito, los Incas conquistadores llegados de lejanas latitudes sureñas.

Si el legislador de entonces pasase por alto esta evidencia, promulgaría leyes ya caducadas. No se podía emitir decretos para el mundo de los Incas, pero tampoco para el del Reino de León. Sólo cabía una posibilidad, promulgar cánones que reconociesen ese "hecho diferencial" que era el de una sociedad poblada de elementos humanos desconocedores de formas de vida social a la europea, pero llenos de capacidades para incorporarlas a su bagaje cultural, e incluso, mejorarlas. De ahí que lo más eficaz era crear una legislación que no olvidase ninguno de los elementos configuradores de la realidad.

Si en el I y II Concilios provinciales de Lima, los juristas prefirieron, con razón, separar las constituciones que se referían a los indios de las que hacían relación a los españoles, en el III y en los Sínodos de Toribio, esta división ya no tiene cabida (al menos, formalmente). Lo primero es lógico, pues el proceso de fusión se encontraba todavía en sus inicios; lo segundo, también, pues aún siendo un camino de siglos, en menos de cien años se habían recorrido etapas ya irreversibles. Las leyes más eficientes van a ser aquellas que se emiten para la realidad tal cual es, y ésta había sido perfectamente captada por los expertos en derecho de aquel Virreinato indiano del siglo XVI.

Idolatrías como las descritas no podían tener cabida ni protección en la legislación del momento, pues en un noventa por ciento atentaban contra los derechos de los ciudadanos y sobre todo de los más desprotegidos: indios pobres, mujeres y niños. El diez por ciento restante, podrían haberse mantenido e incluso desarrollado si no supusiese, en la mayoría de los casos, la antesala que conducía a los delitos mencionados, cuando se atravesaba su puerta.

Socialmente, la necesidad que la mayoría de las personas manifiesta de vivir cultivando una religión y unos ritos fue cubierta por las nuevas costumbres que el cristianismo aportaba, tanto a nivel individual como, especialmente, colectivo.

---

europeo ni indio, sino indo-hispano o hispano-indio, con toda la carga que en ello quiera ponerse.

Estrechamente unido a ello, iban unas normas de conducta general que buscaban configurar, en determinadas dimensiones, una sociedad más parecida a la europea que a la pre-hispana. Normas que podían ser contestadas desde presupuestos teóricos, pero que en la práctica han sido adoptadas por la inmensa mayoría de los pueblos y naciones de la Tierra, hayan abrazado o no la fe cristiana. Cuando en el Limense II, el c. 112, de la sección de los indios, prescribe que a éstos se les enseñen "normas de urbanidad", no creemos que se esté llevando a cabo una aniquilación de sus propias culturas, sino más bien una preservación de su dignidad personal. Si el c. 4, de la acción quinta, del Concilio de 1583, ordena instruir a los naturales en la "vida política", no intenta destruir la libertad "selvática" de los naturales sino sentar las bases de un modelo de convivencia al cual, a lo largo de los últimos cinco siglos, han ido adecuándose la práctica totalidad de los sistemas educativos de los países del Globo, se conozcan éstos con el calificativo de desarrollados o en "vías de desarrollo".

Concluyendo, creemos que la legislación sobre las idolatrías que aparece en los Sínodos que estudiamos y la de los Concilios que la sustentan, representan un método, quizá no el mejor, pero sí uno que propulsaba la construcción de una sociedad que, no tenía que sacrificar la justicia, para poder ser eficiente[272].

Y en referencia a esta última afirmación, hagamos una consideración postrera que nos la ayude a entender. Si las nuevas autoridades, tanto religiosas como civiles (no olvidemos que en los Concilios y Sínodos estaban presentes personas con cargos en la administración virreinal al más alto nivel), decidieran legislar en orden a construir una sociedad basada sólo en la eficacia sin atender a la justicia, hubiera sido mucho más sencillo dejar a los naturales practicar sus antiguos ritos y mantener sus conductas, ya que el ir en contra de algunas de las mismas, suponía arrancar plantas con raíces tremendamente hondas y encontrar

272 Modelos de ingeniería social, en los cuales se sacrificaron la dignidad y la vida de los seres humanos, en aras de la eficiencia y el progreso material son de todos conocidos. Baste pensar en las medidas llevadas a cabo en países como la URSS, China, Camboya, Vietnam, Corea del Norte o la misma Cuba, con sus planes de colectivización y movilización forzada de la población, a los cuales la única resistencia era la muerte. Huelga citar la aniquilación de deficientes y minusválidos en el *Tercer Reich*, por razones de presupuesto estatal y otras legislaciones similares (Apartheid en Sudáfrica; legislación racista en los Estados Unidos, vigente todavía años después de abolida la esclavitud; leyes contra los irlandeses en el Reino Unido, que los hacían ciudadanos de segunda categoría; leyes de selección genética en los países del Norte de Europa, que desechaban los seres humanos que nacían con anomalías; leyes a favor del secuestro de niños indígenas en Canadá y Australia, para ser educados en la cultura anglosajona, por razones de eficiencia, etc.).

resistencias en todos los estratos sociales. De hecho, los señores incas, en esto mucho más prácticos que los castellanos, sujetaron e hicieron que, a su modo, la sociedad bajo su dominio se mantuviese cohesionada no sólo por el miedo que inspiraba en sus súbditos la fuerza o crueldad que podían alcanzar, sino también por su liberalidad a la hora de permitir las ceremonias ancestrales (si bien, dentro de ciertos límites e imponiéndoles sus propias divinidades). La religión, bien manejada era un elemento de dominio extremadamente eficiente. Los Incas se preocuparon incluso por fomentar las huacas y otros cultos, que les ganaban la simpatía de sus súbditos, aún a costa de los perjuicios que ello podía acarrear para los mismos[273].

La oposición, pues, de las disposiciones sinodales a tales prácticas, sólo se entiende desde la perspectiva de búsqueda de unas instituciones no sólo funcionales y subordinadas al ejercicio del poder, sino y primeramente, como liberadoras de hábitos denigrantes para el ser humano, contra su propia voluntad o albedrío, que buscaban el desarrollo global del indio, dentro de una sociedad con pretensiones de llegar a estar lo mejor ordenada posible.

273 "Los mismos Incas se encargaron de fomentar el culto a las huacas más veneradas y representativas de cada una de las regiones o provincias que conformaban su vasto reino. Con fino tacto político reconocieron que la consolidación definitiva del imperialismo cultural que ellos patrocinaban necesitaba de la contribución del orden religioso, por revelarse éste como el instrumento más idóneo para lograr la rápida y permanente unificación de los diversos pueblos que, mediante las acciones militares, eran incorporados a los dominios incaicos. Guiados por este convencimiento, oficializaron sus propios mitos y dioses, simbolizados por el Sol (*Inti*). Pero, a su vez, admitieron las arraigadísimas convicciones y cultos regionales como medio de congraciarse con los pueblos sojuzgados y como recurso para que éstos secundaran los planes de expansión que reafirmaba por doquier el señorío incaico, evitando así posibles rebeliones. Cfr. F. Kauffmann Doig, Los Incas y el Tahuantinsuyo (Lima, 1963) 59–64" (J. Guillermo Durán, El «Tercero Catecismo» como medio de transmisión de la fe, in: L. Pereña et alt., Inculturación, o.c., 102, nota 35). Como ya hemos mencionado con anterioridad, los ídolos locales, respetados por los conquistadores incas, permanecían prisioneros en el Templo principal, en la capital del Tahuantinsuyo, como símbolo de la sujeción de sus adoradores a los señores del Cuzco: "Los dioses de los vencedores no reemplazaban a los dioses locales, sino que se superponían a ellos. Los ídolos de las provincias conquistadas eran enviados al Cuzco, al Templo del Sol, especie de "panteon romano", donde al mismo tiempo servían de rehenes, y sus adoradores quedaban en libertad de continuar venerándolos, a condición de venerar también al sol" (L. Baudin, o.c., 143).

- *Principio de publicidad*

Una y otra vez, aparece en los artículos de los Sínodos diocesanos toribianos, así como en su prólogo o epílogo la voluntad de que las constituciones emanadas de los mismos sean conocidas por todos y, sobre todo, por las clases mas desaventajadas. Se ordena publicarlos, y si bien es cierto, que existía la prohibición de darlos a la imprenta, fueron copiados y distribuidos. De poco serviría ello, cuando una parte considerable de la ciudadanía no sabía leer, de ahí que se obligase a los agentes sociales a darlas a conocer en las ceremonias religiosas a las que, por algún motivo u otro, la inmensa mayoría de la población tenía que acudir. Por si ello no fuese suficiente, todavía aparece algún canon en el que se insiste, de manera particular, en la obligación, que afectaba a las autoridades que moran en los lugares más apartados de los centros de decisión y de comunicación, para que se hagan con un ejemplar de las constituciones y se esfuercen por darlas a conocer a los ciudadanos.

Podemos aludir en este sentido a los cánones siguientes: del Diocesano de 1585, el c. 39, que reza, "Que los curas de españoles e indios, y jueces eclesiásticos tengan los concilios provinciales y sinodales de este arzobispado y catecismo"; y el c. 89, del mismo, cuyo título es, "Que las constituciones antes de ésta las den a entender los curas en tres días de fiesta". A ellos, hay que añadir el que establece la figura de los testigos sinodales, encargados de velar por el cumplimiento de las decisiones adoptadas; en este mismo Sínodo, el c. 37: "Que se nombren testigos sinodales"; el c. 27 del de 1582; y el art. 7, con el mismo epígrafe, del de 1584. También, el que impone penas a los que opongan resistencia a su cumplimiento; el c. 90, de la Asamblea de 1585: "Que ninguno impida la ejecución de las constituciones antes de ésta, con facultad al cura que haga información sobre ello". Finalmente, remitimos a la sección dedicada al principio de publicidad de cada uno de los tres apartados anteriores de este capítulo, en donde se ofrecen suficientes ejemplos, que corroboran lo aquí manifestado.

c. *Conclusión*

Primera. Atenazados, individual y colectivamente, los naturales sólo hacían sociedad en los trabajos "forzados" que prestaban al Estado. Las supersticiones, no sólo les infundían un miedo continuo a realidades, objetos y lugares, que no conocían, sino que también inducían al natural a manifestarse desconfiado ante los demás. Una existencia bajo las constricciones de tal visión de la vida, no conduce precisamente a favorecer el principio de cooperación social. Por el contrario, los artículos sinodales, anclados en la libertad cristiana frente a elementos "mágicos" o sobrenaturales, revisten a la persona de un instrumento eficaz para su desarrollo individual, al liberarlo de cadenas que obstaculizan y bloquean sus capacidades, lo que le impedía alcanzar el conocimiento necesario para el desarrollo, así como abren al ciudadano las vías de un entendimiento y participación en un proyecto común, que puede ser más o menos aceptado o compartido. Las disposiciones sinodales que combatían las antiguas ceremonias y ritos, propiciaban las condiciones adecuadas para ello. Unido a lo cual iba el fomento, desde las mismas, de nuevas costumbres, en las que el orden, el recato, o la templanza eran características fundamentales.

Segunda. La de conciencia es, sin duda, una libertad que permite que se den otras muchas, como la de expresión o la de pensamiento. Si bien es cierto que no existía, tal y como hoy la entendemos, en aquella segunda mitad del siglo XVI, también lo es que, de una manera incipiente, ya se hacía presente, existiendo abundante legislación secular y canónica que la favorecían. Entre estas leyes, se encuentran los cánones de los Sínodos de Mogrovejo sobre las idolatrías y otras manifestaciones religiosas, que fomentaban una liberación gradual y continua de la persona y un aumento progresivo del "respeto a sí misma". Visto en absoluto, quizá no fuese suficiente para hablar de libertad de conciencia; observado desde la perspectiva histórica, en comparación con la época previa, fue indudablemente un avance imponderable: liberación de la creencia en la divinidad de un hombre, el emperador inca, o de sus antepasados; quiebra de los grillos de la superstición atenazante, que acechaba al súbdito del Tahuantinsuyo a cada paso; apertura a una nueva relación con la naturaleza y lo desconocido; en definitiva, con la posibilidad de no creer en el Dios de los vencedores, o de sí creer en él, el indio era confrontado con una situación totalmente nueva: el ejercicio de su libertad de decisión en una cuestión de conciencia.

Tercera. Como es lógico, no podemos aislar los artículos aquí tratados de los demás de los Sínodos diocesanos o de los Concilios provinciales, como tampoco de la legislación civil de la época. Por ello, uniendo las disposiciones sobre las "manifestaciones idolátricas" a las que se refieren a la "educación" podemos afirmar que, dentro de sus límites de jurisdicción, todas ellas fomentaban leyes e instituciones en las que las desigualdades existentes beneficiaban a los menos afortunados, manteniendo los puestos abiertos a todos (al menos la mayoría de ellos) y, dentro de una justa igualdad de oportunidades. Uno de los obstáculos que impedían tales circunstancias en la etapa incaica era el miedo provocado por la religión impuesta por los vencedores. Cuando los cánones sinodales favorecen la desaparición del mismo, prohibiendo los ritos y ceremonias, se erigen en uno de los instrumentos más eficaces para lograr imponer la ejecución de los requisitos del principio de la diferencia. Prueba fehaciente de que dicho temor religioso, prácticamente, fue "exorcizado", lo constituye la constatación que hacen los mismos padres sinodales y otros autores (entre ellos, el perspicaz Acosta), de la inutilidad de imponer a los indios penas espirituales (como por ejemplo la excomunión), que en la nueva situación de libertad, habían perdido toda su eficacia.

Cuarta. Las constituciones emitidas en las Asambleas aquí estudiadas habrían sido, sin duda, mucho más eficientes desde el punto de vista del mantenimiento de un orden social pacificado y del de un funcionamiento puramente mecánico de los grupos que componían la sociedad, si en lugar de intentar arrancar las idolatrías y supersticiones, las hubiesen respetado o, incluso, fomentado (como hicieron los Incas). Ahora bien, cuando el legislador comprendió que dicho sistema atentaba no sólo contra la dignidad de la persona, sino también contra el mismo desarrollo racional de un grupo civilizado, no dudó en sacrificar la eficacia a la humanización. Como Rawls afirmaba, a pesar de lo que pueda parecer, una sociedad será siempre más eficiente, en la medida en la que sea más justa. Al servicio de tal objetivo fueron promulgados los cánones de los Diocesanos y Provinciales en aquella segunda mitad del siglo XVI, para una sociedad indo-hispana, en la que supeditaron la eficacia a corto plazo, a la construcción "in crescendo" de la justicia.

Conclusión General

1. Resumen de lo expuesto

En coherencia con lo afirmado en la Introducción General de este trabajo, hemos presentado los siguientes contenidos. El capítulo primero, "El Virreinato de la Nueva Castilla y la ciudad de Los Reyes", nos ofreció un recorrido histórico desde el año 1492, con la llegada de Colón al Nuevo Mundo, su encuentro con los primeros indígenas isleños, pasando a relatar, posteriormente, el desembarco de los castellanos en las tierras pertenecientes al Imperio del Tahuantinsuyo, la entrevista entre Atahualpa y Pizarro, la detención y ajusticiamiento del primero, con el derrumbe del sistema incaico y su sustitución por el europeo. Vimos, además, la fundación de la ciudad y de la diócesis de Lima, y del Virreinato del Perú, dentro de los cuales fueron erigiéndose toda una serie de instituciones, a lo largo del siglo XVI (previamente inexistentes), cuyas actuaciones marcaron durante siglos la vida de los habitantes de aquellas latitudes. Recordemos algunas de las mismas: la Real Audiencia, con los Tribunales seculares, los Cabildos Municipal y Catedralicio, el Tribunal del Santo Oficio, la Catedral, la Universidad de San Marcos y los Colegios Mayores, doctrinas, parroquias, conventos, encomiendas, corregimientos, escuelas, hospitales, etc., más todas las levantadas por las cinco principales Órdenes religiosas evangelizadoras de las Indias: Dominicos, Franciscanos, Mercedarios, Agustinos y Jesuitas, esparcidos por la práctica totalidad de la geografía virreinal.

En el capítulo segundo, hemos expuesto el pensamiento del filósofo estadounidense, antiguo profesor de Harvard, John Rawls. Sus ideas, en concreto, sus principios de justicia social aplicables a las instituciones y leyes, nos han servido de instrumento válido para sopesar y juzgar el grado de justicia atribuible a las disposiciones sinodales toribianas.

Finalmente, el capítulo tercero (el más importante de todos), apoyándose en la información recogida en los anteriores llevaba a cabo la reflexión prometida desde los inicios de la obra y servía así mismo para darles unidad, tejiendo con sus razonamientos los hilos de este estudio, cuyo intento ha sido el percibir el grado de justicia social presente en los tres primeros Sínodos diocesanos limeños de Toribio de Mogrovejo.

Si la celebración y la legislación de los Concilios Limenses nos dan una visión bastante acertada de las preocupaciones que afectaban a muchos de los moradores de buena parte del continente suramericano, englobado dentro de esta jurisdicción eclesiástica, los Sínodos nos aportarán esa fotografía de las condiciones eclesiales y sociales más particulares de los individuos que, en el último cuarto del siglo XVI, habitaban las tierras de lo que hoy es la República del Perú. Estas Asambleas diocesanas suponían, en aquel entonces, la concreción de la legislación universal y provincial en cada tiempo y en cada lugar, de modo que teniendo en cuenta las circunstancias personales, familiares y sociales de cada comunidad, se procuraba crear una norma que pudiese reflejar lo que la Iglesia pedía para un determinado ámbito de la vida.

No se nos pasa por alto, que la realidad que dibujan los Sínodos nos ofrece una imagen muy mediatizada por los problemas, más aún, por los llamados "vicios" o lacras, tanto a un nivel personal como social, ya que precisamente son convocados para corregir y enmendar tales hábitos negativos. Será, precisamente, teniendo en cuenta este enfoque tan particular de la legislación sinodal lo que nos empuje a interpretar o a mirar a través de cada norma para descubrir con cada pieza de puzle, el conjunto general, de modo que podamos diseñar la pintura más parecida a lo que históricamente aconteció. A ello nos ha ayudado el completar la información que los Sínodos nos dan con documentos procedentes de otras fuentes de aquella época.

Con todo este material y estos presupuestos, hemos ido realizando el análisis de los cánones de dichas Asambleas diocesanas, agrupándolos por afinidades. Así, hemos establecido cuatro categorías: a) "Fiestas de guardar y descanso laboral"; b) "Instituciones de enseñanza y lenguas indígenas"; c) "Infraestructuras básicas y seguridad social"; d) "Manifestaciones idolátricas y conductas sociales". Una vez aplicados los principios rawlsianos de justicia social a las instituciones y leyes, tocantes a dichos apartados, llegamos a las siguientes conclusiones.

2. Conclusiones

a. Fiestas de guardar y descanso laboral

Primera. Podemos decir que el marco social y laboral en el que se emiten los cánones de los Sínodos está caracterizado por las reducciones y la encomienda, en las que participaban un buen número de indios. Una vez que se vino abajo el férreo sistema incaico, se produce una desintegración social progresiva y las fuerzas que lo mantenían unido, y que aseguraban la participación del individuo, desaparecen. En el nuevo, no está asegurada la cooperación social de los ciudadanos. Ésta tiene que ser favorecida por la legislación. Las constituciones sinodales, con los artículos que obligaban a descansar domingos y fiestas, tanto a españoles como a indios contribuyeron a su manera, aún no siendo decisivos, a hacer posible la misma.

Segunda. Partamos, de nuevo, de la situación anterior, en la que prácticamente todas las dimensiones del indígena venían determinadas por la autoridad incaica, que puso un énfasis especial en regular las actividades económicas, de corte básicamente agrícola y ganadero. El individuo no tenía sentido sino en función del Estado, al cual debía pagar en servicios los tributos correspondientes, siendo éste lo absoluto y no la persona. Los cánones de los Sínodos y Concilios, por el contrario, reflejan una situación nueva, en donde la libertad hace su aparición. Ello es fruto y, al mismo tiempo, conlleva una inversión de perspectivas: el indio tiene valor por sí mismo, no sólo en función del Estado. Y aunque de hecho se cometieron abusos, al menos de derecho, la legislación sinodal era fruto de un esquema de libertades previamente desconocidas en aquellas tierras, a las cuales pretendía contribuir. A ello responden los artículos que regulan diferentes áreas como la justicia, los intercambios comerciales o las sanciones, de carácter mucho más humano, así como las recomendaciones que insisten en el buen trato al natural y recuerdan el estatus jurídico del indio trabajador.

Tercera. Creemos que si por algo se caracteriza la legislación sinodal es por mantener un manifiesto trato diferencial, siempre beneficioso para el indígena. Así lo muestran, por ejemplo, las disposiciones que amplían el número de días no laborables a los cuales pueden acogerse los que así lo decidan; o, aquéllas, que permiten trabajar en otros muchos, que son de precepto para los españoles, de modo que, quien se encuentra urgido por su pobreza, disponga de la salvaguarda jurídica necesaria, para ganarse el sustento laborando dichas jornadas. A lo mismo contribuyen los artículos que obligan a los patronos a descansar esos días, prohibiéndoles incitar o forzar a los indios a trabajar. Si observamos las normas que fijan las sanciones, nos encontramos ante la misma voluntad legislativa: se establecen diferencias, siempre favorables a los menos afortunados.

Cuarta. Si hablamos en términos de eficacia económica, las leyes de los Sínodos, como las demás, estaban edificando instituciones, las cuales, al menos a corto plazo, se manifestaron altamente ineficientes, en especial si las comparamos con las de la etapa pre-colombina. Ahora bien, las bases sobre las que las mismas se levantaban, permitieron que tal sistema perdurara en el tiempo, haciendo que enormes grupos de personas acabaran por integrarse en una organización social, con posibilidad de participar de todos sus beneficios, lo que previamente estaba férreamente reservado a la élite.

b. Instituciones de enseñanza y lenguas indígenas

Primera. En materia de política educativa se produce una práctica total armonía entre la legislación civil y la eclesiástica, esforzándose ambas por insertar en el recién creado sistema a los naturales.

Segunda. De acuerdo al abanico de individuos que son afectados por las normas dadas en las Asambleas diocesanas no se excluye a ningún sector social ni a ninguna franja de edad. Se emiten cánones para adultos, jóvenes y niños; para varones y mujeres; para hijos de caciques y para los hijos de los "hatunruna"; para blancos, mestizos, indios y negros.

Tercera. La preocupación por la instrucción de los indígenas aparece ya desde muy temprano en las leyes, tanto del Virreinato como de la Provincia Eclesiástica, insistiéndose constantemente en ellas, con una finalidad de formación religiosa y de formación humana (intelectual, práctica, cívica). Se buscaba potenciar la predicación, la doctrina catequística, las enseñanzas escolares, técnicas y universitarias.

Cuarta. Se puede percibir en las disposiciones sinodales el ansia de sistematizar el proceso formativo, de manera que los días de doctrina y escuela sean adaptados a los estados de los educandos: para los niños y niñas, diariamente; para los adultos, de dos a cuatro días semanales, más otros tiempos extra.

Quinta. No se excluye de la enseñanza a las mujeres, cuya educación, a pesar de resultar un tanto diferente, por ser así también en el Viejo Continente, participaba en su mayoría de la de los varones.

Sexta. Manifiestamente se apuesta por la enseñanza en lenguas indígenas, a la par que en castellano. Mientras que se pospone o se deja caer en el olvido la lengua latina.

Séptima. Se busca una pedagogía adaptada a los receptores, de modo que tanto en la lengua vehicular, como en las formas de enseñar e, incluso, en cuestiones más externas como el recurso a la autoridad (bien de los "curacas", o de los "curas") la instrucción alcance a todos, por encima de la resistencia comprensible del natural (niño o adulto).

Octava. Encontramos en los tres primeros Sínodos diocesanos de Lima abundantes muestras de normas que fomentan instituciones de enseñanza promotoras de la cooperación social, del principio de las libertades y de la diferencia, así como del de publicidad y eficiencia.

Novena. Por todo ello, creemos no confundirnos si afirmamos que, en lo tocante a este tema, los Sínodos diocesanos de Lima promulgaron una legislación orientada a la construcción de una sociedad, sino totalmente, sí al menos, más justa que la anterior.

c. Infraestructuras básicas y seguridad social

Primera. En los artículos de los Sínodos diocesanos limeños y en sus fuentes, hemos discriminado un buen número de puntos que afectan a tres dimensiones sociales de no pequeña relevancia: infraestructuras, salud y beneficencia.

Segunda. Aunque los destinatarios de los mismos son el conjunto de la población, se desprende claramente que apuntan de manera peculiar a los individuos representativos de la escala social que ocupan los últimos puestos: indios, pobres, enfermos y ancianos.

Tercera. Tal y como están redactados, podemos afirmar, que fomentan la cooperación social de los miembros del grupo humano al que se dirigen. Si, hipotéticamente, volásemos con la imaginación a la posición original propuesta por Rawls, cualquiera de los pactantes podría estar de acuerdo, juntamente con la suscripción de los primeros principios, en cada uno de los artículos señalados, pues desconociendo, incluso cuál iba a ser nuestra religión, nuestra disposición física o el número de años que viviríamos, no nos importaría que se dedicara parte de nuestros impuestos a crear tales infraestructuras para el culto, el cuidado de la salud física y la beneficencia.

Cuarta. No creemos posible hablar de un cumplimiento del principio de las libertades, tal y como lo plantea Rawls. No en vano, su propuesta se podrá ejecutar con toda su fuerza en sociedades democráticas. La de finales del siglo XVI, no lo era, ni en las Indias, ni en Europa, ni en ninguna otra parte del Globo Terráqueo. Prescindiendo de las libertades políticas, de las cuales no gozaban ni los menos, ni los más favorecidos, y de una libertad de conciencia plena, podemos reconocer las siguientes: libertad de creencia, de pensamiento, de movimiento, de asociación y para contraer matrimonio.

Quinta. Rotundamente, ni las oportunidades eran las mismas para cada clase social, ni los puestos oficiales estaban abiertos a todos. Reiteramos lo dicho, ello presupondría un contexto propio de una sociedad construida sobre la democracia, que por aquel entonces no existía. Establecido esto y teniendo que juzgar de la mayor o menor justicia de las instituciones o leyes de aquella época, debemos manifestar nuestro convencimiento que las mismas se caracterizaban por su "equidad" o "razonabilidad", primando en ellas el deseo de aumentar las expectativas de la clase asentada en la posición social inferior.

Sexta. De acuerdo a lo expresado por las constituciones sinodales, el sistema resultante alcanzaría un grado elevado de eficiencia, no en términos puramente macroeconómicos o según el principio de utilidad, conforme al que se podría dejar a los enfermos o ancianos sin atención si ello hiciese que la mayoría de la población elevase su bienestar. Más bien, la eficiencia en este caso deriva de su justicia. Si los indios en la encomienda aprenden a trabajar, individual y colectivamente, con ello obtienen capacidad adquisitiva, con la que están en disposición de mejorar sus viviendas, vestido y comidas, al tiempo que pagan tributo; si los corregidores liberan el dinero necesario para las infraestructuras y los curas cuidan que las mismas se ejecuten, entonces existirán los espacios sociales necesarios para la curación del alma y del cuerpo, lo que hará que el organismo colectivo funcione como conviene.

Séptima. De los artículos de los Sínodos, así como de las constituciones de los Concilios, no cabe dudar que se orientaban a dar a conocer su contenido, de modo que nadie pudiese "pretender ignorancia": ni las autoridades del Virreinato, ni las dignidades eclesiásticas, ni el resto de la clerecía, ni los ciudadanos en general, fuesen éstos blancos, criollos, mestizos, indios, negros o mulatos. La misma proliferación de Asambleas (recordemos que Mogrovejo convoca en total en su pontificado 13 Sínodos diocesanos y 3 Concilios provinciales) es un síntoma de la voluntad de publicidad y de actualización de la legislación.

d. Manifestaciones idolátricas y conductas sociales

Primera. Atenazados, individual y colectivamente, los naturales sólo hacían sociedad en los trabajos "forzados" que prestaban al Estado Incaico. Las supersticiones, no sólo les infundían un miedo continuo a realidades, objetos y lugares, que no conocían, sino que también inducían al natural a manifestarse desconfiado ante los demás. Una existencia bajo las constricciones de tal visión de la vida, no conduce precisamente a favorecer el principio de cooperación social. Por el contrario, los artículos sinodales, anclados en la libertad cristiana frente a elementos "mágicos" o sobrenaturales, revisten a la persona de un instrumento eficaz para su desarrollo individual, al liberarlo de cadenas que obstaculizan y bloquean sus capacidades, lo que le impedía alcanzar el conocimiento necesario para el desarrollo, así como abren al ciudadano las vías de un entendimiento y participación en un proyecto común, que puede ser más o menos aceptado o compartido. Las disposiciones sinodales que combatían las antiguas ceremonias y ritos, propiciaban las condiciones adecuadas para ello. Unido a lo cual iba el fomento, desde las mismas, de nuevas costumbres, en las que el orden, el recato, o la templanza eran características fundamentales.

Segunda. La de conciencia es, sin duda, una libertad que permite que se den otras muchas, como la de expresión o la de pensamiento. Si bien es cierto, que no existía, tal y como hoy la entendemos, en aquella segunda mitad del siglo XVI, también lo es que, de una manera incipiente, ya se hacía presente, existiendo abundante legislación secular y canónica que la favorecía. Entre estas leyes se encuentran los cánones de los Sínodos de Mogrovejo sobre las idolatrías y otras manifestaciones religiosas, que fomentaban una liberación gradual y continua de la persona y un aumento progresivo del "respeto a sí misma". Visto en absoluto, quizá no fuese suficiente para hablar de libertad de conciencia; observado desde la perspectiva histórica, en comparación con la época previa, fue indudablemente un avance imponderable: liberación de la creencia en la divinidad de un hombre, el emperador inca, o de sus antepasados; quiebra de los grillos de la superstición atenazante, que acechaba al súbdito del Tahuantinsuyo a cada paso; apertura a una nueva relación con la naturaleza y lo desconocido; en definitiva, con la posibilidad de no creer en el Dios de los vencedores, o de sí creer en él, el indio era confrontado con una situación totalmente nueva: el ejercicio de su libertad de decisión en una cuestión de conciencia.

Tercera. Como es lógico, no podemos aislar los artículos aquí tratados de los demás de los Sínodos diocesanos o de los Concilios provinciales, como tampoco de la legislación civil de la época. Por ello, uniendo las disposiciones sobre las "manifestaciones idolátricas" a las que se refieren a la "educación" podemos afirmar que, dentro de sus límites de jurisdicción, todas ellas fomentaban leyes e instituciones en las que las desigualdades existentes beneficiaban a los menos afortunados, manteniendo los puestos abiertos a todos (al menos la mayoría de ellos) y, dentro de una justa igualdad de oportunidades. Uno de los obstáculos que impedía tales circunstancias en la etapa incaica era el miedo provocado por la religión impuesta por los vencedores. Cuando los cánones sinodales favorecen la desaparición del mismo, prohibiendo los ritos y ceremonias, se erigen en uno de los instrumentos más eficaces para lograr imponer la ejecución de los requisitos del principio de la diferencia. Prueba fehaciente de que dicho temor religioso, prácticamente, fue "exorcizado", lo constituye la constatación que hacen los mismos padres sinodales y otros autores (entre ellos, el perspicaz Acosta), de la inutilidad de imponer a los indios penas espirituales (como por ejemplo la excomunión), que en la nueva situación de libertad habían perdido toda su eficacia.

Cuarta. Las constituciones emitidas en las Asambleas aquí estudiadas habrían sido, sin duda, mucho más eficientes desde el punto de vista del mantenimiento de un orden social pacificado y del de un funcionamiento puramente mecánico de los grupos que componían la sociedad, si en lugar de intentar arrancar las idolatrías y supersticiones, las hubiesen respetado o, incluso, fomentado (como hicieron los Incas). Ahora bien, cuando el legislador comprendió que dicho sistema atentaba no sólo contra la dignidad de la persona, sino también contra el mismo desarrollo racional de un grupo civilizado, no dudó en sacrificar la eficacia a la humanización. Como Rawls afirmaba, a pesar de lo que pueda parecer, una sociedad será siempre más eficiente, en la medida en la que sea más justa. Al servicio de tal objetivo fueron promulgados los cánones de los Diocesanos y Provinciales en aquella segunda mitad del siglo XVI, para una sociedad indo-hispana, en la que supeditaron la eficacia a corto plazo, a la construcción "in crescendo" de la justicia.

3. Conclusión general

En la Introducción General de esta investigación habíamos establecido una serie de hipótesis de trabajo. Veamos ahora, en qué medida hemos sido capaces de demostrarlas y las consecuencias que de tal hecho se derivan.

Primera. La hipótesis que planteaba la cuestión de si las disposiciones sinodales canónicas habían desbordado el ámbito eclesial para afectar a las costumbres y comportamientos civiles, se responde de manera afirmativa. Cabría decir que, al menos teóricamente, su eficacia fue mucho mayor que la de las seculares, por dos razones: la primera, porque los encargados de cumplirlas estaban esparcidos por la mayoría del territorio de la Archidiócesis de Los Reyes, lo que no era posible hacer al Estado; la segunda, porque surgidas de un conocimiento directo de las condiciones de vida de los naturales, les afectaban de modo muy directo, tocando los momentos fundamentales de su existencia: nacimiento, infancia, juventud, educación, trabajo, matrimonio, enfermedad, muerte. La mutua imbricación existente entre la legislación del Estado y la de la Iglesia, en la que se confundían los fueros de modo continuo, contribuyó también a la consecución de dicho objetivo. Creemos que evitando esta confusión, que el desarrollo de la ciencia jurídica y del propio procedimiento en la promulgación de las leyes ya se ha encargado de aclarar, las normas canónicas deberían seguir teniendo, de alguna manera, la repercusión de antaño en lo que a ciertas costumbres o conductas sociales se refiere, siempre y cuando se emitan desde un conocimiento real (empírico) de la vida de los ciudadanos contemporáneos y no desde meros principios teológicos abstractos. La *salus animarum*, no debería ser un obstáculo sino todo lo contrario, un impulso a la *salus corporis* e, incluso, a la *salus societatis*.

Segunda. La impresión que obtuvimos en el primer contacto con las disposiciones de dichas Asambleas diocesanas nos había inducido a pensar que éstas no habían sido emitidas de modo descontextualizado o descuidando las circunstancias reales de aquellos a los que obligaban, lo cual las hacía merecedoras de un análisis, en orden a descubrir el grado de justicia que las caracterizaba y su nivel de eficacia. Para confirmar o desmentir tal idea, hemos utilizado, y de manera satisfactoria, los principios propuestos por John Rawls, los cuales, aún habiendo sido presentados en la segunda mitad del siglo XX, se han adaptado de manera adecuada al mismo período del XVI. Ello nos invita a pensar que los mismos pueden resultar un instrumento útil a la hora de valorar otras legislaciones, bien de épocas recientes, bien de otras más antiguas.

Tercera. Si damos una ojeada, de nuevo, a los principios primeros de justicia social propuestos por John Rawls, para ser aplicados a las instituciones y leyes, de modo que puedan servir para erigir estructuras jurídicas fundadas sobre la virtud de la justicia, e incluso, para criticarlas y renovarlas cuando se desvían de la misma, nos resulta patente lo siguiente:

- En cuanto al de las libertades, las constituciones sinodales, tanto las referidas al ámbito laboral, educativo, como al de servicios sociales y de manifestaciones culturales, se presentan como factores de dinamización, que si bien, no logran imponer un esquema pleno de libertades, tal y como lo plantea Rawls, al menos alcanzan a que los más desafortunados puedan, *de iure*, tener acceso al conjunto más amplio posible de las mismas, del mismo modo que el resto de ciudadanos (o súbditos libres de la Católica Majestad). Realizando una sinopsis con el período inmediatamente anterior, es decir, con el disfrutado en la época del Tahuantinsuyo, el avance en lo que concierne a este primer elemento de la teoría rawlsiana es más que notable.
- En cuanto al de la diferencia, que permite que existan ciertas desigualdades, siempre que estén al servicio del aumento de las expectativas vitales de los peor situados en la escala social, manteniendo no obstante los puestos oficiales abiertos a todos, dentro de una justa igualdad de oportunidades, los cánones toribianos alcanzan una alta puntuación. La inmensa mayoría de los mismos producen una discriminación positiva del indígena, tanto en el terreno del trabajo y de la enseñanza, como en el de las infraestructuras y las conductas sociales. Si bien es cierto que algunos puestos están cerrados a los indios, sucede lo mismo con respecto al resto de la población (si exceptuamos el caso de las órdenes sagradas). Será, especialmente, la fundación y el sostenimiento de un sistema de instrucción público y extenso, unido a la destrucción del miedo ancestral a las fuerzas ocultas de la naturaleza, el que permita que las oportunidades alcancen a los menos afortunados.
- En cuanto al de la eficiencia, las cosas ya no son tan claras. En comparación con la etapa pre-castellana, si hablamos a corto plazo, este principio fue un fracaso. Un sistema autoritario es mucho más eficiente que uno basado en las libertades. Sin embargo, los cimientos de tal estructura están llamados a derrumbarse más tarde o más temprano, ya que funciona a costa de mutilar dimensiones esenciales del hombre y de la sociedad. Por ello, a largo plazo, las disposiciones de los Sínodos resultan más eficientes, por dos razones: la

primera, porque surgen del respeto a la inviolabilidad de la persona y de sus derechos fundamentales (según la época, por supuesto); segundo, porque permiten que, no obstante la lentitud del proceso, éste incorpore a grandes capas de la población, sobre todo las más bajas, asimilándolas con el resto a todos los niveles. Para los tiempos presentes, marcados por un ansia de eficacia inmediata, tanto a escala civil como eclesial, tales artículos nos dan una lección muy práctica: sólo los proyectos a medio y largo plazo pueden producir resultados perdurables.

- En cuanto al de publicidad, creemos que sobran los comentarios, pues ha quedado sobradamente demostrada la voluntad del legislador y el cumplimiento de la misma de desterrar la ignorancia y el desconocimiento de las normas emitidas, dándoles la mayor difusión posible a través de los medios que, en aquel lugar y tiempo, tenían a su disposición. Todo ello, con el fin de que cada ciudadano las conozca y guarde, en el convencimiento de que los demás harán lo mismo.
- Finalmente, el presupuesto de la cooperación social. Todos los demás son los que hacen posible que éste se haga realidad, desde unos fundamentos distintos a los vigentes en una sociedad autoritaria. Una legislación surgida de una concepción de la persona como ser libre e inviolable, que permite a aquellos peor dotados por la naturaleza, o perjudicados por el lugar de nacimiento, disponer de las oportunidades necesarias para hacer progresar sus proyectos vitales, fomenta e impulsa, indudablemente, la colaboración de los mismos, al percibirla como correcta o al menos razonable, lo que hará que el resultado final, sea una sociedad más justa y, por lo mismo, más eficaz.

Cuarta. Las transgresiones concretas, no tienen por qué afectar, en principio, al grado de justicia de una ley. Más aún, las imperfecciones de un sistema jurídico no deben llevarnos a descalificarlo en su totalidad. No existe ninguno que se identifique con la realización plena de la justicia. Aunque existiese en un momento determinado, no sería pensable que fuese duradero, pues el tiempo muda las circunstancias y el derecho debe concordarse con ellas. Ahora bien, si en un determinado tiempo y lugar, un conjunto de reglas son capaces de promover y sostener las libertades básicas de los ciudadanos, inclinándose por una preferencia hacia el progreso de las esperanzas y la obtención de los bienes primarios de los más desfavorecidos, defendiéndoles de los abusos de poder de los que lo detentan (tanto en la jurisdicción civil como en la eclesial), creando mecanismos de control y corrección, entonces, tal ordenamiento puede ser calificado como justo (y eficaz). No nos atrevemos a afirmar que los Sínodos diocesanos de

Toribio de Mogrovejo, puedan ser calificados, de manera absoluta, como tales; no obstante, creemos que, por los datos historiográficos que del período inmediatamente posterior nos han llegado acerca de diversas dimensiones de la vida de los naturales en el territorio de la Archidiócesis de Lima, no están lejos de tal denominación.

Fuentes y Bibliografía

1. Fuentes

a. Manuscritos

L Manuscrito del siglo XVI que se encuentra en un volumen del Archivo del Cabildo Eclesiástico de Lima, en cuyo tejuelo se lee: "Originales del Concilio limense de S. Toribio Mogrovejo, su Arzobispo". Las constituciones que nos interesan se encuentran en los siguientes folios: Sínodo de 1582, ff. 7r–13v; de 1584, ff. 121v–123v; de 1585, ff. 125r–149r.

V Manuscrito del siglo XVII, catalogado con el número 1.612 en el Archivo Secreto Vaticano, en la sección Congregación *dei Riti-Processi*. Las disposiciones diocesanas se hallan en: las de 1582, en los ff. 7r-15r; las de 1584, en los ff. 27r–29v; y las de 1585, en los ff. 29v–50v.

B Manuscrito copiado en el siglo XIX de un original del XVI, por el Ilustre Canónigo de Lima José Manuel Bermúdez, cuyos papeles se guardan en un volumen en folio, forrado en pergamino, del Archivo del Cabildo Eclesiástico de Lima. Los cánones ocupan las siguientes páginas: Sínodo de 1582, ff. 122r–126r; de 1584, ff. 181v-187v; de 1585, ff. 187v–240r.

b. Cronistas

ACOSTA, J. DE, Historia natural y moral de las Indias [ed. de J. Alcina Franch], Madrid: Historia 16, 1987.

—, De procuranda Indorum salute, vol. 1, Madrid: CSIC, 1984.

—, De procuranda Indorum salute, vol. 2, Madrid: CSIC, 1987.

CIEZA DE LEÓN, PEDRO, La crónica del Perú [ed. Manuel Ballesteros], Madrid: Historia 16, Madrid 1984.

—, El señorío de los incas [ed. Manuel Ballesteros], Madrid: Historia 16,1985.

—, Descubrimiento y conquista del Perú [ed. de Carmelo Sáenz de Santamaría], Madrid: Historia 16, 1986.

COLÓN, CRISTÓBAL, Diario de a bordo [ed. de Luis Arranz], Madrid: historia 16, 1985.

CRÓNICA ANÓNIMA DE 1600. Historia general de la Compañía de Jesús en la provincia del Perú [ed. de F. Mateos], Madrid: CSIC, 1944.

FERNÁNDEZ DE CÓRDOBA, D., Crónicas del Perú: primera y segunda parte de la historia del Perú que se mando a escribir a Diego Fernández, 5 vols. Madrid: BAC, 1963.

FERNÁNDEZ DE OVIEDO, GONZALO, Historia general y natural de las Indias [ed. de la Biblioteca de Autores Españoles], vol. V, Madrid: Ediciones Atlas, 1959.

LAS CASAS, BARTOLOMÉ DE, Obras Completas. Diario del primer y tercer viaje de Cristóbal Colón [ed. de Consuelo Varela], vol. 14, Madrid: Alianza Editorial, 1989.

LIZÁRRAGA, REGINALDO DE, Descripción del Perú, Tucumán, Río de la Plata y Chile [ed. de Ignacio Ballesteros], Madrid: Historia 16, 1987.

SÁMANO, JOAN DE, La Relación Sámano, in: Francisco de Xerez, Verdadera Relación de la conquista del Perú [ed. C. Bravo], Madrid: Historia 16, 1985.

TRUJILLO, DIEGO, Relación del descubrimiento del Reino del Perú, in: Francisco de Xerez, Verdadera Relación de la conquista del Perú [ed. C. Bravo], Madrid: Historia 16, 1985.

XEREZ, FRANCISCO DE, Verdadera Relación de la conquista del Perú [ed. C. Bravo], Madrid: Historia 16, 1985.

ZÁRATE, AGUSTÍN DE, Historia del Descubrimiento y Conquista del Perú [ed. de R. Porras Barrenechea], Lima: s.n., 1944.

c. Fuentes específicas

ALBERIGO, G. et alt. (eds.), Conciliorum Oecumenicorum Decreta, Bolonia: EDB, 2002.

CATECISMO DE LA IGLESIA CATÓLICA. Nueva Edición conforme al texto latino oficial, Bilbao: Asociación de Editores del Catecismo, 1999.

CÓDIGO DE DERECHO CANÓNICO [ed. de los Profesores de la Facultad de Derecho Canónico de la UPSA], Madrid: BAC, 2014.

CONCILIOS ESPAÑOLES INÉDITOS, Concilio Hispalense, in: Boletín de la Real Academia de la Historia, 22 (1893) 209–257.

ENCINAS, DIEGO DE (rec.), Cedulario Indiano, vols 1 y 2, Madrid: Ediciones Cultura Hispánica, 1946.

HAROLDUS, F., Lima limata concilis, constitutionibus synodalibus et aliis documentis quibus venerab. servus Dei Toribius Alphonsus Mogroveius provinciam limensem seu peruanum Imperium eliminavit, Romae, 1674.

HERNÁEZ, F. J., Colección de Bulas, Breves y otros documentos relativos a la Iglesia de América y Filipinas, vols. 1 y 2, Bruselas: s.n., 1879.

LIBRO DE VISITAS DE SANTO TORIBIO DE MOGROVEJO (1593–1605) [ed. de José Antonio Benito], Lima: Fondo Editorial. Pontificia Universidad Católica del Perú, 2006.

LISI, F. L., El Tercer Concilio Limense y la aculturación de los indígenas sudamericanos, Salamanca: Ediciones Universidad de Salamanca, 1990.

LISSÓN CHÁVEZ, E., La Iglesia de España en el Perú. Colección de documentos para la historia de la Iglesia en el Perú que se encuentran en varios archivos 1-5, Sevilla: s. n., 1943-1948.

METZLER, J (ed.), America Pontificia. Primi Saeculi Evangelizationis 1493-1592, vols. 1 y 2, Città del Vaticano: Libreria Editrice Vaticana, 1991.

MONTALVO, F. A. DE, Concilia limana, constitutiones synodales et alia monumenta quibus beatus Toribius archiepiscopus limanus ecclesias peruani imperii mirifice illustravit, Roma: s.n., 1684.

RAWLS, J., A theory of Justice. Revised edition, Cambridge (Massachusetts): Harvard University Press, 1999.

—, Critical assessments of leading political philosophers. Volume I: Foundations and Method, London - New York: Routledge, 2003.

—, Justice as Fairness: a restatement, Cambridge (Massachusetts): Harvard University Press, 2001.

—, Justicia como equidad. Materiales para una teoría de la justicia [trad. de M. A. Rodilla], Madrid: Tecnos, 1986.

—, Lectures on the history of moral philosophy, Cambridge (Massachusetts): Harvard University Press, 2000.

—, Lectures on the history of political philosophy, Cambridge (Massachusetts): Harvard University Press, 2007.

—, Political Liberalism, New York: Columbia University Press, 1993.

—, Sobre las libertades, Barcelona: Paidós, 1990.

—, The Law of Peoples; with The idea of public reason revisited, Cambridge (Massachusetts): Harvard Universiy Press, 1999.

SÁENZ DE AGUIRRE, J., Collectio maxima conciliorum omnium Hispaniae et Novi Orbis, vol. 6, Roma, 1755.

SYNODICON HISPANUM [A. García y García (dir.)], vol. 1, Madrid: BAC, 1981.

TEJADA Y RAMIRO, J. (rec.), Colección de Cánones y de todos los Concilios de la Iglesia de España y de América, parte 2, vol. 5, Madrid: Imprenta de don Pedro Montero, 1863.

TORRES, J., Sínodos Diocesanos de Santo Toribio 1582-1604, Cuernava (México): CIDOC, 1970.

VARGAS UGARTE, R., Concilios Limenses (1551-1772), vol. 1, Lima: s.n., 1954.

VITORIA, F. DE, Relectio de Indis [ed. de L. Pereña; J. M. Pérez Prendes], Madrid: CSIC, 1967.

—, Relectio de Iure Belli [ed. de L. Perena et alt.], Madrid: CSIC, 1981.

2. Bibliografía

a. Libros

ABRIL CASTELLÓ, V.; ABRIL STOFFELS, M. J., Francisco de la Cruz, Inquisición, Actas II, vol. 2, Madrid: CSIC, 1997.

ANGENENDT, A., Toleranz und Gewalt, Münster: Aschendorff, 2009.

ANGULO, D., "El cedulario arzobispal de la arquidiócesis de Lima": Revista del Archivo Nacional del Perú 9 (Lima, 1936), 123–151, 234–270; 10 (1937), 25–52; 180–218; 12 (1939), 47–83, 193–220.

ARIZA, A. E., Misioneros Dominicos de España en América y Filipinas en el Siglo XVI, Bogotá: Convento de Santo Domingo, 1971.

ARMAS MEDINA, F. DE, Cristianización del Perú, 1532–1600, Sevilla: EEAA, 1953.

ARRIAGA, J. DE, Extirpación de la idolatría en el Perú, Lima: s.n., 1621.

ÁVILA, F. DE, De priscorum huarochiriensium origine et institutis, Madrid: s.n., 1942.

AZCONA, T. DE, La elección y reforma del episcopado español en tiempo de los Reyes Católicos, Madrid: CSIC, 1960.

AZNAR, F. R., La introducción del matrimonio cristiano en Indias: aportación canónica (S. XVI): lección inaugural del curso académico 1985–1986, Salamanca: Universidad Pontificia de Salamanca, 1985.

BAUDIN, L., El Imperio socialista de los Incas [trad. de J. A. Arze], Madrid: Rodas, 1972.

BAYLE, C., El Clero secular y la evangelización de América, Madrid: CSIC, 1950.

—, España en Indias, Madrid: Editora Nacional, 1942.

—, España y la educación popular en América, Madrid: F.A.E., 1934.

BENITO RODRÍGUEZ, J. A., Crisol de lazos solidarios. Toribio Alfonso Mogrovejo, Lima: Universidad Católica Sedes Sapientiae, 2001.

BERMÚDEZ, J. M., Anales de la Catedral de Lima (1534–1824), Lima: Imprenta del Estado, 1903.

BERNÁRDEZ, E., ¿Qué son las lenguas?, Madrid: Alianza Editorial, 2004.

BLAXTER, L. et alt., Cómo se investiga, Barcelona: Gedisa, 2008.

BORGES, P. (dir.), Historia de la Iglesia en Hispanoamérica y Filipinas, vols. 1 y 2, Madrid: BAC, 1992.

—, Métodos Misionales en la Cristianización de América. Siglo XVI, Madrid: CSIC, 1960.

BRAVO GUERREIRA, C., El tiempo de los Incas, Madrid: Alhambra, 1986.

BURGA, B., De la encomienda a la hacienda capitalista, Lima: Instituto de Estudios Peruanos, 1976.

BURGALETA, C., José de Acosta, S. J. (1540–1600), his life and thought, Chicago: Loyola Press, 1999.

CAMPO DEL POZO, F.; CARMONA MORENO (eds.), Fray Luis López de Solís. Sínodos de Quito 1594 y Loja 1596, Madrid: Editorial Revista Agustiniana, 1996.

CAPELLI, A., Cronologia. Cronografia e Calendario perpetuo, 7ª ed., Milano: HOEPLI, 2002.

CARDIM, P; PALOS, J. L. (eds.), El mundo de los virreyes en las monarquías de España y Portugal, Madrid-Frankfurt: Iberoamericana-Vervuert, 2012.

CARNERO, N.; PINTO, M., Diezmos de Lima, 1592–1820, Lima, 1983.

CASTAÑEDA DELGADO, P.; HERNÁNDEZ APARICIO, P., La Inquisición de Lima (1570–1635), Madrid: Editorial Deimos, 1989.

CELESTINO, O.; MEYER, A., Historia general de la Iglesia en América Latina, Salamanca: SÍGUEME, 1987.

DAMMERT BELLIDO, J. A., Arzobispos Limenses Evangelizadores, Bogotá: Consejo Epispocal Latinoamericano, 1987.

DURÁN, J. G., El catecismo del III Concilio Provincial de Lima y sus complementos pastorales (1584–1585), Buenos Aires: Publicaciones de la Universidad Católica de Argentina, 1982.

DWORKIN, R., Los derechos en serio [trad. por M. Guastavino], Barcelona: Ariel, 2002.

ECO, U., Interpretación y sobreinterpretación [trad. de J. G. López Guix], Cambridge: Cambridge University Press, 2002.

EGANA, A. de, Historia de la Iglesia en la América española desde el descubrimiento hasta comienzos del siglo XIX. Hemisferio Sur, Madrid: BAC, 1966.

ESCOBEDO, R., Control fiscal en el virreinato peruano. El Tribunal de Cuentas, Madrid: Alhambra, 1986.

—, El tributo indígena en el Perú (siglos XVI–XVII), Pamplona: Ediciones Universidad de Navarra, 1979.

EUBEL, C., Hierarchia Catholica Medii et Recentioris Aevi, vol. 3, Sumptibus et typis librariae Regensbergianae, 1923.

Fernández Cadavid, J. L., "La Justicia Social en los Sínodos diocesanos de Toribio de Mogrovejo de 1582, 1584 y 1585, de acuerdo al pensamiento de John Rawls" [Tesis doctoral] Director: M. A. PENA GONZÁLEZ, Universidad Pontificia de Salamanca, 2014.

GARCÍA IRIGOYEN, C., Santo Toribio, vols. 1–2, Lima: Imprenta y Librería de San Pedro, 1906.

GARCÍA IRIGOYEN, M., Historia de la Catedral de Lima, Lima: s. n., 1898.

GARCÍA ORO, J., Cisneros y la reforma del clero español en tiempos de los Reyes Católicos, Madrid: CSIC, 1971.

—, El Cardenal Cisneros. Vida y empresas, vol. 2, Madrid: BAC, 1993.

—, La reforma de los religiosos en tiempos de los Reyes Católicos, Valladolid: Instituto Isabel La Católica, 1969.

GARCÍA Y GARCÍA, A., Iglesia, Sociedad y Derecho, vol. 2, Salamanca: Universidad Pontificia de Salamanca, 1987.

—, Iglesia, Sociedad y Derecho, vol. 4, Salamanca: Universidad Pontificia de Salamanca, 2000.

GARCÍA Y GARCÍA, A. et alt., La Protección del Indio, Salamanca: Universidad Pontificia de Salamanca, 1992.

GARGARELLA, R., Las teorías de la justicia después de Rawls, Barcelona et alt.: Paidós, 1999.

GONZÁLEZ, I., Metodología del trabajo científico, Santander: Sal Terrae, 1973.

GONZÁLEZ CONEJO, C., Hernando Méndez Soto, in: XVIII Coloquios Históricos de Extremadura, Cáceres: Diputación Provincial, 1991.

GUERRERO, N. A., El Fénix de las becas, Salamanca: s.n., 1728.

HANKE, L., Guía de las fuentes en el Archivo General de Indias para el estudio de la administración virreinal española en México y en el Perú 1535–1700, vol. 1, Colonia: Böhlau Verlag, 1976.

— (ed.), Los Virreyes Españoles en América durante el gobierno de la casa de Austria. Perú, vol. I, Madrid: Biblioteca de Autores Españoles, 1978.

HERRERA, C., Mirabilis vita et mirabiliora acta dei vener. servi Toribii Mogrobesii Limani Archipraesulis…, Roma: typis Nicolai Angeli Tinassii, 1670.

HILTON, S.; GONZÁLEZ CASASNOVAS, I., Fuentes Manuscritas para la Historia de Iberoamérica: Guía de instrumentos de investigación, Madrid: Fundación MAPFRE América, 1995.

HUERGA, A., La implantación de la Iglesia en el nuevo mundo, Ponce: Universidad Católica de Puerto Rico, 1987.

IRABURU, J. M., Hechos de los Apóstoles de América, Pamplona: Fundación Gratis Date, 2003.

IZAGUIRRE, B., Historia de las Misiones Franciscanas en el Oriente del Perú, Lima: s. n., 2002.

JEDIN, H., Das Konzil Trient. Ein Überblick über die Erforschung seiner Geschichte, Roma, 1948.

—, Geschichte des Konzils von Trient. Der Kampf um das Konzil, vol. 1, Freiburg: Herder, 1951.

—, Geschichte des Konzils von Trient. Die erste Trienter Tagungsperiode, vol. 2, Freiburg: Herder, 1957.

—, Manual de Historia de la Iglesia, vol. V, Barcelona: Herder, 1972.

KLARÉN, P. Peru: society and nationhood in the Andes, Nueva York: Oxford University Press, 2000.

KOSELLECK, R., historia / Historia [trad. de A. Gómez Ramos], Madrid: Trotta, 2004.

LEÓN PINELO, A. de, Vida del Ilustrissimo i Reverendissimo D. Toribio Alfonso Mogrovejo, Madrid: s. n, 1653.

LEVILLIER, R., Organización de la Iglesia y de las Órdenes religiosas en el virreinato del Perú en el siglo XVI 1–2, Madrid, 1919.

—, Gobernantes del Perú, vols. 1–12, Madrid: s.n., 1921–1935.

—, Don Francisco de Toledo, supremo organizador del Perú, Madrid: Espasa-Calpe, 1935.

LLORCA, B., et alt. (dirs.), Historia de la Iglesia Católica, vol. 3, Madrid: BAC, 1960.

LOHMANN VILLENA, G., El Corregidor de Indios en el Perú bajo los Austrias, Madrid: Ediciones Cultura Hispánica, 1957.

LOPETEGUI, L., El Padre José de Acosta y las misiones, Madrid: CSIC, 1942.

LUQUE ALCAIDE, E.; SARANYANA, J.-I., La Iglesia Católica y América, Madrid: Editorial MAPFRE, 1992.

MÁRQUEZ ZORRILLA, S., Santo Toribio de Mogrovejo, Apóstol del Perú, Huaraz: s.n., 1970.

MATEOS, F., Obras del P. Bernabé Cobo, vol. 2, Madrid: BAE, 1964.

MAYORALGO Y LODO, JOSÉ MIGUEL DE, Notas biográficas de frey Nicolás de Ovando, Gobernador de las Indias, Cáceres: Diputación Provincial, 1991.

MEDINA, T., La imprenta en Lima 1584–1824, vol. 1, Santiago de Chile: s.n., 1904.

MENA GARCÍA, Mª. DEL C., Pedrarias Dávila o "La ira de Dios": una historia olvidada, Sevilla: Publicaciones Universidad de Sevilla, 1992.

MILLAR CARVACHO, R., Inquisición y sociedad en el Virreinato del Perú, Santiago de Chile: Ediciones Universidad Católica de Chile, 1998.

NOLASCO PÉREZ, P., Historia de las misiones mercedarias en América, Madrid: s.n., 1966.

NOGGLER, A., La conquista espiritual del impero de los incas, Quito, 1948.

NOZICK, R., Anarquía, Estado y utopía [trad. de R. Tamayo], México: Fondo de Cultura Económica, 1988.

ODRIOZOLA, M. DE, Documentos literarios del Perú, vol. 9, Lima: s.n., 1877.

OLMEDO JIMÉNEZ, M., Actas Capitulares durante el pontificado de Jerónimo de Loaysa, O.P., Salamanca: Editorial San Esteban, 1992.

O'MALLEY, J. W., The first Jesuits, London: Harvard University Press, 1993.

—, Trent and all that: remaining Catholicism in the early modern era, London: Harvard University Press, 2000.

—, Trento e "Dintorni", Roma: Bulzoni Editore, 2004.

O'MALLEY et alt., The Jesuits: culture, science, and the arts: 1540–1773, Toronto-London: University of Toronto Press, 2006.

PALMA, R., Anais da Inquisição de Lima [trad. de Cláudio Giordano], São Paulo: Editora de Universidade de São Paulo, 1992.

PENA GONZÁLEZ, M. A., Francisco José de Jaca. La primera propuesta abolicionista de la esclavitud en el pensamiento hispano, Salamanca: Publicaciones Universidad Pontifica de Salamanca, 2003.

PEREDO MEZA, S. (ed.), Analecta Mercedaria. Actas del I Congreso Internacional Mercedario, Roma: Instituto Histórico de la Orden de la Merced, 1991.

PEREÑA, L., Carta Magna de los Indios, Madrid: UPSA, 1987.

PEREÑA, L. et alt., Inculturación del Indio, Salamanca: Universidad Pontificia de Salamanca, 1988.

—, Utopía y realidad, Salamanca: Universidad Pontificia de Salamanca, 1992.

PÉREZ DE MESA, D., Política o Razón de Estado [ed. de L. Pereña et alt.], Madrid: CSIC, 1980.

PÉREZ FERNÁNDEZ, I., El Derecho Hispano-Indiano, Salamanca: Editorial San Esteban, 2001.

PÉREZ VILLANUEVA, J., Historia de la Inquisición en España y América, vol. 1, Madrid: BAC, 1984.

PIZARRO JUÁREZ, N., Colonialismo y Educación en Perú. Escuela y Evangelización en la sociedad virreinal (s. XVI) [Tesis doctoral] Director: L. Vega Gil, Universidad de Salamanca, Facultad de Educación, Departamento de Teoría e Historia de la Educación, 2011.

PRADO GARCÍA, N., Cardenal Aguirre (1630–1699), Madrid: Fundación Universitaria Española, 2004.

PROSPERI, A., El Concilio de Trento [trad. por Jesús Villanueva], Ávila: Junta de Castilla y León, 2008.

PUENTE BRUNKE, J. DE LA, Encomienda y encomenderos en el Perú, Sevilla: Diputación Provincial de Sevilla, 1992.

QUIROGA, P. DE, Libro intitulado "Coloquios de la verdad". Trata de las causas e inconvenientes que impiden la doctrina e conversión de los indios del Perú y de los daños e males e agravios que padecen, Sevilla: s.n., 1922.

REAL ACADEMIA DE LA HISTORIA, Diccionario Biográfico Español, Madrid, 50 vols., 2009-2013.

REDONDO CÁRDENAS, F., Santo Toribio Alfonso de Mogrovejo, natural de Villaquejida, Oviedo: s.n., 1954.

RELACIÓN DEL DISCURSO DE LAS COMUNIDADES [ed. de Ana Díaz Medina], Valladolid: Junta de Castilla y León, 2003.

RIVERO RODRÍGUEZ, M., La edad de oro de los virreyes, Madrid: Akal, 2011.

RODRÍGUEZ RODRÍGUEZ, I. (dir.), Agustinos en América y Filipinas. Actas del Congreso Internacional, vols. 1 y 2, Valladolid-Madrid: s.n., 1990.

RODRÍGUEZ VALENCIA, V., Santo Toribio de Mogrovejo. Organizador y Apóstol de Sudamérica, vols. 1 y 2, Madrid: CSIC, 1956.

—, El Patronato regio de Indias y la Santa Sede en Santo Toribio de Mogrovejo (1581-1606), Roma: Publicación del Instituto Español de Estudios Eclesiásticos, 1957.

ROZE, Mª. A.; FERRERO, A., Los dominicos en América. Boceto histórico sobre la fundación de las diversas Provincias de la Orden de los Hermanos Predicadores en el Nuevo Mundo: 1510-1878, Perú: Misioneros Dominicos, 1997.

RUBIO, DAVID, La Universidad de San Marcos de Lima, Madrid: s. n., 1933.

SÁNCHEZ PRIETO, N., Santo Toribio de Mogrovejo. Apóstol de los Andes, Madrid: BAC, 1986.

SANZ MARTÍNEZ, J.; LUENGO Y MARTÍNEZ, J. Mª., Notas para la historia de León y su provincia, León: Diputación Provincial de León, 2001.

SARANYANA, J.- I. et alt., Evangelización y teología del imperio de los incas, Quito: s.n., 1948.

— (dirs.), Evangelización y teología en América (siglo XVI), X Simposio Internacional de teología de la Universidad de Navarra, vol. 1, Pamplona: Publicaciones Universidad de Navarra, 1990.

SERNA, M. (ed.), La conquista del Nuevo Mundo, Barcelona: Clásicos Castalia, 2012.

SANTIAGO-OTERO, H.; GARCÍA Y GARCÍA, A. (dirs.), Sínodos de Lima de 1613 y 1636, Madrid-Salamanca: CSIC, 1987.

SCHMIDL, U., Derrotero y viaje a España y las Indias, Buenos Aires: Espasa-Calpe, 1947.

STERNFELD, G., La organización laboral del Imperio Inca, Frankfurt am Main: Iberoamericana-Verwuert, 2007.

STINGL, M., El Imperio de los Incas, Buenos Aires: Losada, 2007.

TINEO, P., Los Concilios Limenses en la Evangelización de América, Navarra: EUNSA, 1990.

TOLEDO, F. DE, Disposiciones gubernativas para el virreinato del Perú (1569–1574), Sevilla: Escuela de Estudios Hispano-Americanos de Sevilla, 1986.

TRELLES ARÉSTEGUI, E. Lucas Martínez Vegazo: Funcionamiento de una encomienda peruana inicial, Lima: Pontificia Universidad Católica del Perú, 1991.

TRUJILLO MENA, V., La legislación eclesiástica en el virreinato del Perú durante el siglo XVI con especial aplicación a la jerarquía y a la organización diocesana, Lima: s.n., 1963.

VALIENTE OTS, M., Los grupos raciales en el Cuzco de los siglos XVI y XVII, Madrid: Universidad Carlos III, 2002.

VALPUESTA, N., El clero secular en la América hispana del siglo XVI, Madrid: BAC, 2008.

VARGAS UGARTE, R., Concilios Limenses (1551–1772), vol. 3 (Historia), Lima: s.n., 1954.

—, Episcopologio de la diócesis del antiguo virreinato del Perú desde sus orígenes hasta la emancipación, 1513–1825, Lima: s.n., 1940.

—, Historia general del Perú 1-6, Lima, 1966.

—, Historia de la Iglesia en el Perú, vols. 1–5, Lima-Burgos, 1955–1962.

VÁZQUEZ, G., La Orden de la Merced en Hispanoamérica, Madrid: Revista Estudios, 1968.

VILLANUEVA, D., Curso de Teoría de la Literatura, Madrid: Taurus, 1994.

VILLEGAS, J., Aplicación del Concilio de Trento en Hispanoamérica 1564–1600: provincia eclesiástica del Perú, Montevideo: Instituto Teológico del Uruguay, 1975.

VV. AA., La Orden de Santa María de la Merced (1218–1992), Roma: Instituto Histórico de la Orden de la Merced, 1997.

WALZER, M., Guerras justas e injustas [trad. por T. Fernández Aúz y B. Eguibar], Barcelona, etc.: Paidós, 2001.

YULE, G., El lenguaje [trad. de N. Bel Rafecas], Madrid: Akal, 2008.

ZAVALA BEASCOECHEA, A. DE, Los indios, el Derecho Canónico y la justicia eclesiástica en la América virreinal, Madrid-Frankfurt am Main: Iberoamericana-Vervuert, 2011.

ZAVALA, S., La encomienda indiana, Madrid: s.n., 1935.

—, De encomienda y propiedad territorial, México: s.n., 1940.

—, Por la senda hispana de la libertad, México: Fondo de Cultura Económica, 1993.

b. Artículos

AFONSO, M. R., Justiça em educação: Um contributo a partir de Rawls, in: Brotéria 175 (2012) 33–44.

AZNAR GIL, F. R., El impedimento matrimonial del parentesco espiritual en Indias (ss. XVI-XVII), in: REDC, 49/133 (1992) 513–532.

—, El impedimento matrimonial de parentesco por consanguinidad en los Concilios y Sínodos indianos (S. XVI), in: J.-I. Saranyana et alt., Evangelización y teología en América (siglo XVI), X Simposio Internacional de teología de la Universidad de Navarra, vol. 1, Pamplona: Publicaciones Universidad de Navarra, 1990, 451–486.

—, El matrimonio en Indias: recepción de las decretales X 4.19.7–8, in: Revista de Estudios Histórico-Jurídicos 11 (1986) 13–42.

BANKOVSKY, M., Social Justice: Defending Rawls' Theory of Justice against Honneth's Objections, in: Philosophy & Social Criticism 37 (2011) 95–118.

BENITO, J. A., La nueva cristiandad de las Indias o la imagen de Iglesia en tiempos de Santo Toribio Mogrovejo (1580–1606), in: Revista Teológica Limense XLI/1 (2007) 65–90.

—, La promoción humana y social del indígena en los Sínodos y Concilios Americanos (1151–1622), in: Revista de Estudios Histórico-jurídicos. Ediciones Universitarias de Valparaíso (Chile), 12 (1990) 299–328.

—, La proteccion jurídica del indio en la legislación canónica de Santo Toribio y su paso por Trujillo (Perú), in: Instituto de derecho Indiano y de Estudios Clásicos 1 (2001) 19–34.

—, Las primeras Constituciones del Seminario de Santo Toribio (1609), in: Revista Teológica Limeña (RTL) XLIV/2 (2010) 217–252.

—, Los derechos humanos de los indios en los concilios y sínodos americanos (1551–1622), in: Derechos Humanos en América: Una perspectiva de 5 siglos, Cortes de Castilla y León (1994) 220–231.

—, Santo Toribio: Pionero de la educación, in: Revista pedagógica Maestros 13 (2000) 87–90.

—, Santo Toribio, siempre en camino, in: Compostellanum LIII/3-4 (2008) 431-450.

CASTAÑEDA DELGADO, P.; HERNÁNDEZ APARICIO, P., «La visita de Ruiz de Prado al Tribunal del Santo Oficio de Lima», in: Anuario de Estudios Americanos 41 (Sevilla, 1984) 1-53.

DAMMERT BELLIDO, J. A., "El arzobispo Loayza, primer legislador de la Iglesia en el Perú", in: Revista Teológica Limense 10 (Lima, 1976), 113-123.

ESCANDELL BONET, B., José Toribio Medina, Historiador de la Inquisición americana, in: Revista de Indias 52-53 (Madrid, 1953) 362-370.

ESCOBEDO, R., Bienes y cajas de comunidad en el Virreinato peruano, in: Revista Internacional de Sociología 32 (1979) 465-492.

GARCÍA GALLO, A., La ley como fuente del derecho en Indias en el siglo XVI, in: Anuario de Historia del Derecho Español, serie 1ª., XXI / 32 (1951) 17-18.

—, El encomendero indiano, estudio sociológico, in: Estudios de Historia Moderna del Derecho Indiano (1972) 515-536.

GRIGNANI, M. L., La Regla Consueta de Santo Toribio de Mogrovejo, in: Revista Teológica Limeña (RTL) XLIV/2 (2010) 183-216.

MILLER, R. W., Rawls and Global Justice: A Dispute over a Legacy, in: The Monist: An International Quarterly Journal of General Philosophical Inquiry 94 (2011) 466-488.

NOLASCO PÉREZ, P., Historia de las misiones mercedarias en América, in: Estudios 74-75 (1966) 378-859.

OLMEDO JIMÉNEZ, M., "El arzobispo Loaysa, organizador de la Iglesia del Perú, 1543-1575", in: Los dominicos y el Nuevo Mundo. Actas del I congreso internacional (Madrid, 1988), 797-807.

—, "Jerónimo de Loaysa, OP, primer obispo-arzobispo de Lima (1543-1575)", in: Archivo Dominicano 7 (Salamanca, 1986), 205-286; 8 (1987), 77-168; 9 (1988), 93-196.

—, "Jerónimo de Loaysa, pacificador de españoles y protector de los indios, Granada: s.n., 1990.

PENA GONZÁLEZ, M. A., La lucha por la libertad de naturales y africanos en las Indias Occidentales (siglos XVI y XVII), in: REDC 71/176 (2014) 369-399.

PÉREZ BUSTAMANTE, C., Un graduado compostelano en el siglo XVI, in: Boletín de la Biblioteca Menéndez y Pelayo, abril-junio (1926) 99-125.

PÉREZ ZAFRILLA, P. J., Desigualdad, pobreza y desarrollo: El reto de la justicia distributiva en el pensamiento de John Rawls, in: Anuario Filosófico 44 (2011) 305-334.

RAMOS, D., La crisis indiana y la Junta de 1568, in: Jahrbuch für Geschichte von Staat, Wirtschaft und Gesellschaft Lateinamerikas 23 (Colonia-Viena, 1986) 8–24.

RAWLS, J., Justice as fairness: Political not Metaphysical, in: Philosophy and Public Affairs 14/3 (1985) 223–251.

SALINAS ARANEDA, C.; GARCÍA Y GARCÍA, A., Una década de bibliografía sobre el Derecho canónico indiano, in: REDC 51 (1994) 671–729.

SÁNCHEZ HERRERO, J., Alfabetización y catequesis dominicana en América durante el siglo XVI, in: J. BARRADO BARQUILLA, Actas del II Congreso Internacional sobre los Dominicos y el nuevo mundo, Salamanca: Editorial San Esteban, 1990, 727–764.

STEINHOFF, U., Unsavory Implications of A Theory of Justice and The Law of Peoples. The Denial of Human Rights and the Justification of Slavery, in: The Philosophical Forum 43 (2012)175–196.

TORRES SEVILLA, M., La familia de Santo Toribio Alfonso de Mogrovejo (siglos XIV–XVII), in: Estudios Humanísticos. Historia 8 (2009) 45–67.

VARGAS UGARTE, R., "Episcopologio de las diócesis del virreinato del Perú": Boletín del Instituto de Investigaciones Históricas 24 (Buenos Aires, 1940), 1–31.

c. Páginas de Internet

MANCHO DUQUE, M. J., Diccionario de la Ciencia y de la Técnica [en línea] [ref. de 10 de octubre de 2014] Disponible en web: <http://dicter.usal.es/?id Content=criterios_transcripcion>.

SERVICIOS EN COMUNICACIÓN INTERCULTURAL SERVINDI, La verdadera historia de la Educación Indígena en Canadá y en los EEUU [en línea] [ref. de 8 de octubre de 2014] Disponible en web: <http://servindi.org/actua lidad/7446>.

Moderne – Kulturen – Relationen

Herausgegeben von Gerhard Droesser und Ruth Hutzel

Band 1 Gerhard Droesser / Stephan Schirm (Hrsg.): Ethisch moderieren. Bestimmungen demokratischer Lebensformen. 2002.

Band 2 Andreas Heeg: Ethische Verantwortung in der globalisierten Ökonomie. Kritische Rekonstruktion der Unternehmensethikansätze von Horst Steinmann, Peter Ulrich, Karl Homann und Josef Wieland. 2002.

Band 3 Esther Hornung: Bibelpolitik. Das Verhältnis des protestantischen Fundamentalismus zur nationalen Innenpolitik der USA von 1980 bis 1996. Ein Fallbeispiel. 2002.

Band 4 Roy Lazar Anthonisamy: Youth Violence and Pastoral Care. Pastoral Response of the Christian Community towards the Youth who take up Violence for Justice in Post-Colonial India. 2003.

Band 5 Michael Bauer: Entwicklungszusammenarbeit und Breitensport. Theoretische Überlegungen zum Breitensport in der Entwicklungszusammenarbeit und Evaluierung von Breitensportveranstaltungen in Entwicklungs-, Schwellen- und Transformationsländern innerhalb der Förderstrategie des Internationalen Olympischen Komitees. 2004.

Band 6 Gerhard Droesser / Stephan Schirm (Hrsg.): Kreuzungen. Ethische Probleme der modernen Stadt. 2005.

Band 7 Germán Vargas Callejas: Educación y desarrollo en los Andes. Estudio etnográfico de la comunidad Quechua de Aramasí en Bolivia. 2005.

Band 8 Yves Soudan: Rapport aux choses, rapport aux autres. Propriété privée et lien social. 2007.

Band 9 Stephan Wirz: Erfolg und Moral in der Unternehmensführung. Eine ethische Orientierungshilfe im Umgang mit Managementtrends. 2007.

Band 10 Gerhard Droesser / Ralf Lutz / Jochen Sautermeister (Hrsg.): Konkrete Identität. Vergewisserungen des individuellen Selbst. 2009.

Band 11 Raoul Kiyangi Meya: Délinquance et violence juvenile. Pour une éthique de responsabilité en République Démocratique du Congo. 2011.

Band 12 Joachim Riedmayer: Sozialethische Gesichtspunkte der Ökonomisierung des Krankenhauswesens in Deutschland. 2011.

Band 13 Stefan Schenk: Gesellschaft, Sport und Diakonie. Eine sozialethische Studie. 2011.

Band 14 Dorothea Buehler: "There's a Way to Alter the Pain". Biblical Revision and African Tradition in the Fictional Cosmology of Gloria Naylor's *Mama Day* and *Bailey's Café*. 2012.

Band 15 Lebensfragen. Festschrift für Gerfried W. Hunold. Herausgegeben von Gerhard Droesser und Michael Hartlieb. 2013.

Band 16 Sascha Zinn: Bildungsziel Nachhaltigkeit!? Eine interdisziplinäre Reflexion. 2013.

Band 17 Manfred Stüttgen: Ethisch investieren. Chancen und Grenzen moralisch begründeter Geldanlage. 2014.

Band 18 Patricia Kemmer: Das Museum als Kompensation? Eine Ausstellungsanalyse des Bachhauses in Eisenach. 2015.

Band 19 Francine Charoy: Vers une éthique de la liberté. Reconstruction de la *conduite de vie* dans la théologie éthique de Trutz Rendtorff. 2015.

Band 20 Mardoeke Boekraad: Ecological Sustainability in Traditional Sámi Beliefs and Rituals. 2016.

Band 21 José Luis Fernández Cadavid: Justicia social y leyes canónicas en Indias. Una provocadora cooperación al desarrollo jurídico-cultural. 2017.

www.peterlang.com

www.ingramcontent.com/pod-product-compliance
Ingram Content Group UK Ltd.
Pitfield, Milton Keynes, MK11 3LW, UK
UKHW041823031026
15587UKWH00002B/525

9 783631 674147